11개년 공무원 기

KB123756

조경국
경제학
워크북

미시편

조경국 편저

QMG 박문각

이 책의 **머리말**

공무원 채용시험 및 자격시험에서 경제학이 차지하는 비중은 절대적이다. 각종 시험에서 경제학은 미시, 거시 및 국제경제학의 다양한 분야별로 출제가 되고 있기 때문에 다른 과목들과 비교하면 두 배 이상의 방대한 분량을 자랑한다. 또한 경제학은 수험생들이 매우 기피하는 수식 및 그래프와 같은 수학적 기법의 사용이 필수적이기 때문에 난이도 면에서도 다른 과목들을 가히 압도하고도 남음이 있다. 결국 경제학은 각종 시험 준비에 있어서 최대의 걸림돌일 뿐만 아니라 수험생들에게 수험기간 내내 괴로움과 좌절을 안겨 주는 존재가 되고 있다.

그러나 이를 다른 관점에서 바라보자. 만일 경제학을 정복할 수만 있다면 합격으로 가는 길에 있어서 최대 난관을 제거할 수 있게 되고 고통스러운 수험생활을 보다 수월하게 극복해 낼 수 있다는 뜻이 된다. 다양한 시험과목 중에서 무엇보다도 경제학을 잘 마스터해 놓을 경우 그로 인한 긍정적 효과는 타 과목 공부 및 전반적인 수험 과정으로 파급되어 합격의 가능성을 더욱 높여줄 수 있다. 본서는 수험생들이 경제학에 보다 쉽게 접근하고 이를 통해 목표로 삼고 있는 각종 시험에서 원하는 성과를 얻을 수 있도록 도움을 주기 위해 집필되었다.

저자는 과거 舊행정고등고시(現5급 공채시험) 재경직에 합격하여 미시경제정책의 핵심 부서라고 할 수 있는 경쟁당국(공정거래위원회)에서 다양한 경험을 쌓았으며, 이후에는 숭실대학교 경제학과에서 교수로 근무하며 경제학을 강의해 왔다. 이를 통해 경제관료로서 경제정책 집행과 대학교수로서 경제이론 연구 및 강의라는 귀중한 경험을 쌓게 되었다. 본서는 그러한 과정에서 축적된 경제이론 및 정책에 대한 치열한 문제의식과 최선의 해법을 반영한 결과물임과 동시에 각종 시험을 준비하는 수험생들에게 합격으로 가는 길을 보여주는 가이드라인이다.

본서의 특징은 다음과 같다.

첫째, 본서는 기출간된 조경국 경제학 기본 교재에 뒤이은 "기출분석을 위한 워크북 교재"이다. 기본 교재를 통해서 경제학의 논리적인 체계와 흐름을 일목요연하게 테마 중심으로 제시하였다면, 본 워크북 교재를 통해서는 최근 11년간 공무원 시험의 모든 기출문제를 상세하게 풀면서 출제 이슈를 압축정리하여 기출분석의 올바른 길을 제시하였다.

둘째, 본서는 이론과 문제가 괴리되지 않도록 "이론과 문제를 이어주는 친절한 징검다리 역할"을 하는 교재이다. 많은 수험생들이 경제이론을 공부해도 막상 기출문제를 접하면 도대체 어떻게 풀어야 하는지 몰라서 혼란스러워하곤 한다. 결국 이론을 공부해도 문제를 못 푸는구나 하는 자괴감에 빠져서 급기야는 이론은 소홀히 하고 기출문제만 외우는 식의 최악의 공부법에서 빠져나오지 못하고 있다. 본 워크북 교재는 이론과 문제의 갭을 줄이고 이론으로부터 문제로 자연스럽게 연착륙하는 방법을 제시하고 있다.

셋째, 본서는 "공무원 기출 순수령"을 지향하고 있다. 본 워크북 교재에서는 오로지 국가직 7·9급, 지방직 7급, 서울시 7급 기출문제만을 분석 대상으로 삼고 있다. 많은 수험생들이 기출문제를 공부하면서 욕심을 부린 나머지 공인회계사, 공인노무사, 감정평가사, 보험계리사 등 타 자격시험과 국회 8급 기출문제들을 선별하지 않고 무차별적으로 너무 많은 시간 투입을 하고 있다. 이는 잘못된 접근방식이다. 국가직·지방직 공무원 기출문제와 타 시험 기출문제는 분명히 출제경향이 다르다. 따라서 수험생들은 먼저 공무원 기출문제를 중심으로 학습한 이후에 타 시험 기출문제를 단계적으로 학습해야 한다. 수험생들은 먼저 본 워크북 교재를 통해서 공무원 기출문제를 철저히 분석하는 것이 급선무다. 그리고 나서 곧이어 출간될 연습서 교재를 통해서 타 시험 기출문제 중에서 공무원 시험에 나올 수 있는 것들만을 현명하게 선별하여 효율적으로 공부해야 한다. 본 워크북 교재에는 11년 동안 출제된 모든 공무원 기출문제가 수록되어 있기 때문에 독자들은 그동안 시간이 흐름에 따라 공무원 시험 출제경향이 어떻게 바뀌고 난도는 어떻게 상승해 왔는지를 스스로 쉽게 유추해 내고 현명한 수험전략을 세울 수 있을 것이다. 그리고 연습서 교재는 공무원 기출문제를 넘어서 타 시험의 기출문제까지 난도와 범위를 보다 확장하여 다루고 있기 때문에 독자들의 경제학 실력을 한 단계 더 업그레이드해줄 것이다.

본서에서 기출문제를 푸는 방식은 다음과 같다.

첫째, <u>쉽고 상세하게 풀었다.</u>

본서는 대다수의 독자들이 이론적 토대가 빈약하고 문제풀이에 익숙하지 않다고 전제한 후 모든 문제에 대한 상세한 풀이과정을 제시하여 강의를 듣지 않더라도 혼자서 쉽게 이해할 수 있도록 배려하였다. 특히 본서의 문제들 중에서 일부만 발췌하여 풀고자 하는 수험생들을 위하여서도 다른 문제의 풀이와 내용이 중복되더라도 모든 문제에 대하여 상세한 해설을 제시하였다. 앞 문제에서 이미 해설된 내용이라고 해서 해설을 임의로 생략하지 않고 처음 등장한 문제로 간주하여 자세하게 풀었다.

둘째, <u>이론을 그대로 적용하여 풀었다.</u>

본서는 문제풀이에 필요한 필수 이론들을 먼저 일목요연하게 제시한 후 이를 이용하여 문제를 풀었다. 따라서 문제풀이에 필요한 이론들이 무엇인지 곧바로 파악할 수 있을 것이며, 그 이론들이 문제풀이에 어떻게 활용되는지를 알 수 있을 것이다. 만일 이론에 대한 이해가 미진하다면 기본 교재로 돌아가서 다시 복습하고 돌아와야 한다. 본서가 아무리 상세한 해설이 되어 있다고 하더라도 기본 교재를 소홀히 하는 우를 범해서는 안 된다. 거듭 강조하지만 기본 교재와 이론은 내팽개치고 문제집의 문제만 반복해서 풀고 외우는 방식—현재 노량진 수험가에 만연해 있는 바로 그 방식—은 가장 미련한 최악의 공부법이다. 문제를 풀면서 동시에 반드시 이론을 복습하여 그 이해의 폭과 깊이를 키운 후 보다 단단해진 실력으로 다시 또 문제를 풀어가는 과정이 끊임없이 상호작용으로서 이루어져야 한다. 이를 위해서 기본 교재와 워크북 교재·연습서 교재를 유기적으로 잘 활용하고 그 과정에서 큰 시너지 효과를 얻기를 바란다.

셋째, <u>오로지 동일한 방식으로 일관되게 풀었다.</u>

이 문제는 이렇게, 저 문제는 또 저렇게, 늘 이렇게 새롭게 문제를 풀어서는 실력이 늘 수 없다. 흔들리지 않는 확실한 지식 하나로 모든 문제가 다 풀리도록 해야 한다. 이를 위해서 본서에서는 문제를 체계적으로 범주화하여 같은 유형의 문제는 오로지 동일한 이론적 접근을 통해서 일관되게 풀었다. 따라서 한 문제를 풀면 또 다른 여러 문제들이 곧바로 자연스럽게 풀리게 될 것이며, 이를 통해서 독자들은 기출문제 풀이에 있어서 이른바 규모의 경제 효과를 느낄 것이다.

넷째, <u>모든 선지에 대하여 빠짐없이 진위 판정을 내렸다.</u>

본서는 정답이 되는 지문 한 개만 분석하고 그 풀이를 간단히 끝내버리는 것이 아니라 나머지 오답이 되는 지문들도 모두 분석하여 왜 옳고 그른지 자세하게 설명하였다. 저자 입장에서 보면 정답만 해설하면 되는데 오답까지 상세히 해설하자니 얼마나 피곤하고 힘들었겠는가? 그럼에도 독자들의 실력 향상을 위해서 하나도 빠짐없이 모두 철저하게 분석하고 해설하였다. 독자들도 단순히 정답만 확인하고 넘어갈 것이 아니라 오답도 꼼꼼히 확인하여 실력을 키우기 바란다. 금번 오답의 선지가 다음번에는 정답의 선지로 등장한다는 것은 주지의 사실이다.

　지난 기본 교재 집필에 이어 또다시 한정된 짧은 시간 동안 책을 집필한다는 것은 변함없이 힘들면서도 희열 넘치는 일이다. 수험생들의 합격을 기원한다.

2021.4.

조경국

이 책의 **차례**

이 책의 **차례**

제9편 \ 기타미시경제이론

MEMO

제 1 편

경제학의
기초

조경국
경제학
워크북

www.pmg.co.kr

기회비용

1 기회비용의 개념

1) 어느 대안을 선택함으로써 포기한 모든 자원의 가치가 그 대안의 기회비용이 된다.

2) 어느 대안을 선택함으로써 포기할 수밖에 없는 다수의 다른 대안들 중에서 가장 가치 있는 것의 순편익으로 측정한다. 즉, 차선의 기회의 가치가 된다.

2 기회비용의 측정

1) 명시적 비용

① 어느 대안을 선택함으로써 포기한 자원의 가치로서 실제로 지출된 금전적 비용이다.

② 대안 선택을 위해 실제로 지출하여야 하는 비용으로 회계장부에 기록된 회계적 비용이다.

2) 암묵적 비용

① 어느 대안을 선택함으로써 포기한 자원의 가치로서 실제로 지출된 비용은 아니지만, 얻을 수 있었던 수익의 감소로 인한 비용이다.

② 대안 선택을 위해서는 금전적 비용 이외에도 추가로 포기한 자원들(예를 들어 시간 등)이 있으며 그에 대한 가치가 바로 암묵적 비용이 된다.

3) 기회비용의 산식

= 금전적 지출액 + 포기한 대안의 순편익

3 소비활동과 기회비용

1) 소비로 인한 비용은 개인의 소비활동 과정에서 실제로 발생하는 지출과 실제로는 발생하지 않았으나 당해 소비로 인해 추가적으로 포기한 대안의 가치를 총괄하는 개념이다.

2) 명시적 비용

① 개인의 소비활동 과정에서 실제로 발생하는 지출

② 예 : 도서구입비, 영화관람비, 빵값 등

3) 암묵적 비용

① 개인의 소비활동 과정에서 실제로 발생한 지출은 아니지만 당해 소비로 인해서 포기한 다른 대안으로부터 얻을 수 있는 수익

② 예 : 영화관람의 경우 시간을 포기한 것이며 이로 인해 얻을 수 있는 수익으로서의 임금

제1편

4 **생산활동과 기회비용**

1) 생산으로 인한 비용은 기업의 생산활동 과정에서 실제로 발생하는 지출과 실제로는 발생하지 않았으나 당해 생산으로 인해 추가적으로 포기하는 대안의 가치를 총괄하는 개념이다.

2) **명시적 비용**

① 기업의 생산활동 과정에서 실제로 발생하는 지출

② 예 : 원료구입비, 노동임금, 자본 임대료 등

3) **암묵적 비용**

① 기업의 생산활동 과정에서 실제로 발생한 지출은 아니지만 생산활동으로 인해서 포기한 다른 활동으로부터 얻을 수 있는 수익

② 예 : 자신 소유 및 거주 건물의 임대료 등

5 **기회비용의 사용**

1) **경제법칙과 경제원칙**

모든 경제행위에는 얻게 되는 득이 있으면 잃게 되는 실이 있으며, 이때 잃게 되는 것은 기회비용의 관점에서 측정하게 된다.

2) **무차별곡선과 기회비용**

특정소비자의 주관적 선호체계 내에서 동일한 효용을 유지한다는 가정 하에서 재화 간 선택은 특정재화를 선택하면 다른 재화의 일부는 포기해야 하는 관계로서 기회비용적 관점을 전제로 하고 있다.

3) **등량곡선과 기회비용**

특정생산자의 주관적 기술체계 내에서 동일한 생산량을 유지한다는 가정 하에서 요소 간 선택은 특정 요소를 선택하면 다른 요소의 일부는 포기해야 하는 관계로서 기회비용적 관점을 전제로 하고 있다.

4) **생산가능곡선과 기회비용**

특정생산자의 주관적 기술체계 내에서 생산의 파레토효율을 유지한다는 가정 하에서 재화 간 선택은 특정 재화를 선택하면 다른 재화의 일부는 포기해야 하는 관계로서 기회비용적 관점을 전제로 하고 있다.

ISSUE 문제 📝

01 2018년 지방직 7급

직장인 K는 거주할 아파트를 결정할 때, 직장까지 월별 통근시간의 기회비용과 아파트 월별 임대료만을 고려한다. 통근시간과 임대료가 다음과 같은 경우 K의 최적 선택은? (단, K의 통근 1시간당 기회비용은 1만 원이다)

거주 아파트	월별 통근시간 (단위 : 시간)	월별 임대료 (단위 : 만 원)
A	10	150
B	15	135
C	20	125
D	30	120

① A 아파트
② B 아파트
③ C 아파트
④ D 아파트

출제이슈 기회비용
핵심해설 정답 ③

기회비용의 측정방법은 다음과 같다.

1) 명시적 비용
① 어느 대안을 선택함으로써 포기한 자원의 가치로서 실제로 지출된 금전적 비용이다.
② 대안 선택을 위해 실제로 지출하여야 하는 비용으로 회계장부에 기록된 회계적 비용이다.

2) 암묵적 비용
① 어느 대안을 선택함으로써 포기한 자원의 가치로서 실제로 지출된 비용은 아니지만, 얻을 수 있었던 수익의 감소로 인한 비용이다.
② 대안 선택을 위해서는 금전적 비용 이외에도 추가로 포기한 자원들(예를 들어 시간 등)이 있으며 그에 대한 가치가 바로 암묵적 비용이 된다.

3) 기회비용의 산식
= 금전적 지출액 + 포기한 대안의 순편익

설문을 검토하면 다음과 같다.

설문에서 아파트 관련 의사결정시 편익은 고려하지 않고 오직 통근시간의 기회비용과 임대료만을 고려한다고 하였으므로 이에 기하여 각각의 대안에 대한 기회비용을 구하면 다음과 같다.

대안 A : 10 + 150 = 160, 대안 B : 15 + 135 = 150, 대안 C : 20 + 125 = 145, 대안 D : 30 + 120 = 150
따라서 기회비용이 가장 작은 대안 C, 즉 C 아파트를 선택하는 것이 최적이다.

02 | 2019년 국가직 9급

乙은 자신의 저축 1,000만 원과 은행으로부터 대출받은 2,000만 원을 투자하여 사업을 시작하였다. 저축예금 이자율과 대출 이자율이 모두 연 5%로 동일할 경우, 이 사업에 투입된 금융자본의 연간 기회비용은?

① 100만 원
② 150만 원
③ 2,000만 원
④ 3,000만 원

출제이슈 기회비용
핵심해설 정답 ②

기회비용의 측정방법은 다음과 같다.

1) 명시적 비용
① 어느 대안을 선택함으로써 포기한 자원의 가치로서 실제로 지출된 금전적 비용이다.
② 대안 선택을 위해 실제로 지출하여야 하는 비용으로 회계장부에 기록된 회계적 비용이다.

2) 암묵적 비용
① 어느 대안을 선택함으로써 포기한 자원의 가치로서 실제로 지출된 비용은 아니지만, 얻을 수 있었던 수익의 감소로 인한 비용이다.
② 대안 선택을 위해서는 금전적 비용 이외에도 추가로 포기한 자원들(예를 들어 시간 등)이 있으며 그에 대한 가치가 바로 암묵적 비용이 된다.

3) 기회비용의 산식
  = 금전적 지출액 + 포기한 대안의 순편익

설문을 검토하면 다음과 같다.

설문에서 투자금액 3,000만 원의 기회비용을 자금원천별로 나누어 구하면 다음과 같다.

1) 저축으로 충당한 투자자금 1,000만 원의 기회비용
저축으로 얻을 수 있었던 이자소득을 포기한 것이므로 1,000만 원 × 5% = 50만 원이 기회비용이 된다.

2) 대출로 충당한 투자자금 2,000만 원의 기회비용
대출자금에 대한 이자지급액 2,000만 원 × 5% = 100만 원이 기회비용이 된다.

3) 따라서 총대출 3,000만 원의 기회비용은 150만 원이 된다.

03 2019년 국가직 9급

甲은 보유하고 있는 중고 의자를 일상생활에서 사용하기 위해 이미 18만 원을 수리비로 지불하였다. 甲에게 현재 이 의자의 주관적 가치는 13만 원이다. 만약 이 의자를 20만 원을 주고 추가로 손질하면 시장에 36만 원에 팔 수 있고, 현재 상태로 팔면 10만 원에 팔 수 있다고 한다. 甲의 합리적인 의사결정은?

① 추가로 손질해서 36만 원에 판다.
② 그대로 이 의자를 보유한다.
③ 10만 원을 받고 이 의자를 현재 상태로 판다.
④ 甲이 어떠한 의사결정을 하든 결과는 같다.

출제이슈 기회비용
핵심해설 정답 ①

기회비용의 측정방법은 다음과 같다.

1) 명시적 비용
① 어느 대안을 선택함으로써 포기한 자원의 가치로서 실제로 지출된 금전적 비용이다.
② 대안 선택을 위해 실제로 지출하여야 하는 비용으로 회계장부에 기록된 회계적 비용이다.

2) 암묵적 비용
① 어느 대안을 선택함으로써 포기한 자원의 가치로서 실제로 지출된 비용은 아니지만, 얻을 수 있었던 수익의 감소로 인한 비용이다.
② 대안 선택을 위해서는 금전적 비용 이외에도 추가로 포기한 자원들(예를 들어 시간 등)이 있으며 그에 대한 가치가 바로 암묵적 비용이 된다.

3) 기회비용의 산식
  = 금전적 지출액 + 포기한 대안의 순편익

설문을 검토하면 다음과 같다.

설문에서 선택의 대안은 중고의자 보유, 매각, 수리매각 3가지이며 각각의 대안에 대하여 기회비용을 구하여 의사결정에 활용한다.

기회비용을 구하기 위해서 먼저 각 대안의 순편익을 구하면 다음과 같다. (단위 : 만 원)

1) 중고의자 보유 시 순편익 = 13 − 0 = 13
2) 중고의자 매각 시 순편익 = 10 − 0 = 10
3) 중고의자 수리매각 시 순편익 = 36 − 20 = 16

이제 위에서 구한 순편익에 근거하여 각 대안의 기회비용을 구하면 다음과 같다.

1) 중고의자 보유 시 기회비용 = 16
2) 중고의자 매각 시 기회비용 = 16

3) 중고의자 수리매각 시 기회비용 = 13

이제 각 대안의 순편익을 기회비용을 고려하여 다시 구하면 다음과 같다.

1) 중고의자 보유 시 순편익 = 13 − 16 = −3
2) 중고의자 매각 시 순편익 = 10 − 16 = −6
3) 중고의자 수리매각 시 순편익 = 36 − 20 − 13 = 3

따라서 의사결정은 중고의자를 수리한 후 매각하는 것이 최선이다.

2017 지7   2010 지7

1 생산가능곡선의 성격

1) 생산가능곡선과 기회비용

특정생산자의 주관적 기술체계 내에서 생산의 파레토효율을 유지한다는 가정 하에서 재화 간 선택은 특정 재화를 선택하면 다른 재화의 일부는 포기해야 하는 관계로서 기회비용적 관점을 전제한다.

2) 생산가능곡선은 자원의 희소성 및 기회비용 체증을 반영한다.

① 특정재화의 생산이 증가할수록 기회비용은 체증한다.

② 특정재화의 기회비용이 증가하는 경우 다른 재화의 기회비용은 상대적으로 감소한다.

3) 생산가능곡선은 생산의 파레토효율을 반영한다.

① 생산가능곡선상의 점은 생산의 효율성을 반영한다.

② 생산가능곡선 바깥은 실현 불가능을, 내부는 비효율을 의미한다.

2 생산가능곡선의 도출

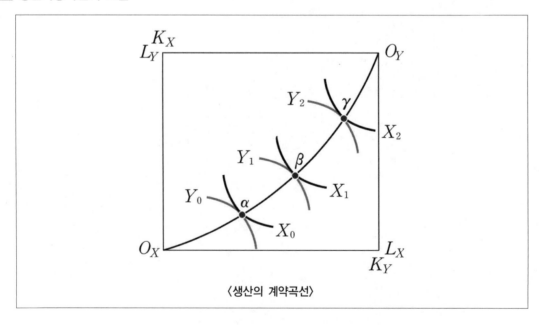

〈생산의 계약곡선〉

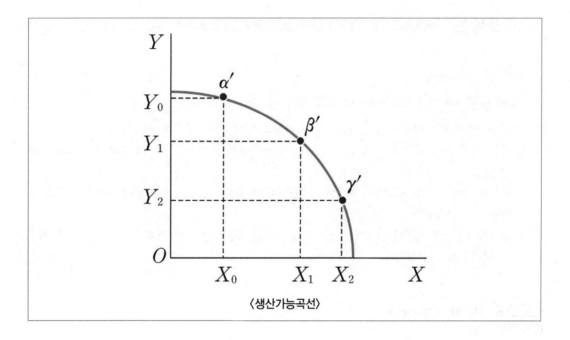

〈생산가능곡선〉

3 **생산가능곡선의 기울기와 볼록성**

1) **생산가능곡선의 기울기**: 한계전환율

2) 원점에 대해 볼록한 경우 기회비용 체증

3) 원점에 대해 오목한 경우 기회비용 체감

4 **생산가능곡선과 경제성장**

1) 경제성장으로 인해서 생산가능곡선이 바깥으로 확장

2) 만일 특정 재화를 중심으로 경제성장이 발생할 경우 특정 재화에 편향되게 생산가능곡선이 확장

3) 이 경우 한계전환율의 변화에 특히 유의
   ① 특정 재화의 한계전환율은 감소하므로 기회비용 감소
   ② 다른 재화는 상대적으로 기회비용 증가

ISSUE 문제 📝

01 2017년 지방직 7급

원점에 대해 오목한 생산가능곡선에 대한 설명으로 옳지 않은 것은?

① 기술진보가 이루어지면 생산가능곡선은 원점으로부터 바깥쪽으로 이동한다.

② 생산가능곡선이 원점에 대해 오목한 것은 재화 생산의 증가에 따른 기회비용이 체증하기 때문이다.

③ 원점에 대해 볼록한 사회무차별곡선이 주어진다면 생산가능곡선 선상의 한 점에서 최적의 생산수준이 결정된다.

④ 생산가능곡선의 외부에 위치하는 점은 비효율적인 생산점인 반면, 내부에 위치하는 점은 실현이 불가능한 생산점이다.

출제이슈 기회비용과 생산가능곡선
핵심해설 정답 ④

생산가능곡선은 다음과 같은 성격을 가진다.

1) 생산가능곡선과 기회비용
특정생산자의 주관적 기술체계 내에서 생산의 파레토효율을 유지한다는 가정 하에서 재화 간 선택은 특정 재화를 선택하면 다른 재화의 일부는 포기해야 하는 관계로서 기회비용적 관점을 전제한다.

2) 생산가능곡선은 자원의 희소성 및 기회비용 체증을 반영한다.
① 특정재화의 생산이 증가할수록 기회비용은 체증한다.
② 특정재화의 기회비용이 증가하는 경우 다른 재화의 기회비용은 상대적으로 감소한다.

3) 생산가능곡선은 생산의 파레토효율을 반영한다.
① 생산가능곡선상의 점은 생산의 효율성을 반영한다.
② 생산가능곡선 바깥은 실현 불가능을, 내부는 비효율을 의미한다.

설문을 검토하면 다음과 같다.

① 기술진보가 이루어지면 이전과 동일한 생산요소를 투입하고도 더 많은 생산물을 산출해 낼 수 있기 때문에 생산가능곡선은 바깥쪽으로 확장하여 이동한다.

② 생산가능곡선이 우하향하는 것은 자원의 희소성과 기회비용을 반영한 것이며, 생산가능곡선이 원점에 대해 오목한 것은 재화 생산의 증가에 따라 기회비용이 증가하기 때문이다.

③ 사회적 최적 수준의 생산은 생산제약 하에서 사회후생을 극대화할 때 달성되는데, 이를 기하적으로 나타내면 사회무차별 곡선과 생산가능곡선이 접할 때가 된다.

④ 틀린 내용이다. 생산가능곡선의 외부에 위치하는 점은 실현이 불가능한 생산점이며, 내부에 위치하는 점은 비효율적인 생산점이다.

02 2010년 지방직 7급

선박과 자동차만 생산하는 A국에서 선박생산의 기술혁신으로 선박과 자동차로 표현한 생산가능곡선이 이동하였고 경제성장을 달성하였다. 이 경우 나타나는 현상으로 옳지 않은 것은?

① 자동차의 기회비용은 증가한다.
② 선박의 기회비용은 증가한다.
③ 생산가능곡선상의 교환 비율은 곡선상의 위치에 따라 다를 수 있다.
④ 생산가능곡선상의 교환 비율은 시간에 따라 변할 수 있다.

출제이슈 기회비용과 생산가능곡선
핵심해설 정답 ②

생산가능곡선의 기울기는 기회비용을 반영하고 있다.

1) **생산가능곡선의 기울기** : 한계전환율
2) 원점에 대해 볼록한 경우 기회비용 체증
3) 원점에 대해 오목한 경우 기회비용 체감

한편 경제성장이 발생하면 생산가능곡선은 이동하고 한계전환율에 변화가 생긴다.

1) 경제성장으로 인해서 생산가능곡선이 바깥으로 확장
2) 만일 특정 재화를 중심으로 경제성장이 발생할 경우 특정 재화에 편향되게 생산가능곡선이 확장
3) 이 경우 한계전환율 변화
① 특정 재화부문의 기술혁신으로 한계비용이 감소하여 한계전환율은 감소하므로 기회비용 감소
② 다른 재화는 상대적으로 기회비용 증가

설문을 검토하면 다음과 같다.

①, ② 선박과 자동차만 생산하는 A국에서 선박생산의 기술혁신이 나타났으므로 선박 생산의 기회비용은 감소하고 상대적으로 자동차 생산의 기회비용은 증가하게 된다. 따라서 ②는 틀린 내용이다.

③ 생산가능곡선상의 교환 비율은 한계전환율로서 생산곡선상의 어느 위치에서 측정하는가에 따라서 달라진다.

④ 생산가능곡선상의 교환 비율인 한계전환율은 시간이 흐름에 따라서 개별재화의 비용구조가 바뀌는 경우 변화할 수 있다.

MEMO

제 2 편

수요와
공급이론

조경국
경제학
워크북
미시편

수요함수와 수요곡선의 이동

1 수요함수

1) $Q_D = f(P, P', I, T)$

P : 재화가격, P' : 연관재화가격, I : 소득, T : 기호 및 기타 모든 요인을 포괄

2) 수요함수의 기울기는 음수, $\dfrac{dQ_D}{dP} < 0$

3) **역수요함수의 이용** : $P = P(Q) = a - bQ$ 형태

2 수요곡선의 이동 [2013 지7]

1) 수요곡선의 이동 및 수요변화의 원인

① 수요곡선 자체의 이동은 수요의 변화가 일어났다고 한다.

② 가격이 불변일 때, 다른 요인(소득, 연관재화가격, 기호)이 변화하면 수요량이 변화한다.

 ⅰ) 소득 변화

 ⅱ) 연관재인 도시가스의 가격 변화

 ⅲ) 연관재인 전기기기에 대한 수요 변화

④ 수리적 분석

수요함수가 다음과 같은 경우

$Q = a + bP + cP' + dP'' + eI$

(P: 당해재화가격, $P' \cdot P''$ 연관재화가격, I: 소득)

$I = I_0 \rightarrow I_1$ (소득 감소) or I_2 (소득 증가)

$P' = P'_0 \rightarrow P'_1$ (연관재가격 상승) or P'_2 (연관재가격 하락)

$Q = Q_0 \rightarrow Q_1$ (수요량 감소) or Q_2 (수요량 증가)

2) 수요곡선상의 이동 및 수요량 변화의 원인

① 수요곡선상의 이동은 수요량의 변화가 일어났다고 한다.

② 다른 요인이 불변일 때, 가격이 변화하면 수요량이 변화한다.

③ 사례 : 전력에 대한 수요곡선상의 이동 - 전기료의 변화

④ 수리적 분석

수요함수가 다음과 같은 경우

$Q = a + bP + cP' + dP'' + eI$

(P: 당해재화가격, $P' \cdot P''$ 연관재화가격, I: 소득)

$P = P_0 \rightarrow P_1$ (가격 상승) or P_2 (가격 하락)

$Q = Q_0 \rightarrow Q_1$ (수요량 감소) or Q_2 (수요량 증가)

ISSUE 문제 📝

01 2013년 지방직 7급

전력 과소비의 원인 중 하나로 낮은 전기료가 지적되고 있다. 다음 중 전력에 대한 수요곡선을 이동 (Shift)시키는 요인이 아닌 것은?

① 소득의 변화
② 전기료의 변화
③ 도시가스의 가격 변화
④ 전기 기기에 대한 수요 변화

출제이슈 수요곡선의 이동과 수요곡선상의 이동
핵심해설 정답 ②

수요곡선의 이동과 수요곡선상의 이동을 구분하는 것이 중요하다.

1) 수요곡선의 이동 및 수요변화의 원인

① 수요곡선 자체의 이동은 수요의 변화가 일어났다고 한다.
② 가격이 불변일 때, 다른 요인(소득, 연관재화가격, 기호)이 변화하면 수요량이 변화한다.
③ 수리적 분석

수요함수가 $Q = a + bP + cP' + dP'' + eI$
(P: 당해재화가격, $P' \cdot P''$ 연관재화가격, I: 소득)
$I = I_0 \rightarrow I_1$ (소득 감소) or I_2 (소득 증가)
$P' = P'_0 \rightarrow P'_1$ (연관재가격 상승) or P'_2 (연관재가격 하락)
$Q = Q_0 \rightarrow Q_1$ (수요량 감소) or Q_2 (수요량 증가)

2) 수요곡선상의 이동 및 수요량 변화의 원인

① 수요곡선상의 이동은 수요량의 변화가 일어났다고 한다.
② 다른 요인이 불변일 때, 가격이 변화하면 수요량이 변화한다.
③ 수리적 분석

수요함수가 $Q = a + bP + cP' + dP'' + eI$
(P: 당해재화가격, $P' \cdot P''$ 연관재화가격, I: 소득)
$P = P_0 \rightarrow P_1$ (가격 상승) or P_2 (가격 하락)
$Q = Q_0 \rightarrow Q_1$ (수요량 감소) or Q_2 (수요량 증가)

설문을 검토하면 다음과 같다.

①, ③, ④ 수요곡선 자체의 이동은 소득, 다른 재화 가격, 선호의 변화에 기인한다. 소득이 변화하거나 도시가스, 전력기기의 가격이 변화할 경우 전력에 대한 수요곡선 자체가 이동한다.
② 수요곡선상의 이동은 재화가격의 변화에 기인한다. 전력가격이 변화할 경우 전력에 대한 수요곡선상에서 이동한다.

ISSUE 02 수요함수와 재화의 성격

1 수요함수와 재화의 성격 2016 국7

1) 수요함수

$Q = a + bP + cP' + dP'' + eI$

(P: 당해재화가격, $P' \cdot P''$연관재화가격, I: 소득)

2) 수요의 결정요인과 재화의 성격

① 가격: 가격탄력성, 기펜재 여부

② 소득: 소득탄력성, 정상재, 사치재, 필수재, 열등재

③ 연관재가격: 교차탄력성, 보완재, 대체재

3) 사례

① 수요함수 $Q_A = 0.8 - 0.8P_A - 0.2P_B + 0.6I$,

   수요함수 $Q_B = 1.1 - 1.3P_B - 0.25P_A + 0.7I$

② A, B재화는 정상재, 보완관계

2 소득 및 재화가격의 변화에 따른 재화의 성격

1) 소득 증가 시 수요량의 변화 2014 서7

① 당해 재화가 정상재인 경우: 수요량 증가

② 당해 재화가 열등재인 경우: 수요량 감소

2) 재화가격 상승 시 수요량의 변화 2016 서7

① 당해 재화가 정상재, 열등재인 경우: 수요량 감소

② 당해 재화가 기펜재인 경우: 수요량 증가

3) 연관재화(당해 재화)의 가격 상승 시 당해 재화(연관재화)의 수요량의 변화
   2016 서7   2018 국9   2014 서7

① 연관재화가 대체재인 경우: 수요량 증가, 가격 상승

② 연관재화가 보완재인 경우: 수요량 감소, 가격 하락

③ 일반균형분석적 접근법

제2편

3 **수요법칙의 예외**

1) **기펜재** : 소득효과가 대체효과를 압도   2013 서7

2) **베블렌 효과** : 고가품, 과시욕구   2017 국9

4 **수요법칙과 네트워크효과**   2017 국9

1) **밴드웨건 효과**

① 가격 하락 → 타인소비 증가 → 본인소비 증가(수요곡선 완만함)

② 밴드웨건 효과는 가격이 하락하여 타인의 소비가 증가할수록 본인의 효용을 증가시켜서 본인의 소비가 증가하는 현상으로서 가격 하락 시 수요량의 증가를 더욱 증폭시켜서 수요곡선이 완만하게 형성되는 원인으로 작용한다.

2) **스놉 효과**

① 가격 하락 → 타인소비 증가 → 본인소비 감소(수요곡선 가파름)

② 스놉 효과는 가격이 하락하여 타인의 소비가 증가할수록 본인의 효용을 감소시켜서 오히려 본인의 소비는 감소하는 현상으로서 가격 하락 시 수요량의 증가를 어느 정도 상쇄하여 수요곡선이 가파르게 형성되는 원인으로 작용한다.

ISSUE 문제 📝

---

01 2016년 서울시 7급

재화 X의 가격이 상승할 때 나타나는 효과에 대한 서술로 가장 옳은 것은?

① 재화 X와 대체관계에 있는 재화 Y의 가격은 하락한다.
② 재화 X와 보완관계에 있는 재화 Y의 수요량은 증가한다.
③ 재화 X가 정상재라면 수요량은 감소한다.
④ 재화 X가 열등재라면 수요량은 증가한다.

핵심해설 수요함수와 재화의 성격
출제이슈 정답 ③

재화가격의 변화에 따른 재화의 성격은 다음과 같다.

1) 당해 재화의 가격 상승 시 당해 재화의 수요량의 변화

① 당해 재화가 정상재인 경우 : 수요량 감소
② 당해 재화가 열등재인 경우 : 수요량 감소
③ 당해 재화가 기펜재인 경우 : 수요량 증가

2) 연관재화(당해 재화)의 가격 상승 시 당해 재화(연관재화)의 수요량의 변화

① 연관재화가 대체재인 경우 : 수요량 증가, 가격 상승
② 연관재화가 보완재인 경우 : 수요량 감소, 가격 하락

설문을 검토하면 다음과 같다.

① 틀린 내용이다.
특정재화의 가격이 상승할 경우 당해 재화에 대한 수요량이 감소하고 그와 대체관계에 있는 재화에 대한 수요가 증가하므로 대체재의 가격이 상승한다.

② 틀린 내용이다.
한편, 당해 재화에 대한 수요량이 감소하기 때문에 그와 보완관계에 있는 재화에 대한 수요 또한 감소하여 보완재의 가격은 하락한다.

③ 옳은 내용이다.
특정재화의 가격이 상승할 경우 당해 재화가 정상재라면 수요량은 감소한다. 대체효과에 의하여 수요량이 감소하고, 소득효과에 의하여도 수요량이 감소한다.

④ 틀린 내용이다.
특정재화의 가격이 상승할 경우 당해 재화가 열등재라면 수요량의 변화는 불확실하다. 대체효과에 의하여 수요량이 감소하지만, 소득효과에 의하여 수요량이 증가하기 때문에 두 효과를 모두 고려하여야 수요량의 최종 변화 방향을 알 수 있다. 기펜재인 열등재라면, 가격 상승 시 수요량이 증가하지만, 기펜재가 아닌 열등재라면, 가격 상승 시 수요량이 감소한다.

02 2018년 국가직 9급

돼지고기와 닭고기는 서로 대체관계에 있는 재화이다. 돼지고기의 가격이 하락함에 따라 닭고기 시장에서 나타날 현상으로 적절한 것은?

① 균형가격 상승, 균형거래량 증가
② 균형가격 상승, 균형거래량 감소
③ 균형가격 하락, 균형거래량 증가
④ 균형가격 하락, 균형거래량 감소

출제이슈 수요함수와 재화의 성격
핵심해설 정답 ④

연관재화(당해 재화)의 가격 변화 시 당해 재화(연관재화)의 수요량의 변화는 다음과 같다.

1) 연관재화(당해 재화)의 가격 상승 시 당해 재화(연관재화)의 수요량의 변화

① 연관재화가 대체재인 경우 : 수요량 증가, 가격 상승
② 연관재화가 보완재인 경우 : 수요량 감소, 가격 하락

2) 연관재화(당해 재화)의 가격 하락 시 당해 재화(연관재화)의 수요량의 변화

① 연관재화가 대체재인 경우 : 수요량 감소, 가격 하락
② 연관재화가 보완재인 경우 : 수요량 증가, 가격 상승

설문을 검토하면 다음과 같다.

돼지고기의 가격이 하락할 경우 당해 재화에 대한 수요량이 증가하고 그와 대체관계에 있는 재화에 대한 수요는 감소하므로 대체재인 닭고기의 가격이 하락하고 거래량도 감소한다.

03 2014년 서울시 7급

X재는 열등재이며 수요, 공급의 법칙을 따른다. 최근 경기불황으로 소비자들의 소득이 감소했다. 한편 원료비 하락으로 X재의 대체재인 Y재 가격이 내렸다. X의 가격은 최종적으로 상승했다. 다음 중 옳은 설명은? (단, X재의 공급곡선에는 변화가 없었다)

① X재의 거래량은 감소하였다.
② 변화 전후의 두 균형점은 동일한 수요곡선 상에 있다.
③ X재의 판매수입이 증가하였다.
④ Y재가 X재의 보완재였다면 X재의 가격은 하락했을 것이다.
⑤ X재 생산자의 생산자잉여는 감소했다.

출제이슈 수요함수와 재화의 성격
핵심해설 정답 ③

소득과 연관재화가격의 변화에 따른 재화의 성격은 다음과 같다.

1) 소득 증가 시 수요량의 변화

① 당해 재화가 정상재인 경우 : 수요량 증가
② 당해 재화가 열등재인 경우 : 수요량 감소

2) 소득 감소 시 수요량의 변화

① 당해 재화가 정상재인 경우 : 수요량 감소
② 당해 재화가 열등재인 경우 : 수요량 증가

3) 연관재화(당해 재화)의 가격 상승 시 당해 재화(연관재화)의 수요량의 변화

① 연관재화가 대체재인 경우 : 수요량 증가, 가격 상승
② 연관재화가 보완재인 경우 : 수요량 감소, 가격 하락

4) 연관재화(당해 재화)의 가격 하락 시 당해 재화(연관재화)의 수요량의 변화

① 연관재화가 대체재인 경우 : 수요량 감소, 가격 하락
② 연관재화가 보완재인 경우 : 수요량 증가, 가격 상승

설문을 검토하면 다음과 같다.

소득 감소 시, X재가 정상재라면, X재에 대한 수요가 감소하여 수요곡선이 좌하방으로 이동한다.
그러나 X재가 열등재의 경우, X재에 대한 수요가 증가하여 수요곡선이 우상방으로 이동한다.

대체재의 가격이 하락한 경우 대체재에 대한 수요량이 증가하여 X재에 대한 수요는 감소하여 수요곡선이 좌하방으로 이동한다.

① 틀린 내용이다.

X재에 대한 수요곡선이 우상방 이동하였으므로 거래량은 증가하였다.

② 틀린 내용이다.

변화 전후의 두 균형점은 동일한 수요곡선이 아니라 서로 다른 수요곡선 상에 위치한다.

③ 옳은 내용이다.

X재의 가격이 최종적으로 상승하였다면, 수요곡선이 최종적으로 우상방으로 이동했음을 의미하므로 판매수입이 증가한 것이다.

④ 틀린 내용이다.

만일 X재의 대체재가 아니라 보완재의 가격이 하락하였다면, 보완재에 대한 수요량이 증가하여 X재에 대한 수요도 증가하여 수요곡선이 우상방으로 이동하여 X재의 가격은 상승한다.

⑤ 틀린 내용이다.

X재에 대한 최종적인 수요 증가로 인하여 가격이 상승하고 거래량이 증가하였으므로 생산자잉여는 증가한다.

04 2016년 국가직 7급

다음은 사과와 배의 수요함수를 추정한 식이다. 이에 대한 설명으로 옳지 않은 것은?

- 사과의 수요함수: $Q_A = 0.8 - 0.8P_A - 0.2P_B + 0.6I$
- 배의 수요함수: $Q_B = 1.1 - 1.3P_B - 0.25P_A + 0.7I$

(단, Q_A는 사과수요량, Q_B는 배수요량, P_A는 사과가격, P_B는 배가격, I는 소득을 나타낸다)

① 사과와 배는 보완재이다.
② 사과와 배는 모두 정상재이다.
③ 사과와 배는 모두 수요법칙이 성립한다.
④ 사과와 배는 모두 가격 및 소득과 무관한 수요량은 없다.

출제이슈 수요함수와 재화의 성격
핵심해설 정답 ④

수요함수와 재화의 성격은 다음과 같다.

1) 수요함수

$Q = a + bP + cP' + dP'' + eI$ (P: 당해재화가격, $P' \cdot P''$연관재화가격, I: 소득)

2) 수요의 결정요인과 재화의 성격

① 가격 : 가격탄력성, 기펜재 여부
  i) $b < 0$, 수요법칙 성립
  ii) $b > 0$, 수요법칙 불성립, 기펜재
② 소득 : 소득탄력성, 정상재, 사치재, 필수재, 열등재
  i) 수요함수가 로그변수로 이루어진 경우, 소득탄력성 $e > 1$, 정상재, 사치재
  ii) 수요함수가 로그변수로 이루어진 경우, 소득탄력성 $0 < e < 1$, 정상재, 필수재
  iii) 수요함수가 로그변수로 이루어진 경우, 소득탄력성 $e < 0$, 열등재
③ 연관재가격 : 교차탄력성, 보완재, 대체재
  i) $c < 0$, 보완재
  ii) $d > 0$, 대체재

설문을 검토하면 다음과 같다.

① 옳은 내용이다.
사과와 배의 수요함수에 의하면, 배의 가격 상승 시 사과의 수요이 감소하고, 반대로 사과의 가격 상승 시 배의 수요가 감소하므로, 배와 사과는 보완재 관계에 있음을 알 수 있다.
② 옳은 내용이다.
사과와 배의 수요함수에 의하면, 소득 증가 시 사과에 대한 수요와 배에 대한 수요가 모두 증가하므로, 배와 사과는 정상재이다.
③ 옳은 내용이다.
사과와 배의 수요함수에 의하면, 사과의 가격 상승 시 사과의 수요량이 감소하고, 배의 가격 상승 시 배의 수요량이 감소하므로, 배와 사과 모두 수요법칙이 성립함을 알 수 있다.
④ 틀린 내용이다.
사과와 배의 수요함수에 의하면, 사과와 배 모두 가격 및 소득과 무관한 수요량이 각각 0.8, 1.1 임을 알 수 있다.

05 2017년 국가직 9급

다음은 비합리적 소비에 대한 설명이다. ㉠과 ㉡에 들어갈 효과를 바르게 연결한 것은?

> 고가품일수록 과시욕에 따른 수요가 증가하는 (㉠) 효과는 가격에 직접 영향을 받고, 보통 사람과 자신을 차별하고 싶은 욕망으로 나타나는 (㉡) 효과는 가격이 아닌 다른 사람의 소비에 직접 영향을 받는다.

	㉠	㉡
①	밴드왜건(bandwagon)	베블렌(veblen)
②	밴드왜건(bandwagon)	스놉(snob)
③	베블렌(Veblen)	스놉(snob)
④	스놉(snob)	밴드왜건(bandwagon)

출제이슈 수요법칙의 예외와 네트워크효과
핵심해설 정답 ③

수요법칙의 예외인 기펜재와 베블렌 효과는 다음과 같다.

먼저 기펜재는 가격 변화 시 나타나는 소득효과가 대체효과를 압도하여 가격효과가 정상재와는 달리 나타나서 수요법칙이 적용되지 않는 경우이다.

베블렌 효과는 고가품 등에 대한 자기 과시적 욕구에 의하여 나타나는 현상으로서 고가품일수록 가격이 상승할수록 오히려 수요가 커지는 것을 의미하며 수요법칙의 예외로 작용한다.

수요에 있어서 네트워크효과에는 밴드웨건 효과와 스놉 효과가 있다.

밴드웨건 효과는 가격이 하락하여 타인의 소비가 증가할수록 본인의 효용을 증가시켜서 본인의 소비가 증가하는 현상으로서 가격 하락 시 수요량의 증가를 더욱 증폭시켜서 수요곡선이 완만하게 형성되는 원인으로 작용한다.

스놉 효과는 가격이 하락하여 타인의 소비가 증가할수록 본인의 효용을 감소시켜서 오히려 본인의 소비는 감소하는 현상으로서 가격 하락 시 수요량의 증가를 어느 정도 상쇄하여 수요곡선이 가파르게 형성되는 원인으로 작용한다.

설문을 검토하면 다음과 같다.

㉠의 경우 고가품일수록 가격이 상승할수록 오히려 수요가 커지는 것으로서 베블렌 효과이며,
㉡의 경우 다른 사람으로부터 자신을 차별하고 싶은 욕망으로 나타나기 때문에 가격 하락 시 다른 사람들의 소비가 증가하면 자신의 소비는 오히려 감소하는 것으로 표출되는 것으로서 스놉 효과이다.

가격탄력성의 계산

1 가격탄력성

1) 개념

① 가격변화에 따른 수요량 변화 정도를 측정

② 가격이 변화할 때 그에 따른 수요량이 얼마나 민감하게 반응하는지 측정

2) 계산식

$$e_p = - \frac{\frac{dQ}{Q} \text{(수요량 변화율)}}{\frac{dP}{P} \text{(가격 변화율)}}$$

3) 기하적 분석

$$e_p = - \frac{\frac{dQ}{Q}}{\frac{dP}{P}} = - \frac{dQ}{dP} \cdot \frac{P}{Q} = \frac{c}{a} \cdot \frac{b}{c} = \frac{b}{a}$$

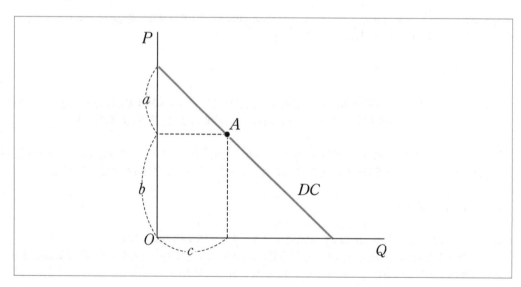

2 가격탄력성의 계산 및 활용

1) **직각쌍곡선**: 모든 점에서 항상 가격탄력성 1 〔2015 서7〕

2) 적정수요량 유도를 위한 정책적 가격 책정 〔2011 국7〕

3) 시장균형을 구한 후 가격탄력성 계산 〔2011 국7〕 〔2014 국7〕

4) 가격탄력성과 독점기업의 가격차별 〔2017 국7〕

5) 호탄력성 〔2017 국7 하〕

6) **결정요인**: 재화의 성격, 대체재 유무, 고려하는 기간 〔2014 서7〕

7) 가격탄력성으로부터 가격을 계산 〔2020 지7〕

8) 가격탄력성과 로그함수 〔2020 지7〕

ISSUE 문제 📝

01 2020년 지방직 7급

커피에 대한 수요함수가 $Q^d = 2,400 - 2P$일 때, 가격 P^*에서 커피 수요에 대한 가격탄력성의 절댓값은 $\dfrac{1}{2}$이다. 이때 가격 P^*는? (단, Q^d는 수요량, P는 가격이다)

① 400
② 600
③ 800
④ 1,000

출제이슈 가격탄력성과 가격
핵심해설 정답 ①

수요의 가격탄력성 및 공급의 가격탄력성을 기하적으로 도출하면 다음과 같다.

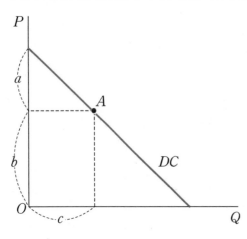
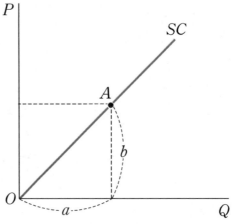

$$e_p = -\frac{\dfrac{dQ}{Q}}{\dfrac{dP}{P}} = -\frac{dQ}{dP} \cdot \frac{P}{Q} = \frac{c}{a} \cdot \frac{b}{c} = \frac{b}{a} \qquad\qquad e = \frac{\dfrac{dQ}{Q}}{\dfrac{dP}{P}} = \frac{dQ}{dP} \cdot \frac{Q}{P} = \frac{a}{b} \cdot \frac{b}{a} = 1$$

설문에서 수요함수 $Q^d = 2,400 - 2P$ 는 $P = 1,200 - 0.5Q^d$ 로서 위의 산식에서 $a + b = 1,200$ 이 된다. 따라서 가격탄력성 $e_p = \dfrac{b}{a} = \dfrac{b}{1,200 - b} = 0.5$ 이다. 따라서 $b = 400$ 가 되고 이 값이 가격이 된다.

02 2015년 서울시 7급

수요곡선의 식이 $Q_d = \dfrac{21}{p}$ 일 때, 이 재화의 수요의 가격탄력성은?

① 0   ② 0.42

③ 1   ④ 1.5

출제이슈 지출액이 일정한 경우 가격탄력성
핵심해설 정답 ③

가격탄력성의 개념과 산식은 다음과 같다.

1) 개념

① 가격변화에 따른 수요량 변화 정도를 측정
② 가격이 변화할 때 그에 따른 수요량이 얼마나 민감하게 반응하는지 측정

2) 계산식

$$e_p = -\dfrac{\dfrac{dQ}{Q}\text{ (수요량 변화율)}}{\dfrac{dP}{P}\text{ (가격 변화율)}}$$

설문의 수요함수로부터 위의 산식을 이용하여 가격탄력성을 구하면 다음과 같다.

$$e_p = -\dfrac{\dfrac{dQ}{Q}}{\dfrac{dP}{P}} = -\dfrac{dQ}{dP}\dfrac{P}{Q} = \dfrac{21}{P^2}\dfrac{P}{\dfrac{21}{P}} = 1$$

특히 재화에 대한 지출액이 일정할 경우, 수요의 가격탄력성은 1이 된다는 것을 알 수 있다.

따라서 설문에서 당해 재화에 대한 지출액은 항상 21로 일정하므로 위와 같이 수요의 가격탄력성은 1이다.

03 | 2011년 국가직 7급

담배수요의 가격탄력성이 0.4이며 담배의 가격은 2,000원이다. 정부가 담배소비량을 20% 감소시키고자 할 때, 담배가격의 적정인상분은?

① 1,000원   ② 2,000원

③ 3,000원   ④ 4,000원

출제이슈   가격탄력성의 수리적 도출
핵심해설   정답 ①

가격탄력성의 개념과 산식은 다음과 같다.

1) 개념
① 가격변화에 따른 수요량 변화 정도를 측정
② 가격이 변화할 때 그에 따른 수요량이 얼마나 민감하게 반응하는지 측정

2) 계산식

$$e_p = -\frac{\dfrac{dQ}{Q}\text{ (수요량 변화율)}}{\dfrac{dP}{P}\text{ (가격 변화율)}}$$

설문의 수요함수로부터 위의 산식을 이용하여 가격탄력성을 구하면 다음과 같다.

$$e_p = -\frac{\dfrac{\Delta Q}{Q}\text{ (수요량 변화율)}}{\dfrac{\Delta P}{P}\text{ (가격 변화율)}} = -\frac{-0.2}{\dfrac{\Delta P}{P}} = 0.4$$

따라서 $\dfrac{\Delta P}{P} = 0.5$가 된다.

이는 가격을 50% 인상하여야 함을 의미한다.
따라서 현재 담배가격이 2,000원이므로 인상분은 1,000원이 된다.

04 2011년 국가직 7급

해외 관광상품 시장의 수요 및 공급함수가 다음과 같이 주어질 때, 시장 균형에서의 수요와 공급의 가격탄력성이 바르게 연결된 것은? (단, 단위는 Q만명, P만 원이다)

수요함수 $Q_d = 210 - P$, 공급함수 $Q_s = 2P$

① (0.5, 1.0)   ② (0.5, 2.0)
③ (1.0, 1.0)   ④ (1.0, 2.0)

출제이슈 가격탄력성의 기하적 도출
핵심해설 정답 ①

수요의 가격탄력성 및 공급의 가격탄력성을 기하적으로 도출하면 다음과 같다.

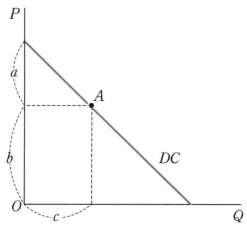 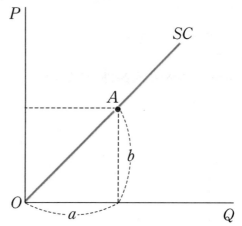

$$e_p = -\frac{\dfrac{dQ}{Q}}{\dfrac{dP}{P}} = -\frac{dQ}{dP} \cdot \frac{P}{Q} = \frac{c}{a} \cdot \frac{b}{c} = \frac{b}{a} \qquad e = \frac{\dfrac{dQ}{Q}}{\dfrac{dP}{P}} = \frac{dQ}{dP} \cdot \frac{Q}{P} = \frac{a}{b} \cdot \frac{b}{a} = 1$$

설문에서 주어진 자료를 이용하여 먼저 시장균형을 구한 후, 균형에서의 탄력성을 나중에 구한다.

1) 시장균형
수요량과 공급량이 일치하는 균형을 구하면, 균형가격은 70, 균형거래량은 140이 된다.

2) 가격탄력성
이때 균형에서 수요의 가격탄력성을 위의 산식에 대입하여 기하적으로 구하면 $a = 140$, $b = 70$이 되므로 가격탄력성은 0.5가 된다. 공급의 가격탄력성은 공급곡선이 원점에서 출발하는 경우이므로 1이 된다.

05 2014년 국가직 7급

다음은 소매시장의 오리고기 수요곡선과 공급곡선이다. $P_b = 7$, $P_c = 3$, $P_d = 5$, $Y = 2$ 라고 할 때, 시장균형점에서 오리고기에 대한 수요의 가격탄력성은?

> 수요곡선: $Q_d = 105 - 30P - 20P_c + 5P_b - 5Y$
>
> 공급곡선: $Q_s = 5 + 10P - 3P_d$
>
> (단, P는 소매시장 오리가격, P_b는 쇠고기 가격, P_c는 닭고기 가격, P_d는 도매시장 오리고기 가격, Y는 소득이다)

① $\dfrac{1}{6}$

② $\dfrac{1}{3}$

③ 3

④ 6

출제이슈 가격탄력성의 기하적 도출

핵심해설 정답 ④

수요의 가격탄력성을 기하적으로 도출하면 다음과 같다.

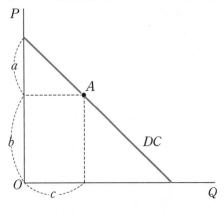

$$e_p = -\frac{\dfrac{dQ}{Q}}{\dfrac{dP}{P}} = -\frac{dQ}{dP} \cdot \frac{P}{Q} = \frac{c}{a} \cdot \frac{b}{c} = \frac{b}{a}$$

설문에서 주어진 자료를 이용하여 먼저 시장균형을 구한 후, 균형에서의 탄력성을 나중에 구한다.

1) 시장균형

수요량과 공급량이 일치하는 균형을 구하면, 균형가격은 2, 균형거래량은 10이 된다.

2) 가격탄력성

이때 균형에서 수요의 가격탄력성을 위의 산식에 대입하여 기하적으로 구하면 $a = \dfrac{1}{3}$, $b = 2$가 되므로 가격탄력성은 6이 된다.

06 　2017년 국가직 7급

다음 그림은 보통 사람과 중증환자에 대한 의료서비스 수요곡선을 나타낸다. 보통사람의 수요곡선은 D_1, 중증환자의 수요곡선은 D_2일 때, 옳지 않은 것은?

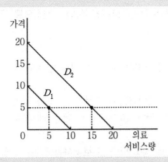

① 보통사람은 가격 5에서 탄력성이 −1이다.

② 중증환자는 가격 5에서 탄력성이 $-\frac{1}{3}$이다.

③ 이윤을 극대화하는 독점병원은 보통사람보다 중증환자에게 더 높은 가격을 부과한다.

④ 가격 5에서 가격 변화율이 동일할 경우 보통사람이나 중증환자 모두 수요량의 변화율은 동일하다.

출제이슈 가격탄력성의 기하적 도출
핵심해설 정답 ④

수요의 가격탄력성을 기하적으로 도출하면 다음과 같다.

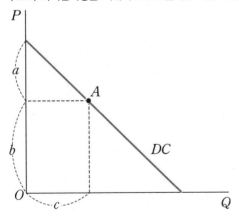

$$e_p = -\frac{\frac{dQ}{Q}}{\frac{dP}{P}} = -\frac{dQ}{dP}\cdot\frac{P}{Q} = \frac{c}{a}\cdot\frac{b}{c} = \frac{b}{a}$$

설문을 검토하면 다음과 같다.

먼저 ①, ②, ④에서 보통사람 D_1의 경우 수요의 가격탄력성을 위의 산식에 대입하여 기하적으로 구하면 $a = 5, b = 5$ 가 되므로 가격탄력성은 1이 된다.

중증환자 D_2의 경우 수요의 가격탄력성을 위의 산식에 대입하여 기하적으로 구하면 $a = 15, b = 5$ 가 되므로 가격탄력성은 1/3가 된다.

따라서 보통사람의 탄력성은 중증환자의 탄력성보다 크다는 것을 알 수 있다.

가격 5 수준에서 보통사람과 중증환자의 가격탄력성은 위에서 본 바와 같이 상이하며 이는 동일한 가격변화율에 대하여 수요량의 변화율이 상이함(1 vs 1/3)을 의미한다. 따라서 ④는 틀린 내용이다.

③에서 이윤을 극대화하는 독점사업자는 탄력성이 보다 큰 보통사람에게는 낮은 가격을, 탄력성이 보다 작은 중증환자에게는 높은 가격을 부과해야 이윤을 극대화할 수 있다.

07 2017년 하 국가직 7급

甲은 영화 DVD 대여료가 4,000원일 때 한 달에 5개를 빌려보다가, DVD 대여료가 3,000원으로 하락하자 한 달에 9개를 빌려보았다. 甲의 DVD 대여에 대한 수요의 탄력성과 수요곡선의 모양에 대한 설명으로 가장 적절한 것은?

① 수요는 탄력적이고, 이때의 수요곡선은 상대적으로 완만하다.
② 수요는 탄력적이고, 이때의 수요곡선은 상대적으로 가파르다.
③ 수요는 비탄력적이고, 이때의 수요곡선은 상대적으로 완만하다.
④ 수요는 비탄력적이고, 이때의 수요곡선은 상대적으로 가파르다.

출제이슈 호탄력성의 계산
핵심해설 정답 ①

호탄력성의 산식은 다음과 같다.

$$e_p = - \frac{\dfrac{\Delta Q}{\dfrac{Q_1 + Q_2}{2}}}{\dfrac{\Delta P}{\dfrac{P_1 + P_2}{2}}} = - \frac{\dfrac{\Delta Q}{Q_1 + Q_2}}{\dfrac{\Delta P}{P_1 + P_2}}$$

설문의 자료를 위의 산식에 대입하여 호탄력성을 구하면 다음과 같다.

$$e_p = - \frac{\dfrac{\Delta Q}{Q}}{\dfrac{\Delta P}{P}} = \frac{\dfrac{4}{\dfrac{5+9}{2}}}{\dfrac{1,000}{\dfrac{4,000+3,000}{2}}} = 2$$

따라서 수요의 가격탄력성이 1보다 크므로 탄력적이며 수요곡선은 상대적으로 완만하다.

08 [2020년 지방직 7급]

상품 A의 수요함수를 추정하기 위해서 다음과 같은 모형을 구성했다. 분석 결과로 β_2가 -0.0321 로 추정되었을 때 이에 대한 설명으로 옳은 것은? (단, Q^d는 수요량, P는 가격, ϵ은 오차항이다)

$$\ln Q^d = \beta_1 + \beta_2 \ln P + \epsilon$$

① 가격 P가 1% 상승하면, 수요량 Q^d가 3.21% 감소한다.
② 가격 P가 1% 상승하면, 수요량 Q^d가 0.0321% 감소한다.
③ 가격 P가 1% 포인트 상승하면, 수요량 Q^d가 3.21% 포인트 감소한다.
④ 가격 P가 1% 포인트 상승하면, 수요량 Q^d가 0.0321% 포인트 감소한다.

출제이슈 자연로그와 가격탄력성
핵심해설 정답 ②

가격탄력성은 가격이 변화할 때 그에 따른 수요량이 얼마나 민감하게 반응하는지 측정해주는 지표이며 다음과 같이 수요량 변화율과 가격변화율의 비율로 구할 수 있다.

$$e_p = -\frac{\dfrac{dQ}{Q} \text{(수요량 변화율)}}{\dfrac{dP}{P} \text{(가격 변화율)}}$$

이는 $Q = a + bP + cP' + dP'' + eI$ (P: 당해재화가격, $P' \cdot P''$ 연관재화가격, I: 소득)와 같은 선형의 수요함수에서 구하는 것이 일반적이다.

그런데 설문에서와 같이 수요함수가 $\ln Q^d = \beta_1 + \beta_2 \ln P + \epsilon$ 로서 자연로그를 포함하는 형태로 주어지면 다음과 같은 사항을 주의할 필요가 있다.

1) 로그미분은 변화율을 나타낸다.
$\ln Q^d = \beta_1 + \beta_2 \ln P + \epsilon$에서 가격의 미분을 시간을 고려할 경우 $\dfrac{d\ln P}{dt}$가 된다.

이를 자연로그미분법과 미분의 연쇄법칙을 이용하여 계산하면 $\dfrac{d\ln P}{dt} = \dfrac{d\ln P}{dP}\dfrac{dP}{dt} = \dfrac{1}{P}\dfrac{dP}{dt} = \widehat{P}$ 가 된다.

위와 같은 방법은 수요량의 미분을 시간을 고려하여 계산하면 다음과 같다.
$$\dfrac{d\ln Q}{dt} = \dfrac{d\ln Q}{dQ}\dfrac{dQ}{dt} = \dfrac{1}{Q}\dfrac{dQ}{dt} = \widehat{Q}$$

정리하자면, 가격의 로그미분(로그를 취한 후 시간에 대해 미분한 것으로 해석)은 가격변화율이 되고 수요량의 로그미분은 수요량변화율이 된다.

2) 로그미분계수는 탄력성을 나타낸다.

위에서 가격의 로그미분이 가격변화율, 수요량의 로그미분이 수요량변화율이므로 수요량의 로그미분을 가격의 로그미분을 나누면 탄력성이 된다.

3) 마지막으로 주의할 점은 탄력성의 해석이다.

탄력성값의 의미는 설명변수(분모에 위치)가 1만큼 변화할 때 피설명변수(분자에 위치)가 얼마만큼 변화하는지를 나타낸다. 이를 비례적으로 바꿔서 표현하면, 설명변수가 1% 변화할 때 피설명변수가 몇 퍼센트 변화하느냐를 나타낸다.

위의 내용을 이용하여 문제를 풀면 다음과 같다.

위에서 수요량의 로그미분을 가격의 로그미분으로 나눠야 탄력성이 되므로 그를 구한다.

$$(\frac{dlnQ}{dt} = \frac{dlnQ}{dQ} \frac{dQ}{dt} = \frac{1}{Q} \frac{dQ}{dt} = \widehat{Q}) \ / \ (\frac{dlnP}{dt} = \frac{dlnP}{dP} \frac{dP}{dt} = \frac{1}{P} \frac{dP}{dt} = \widehat{P})$$

그런데 이 값은 $\dfrac{\frac{dlnQ}{dt}}{\frac{dlnP}{dt}} = \dfrac{dlnQ}{dlnP}$ 가 되며 이는 $\ln Q^d = \beta_1 + \beta_2 \ln P + \epsilon$ 에서 β_2 가 된다.

β_2 가 -0.0321로 주어졌으므로 가격탄력성이 -0.0321이라는 의미이다.

해석하면, 로그가격이 1 변화하면, 로그수요량은 반대방향으로 -0.0321 변화한다.
이는 가격이 1% 상승하면, 수요량은 -0.0321% 감소한다고 바꿔서 표현할 수 있다.

ISSUE 04 가격탄력성과 기업의 총수입

1 가격탄력성과 기업의 총수입

1) 가격변화에 따른 기업의 총수입 변화를 측정

2) 수리적 분석

기업의 수입 $TR = P \cdot Q$ 수요함수 $P = p(Q) = a - bQ$

$$\therefore TR = (a - bQ) \cdot Q = aQ - bQ^2 = -b(Q - \frac{a}{2b})^2 + \frac{a^2}{4b}$$

$$\therefore P = \frac{a}{2}, \quad Q = \frac{a}{2b}, \quad e_P = 1 일 때 \ TR이 최대$$

3) 기하적 분석

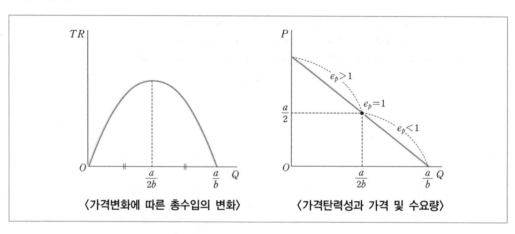

〈가격변화에 따른 총수입의 변화〉　　〈가격탄력성과 가격 및 수요량〉

2 기업의 가격책정에 따른 총수입의 변화

2019 지7 │ 2010 국7 │ 2012 지7 │ 2012 국9 │ 2016 지7 │ 2013 국9

1) $e_P > 1$ **인 영역 (탄력적 구간)**

① 가격 인상 → 수요량 감소 → 총수입 감소　② 가격 인하 → 수요량 증가 → 총수입 증가

2) $e_P < 1$ **인 영역 (비탄력적 구간)**

① 가격 인상 → 수요량 감소 → 총수입 증가　② 가격 인하 → 수요량 증가 → 총수입 감소

3 가격변화율과 총수입변화율　 2018 국7

4 가격탄력성과 총수입극대화　 2016 서7

제2편

ISSUE 문제 📝

01 　2012년 지방직 7급

A기업이 생산하는 X재화에 대한 수요가 가격 비탄력적인 경우, A기업이 X재화의 가격을 인상한다면 A기업의 총수입은?

① 감소한다.
② 증가한다.
③ 일정하다.
④ 알 수 없다.

출제이슈 가격탄력성과 기업의 총수입
출제이슈 정답 ②

가격변화에 따른 기업의 총수입 변화는 가격탄력성에 따라 다음과 같다.

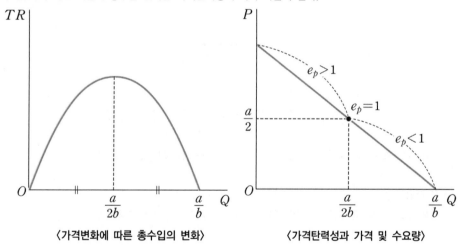

〈가격변화에 따른 총수입의 변화〉　　〈가격탄력성과 가격 및 수요량〉

1) $e_P > 1$인 영역 (탄력적 구간)
　① 가격 인상 → 수요량 감소 → 총수입 감소　② 가격 인하 → 수요량 증가 → 총수입 증가

2) $e_P < 1$인 영역 (비탄력적 구간)
　① 가격 인상 → 수요량 감소 → 총수입 증가　② 가격 인하 → 수요량 증가 → 총수입 감소

수요가 탄력적인 구간에서는 가격이 하락하는 경우, 가격 하락의 효과보다도 수요량 증가의 효과가 더 크기 때문에 총수입이 증가한다. 반대로 수요가 비탄력적인 구간에서는, 가격이 상승하는 경우, 가격 상승의 효과가 수요량 감소의 효과보다 더 크기 때문에 총수입이 증가한다.

설문에서 주어진 바와 같이 A기업이 생산하는 X재화에 대한 수요가 가격 비탄력적인 경우에 해당하므로 A기업이 X재화의 가격을 인상한다면 A기업의 총수입은 증가한다. 비탄력적인 구간에서는, 가격이 상승하는 경우, 가격 상승의 효과가 수요량 감소의 효과보다 더 크기 때문에 총수입이 증가한다.

02 　2013년 국가직 9급

상품 A의 수요곡선이 우하향하는 직선일 때 옳게 설명한 것은?

① 수요곡선 상 모든 점에서 수요의 가격탄력성은 일정하다.
② 수요의 가격탄력성이 1일 때 기업의 총수입은 극대화된다.
③ 가격탄력성의 크기와 상관없이 가격이 하락할수록 기업의 총수입은 증가된다.
④ 가격이 하락할수록 수요의 가격탄력성은 증가한다.

출제이슈 가격탄력성과 기업의 총수입
핵심해설 정답 ②

가격변화에 따른 기업의 총수입 변화는 가격탄력성에 따라 다음과 같다.

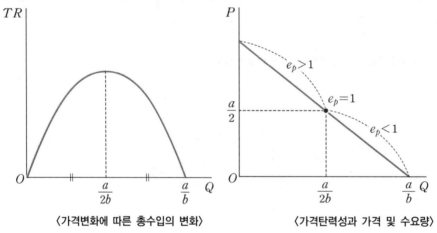

〈가격변화에 따른 총수입의 변화〉　　〈가격탄력성과 가격 및 수요량〉

1) $e_P > 1$인 영역 (탄력적 구간)

① 가격 인상 → 수요량 감소 → 총수입 감소　② 가격 인하 → 수요량 증가 → 총수입 증가

2) $e_P < 1$인 영역 (비탄력적 구간)

① 가격 인상 → 수요량 감소 → 총수입 증가　② 가격 인하 → 수요량 증가 → 총수입 감소

수요가 탄력적인 구간에서는 가격이 하락하는 경우, 가격 하락의 효과보다도 수요량 증가의 효과가 더 크기 때문에 총수입이 증가한다. 반대로 수요가 비탄력적인 구간에서는, 가격이 상승하는 경우, 가격 상승의 효과가 수요량 감소의 효과보다 더 크기 때문에 총수입이 증가한다.

설문의 내용을 검토하면 다음과 같다.

① 틀린 내용이다.
수요곡선이 우하향할 때 수요곡선 상의 점의 위치에 따라서 수요의 가격탄력성은 상이하다.

② 옳은 내용이다.
기업의 총수입극대화는 가격탄력성이 1인 점에서 달성된다. 가격탄력성이 1인 점은 한계수입이 0이 되는 점으로서 수입 극대화가 달성된다.

③ 틀린 내용이다.
가격이 변화하는 경우 기업의 총수입 변동은 가격탄력성의 크기와 밀접한 관련이 있다.

④ 틀린 내용이다.
가격이 하락할수록 수요의 가격탄력성은 작아지고 가격이 상승할수록 수요의 가격탄력성은 커진다.

03 [2012년 국가직 9급]

다른 조건이 일정할 경우, 맥주시장에서 맥주의 가격이 20% 증가했을 때 맥주의 시장수요량이 4% 감소하였다. 이에 대한 설명으로 옳은 것은?

① 시장수요가 탄력적이기 때문에 맥주 총 판매수입이 증가함
② 시장수요가 탄력적이기 때문에 맥주 총 판매수입이 감소함
③ 맥주 총 판매수입은 변화가 없음
④ 시장수요가 비탄력적이기 때문에 맥주 총 판매수입은 증가함

출제이슈 가격탄력성과 기업의 총수입
핵심해설 정답 ④

가격변화에 따른 기업의 총수입 변화는 가격탄력성에 따라 다음과 같다.

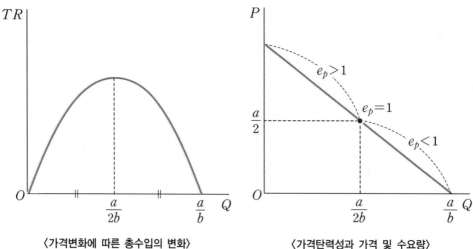

〈가격변화에 따른 총수입의 변화〉　〈가격탄력성과 가격 및 수요량〉

1) $e_P > 1$ 인 영역 (탄력적 구간)
 ① 가격 인상 → 수요량 감소 → 총수입 감소　② 가격 인하 → 수요량 증가 → 총수입 증가

2) $e_P < 1$ 인 영역 (비탄력적 구간)
 ① 가격 인상 → 수요량 감소 → 총수입 증가　② 가격 인하 → 수요량 증가 → 총수입 감소

설문에서 가격변화율이 20%일 때, 수요량 변화율이 -4%이므로 가격탄력성은 0.25가 된다.

따라서 현재는 수요탄력성이 1보다 작은 비탄력적 구간에 해당한다. 이 경우 가격 인상에 따라서 판매수입은 증가한다. 비탄력적인 구간에서는, 가격이 상승하는 경우, 가격 상승의 효과가 수요량 감소의 효과보다 더 크기 때문에 총수입이 증가한다.

04 〔2016년 지방직 7급〕

A시의 시내버스시스템이 적자상태에 있어 수입을 증대시킬 방안을 찾고 있다. A시의 대중교통과 직원은 버스요금 인상을 주장하는 데 반해, 시민단체는 버스요금 인하를 주장한다. 양측의 주장에 대한 설명으로 옳은 것은?

① 직원은 버스에 대한 수요가 가격탄력적이라고 생각하지만, 시민단체는 수요가 가격비탄력적이라 생각한다.

② 직원은 버스에 대한 수요가 가격비탄력적이라고 생각하지만, 시민단체는 수요가 가격탄력적이라고 생각한다.

③ 직원과 시민단체 모두 버스에 대한 수요가 가격비탄력적이라 생각하지만, 시민단체의 경우가 더 비탄력적이라고 생각한다.

④ 직원과 시민단체 모두 버스에 대한 수요가 가격탄력적이라 생각하지만, 직원의 경우가 더 탄력적이라고 생각한다.

출제이슈 가격탄력성과 기업의 총수입
핵심해설 정답 ②

가격변화에 따른 기업의 총수입 변화는 가격탄력성에 따라 다음과 같다.

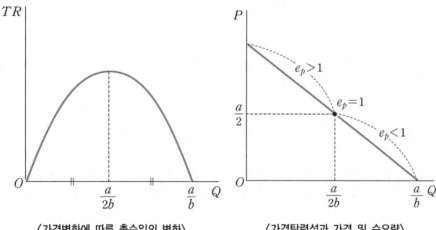

〈가격변화에 따른 총수입의 변화〉　　　　〈가격탄력성과 가격 및 수요량〉

수요가 탄력적인 구간에서는 가격이 하락하는 경우, 가격 하락의 효과보다도 수요량 증가의 효과가 더 크기 때문에 총수입이 증가한다. 반대로 수요가 비탄력적인 구간에서는, 가격이 상승하는 경우, 가격 상승의 효과가 수요량 감소의 효과보다 더 크기 때문에 총수입이 증가한다.

설문의 내용을 검토하면 다음과 같다.

수입을 증대시키기 위해서 직원은 버스요금 인상을 주장한다.
그 근거는 버스서비스에 대한 수요가 비탄력적이기 때문에 가격 인상 시 수입을 늘릴 수 있다는 것이다.

한편, 수입을 증대시키기 위해서 시민단체는 버스요금 인하를 주장한다.
그 근거는 버스서비스에 대한 수요가 탄력적이기 때문에 가격 인하 시 수입을 늘릴 수 있다는 것이다.

05 2016년 서울시 7급

어떤 독점 기업의 생산물에 대한 수요곡선상에서 수요의 가격탄력성(절댓값)이 1이 되는 점이 있다고 하자. 이 점에 대한 설명으로 가장 옳은 것은?

① 이윤이 극대화되는 점이다.
② 한계비용이 0이 되는 점이다.
③ 한계수입이 0이 되는 점이다.
④ 평균비용이 극소화되는 점이다.

출제이슈 가격탄력성과 기업의 총수입
핵심해설 정답 ③

가격변화에 따른 기업의 총수입 변화는 가격탄력성에 따라 다음과 같다.

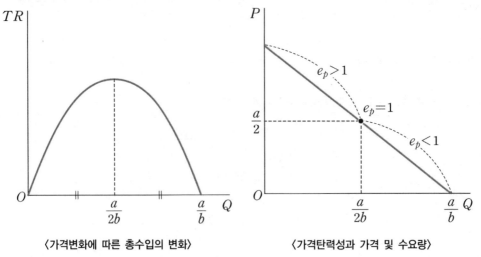

〈가격변화에 따른 총수입의 변화〉　　　　　〈가격탄력성과 가격 및 수요량〉

위의 그래프에서 보는 바와 같이 독점 기업의 생산물에 대한 수요의 가격탄력성이 1인 경우 한계수입(총수입곡선의 기울기)이 0이며, 총수입이 극대화된다. 한계수입이 0이라는 것은 수학적으로 총수입을 생산량으로 미분하여 구할 수 있다.

06 │ 2010년 국가직 7급

수요의 가격탄력성에 대한 설명으로 적절하지 않은 것은?

① 탄력성이 1보다 크면 가격이 하락함에 따라 공급자의 총수입은 증가한다.
② 수요의 가격탄력성은 어떤 재화의 가격이 변할 때 그 재화의 수요량이 얼마나 얼마나 변하는
   지 나타내는 척도이다.
③ 수요에 대한 가격탄력성은 대체재가 많을수록 큰 값을 갖는다.
④ 탄력성이 1보다 작으면 가격이 상승함에 따라 소비자의 총지출은 감소한다.

출제이슈 가격탄력성과 기업의 총수입
핵심해설 정답 ④

설문을 검토하면 다음과 같다.

① 옳은 내용이다.
수요가 탄력적인 구간에서는 가격이 하락하는 경우, 가격 하락의 효과보다도 수요량 증가의 효과가 더 크기 때문에 총수입이
증가한다.

② 옳은 내용이다.
탄력성은 두 변수 간의 관계의 방향 및 관계의 민감도를 나타내는 지표로서 수요의 가격탄력성은 어떤 재화의 가격변화율과
그 재화의 수요량 변화율 간의 비율로 정의된다. 이는 재화의 가격이 변할 때 그 재화의 수요량이 얼마나 얼마나 변하는지
나타내는 척도가 된다.

③ 옳은 내용이다.
특정재화의 대체재가 많을수록 특정 재화의 가격 상승 시 소비자들이 용이하게 다른 대체재로 소비선택을 다변화시킬 수
있기 때문에 특정재화의 가격탄력성이 커지게 된다.

④ 틀린 내용이다.
수요가 비탄력적인 구간에서는, 가격이 상승하는 경우, 가격 상승의 효과가 수요량 감소의 효과보다 더 크기 때문에 총수입
즉 소비자의 총지출은 증가한다.

07 [2019년 지방직 7급]

수요의 재화탄력성에 대한 설명으로 옳지 않은 것은?

① 재화의 수요가 비탄력적일 때, 재화의 가격이 상승하면 그 재화를 생산하는 기업의 총수입은 증가한다.
② 재화에 대한 수요의 가격탄력성이 1일 때, 재화의 가격이 변하더라도 그 재화를 생산하는 기업의 총수입에는 변화가 없다.
③ 재화의 수요가 탄력적일 때, 재화의 가격이 하락하면 그 재화를 소비하는 소비자의 총지출은 증가한다.
④ 수요곡선이 우하향의 직선일 경우 수요의 가격탄력성은 임의의 모든 점에서 동일하다.

출제이슈 가격탄력성과 기업의 총수입
핵심해설 정답 ④

설문을 검토하면 다음과 같다.

①, ③ 옳은 내용이다.
수요가 탄력적인 구간에서는 가격이 하락하는 경우, 가격 하락의 효과보다도 수요량 증가의 효과가 더 크기 때문에 총수입이 증가한다. 반대로 수요가 비탄력적인 구간에서는, 가격이 상승하는 경우, 가격 상승의 효과가 수요량 감소의 효과보다 더 크기 때문에 총수입이 증가한다.

② 옳은 내용이다.
수요의 가격탄력성이 1인 경우, 가격변화율과 수요량 변화율이 동일하므로 결국 소비자의 총지출액 및 기업의 총수입액은 변화하지 않는다.

④ 틀린 내용이다.
수요곡선이 우하향하는 직선인 경우 수요의 가격탄력성은 임의의 점에서 측정할 경우 그 위치에 따라서 상이하다. 수요의 가격탄력성을 기하적으로 도출하면 다음의 그래프에서 $e_p = -\dfrac{dQ}{dP} \cdot \dfrac{P}{Q} = \dfrac{c}{a} \cdot \dfrac{b}{c} = \dfrac{b}{a}$ 이 된다. 따라서 측정의 기준이 되는 점 A가 바뀜에 따라서 가격탄력성이 상이함을 알 수 있다.

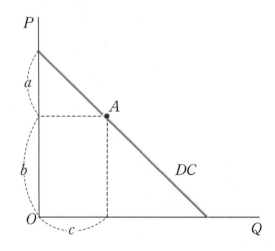

08 [2018년 국가직 7급]

어느 재화의 가격이 1천 원에서 1% 상승하면 판매 수입은 0.2% 증가하지만, 5천 원에서 가격이 1% 상승하면 판매 수입은 0.1% 감소한다. 이 재화에 대한 설명으로 옳은 것은? (단, 수요곡선은 수요의 법칙이 적용된다)

① 가격이 1천 원에서 1% 상승 시, 가격에 대한 수요의 탄력성은 탄력적이다.
② 가격이 5천 원에서 1% 상승 시, 가격에 대한 수요의 탄력성은 비탄력적이다.
③ 가격이 1천 원에서 1% 상승 시, 수요량은 0.2% 감소한다.
④ 가격이 5천 원에서 1% 상승 시, 수요량은 1.1% 감소한다.

출제이슈 가격탄력성과 기업의 총수입
핵심해설 정답 ④

총수입 TR 은 다음과 같이 계산된다.

$$TR = PQ, \ P : 가격, \ Q : 거래량$$

이를 변화율 형태로 근사하여 쓰면 다음과 같다.

총수입 변화율 = 가격변화율 + 거래량(수요량) 변화율

설문에서 가격이 1천 원에서 1% 상승하면 판매 수입은 0.2% 증가한다고 하였으므로
이는 수요량 변화율은 −0.8%임을 의미한다. 따라서 ③은 틀린 내용이 된다.

따라서 가격변화율과 수요량 변화율을 조합하면, 수요의 가격탄력성은 0.80이 된다.
이는 수요가 비탄력적임을 의미하므로 ①은 틀린 내용이 된다.

또한 가격이 5천 원에서 가격이 1% 상승하면 판매 수입은 0.1% 감소한다고 하였으므로
이는 수요량 변화율은 −1.1%임을 의미한다. 따라서 ④는 옳은 내용이다.

따라서 가격변화율과 수요량 변화율을 조합하면, 수요의 가격탄력성은 1.10이 된다.
이는 수요가 탄력적임을 의미하므로 ②는 틀린 내용이 된다.

09 2017년 지방직 7급

수요함수가 우하향하는 직선의 형태일 때, 수요의 가격탄력성에 대한 설명으로 옳은 것은?

① 필수재에 비해 사치재의 수요는 가격변화에 대해 보다 비탄력적이다.

② 수요의 가격탄력성이 1일 때 총지출은 최대가 된다.

③ 수요의 가격탄력성은 수요곡선의 어느 점에서 측정하더라도 같은 값을 가진다.

④ 수요곡선의 임의의 점에서 수요의 가격탄력성은 수요곡선 기울기의 역수로 계산된다.

출제이슈 가격탄력성과 기업의 총수입
핵심해설 정답 ②

설문을 검토하면 다음과 같다.

① 틀린 내용이다.
사치재의 경우 가격변화에 대하여 민감하게 반응하므로 상대적으로 보다 탄력적이라고 할 수 있다.

② 옳은 내용이다.
수요의 가격탄력성이 1일 때 소비자의 총지출 및 기업의 총수입이 최대가 된다.
수요의 가격탄력성이 1인 경우 한계수입(총수입곡선의 기울기)이 0이며, 총수입이 극대화된다. 한계수입이 0이라는 것은 수학적으로 총수입을 생산량으로 미분하여 구할 수 있다.

③ 틀린 내용이다.
수요의 가격탄력성은 $e_p = - \dfrac{dQ}{dP} \cdot \dfrac{P}{Q}$ 로서 수요곡선의 임의의 점 (P, Q) 에 따라서 상이한 값을 갖는다.

④ 틀린 내용이다.
수요의 가격탄력성은 $e_p = - \dfrac{dQ}{dP} \cdot \dfrac{P}{Q}$ 로서 수요곡선의 기울기 $1 / \dfrac{dQ}{dP}$ 를 포함하지만, 기울기의 역수 그 자체는 아니다.

소득탄력성과 교차탄력성

1 소득탄력성

1) 개념

① 소득 변화에 따른 수요량 변화 정도를 측정

② 소득이 변화할 때 그에 따른 수요량이 얼마나 민감하게 반응하는지 측정

2) 계산식 $e_M = \dfrac{\dfrac{dQ}{Q} \text{(수요량 변화율)}}{\dfrac{dM}{M} \text{(소득 변화율)}}$ 2019 서7

3) 재화의 성격과 소득탄력성

① 정상재: 소득탄력성 > 0

   i) 필수재: 0 < 소득탄력성 < 1 2014 서7

   ii) 사치재: 소득탄력성 > 1 2013 서7

② 열등재: 소득탄력성 < 0 2020 국9

2 교차탄력성

1) 개념

① 다른 재화가격 변화에 따른 수요량 변화

② 다른 재화가격이 변화할 때, 그에 따른 수요량이 얼마나 민감하게 반응하는지 측정

2) 계산식 $e_C = \dfrac{\dfrac{dQ}{Q} \text{(수요량 변화율)}}{\dfrac{dP_R}{P_R} \text{(다른 재화가격의 변화율)}}$ 2019 국7 2015 국9 2011 국9

3) 재화의 성격과 교차탄력성 2011 국7 2013 서7 2014 서7

① 대체재: 교차탄력성 > 0

② 보완재: 교차탄력성 < 0

③ 교차탄력성의 절대값이 0에 가까우면 두 재화는 서로 독립적

ISSUE 문제 📝

01 2020년 국가직 9급

"X재는 열등재(inferior goods)이다."라는 주장을 증명할 수 있는 탄력성은?

① X재 수요의 가격탄력성
② X재 수요의 소득탄력성
③ X재 공급의 가격탄력성
④ X재 공급의 교차탄력성

출제이슈 열등재의 소득탄력성
핵심해설 정답 ②

1) 열등재
열등재는 소득 증가 시 수요량이 감소하는 재화를 말한다. 반대로 정상재는 소득 증가 시 수요량이 증가한다.

2) 소득탄력성
소득탄력성은 소득 변화에 따른 수요량 변화 정도를 측정하는 지표로서 소득이 변화할 때 그에 따른 수요량이 얼마나 민감하게 반응하는지를 나타내며 그 산식은 다음과 같다.

$$\text{소득탄력성} \quad e_M = \frac{\dfrac{dQ}{Q}\text{ (수요량 변화율)}}{\dfrac{dM}{M}\text{ (소득 변화율)}}$$

3) 열등재의 소득탄력성
열등재의 경우 소득변화율과 수요량 변화율이 반대방향이므로 열등재의 소득탄력성은 0보다 작다.

02 | 2019년 서울시 7급 |

어떤 사람이 소득수준에 상관없이 소득의 절반을 식료품 구입에 사용한다. 〈보기〉 중 옳은 것을 모두 고르면?

〈보기〉

ㄱ. 식료품의 소득 탄력성의 절댓값은 1보다 작다.
ㄴ. 식료품의 소득 탄력성의 절댓값은 1이다.
ㄷ. 식료품의 가격 탄력성의 절댓값은 1보다 크다.
ㄹ. 식료품의 가격 탄력성의 절댓값은 1이다.

① ㄱ, ㄷ　　　　　② ㄱ, ㄹ
③ ㄴ, ㄷ　　　　　④ ㄴ, ㄹ

출제이슈 가격탄력성, 소득탄력성
핵심해설 정답 ④

설문에서 소득의 절반을 항상 식료품 구입에 사용한다면 $P_X X = 0.5M$ 으로 나타낼 수 있다(단, X 는 식료품). 이 수요함수를 가격탄력성과 소득탄력성의 공식에 대입하면 다음과 같이 쉽게 탄력성을 구할 수 있다.

1) 가격탄력성

$$e_p = -\frac{\dfrac{dQ}{Q}\,(\text{수요량 변화율})}{\dfrac{dP}{P}\,(\text{가격 변화율})} = \frac{dQ}{dP}\frac{P}{Q} = 1$$

2) 소득탄력성

$$e_M = \frac{\dfrac{dQ}{Q}\,(\text{수요량 변화율})}{\dfrac{dM}{M}\,(\text{소득 변화율})} = \frac{dQ}{dM}\frac{M}{Q} = 1$$

따라서 설문에서 식료품의 가격탄력성은 1(지문 ㄹ), 소득탄력성도 1(지문 ㄴ)이 된다.

03 2011년 국가직 7급

두 재화 간의 가격의 교차탄력성이 0보다 작다면, 두 재화 간의 관계는?

① 보완재의 관계
② 대체재의 관계
③ 정상재와 열등재의 관계
④ 사치재와 필수재의 관계

출제이슈 교차탄력성
핵심해설 정답 ①

교차탄력성의 개념, 산식, 특징은 다음과 같다.

1) 개념
① 다른 재화가격 변화에 따른 수요량 변화
② 다른 재화가격이 변화할 때, 그에 따른 수요량이 얼마나 민감하게 반응하는지 측정

2) 계산식

$$e_C = \frac{\dfrac{dQ}{Q} \text{(수요량 변화율)}}{\dfrac{dP_R}{P_R} \text{(다른 재화가격의 변화율)}}$$

3) 재화의 성격과 교차탄력성

① 교차탄력성 > 0 : 대체재
② 교차탄력성 < 0 : 보완재
③ 교차탄력성의 절대값이 0에 가까우면 두 재화는 서로 독립적

설문에서 두 재화간의 교차탄력성이 음수라고 하였으므로 두 재화는 보완재의 관계에 있다.

04 2015년 국가직 9급

돼지고기 수요의 닭고기 가격에 대한 교차탄력성이 2일 때, 돼지고기 수요량이 10% 감소하였다. 이 경우 닭고기 가격은 얼마나 감소하였는가?

① 1%
② 2%
③ 5%
④ 10%

출제이슈 교차탄력성
핵심해설 정답 ③

교차탄력성의 개념, 산식은 다음과 같다.

1) 개념
① 다른 재화가격 변화에 따른 수요량 변화
② 다른 재화가격이 변화할 때, 그에 따른 수요량이 얼마나 민감하게 반응하는지 측정

2) 계산식

$$e_C = \frac{\frac{dQ}{Q} \text{(수요량 변화율)}}{\frac{dP_R}{P_R} \text{(다른 재화가격의 변화율)}}$$

설문에서 주어진 자료를 위의 산식에 대입하면 다음과 같다.

$$e_c = \frac{\text{돼지고기 수요량의 변화율}}{\text{닭고기 가격의 변화율}} = \frac{-10\%}{x} = 2$$

따라서 닭고기 가격은 5% 하락하였음을 알 수 있다.

이 경우 돼지고기와 닭고기는 서로 대체관계에 있어서 교차탄력성이 양수이며, 닭고기 가격이 하락하는 경우 돼지고기에 대한 수요가 감소함을 잘 보여주고 있다.

05 | 2011년 국가직 9급 |

휘발유 수요의 가격탄력성은 1이고 휘발유 수요의 연탄가격에 대한 교차탄력성은 2라고 할 때, 휘발유 수요량을 10% 줄이려면 정책당국은 연탄가격을 얼마나 인하하여야 하는가?

① 1% ② 2%
③ 5% ④ 10%

출제이슈 교차탄력성
핵심해설 정답 ③

교차탄력성의 개념, 산식은 다음과 같다.

1) 개념
① 다른 재화가격 변화에 따른 수요량 변화
② 다른 재화가격이 변화할 때, 그에 따른 수요량이 얼마나 민감하게 반응하는지 측정

2) 계산식

$$e_C = \frac{\frac{dQ}{Q} \text{(수요량 변화율)}}{\frac{dP_R}{P_R} \text{(다른 재화가격의 변화율)}}$$

설문에서 주어진 자료를 위의 산식에 대입하면 다음과 같다.

$$e_c = \frac{\text{휘발유 수요량의 변화율}}{\text{연탄 가격의 변화율}} = \frac{-10\%}{x} = 2$$

따라서 휘발유 수요량을 10% 줄이기 위해서는 연탄가격을 5% 인하해야 함을 알 수 있다.

이 경우 휘발유와 연탄은 서로 대체관계에 있어서 교차탄력성이 양수이며, 연탄가격이 하락하는 경우 휘발유에 대한 수요가 감소함을 잘 보여주고 있다.

제2편

06 2019년 국가직 7급

X재의 수요함수가 $Q_X = 200 - 0.5P_X + 0.4P_Y + 0.3M$이다. P_X는 100, P_Y는 50, M은 100일 때, Y재 가격에 대한 X재 수요의 교차탄력성은? (단, Q_X는 X재 수량, P_X는 X재 가격, P_Y는 Y재 가격, M은 소득이다)

① 0.1   ② 0.2

③ 0.3   ④ 0.4

출제이슈 교차탄력성
핵심해설 정답 ①

교차탄력성의 개념, 산식은 다음과 같다.

1) 개념
① 다른 재화가격 변화에 따른 수요량 변화
② 다른 재화가격이 변화할 때, 그에 따른 수요량이 얼마나 민감하게 반응하는지 측정

2) 계산식

$$e_C = \frac{\dfrac{dQ}{Q} \text{(수요량 변화율)}}{\dfrac{dP_R}{P_R} \text{(다른 재화가격의 변화율)}}$$

설문에서 주어진 자료를 위의 산식에 대입하면 다음과 같다.

수요함수 $Q_X = 200 - 0.5P_X + 0.4P_Y + 0.3M$이며 P_X는 100, P_Y는 50, M은 100이므로
$Q_X = 200$이 된다.

$$e_c = \frac{\dfrac{dQ}{Q} \text{(수요량 변화율)}}{\dfrac{dP_R}{P_R} \text{(다른 재화가격의 변화율)}} = \frac{\dfrac{dQ_X}{Q_X}}{\dfrac{dP_Y}{P_Y}} = \frac{dQ}{dP_Y}\frac{P_Y}{Q} = 0.4 \times \frac{50}{200} = 0.1$$

07 2014년 서울시 7급

수요의 탄력성들에 대한 다음의 지문 중 옳게 기술한 것은?

① 수요곡선의 기울기가 −2인 직선일 경우 수요곡선의 위 어느점에서나 가격탄력성이 동일하다.
② 수요의 가격탄력성이 탄력적이라면 가격인하는 총수입을 증가시키는 좋은 전략이 아니다.
③ X재의 가격이 5% 인상되자 Y재 수요가 10% 상승했다면 수요의 교차탄력성은 2이고 두 재화는 대체재이다.
④ 가격이 올랐을 때 시간이 경과될수록 적응이 되기 때문에 수요의 가격탄력성이 작아진다.
⑤ 수요의 소득탄력성이 비탄력적인 재화는 열등재이다.

출제이슈 수요의 탄력성
핵심해설 정답 ③

설문을 검토하면 다음과 같다.

① 틀린 내용이다.
수요곡선이 직선인 경우 수요곡선 위의 임의의 점에서 가격탄력성은 모두 상이하다.
수요의 가격탄력성은 $e_p = -\dfrac{dQ}{dP} \cdot \dfrac{P}{Q}$ 로서 수요곡선의 임의의 점(P, Q)에 따라 상이한 값을 갖는다.

② 틀린 내용이다.
탄력적인 경우 가격 인하 시 가격 인하의 효과보다 수요량 증가의 효과가 더 크기 때문에 총수입이 증가하게 된다. 따라서 이 경우 가격 인하는 총수입을 증가할 수 있는 좋은 전략이 된다.

③ 옳은 내용이다.
교차탄력성은 당해 재화의 수요량 변화율과 연관 재화의 가격변화율 간의 비율로 나타낸다. 따라서 X재의 가격변화율이 5%이고 Y재의 수요량 변화율이 10%라면, 교차탄력성은 2가 되고 그 값이 양수인 경우 대체재 관계임을 의미한다.

④ 틀린 내용이다.
가격 상승 시 시간이 경과함에 따라서 가격 상승한 재화를 대체할 수 있는 대체적 재화를 발굴해 낼 수 있기 때문에 가격탄력성이 점차로 커진다고 할 수 있다.

⑤ 틀린 내용이다.
수요의 소득탄력성이 비탄력적인 경우 정상재이며 필수재 성격을 가진다고 할 수 있다. 열등재의 경우 소득탄력성이 음수가 된다.

08 　2013년 서울시 7급

수요의 여러 가지 탄력성 개념과 관련된 다음의 설명 중에서 옳은 것은?

① 어느 재화의 가격이 상승하였을 때 그 재화에 대한 지출액이 변화하지 않았다면 그 재화에 대한 수요의 가격탄력성은 0이다.

② 어느 재화의 가격이 상승하였을 때 그 재화에 대한 수요량이 증가하였다면 그 재화는 열등재이다.

③ 소득이 5% 증가하였을 때 그 재화에 대한 수요가 10% 증가하였다면 그 재화는 필수재이다.

④ 재화 X의 가격이 증가하였을 때 재화 Y에 대한 수요의 교차탄력성이 음수라면 재화 Y는 재화 X의 대체재이다.

⑤ 기펜재는 열등재 중에서 가격변화로 인한 소득효과의 절댓값이 대체효과의 절댓값보다 작을 때 나타난다.

출제이슈　수요의 탄력성
핵심해설　정답 ②

설문을 검토하면 다음과 같다.

① 틀린 내용이다.
재화가격의 변화 시 그 재화에 대한 지출액이 항상 고정된 경우, 수요의 가격탄력성은 1이다.
즉, 지출액 변화율 = 가격변화율 + 수요량 변화율이므로 지출액 변화율이 0인 경우 가격탄력성이 1이 됨을 의미한다.

② 옳은 내용이다.
재화가격이 상승할 때, 수요량이 증가하였다면 그 재화는 기펜재이며, 이는 열등재의 일종이다.

③ 틀린 내용이다.
소득이 5% 증가 시 재화에 대한 수요가 10% 증가하였다면 소득탄력성이 2임을 의미하며 이는 소득 증가 시 수요가 더 많이 증가하는 사치재임을 알 수 있다.

④ 틀린 내용이다.
두 재화간 교차탄력성이 음수인 경우, 보완재 관계에 있음을 의미한다. 반대로 두 재화 간 교차탄력성이 양수인 경우, 대체재 관계이다.

⑤ 틀린 내용이다.
가격변화에 따라 수요량이 변화하는 가격효과는 대체효과와 소득효과로 분해된다. 기펜재의 경우 대체효과보다 소득효과가 더 커서 가격 상승 시 오히려 수요량이 증가하는 재화를 말한다.

공급탄력성과 시장공급곡선

1 특수한 공급곡선과 가격탄력성

1) 공급곡선의 유형

① 수직의 공급곡선: 가격탄력성 $= 0$

② 수평의 공급곡선: 가격탄력성 $= \infty$

③ 원점을 통과하는 직선인 공급곡선: 가격탄력성 $= 1$ 2015 지7

④ 종축에서 출발하는 직선인 공급곡선: 가격탄력성 > 1

⑤ 횡축에서 출발하는 직선인 공급곡선: 가격탄력성 < 1

2) 공급탄력성의 결정요인

① 기술수준의 정도

② 유휴설비

③ 생산요소가격의 변화 정도

④ 재화의 저장 가능성 및 저장 비용

⑤ 고려하는 기간의 길이

2 시장공급곡선

1) 도출방법: 시장공급곡선은 개별공급곡선을 수평합하여 도출한다. 2018 지7

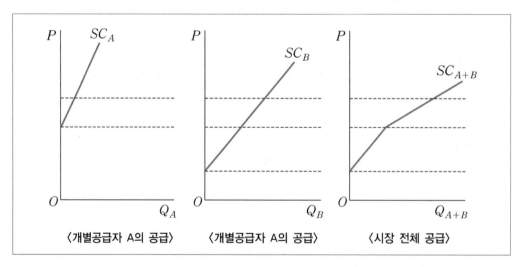

⟨개별공급자 A의 공급⟩　　⟨개별공급자 A의 공급⟩　　⟨시장 전체 공급⟩

2) 시장공급곡선의 기울기: 시장공급곡선은 개별공급곡선보다 더 완만하다.

ISSUE 문제 📝

01 2015년 지방직 7급

다음 그림은 가로축에 공급량(Q), 세로축에 가격(P)을 나타내는 공급곡선들을 표시한 것이다. 이에 대한 설명으로 옳은 것은?

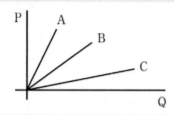

① 공급곡선 A의 가격에 대한 탄력성이 C의 가격에 대한 탄력성보다 높다.
② 공급곡선 C의 가격에 대한 탄력성이 A의 가격에 대한 탄력성보다 높다.
③ 공급곡선 B의 가격에 대한 탄력성이 C의 가격에 대한 탄력성보다 높다.
④ 공급곡선 A의 가격에 대한 탄력성이 B의 가격에 대한 탄력성과 같다.

출제이슈 공급의 가격탄력성
핵심해설 정답 ④

공급곡선이 원점을 통과하는 경우, 공급의 가격탄력성은 임의의 모든 점에서 항상 1이 된다.
따라서 기울기가 다른 공급곡선이라도 원점을 통과한다면 모두 공급의 가격탄력성은 1이다.
설문에서 공급곡선 A, B, C 모두 공급의 가격탄력성은 1로서 동일하다.

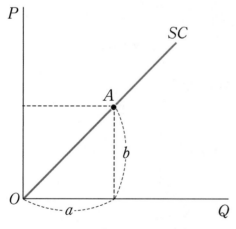

$$e = \frac{\frac{\Delta Q}{Q}}{\frac{\Delta P}{P}} = \frac{\Delta Q}{\Delta P} \cdot \frac{Q}{P} = \frac{a}{b} \cdot \frac{b}{a} = 1$$

02 2018년 지방직 7급

단기적으로 100개의 기업이 존재하는 완전경쟁시장이 있다. 모든 기업은 동일한 총비용함수 $TC(q) = q^2$을 가진다고 할 때, 시장공급함수(Q)는? (단, p는 가격이고 q는 개별기업의 공급량이며, 생산요소의 가격은 불변이다)

① $Q = p/2$

② $Q = p/200$

③ $Q = 50p$

④ $Q = 100p$

출제이슈 시장공급함수의 도출

핵심해설 정답 ③

시장공급곡선은 개별공급곡선을 수평합하여 도출한다.

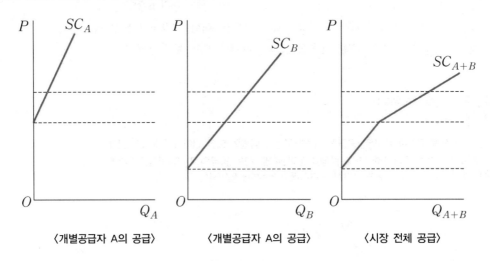

〈개별공급자 A의 공급〉　　〈개별공급자 A의 공급〉　　〈시장 전체 공급〉

설문에서 주어진 자료를 이용하여 수리적으로 시장공급곡선을 구하면 다음과 같다.

1) 개별기업의 공급곡선

개별기업의 총비용이 $C(q) = q^2$ 이므로 한계비용은 $MC(q) = 2q$ 가 된다.
따라서 개별기업의 공급함수는 $P = 2q$ 가 된다.

2) 시장공급곡선

이때, 개별기업의 공급곡선을 수평합하여 시장공급곡선을 도출하면 다음과 같다.
$P = 2q$, $q = 0.5P$ ∴ $100q = Q = 50P$ 시장공급곡선은 $Q = 50P$ 가 된다.

1 시장균형 [2020 국7] [2020 국9] [2014 지7] [2012 국9]

1) **시장수요** $Q_D = a + bP$ 또는 $P = a - bQ_D$

2) **시장공급** $Q_S = c + dP$ 또는 $P = c + dQ_S$

3) **시장균형** $Q_D = Q_S$

① 균형가격

② 균형거래량

참고로 시장의 균형과 소비자잉여, 생산자잉여를 기하적으로 표시하면 아래와 같다.

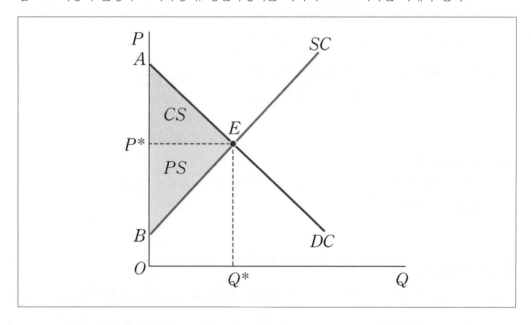

2 시장균형의 변화

1) **수요측 요인의 변화**: 수요곡선의 이동

　cf. 가격변화: 수요곡선상의 이동 [2013 지7]

　① 소득의 변화 [2012 국9]

　② 선호의 변화 [2019 국9]

2) **공급측 요인의 변화**: 공급곡선의 이동

  cf. 가격변화: 공급곡선상의 이동

  ① 노동비용, 자본비용의 변화 ⌷2019 국9⌷

  ② 기술의 변화 ⌷2014 국7⌷

3 시장균형의 변화와 탄력성 ⌷2013 서7⌷

1) **공급이 증가할 때 거래량이 크게 증가하는 경우**

  수요곡선이 탄력적이고 공급곡선이 비탄력적일 때 거래량 증가가 크다.

2) **공급이 증가할 때 거래량이 작게 증가하는 경우**

  수요곡선이 비탄력적이고 공급곡선이 탄력적일 때 거래량 증가가 작다.

3) **공급이 증가할 때 가격이 크게 하락하는 경우**

  수요곡선이 비탄력적일 때 가격 하락이 크다.

4) **공급이 증가할 때 가격이 작게 하락하는 경우**

  수요곡선이 탄력적일 때 가격 하락이 작다.

4 풍년의 비극과 탄력성 ⌷2015 지7⌷

풍년으로 인해 농산물 공급이 증가할 때 가격이 폭락하는 경우는 비탄력적인 수요인 경우 가격이 더욱 폭락할 수 있다.

5 조세와 탄력성 ⌷2011 국9⌷

1) 수요자 및 공급자가 과세로 인한 가격변화에 민감하게 반응하면 조세의 비효율이 커진다.

2) 수요자 및 공급자가 과세로 인한 가격변화에 둔감하게 반응하면 조세의 비효율이 작아진다.

ISSUE 문제 📝

01 | 2020년 국가직 7급 |

X재에 대한 시장수요곡선과 시장공급곡선이 다음과 같을 때 옳지 않은 것은? (단, Q^D는 수요량, Q^S는 공급량, P는 가격이다)

- 시장수요곡선: $Q^D = 100 - P$
- 시장공급곡선: $Q^S = -20 + P$

① 균형 시장가격은 60이다.
② 균형 시장거래량은 40이다.
③ 소비자잉여는 800이다.
④ 생산자잉여가 소비자잉여보다 크다.

출제이슈 시장균형의 도출 및 잉여의 계산
핵심해설 정답 ④

시장의 균형(균형가격과 균형거래량), 소비자잉여, 생산자잉여를 기하적으로 표시하면 아래와 같다.

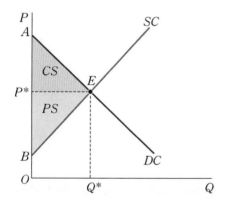

설문에서 주어진 수요함수와 공급함수를 이용하여 시장균형 및 소비자잉여, 생산자잉여 그리고 사회총잉여를 구하면 아래와 같다.

수요함수 $P = 100 - Q$, 공급함수 $P = 20 + Q$ 이다. 이때, 수요함수의 종축절편은 $A = 100$, 공급함수의 종축절편은 $B = 20$ 이 된다. 수요와 공급이 일치하는 시장균형은 $P = 60$, $Q = 40$ 이 된다.

$$CS = \frac{(A - P^*)Q^*}{2} = \frac{(100 - 60) \times 40}{2} = 800$$

$$PS = \frac{(P^* - B)Q^*}{2} = \frac{(60 - 20) \times 40}{2} = 800$$

여기서는 소비자잉여와 생산자잉여가 800으로서 같다.

02   2020년 국가직 9급

X재에 대한 시장수요곡선과 시장공급곡선은 다음과 같다. X재 시장균형에서의 소비자잉여는? (단, Q_D는 수요량, Q_S는 공급량, P는 가격이다)

- 시장수요곡선: $Q_D = 9 - P$
- 시장공급곡선: $Q_S = 2P$

① 12   ② 14
③ 16   ④ 18

출제이슈 시장균형의 도출 및 잉여의 계산
핵심해설 정답 ④

시장의 균형(균형가격과 균형거래량), 소비자잉여, 생산자잉여를 기하적으로 표시하면 아래와 같다.

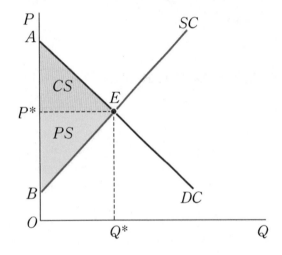

설문에서 주어진 수요함수와 공급함수를 이용하여 시장균형 및 소비자잉여, 생산자잉여 그리고 사회총잉여를 구하면 아래와 같다.

수요함수 $P = 9 - Q$, 공급함수 $P = 0.5 Q$이다. 이때, 수요함수의 종축절편은 $A = 9$, 공급함수의 종축절편은 $B = 0$이 된다. 수요와 공급이 일치하는 시장균형은 $P = 3$, $Q = 6$이 된다.

$$CS = \frac{(A - P^*)Q^*}{2} = \frac{(9 - 3) \times 6}{2} = 18$$
$$PS = \frac{(P^* - B)Q^*}{2} = \frac{(3 - 0) \times 6}{2} = 9$$

따라서 소비자잉여는 18이 된다.

03 2014년 지방직 7급

어떤 재화의 시장 수요곡선은 P = 300 − 2Q이고, 시장 공급곡선은 P = 150 + Q일 때의 시장균형에 대한 설명으로 옳은 것은? (단, Q는 수량, P는 가격을 나타낸다)

① 사회적 잉여는 3,750이다.
② 균형 가격은 50이다.
③ 균형 거래량은 30이다.
④ 생산자 잉여는 2,500이다.

출제이슈 시장균형의 도출 및 잉여의 계산
핵심해설 정답 ①

시장의 균형(균형가격과 균형거래량), 소비자잉여, 생산자잉여를 기하적으로 표시하면 아래와 같다.

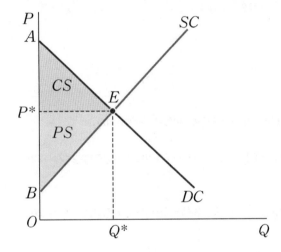

설문에서 주어진 수요함수와 공급함수를 이용하여 시장균형 및 소비자잉여, 생산자잉여 그리고 사회총잉여를 구하면 아래와 같다.

수요함수 $P = 300 - 2Q$, 공급함수 $P = 150 + Q$ 이다. 이때, 수요함수의 종축절편은 $A = 300$, 공급함수의 종축절편은 $B = 150$ 이 된다. 수요와 공급이 일치하는 시장균형은 $P = 200, Q = 50$ 이 된다.

$$CS = \frac{(A - P^*)Q^*}{2} = \frac{(300 - 200) \times 50}{2} = 2,500$$

$$PS = \frac{(P^* - B)Q^*}{2} = \frac{(200 - 150) \times 50}{2} = 1,250$$

$$SW = CS + PS = 3,750$$

04 2012년 국가직 9급

X재화의 시장수요곡선은 $Q = 300 - 2P + 4I$ 이고, 시장공급곡선은 $Q = 3P - 50$ 이다. I가 25에서 20으로 감소할 때, X재화의 시장균형가격의 변화는? (단, Q는 수량, P는 가격, 그리고 I는 시장에 참가하는 소비자들의 소득수준을 나타낸다)

① 2만큼 하락
② 4만큼 하락
③ 6만큼 하락
④ 8만큼 하락

출제이슈 소득의 변화와 시장균형의 변화
핵심해설 정답 ②

시장균형은 다음과 같은 연립방정식 체계를 통해서 수리적으로 도출할 수 있다.

1) 시장수요 $Q_D = a + bP$ 또는 $P = a - bQ_D$
2) 시장공급 $Q_S = c + dP$ 또는 $P = c + dQ_S$
3) 시장균형 $Q_D = Q_S$

설문에서 주어진 자료를 이용하여 소득이 25에서 20으로 감소한 경우 시장균형의 변화를 구해야 한다.

1) 소득이 25인 경우, 시장수요곡선은 $Q = 400 - 2P$, 시장공급곡선은 $Q = 3P - 50$ 이므로 시장균형은 $Q = 220$, $P = 90$ 이다.

2) 소득이 20인 경우, 시장수요곡선은 $Q = 380 - 2P$, 시장공급곡선은 $Q = 3P - 50$ 이므로 시장균형은 $Q = 208$, $P = 86$ 이다.

3) 따라서 소득감소로 인하여 수요가 감소하여 가격이 하락하고 거래량이 감소하였다. 이때 시장균형가격은 4만큼 하락하였다.

05 2014년 국가직 7급

자동차 제조업체들이 생산비용을 획기적으로 절감할 수 있는 로봇 기술을 개발하였다. 이 기술개발이 자동차 시장에 미치는 직접적인 파급효과로 옳은 것은?

① 수요곡선이 우측으로 이동하고, 자동차 가격이 상승한다.
② 수요곡선이 우측으로 이동하고, 자동차 가격이 하락한다.
③ 공급곡선이 우측으로 이동하고, 자동차 가격이 상승한다.
④ 공급곡선이 우측으로 이동하고, 자동차 가격이 하락한다.

제2편

출제이슈 기술개발과 시장균형의 변화
핵심해설 정답 ④

시장의 균형은 수요나 공급에 영향을 주는 수요측 혹은 공급측 요인이 변화할 때 변화하게 된다. 그 요인을 살펴보면 다음과 같다.

1) **수요측 요인의 변화**: 수요곡선의 이동(cf. 가격의 변화: 수요곡선상의 이동)

① 소득의 변화
② 선호의 변화

2) **공급측 요인의 변화**: 공급곡선의 이동(cf. 가격의 변화: 공급곡선상의 이동)

① 노동비용, 자본비용의 변화
② 기술의 변화

설문에서 주어진 바와 같이 생산비용을 획기적으로 절감할 수 있는 기술이 개발된 경우, 비용절감으로 인해 한계비용곡선이 우하방으로 이동하게 된다. 따라서 공급곡선의 우하방 이동으로 인하여 균형이 변화하며 새로운 균형에서는 가격은 이전보다 하락하고 거래량은 증가한다.

06 2019년 국가직 9급

최근 막걸리 생산에 고용되는 노동자의 임금이 상승하였다. 동시에 건강에 대한 관심 증대로 소비자들이 소주보다는 막걸리를 더 선호하게 되었다. 이와 같은 현상이 막걸리 시장에 미치는 영향으로 옳은 것은? (단, 막걸리에 대한 수요곡선은 우하향하고, 공급곡선은 우상향한다)

① 균형가격은 상승하고 균형거래량은 감소한다.
② 균형거래량은 증가하고 균형가격은 하락한다.
③ 균형가격은 상승하고 균형거래량 변화는 알 수 없다.
④ 균형거래량은 증가하고 균형가격 변화는 알 수 없다.

출제이슈 임금변화 및 선호변화와 시장균형의 변화
핵심해설 정답 ③

시장의 균형은 수요나 공급에 영향을 주는 수요측 혹은 공급측 요인이 변화할 때 변하게 된다. 그 요인을 살펴보면 다음과 같다.

1) 수요측 요인의 변화: 수요곡선의 이동(cf. 가격의 변화: 수요곡선상의 이동)

① 소득의 변화
② 선호의 변화

2) 공급측 요인의 변화: 공급곡선의 이동(cf. 가격의 변화: 공급곡선상의 이동)

① 노동비용, 자본비용의 변화
② 기술의 변화

설문에서 막걸리 시장의 수요 측면에서 막걸리 선호가 증가하여 수요가 증가한 경우, 수요곡선은 우상방으로 이동하게 된다. 한편 공급 측면에서 임금이 상승한 경우, 비용이 증가하여 공급곡선은 좌상방으로 이동한다. 따라서 이 둘을 조합하면, 막걸리 가격은 상승하지만, 거래량의 변화방향은 불확실하다.

07 2013년 서울시 7급

조세법이 대부자금(loanable funds)의 공급을 증가시키는 방향으로 개정되었다고 가정할 때, 이러한 법 개정이 대부자금 균형거래량 수준에 가장 큰 영향을 미칠 수 있는 상황은?

① 대부자금수요곡선이 매우 탄력적이며, 대부자금공급곡선이 매우 비탄력적인 경우
② 대부자금수요곡선이 매우 비탄력적이며, 대부자금공급곡선이 매우 탄력적인 경우
③ 대부자금수요곡선과 공급곡선 모두 매우 탄력적인 경우
④ 대부자금수요곡선과 공급곡선 모두 매우 비탄력적인 경우
⑤ 정답없음

출제이슈 탄력성과 시장균형의 변화
핵심해설 정답 ①

시장균형의 변화의 크기에 영향을 주는 요인으로는 수요와 공급의 탄력성을 들 수 있다.

1) 공급이 증가할 때 거래량이 크게 증가하는 경우
    수요곡선이 탄력적이고 공급곡선이 비탄력적일 때 거래량 증가가 크다.

2) 공급이 증가할 때 거래량이 작게 증가하는 경우
    수요곡선이 비탄력적이고 공급곡선이 탄력적일 때 거래량 증가가 작다.

설문에서 대부자금의 공급이 증가할 때, 수요곡선이 탄력적일수록, 공급곡선이 비탄력적일수록, 공급 증가 시 균형거래량 수준이 크게 변화한다.

08 | 2015년 지방직 7급

2014년 기상 여건이 좋아 배추와 무 등의 농산물 생산이 풍년을 이루었다. 그러나, 농민들은 오히려 수입이 줄어 어려움을 겪는 현상이 발생하였다. 이러한 소위 '풍년의 비극'이 발생하게 된 원인으로 옳은 것은?

① 가격의 하락과 탄력적 공급이 지나친 판매량 감소를 초래하였다.
② 가격의 하락과 비탄력적 공급이 지나친 판매량 감소를 초래하였다.
③ 공급의 증가와 탄력적 수요가 가격의 지나친 하락을 초래하였다.
④ 공급의 증가와 비탄력적 수요가 가격의 지나친 하락을 초래하였다.

출제이슈 탄력성과 시장균형의 변화
핵심해설 정답 ④

시장균형의 변화의 크기에 영향을 주는 요인으로는 수요와 공급의 탄력성을 들 수 있다.

1) 공급이 증가할 때 가격이 크게 하락하는 경우
   수요곡선이 비탄력적일 때 가격 하락이 크다.

2) 공급이 증가할 때 가격이 작게 하락하는 경우
   수요곡선이 탄력적일 때 가격 하락이 작다.

설문에서 풍년으로 인해 농산물의 공급이 증가할 때, 수요곡선이 비탄력적일수록, 공급 증가 시 가격이 크게 하락한다.

ISSUE 08 소비자잉여와 생산자잉여

1 시장균형과 잉여

시장의 균형과 소비자잉여, 생산자잉여를 기하적으로 표시하면 아래와 같다.

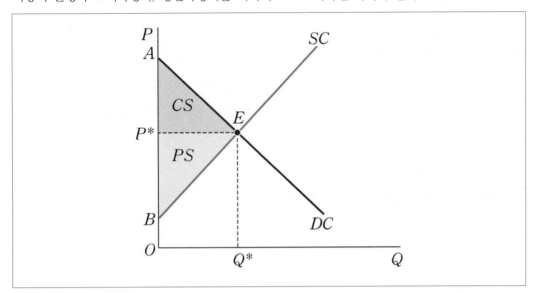

2 수요의 변화와 잉여 [2017 국7 하] [2013 서7]

1) 수요가 증가하여 가격이 상승하는 경우 생산자잉여는 증가한다.

2) 수요가 감소하여 가격이 하락하는 경우 생산자잉여는 감소한다.

3) 수요가 증가하여 가격이 상승하는 경우 소비자잉여는 증가한다.

4) 수요가 감소하여 가격이 하락하는 경우 소비자잉여는 감소한다.

3 공급의 변화와 잉여 [2017 국7 하] [2013 서7]

1) 공급이 증가하여 가격이 하락하는 경우 소비자잉여는 증가한다.

2) 공급이 감소하여 가격이 상승하는 경우 소비자잉여는 감소한다.

3) 공급이 증가하여 가격이 하락하는 경우 생산자잉여는 증가한다.

4) 공급이 감소하여 가격이 상승하는 경우 생산자잉여는 감소한다.

4 탄력성과 잉여 [2013 서7]

1) 수요의 가격탄력성이 클수록 소비자잉여는 작아진다.

2) 공급의 가격탄력성이 클수록 생산자잉여는 작아진다.

3) 공급의 가격탄력성과 소비자잉여는 무관하다.

4) 수요의 가격탄력성과 생산자잉여는 무관하다.

5 거래량 제한 시 잉여 [2019 국7]

1) 소비자잉여는 감소하며, 소비자잉여의 감소분 중 일부는 생산자에게로 전이된다.

2) 생산자잉여는 불확실하며, 소비자로부터 일부 전이되어 증가한 부분과 생산량 감소로 인해 감소한 부분의 상대적 크기에 의해 결정된다.

6 소비자잉여와 자원배분의 효율성 [2013 서7]

1) 소비자잉여를 제고하는 정책이 반드시 자원배분의 효율성을 가져오는 것은 아니다.

2) 예를 들어 보조금 지급은 소비자잉여를 늘릴 수 있으나 자원배분의 효율성을 저해한다.

7 조세부과 시 잉여 → Issue 11 참조

8 가격규제 시 잉여 → Issue 13, 14 참조

9 독점 시 잉여 → 시장이론의 독점시장 참조

ISSUE 문제 📝

01 2013년 서울시 7급

소비자잉여에 대한 다음의 서술 중 옳은 것은?

① 공급이 감소하여 가격이 상승한 경우 소비자잉여는 감소한다.
② 수요가 증가하여 가격이 상승한 경우 소비자잉여는 감소한다.
③ 수요의 탄력성이 클수록 소비자잉여도 크다.
④ 공급의 탄력성이 클수록 소비자잉여도 크다.
⑤ 소비자잉여를 늘리는 정책은 자원배분의 효율성도 제고한다.

출제이슈 소비자잉여
핵심해설 정답 ①

먼저 수요의 변화와 잉여의 관계는 다음과 같다.
1) 수요가 증가하여 가격이 상승하는 경우 생산자잉여는 증가한다.
2) 수요가 감소하여 가격이 하락하는 경우 생산자잉여는 감소한다.
3) 수요가 증가하여 가격이 상승하는 경우 소비자잉여는 증가한다.
4) 수요가 감소하여 가격이 하락하는 경우 소비자잉여는 감소한다.

공급의 변화와 잉여의 관계는 다음과 같다.
1) 공급이 증가하여 가격이 하락하는 경우 소비자잉여는 증가한다.
2) 공급이 감소하여 가격이 상승하는 경우 소비자잉여는 감소한다.
3) 공급이 증가하여 가격이 하락하는 경우 생산자잉여는 증가한다.
4) 공급이 감소하여 가격이 상승하는 경우 생산자잉여는 감소한다.

설문을 검토하면 다음과 같다.

① 옳은 내용이다.
공급이 감소한 경우 가격은 상승하고 균형거래량은 감소하여 소비자잉여는 감소한다.

② 틀린 내용이다.
수요가 증가한 경우 가격은 상승하고 균형거래량도 증가하여 소비자잉여는 증가한다.

③ 틀린 내용이다.
수요의 탄력성이 클수록 소비자잉여는 작다.

④ 틀린 내용이다.
공급의 탄력성은 소비자잉여와 무관하다.

⑤ 틀린 내용이다.
소비자잉여를 늘리는 정책이 곧바로 자원배분의 효율성을 의미하는 것은 아니다. 예를 들어 최고가격제와 같이 소비자잉여를 늘리는 정책의 실시는 오히려 자원배분을 비효율적으로 만들 수도 있다.

02 2017년 하 국가직 7급

수요의 법칙과 공급의 법칙이 성립하는 상황에서 소비자잉여와 생산자잉여에 대한 설명으로 옳은 것만을 모두 고른 것은?

> ㄱ. 콘플레이크와 우유는 보완재로, 콘플레이크의 원료인 옥수수 가격이 하락하면 콘플레이크 시장의 소비자잉여는 증가하고 우유 시장의 생산자잉여도 증가한다.
> ㄴ. 콘플레이크와 떡은 대체재로, 콘플레이크의 원료인 옥수수 가격이 상승하면 콘플레이크 시장의 소비자 잉여는 감소하고 떡 시장의 생산자잉여도 감소한다.
> ㄷ. 수요와 공급의 균형 상태에서 생산된 재화의 수량은 소비자잉여와 생산자잉여를 동일하게 하는 수량이다.

① ㄱ ② ㄴ
③ ㄱ, ㄷ ④ ㄴ, ㄷ

출제이슈 소비자잉여와 생산자잉여
핵심해설 정답 ①

설문을 검토하면 다음과 같다.

ㄱ. 옳은 내용이다.
콘플레이크와 우유는 보완재 관계에 있으며, 콘플레이크 원료 가격 하락은 콘플레이크 시장의 공급을 증가시켜 가격 하락 및 소비자잉여 증가를 가져온다. 한편, 콘플레이크 가격 하락으로 인하여 보완재인 우유에 대한 수요가 증가하여 우유의 가격이 상승하고 거래량이 증가하여 우유 시장의 생산자잉여는 증가한다.

ㄴ. 틀린 내용이다.
콘플레이크와 떡은 대체재 관계에 있으며, 콘플레이크 원료 가격 상승은 콘플레이크 시장의 공급을 감소시켜 가격 상승 및 소비자잉여 감소를 가져온다. 한편, 콘플레이크 가격 상승으로 인하여 대체재인 떡에 대한 수요가 증가하여 떡의 가격이 상승하고 거래량이 증가하여 떡 시장의 생산자잉여는 증가한다.

ㄷ. 틀린 내용이다.
수요와 공급이 같은 균형상태라고 해서 소비자잉여와 생산자잉여가 동일한 것은 아니다.

03 │ 2019년 국가직 7급

완전경쟁시장에서 거래되는 어느 재화의 수요곡선과 공급곡선이 다음과 같다. 정부가 균형가격을 시장가격으로 설정하고 시장거래량을 2로 제한할 때, 소비자잉여와 생산자잉여의 합은? (단, Q_D는 수요량, Q_S는 공급량, P는 가격이다)

> 수요곡선: $Q_D = 10 - 2P$
>
> 공급곡선: $Q_S = -2 + 2P$

① 2   ② 4

③ 6   ④ 8

출제이슈 소비자잉여와 생산자잉여
핵심해설 정답 ③

시장의 균형과 소비자잉여, 생산자잉여를 기하적으로 표시하면 아래와 같다.

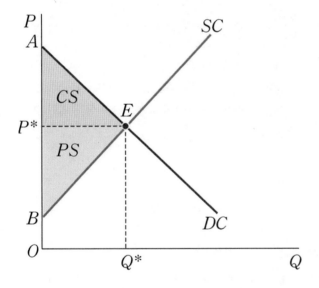

설문에서 주어진 자료를 이용하여 시장균형을 구하면 수요량과 공급량이 일치하는 수준에서 $P = 3$, $Q = 4$이 된다. 그러나, 정부의 거래량 규제로 인하여 거래량은 4가 아니라 2가 되고, 가격 역시 정부규제로 인하여 기존 시장가격인 3이 된다.

이때, 소비자잉여는 $CS = \dfrac{2 \times 4}{2} - \dfrac{2 \times 1}{2} = 3$, 생산자잉여는 $PS = \dfrac{2 \times 4}{2} - \dfrac{2 \times 1}{2} = 3$이다. 따라서 소비자잉여와 생산자잉여의 합은 6이 된다.

04 2016년 지방직 7급

어떤 판매자가 경매(auction)를 통해 물건 100개를 판매하려고 한다. 경매 방식은 '구매자는 원하는 가격과 물량을 동시에 제시하고, 판매자는 입찰 가격을 높은 가격부터 낮은 가격순으로 나열하여 높은 가격을 제시한 참가자들에게 물건 100개를 소진할 때까지 판매'하는 형식이다. 이때 100번째 물건이 판매되는 참가자의 입찰 가격이 유일한 낙찰 가격으로 판매 가격이 되고, 각각의 입찰자는 자신이 제시한 입찰물량을 낙찰 가격에 구매한다. 모든 참가자는 이러한 절차와 방식을 알고 있다. 다음 표는 판매자가 참가자들로부터 동시에 입찰을 받아 정리한 결과이다. 입찰 결과에 대한 설명으로 옳은 것은?

참가자	입찰 가격(원)	입찰 물량(개)
A	11,200	5
B	11,000	10
C	10,500	20
D	10,300	20
E	9,900	40
F	9,800	10
G	9,600	30

① 낙찰 가격은 9,900원이다.
② 구매자가 진정한 가격을 입찰한다(truth-revealing)는 전제하에 구매자 잉여는 47,000원이다.
③ 참가자 G는 낙찰되어 제시한 30개 물량 중 10개를 배정받아 스스로 제시한 9,600원에 구입한다.
④ 참가자 7명 중 2명은 하나의 물량도 낙찰받지 못한다.

출제이슈 소비자잉여(경매에 관한 기초이론은 본서 제9편을 참조)
핵심해설 정답 ②

설문을 검토하면 다음과 같다.

① 입찰물량이 모두 소진되는 입찰가격인 9,800원에서 낙찰된다.

② 낙찰가격인 9,800원부터 더 높은 입찰가격을 제시한 구매자는 잉여를 얻을 수 있다.

참가자	잉여	입찰 물량(개)	참가자의 잉여
A	$11,200 - 9,800 = 1,400$	5	7,000
B	$11,000 - 9,800 = 1,200$	10	12,000
C	$10,500 - 9,800 = 700$	20	14,000
D	$10,300 - 9,800 = 500$	20	10,000
E	$9,900 - 9,800 = 100$	40	4,000
F	$9,800 - 9,800 = 0$	10	0
계			47,000

③,④ 참가자 G의 입찰가격인 9,600원보다 높은 9,800원에서 물량이 모두 소진되었으므로 참가자 G는 낙찰받지 못한다.

1 조세부과의 효과 `2017 국9` `2013 국9`

1) 시장가격 상승 = 소비자직면가격 상승 ($P_0 \rightarrow P_t$)

2) 생산자직면가격 하락 ($P_0 \rightarrow P_t'$)

3) 거래량 감소 ($Q_0 \rightarrow Q_t$)

4) 사회총잉여 감소 (소비자잉여 감소, 생산자잉여 증감)

2 조세귀착의 기하적 분석

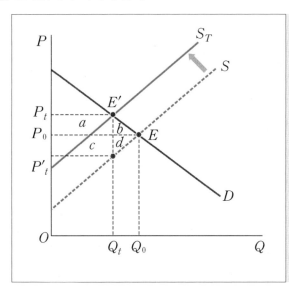

① 가격의 이원화
 i) 소비자 인식가격 P_t
 ii) 생산자 인식가격 P_t'
② 조세의 부담
 i) 소비자 부담 $P_t - P_o$
 ii) 생산자 부담 $P_o - P_t'$
③ 조세수입
 T = 소비자부담 + 생산자부담 = $P_t - P_t'$
④ 사회총잉여 증감(비효율성)
 i) 소비자잉여의 감소분 $-(a+b)$
 ii) 생산자잉여의 감소분 $-(c+d)$
 iii) 정부조세수입의 증가분 $+(a+c)$

3 조세의 귀착

1) 소비자부담 $P_t - P_o$: 과세후 소비자직면가격 − 과세전 가격

2) 생산자부담 $P_o - P_t'$: 과세전 가격 − 과세후 생산자직면가격

3) 소비자부담 + 생산자부담 = 과세후 소비자직면가격 P_t − 과세후 생산자직면가격 P_t' = 조세

4 조세의 귀착과 탄력성 [2019 지7]

1) 수요의 탄력성과 조세부담의 귀착

① 수요의 가격탄력성이 클수록 소비자부담은 작고, 생산자부담은 크다.

② 수요가 완전히 고정되어 수요곡선이 수직선(수요의 가격탄력성이 0, 완전비탄력적)인 경우 생산자에게 조세가 부과되면, 거래량은 불변이고 시장균형가격(소비자 직면가격)은 상승하며 생산자 직면가격은 불변이므로 생산자는 전혀 부담을 지지 않는다. 모든 부담은 소비자가 지게 되며, 소비자 직면가격은 이전보다 단위당 조세가 가산된 금액이 된다.

2) 공급의 탄력성과 조세부담의 귀착

① 공급의 가격탄력성이 클수록 생산자부담은 작고, 소비자부담은 크다.

② 공급이 완전히 고정되어 공급곡선이 수직선(공급의 가격탄력성이 0, 완전비탄력적)인 경우 생산자에게 조세가 부과되면, 거래량은 불변이고 생산자 직면가격은 하락하며, 시장균형가격(소비자 직면가격)은 불변이므로 소비자는 전혀 부담을 지지 않는다. 모든 부담은 생산자가 지게 되며, 생산자 직면가격은 이전보다 단위당 조세가 차감된 금액이 된다.

ISSUE 문제 📝

01 2013년 국가직 9급

조세 부과에 대한 설명으로 옳지 않은 것은? (단, 수요곡선은 우하향, 공급곡선은 우상향)

① 공급자에게 조세 납부의 책임이 있는 경우 소비자에게는 조세 부담이 전혀 없다.

② 조세 부과로 인해 시장 가격은 상승한다.

③ 조세 부과로 인해 사회적 후생이 감소한다.

④ 가격탄력성에 따라 조세 부담의 정도가 달라진다.

출제이슈 조세부과의 효과
핵심해설 정답 ①

조세부과의 경제적 효과는 다음과 같다.

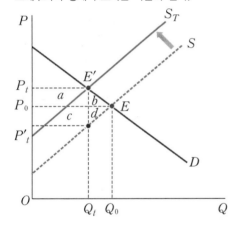

공급자에게 조세가 부과되는 경우 소비자 인식가격 P_t, 생산자 인식가격 $P_t^{'}$로 가격이 괴리된다. 이에 따라서 소비자 부담은 $P_t - P_o$, 생산자 부담은 $P_o - P_t^{'}$ 이 되며, 정부의 조세수입은 $T =$ 소비자부담 + 생산자부담 $= P_t - P_t^{'}$ 이 된다.

한편, 조세부과로 인하여 소비자잉여는 $-(a+b)$ 만큼 감소, 생산자잉여는 $-(c+d)$ 만큼 감소하고 정부조세수입의 증가분은 $+(a+c)$ 이 되어 결국 사회총잉여의 순감소분은 $-(b+d)$ 이 되어 비효율성이 노정된다.

설문을 검토하면 다음과 같다.

① 틀린 내용이다. 소비자에게 조세 납부의 책임이 없더라도 소비자도 조세에 대한 부담을 진다. 다만, 생산자에게 과세하든, 소비자에게 과세하든 그 부담의 배분은 동일하다.

②, ③ 모두 옳은 내용이다. 조세가 부과되면 시장에서의 가격은 상승하고 생산자 직면가격과 소비자 직면가격에 괴리가 생기며 사회후생이 조세부과 이전에 비하여 감소한다.

④ 옳은 내용이다. 조세부과로 인한 소비자 부담과 생산자 부담은 수요와 공급의 가격탄력성의 정도에 따라서 상이하다. 특히, 수요가 상대적으로 공급보다 탄력적인 경우 공급자보다 소비자 부담이 작다. 반대로 공급이 상대적으로 수요보다 탄력적인 경우 소비자보다 공급자 부담이 작다.

02 2017년 국가직 9급

완전경쟁시장에서 X재의 수요곡선은 우하향하고 공급곡선은 우상향한다고 하자. 정부는 X재 1단위 당 t만큼의 물품세를 부과하고, X재의 공급자는 그 세금을 납부하고 있다. 정부의 세제개편으로 X재에 부과되던 물품세가 감소했을 때 나타나는 현상에 대한 설명으로 옳은 것은?

① 소비자가 지불하는 가격이 낮아지고 거래량이 증가한다.
② 소비자가 지불하는 가격이 높아지고 거래량이 증가한다.
③ 공급자가 세제개편 후에 받는 가격이 높아지고 거래량이 감소한다.
④ 공급자가 세제개편 후에 받는 가격이 낮아지고 거래량이 감소한다.

출제이슈 조세부과의 효과
핵심해설 정답 ①

조세부과의 경제적 효과는 다음과 같다.

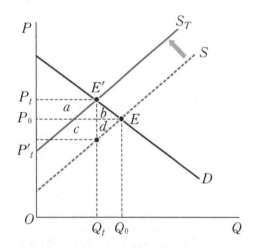

공급자에게 조세가 부과되는 경우 소비자 인식가격 P_t, 생산자 인식가격 $P_t^{'}$로 가격이 괴리된다. 이에 따라서 소비자 부담은 $P_t - P_o$, 생산자 부담은 $P_o - P_t^{'}$이 되며, 정부의 조세수입은 $T =$ 소비자부담 + 생산자부담 $= P_t - P_t^{'}$이 된다.

조세로 인하여 소비자잉여는 $-(a+b)$만큼 감소, 생산자잉여는 $-(c+d)$만큼 감소하고 정부조세수입의 증가분은 $+(a+c)$이 되어 사회총잉여의 순감소분은 $-(b+d)$이 되어 비효율성이 노정된다.

설문에서와 같이 물품세가 감소하는 경우

①, ② 조세부과로 인해 좌상방 이동했던 공급곡선이 다시 우하방으로 이동하게 되므로, 소비자 직면가격이 하락하고 거래량은 증가한다.

③, ④ 조세부과로 인해 좌상방 이동했던 공급곡선이 다시 우하방으로 이동하게 되므로, 생산자 직면가격이 상승하고 거래량은 증가한다.

03 2014년 국가직 9급

어시장에 활어를 공급하는 시장공급곡선은 가격에 대하여 완전비탄력적이다. 활어를 공급하는 생산자에게 조세(종량세)를 부과할 경우의 변화로 옳은 것은? (단, 시장수요곡선은 우하향한다)

① 조세는 생산자가 모두 부담하게 된다.
② 조세는 소비자가 모두 부담하게 된다.
③ 시장균형가격은 조세 부과 전보다 상승하며, 상승폭은 조세부과액만큼 상승한다.
④ 시장균형가격은 조세 부과 전보다 상승하지만, 상승폭은 조세 부과액보다 작다.

출제이슈 공급이 완전비탄력적인 경우 조세부과의 효과
핵심해설 정답 ①

조세의 귀착과 탄력성은 다음과 같다.

1) 수요의 탄력성과 조세부담의 귀착

① 수요의 가격탄력성이 클수록 소비자부담은 작고, 생산자부담은 크다.

② 수요가 완전히 고정되어 수요곡선이 수직선(수요의 가격탄력성이 0, 완전비탄력적)인 경우 생산자에게 조세가 부과되면, 거래량은 불변이고 시장균형가격(소비자 직면가격)은 상승하며 생산자 직면가격은 불변이므로 생산자는 전혀 부담을 지지 않는다. 모든 부담은 소비자가 지게 되며, 소비자 직면가격은 이전보다 단위당 조세가 가산된 금액이 된다.

2) 공급의 탄력성과 조세부담의 귀착

① 공급의 가격탄력성이 클수록 생산자부담은 작고, 소비자부담은 크다.

② 공급이 완전히 고정되어 공급곡선이 수직선(공급의 가격탄력성이 0, 완전비탄력적)인 경우 생산자에게 조세가 부과되면, 거래량은 불변이고 생산자 직면가격은 하락하며 시장균형가격(소비자 직면가격)은 불변이므로 소비자는 전혀 부담을 지지 않는다. 모든 부담은 생산자가 지게 되며, 생산자 직면가격은 이전보다 단위당 조세가 차감된 금액이 된다.

설문을 검토하면 다음과 같다.

①, ② 공급이 완전히 고정되어 공급곡선이 수직선인 경우에 생산자에게 조세가 부과되면, 모든 부담은 생산자가 지게 된다. 소비자는 전혀 부담을 지지 않는다.

③, ④ 공급이 고정된 경우, 생산자에게 조세가 부과되면, 시장균형가격은 조세부과 이전과 동일하다. 다만, 생산자 직면가격은 시장균형가격에서 단위당 조세가 차감된 가격이 된다.

04 2011년 지방직 7급

토지 공급의 가격탄력성이 완전히 비탄력적일 때, 토지 공급에 세금을 부과할 경우 미치는 영향에 대한 설명으로 옳은 것은? (단, 토지 수요의 가격탄력성은 단위탄력적이다)

① 토지 수요자가 실질적으로 세금을 모두 부담한다.
② 토지 공급자가 실질적으로 세금을 모두 부담한다.
③ 토지 수요자와 공급자가 모두 세금을 부담한다.
④ 토지 수요자와 공급자가 모두 세금을 부담하지 않는다.

출제이슈 공급이 완전비탄력적인 경우 조세부과의 효과
핵심해설 정답 ②

조세의 귀착과 탄력성은 다음과 같다.

1) 수요의 탄력성과 조세부담의 귀착

① 수요의 가격탄력성이 클수록 소비자부담은 작고, 생산자부담은 크다.

② 수요가 완전히 고정되어 수요곡선이 수직선(수요의 가격탄력성이 0, 완전비탄력적)인 경우 생산자에게 조세가 부과되면, 거래량은 불변이고 시장균형가격(소비자 직면가격)은 상승하며 생산자 직면가격은 불변이므로 생산자는 전혀 부담을 지지 않는다. 모든 부담은 소비자가 지게 되며, 소비자 직면가격은 이전보다 단위당 조세가 가산된 금액이 된다.

2) 공급의 탄력성과 조세부담의 귀착

① 공급의 가격탄력성이 클수록 생산자부담은 작고, 소비자부담은 크다.

② 공급이 완전히 고정되어 공급곡선이 수직선(공급의 가격탄력성이 0, 완전비탄력적)인 경우 생산자에게 조세가 부과되면, 거래량은 불변이고 생산자 직면가격은 하락하며 시장균형가격(소비자 직면가격)은 불변이므로 소비자는 전혀 부담을 지지 않는다. 모든 부담은 생산자가 지게 되며, 생산자 직면가격은 이전보다 단위당 조세가 차감된 금액이 된다.

따라서 설문에서 공급이 완전히 고정되어 공급곡선이 수직선인 경우이므로 생산자에게 조세가 부과되면, 모든 부담은 생산자가 지게 된다. 소비자는 전혀 부담을 지지 않는다. 시장균형가격은 조세부과 이전과 동일하다. 다만, 생산자 직면가격은 시장균형가격에서 단위당 조세가 차감된 가격이 된다.

05 2015년 서울시 7급

X재 수요곡선은 가격탄력성이 0인 직선이고 공급곡선은 원점을 통과하는 우상향하는 직선이다. 공급자에게 물품세가 부과될 경우 물품세가 부과되지 않은 경우와 비교하여 다음 설명 중 옳은 것은?

① 시장거래량은 감소한다.

② 생산자 잉여는 변화 없다.

③ 소비자가 지불하는 가격은 변화 없다.

④ 공급자가 물품세를 납부하고 실제 받는 가격은 하락한다.

출제이슈 수요가 완전비탄력적인 경우 조세부과의 효과

핵심해설 정답 ②

조세의 귀착과 탄력성은 다음과 같다.

1) 수요의 탄력성과 조세부담의 귀착

① 수요의 가격탄력성이 클수록 소비자부담은 작고, 생산자부담은 크다.

② 수요가 완전히 고정되어 수요곡선이 수직선(수요의 가격탄력성이 0, 완전비탄력적)인 경우 생산자에게 조세가 부과되면, 거래량은 불변이고 시장균형가격(소비자 직면가격)은 상승하며 생산자 직면가격은 불변이므로 생산자는 전혀 부담을 지지 않는다. 모든 부담은 소비자가 지게 되며, 소비자 직면가격은 이전보다 단위당 조세가 가산된 금액이 된다.

2) 공급의 탄력성과 조세부담의 귀착

① 공급의 가격탄력성이 클수록 생산자부담은 작고, 소비자부담은 크다.

② 공급이 완전히 고정되어 공급곡선이 수직선(공급의 가격탄력성이 0, 완전비탄력적)인 경우 생산자에게 조세가 부과되면, 거래량은 불변이고 생산자 직면가격은 하락하며 시장균형가격(소비자 직면가격)은 불변이므로 소비자는 전혀 부담을 지지 않는다. 모든 부담은 생산자가 지게 되며, 생산자 직면가격은 이전보다 단위당 조세가 차감된 금액이 된다.

설문을 검토하면 다음과 같다.

①, ③ 수요곡선의 가격탄력성이 0인 경우 완전비탄력적이어서 수직선이 된다. 이때, 공급자에게 물품세가 부과되면, 거래량은 불변이고 소비자 직면가격은 상승한다.

②, ④ 그러나 생산자 직면가격은 불변이며 생산자잉여도 변화 없다.

조세의 귀착 계산

1 생산자에게 부과되는 경우 2017 국7 하   2010 지7

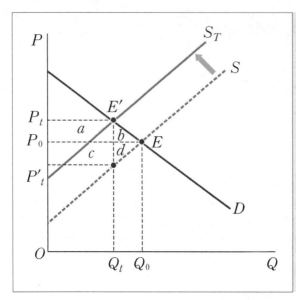

1) 소비자부담 $P_t - P_o$
   과세후 소비자직면가격 − 과세전 가격
2) 생산자부담 $P_o - P_t'$
   과세전 가격 − 과세후 생산자직면가격
3) 소비자부담 + 생산자부담 = 조세
   과세후 소비자직면가격 P_t
   − 과세후 생산자직면가격 P_t'

2 소비자에게 부과되는 경우 2011 국7   2016 국9   2010 지7

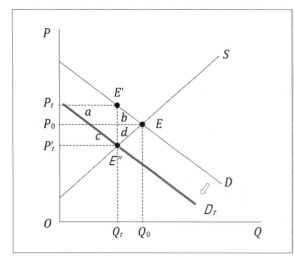

1) 소비자부담 $P_t - P_o$
   과세후 소비자직면가격 − 과세전 가격
2) 생산자부담 $P_o - P_t'$
   과세전 가격 − 과세후 생산자직면가격
3) 소비자부담 + 생산자부담 = 조세
   과세후 소비자직면가격 P_t
   − 과세후 생산자직면가격 P_t'

ISSUE 문제 📝

01 2017년 하 국가직 7급

수요함수와 공급함수가 각각 $D = 10 - P$와 $S = 3P$인 재화에 1원의 종량세를 공급자에게 부과했다. 이 조세의 경제적 귀착(economic incidence)에 대한 설명으로 옳은 것은? (단, D는 수요량, S는 공급량, P는 가격을 나타낸다)

① 소비자 : 0.75원, 생산자 : 0.25원

② 소비자 : 0.5원, 생산자 : 0.5원

③ 소비자 : 0.25원, 생산자 : 0.75원

④ 소비자 : 0원, 생산자 : 1원

출제이슈 조세부담의 귀착
핵심해설 정답 ①

조세의 경제적 효과는 다음과 같다.

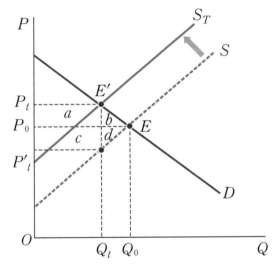

공급자에게 조세가 부과되는 경우 소비자 인식가격 P_t, 생산자 인식가격 P_t'로 가격이 괴리된다. 이에 따라서 소비자 부담은 $P_t - P_o$, 생산자 부담은 $P_o - P_t'$이 되며, 정부의 조세수입은 $T =$ 소비자부담 + 생산자부담 $= P_t - P_t'$이 된다.

이하에서 설문을 검토하면 다음과 같다.

1) 조세부과 이전의 균형

① 조세부과 이전 수요곡선이 $D = 10 - P$이고 공급곡선은 $S = 3P$이므로 시장균형은 수요와 공급이 일치하는 $10 - P = 3P$에서 달성된다.

② 따라서 균형가격은 $P = 2.5$이고, 균형거래량은 $Q = 7.5$이 된다.

2) 생산자에게 조세부과 이후의 균형

① 조세부과 이전 공급곡선은 $S = 3P$ 이므로 이를 변형하면 $P = \frac{1}{3}Q$ 이고 단위당 1원의 조세부과 이후 공급곡선은 $P = \frac{1}{3}Q + 1$ 이 된다.

② 수요곡선이 $D = 10 - P$ 이므로 시장균형은 수요와 공급이 일치하는 $10 - Q = \frac{1}{3}Q + 1$ 에서 달성된다.

③ 따라서 균형거래량은 $Q = 6.75$ 이고, 균형가격은 $P = 3.25$ 가 된다.

④ 이때, 소비자 직면가격은 3.25이고, 생산자 직면가격은 균형가격 3.25에서 조세액 1을 차감한 2.25가 된다.

⑤ 조세부과 이전 균형가격은 $P = 2.5$ 이고 조세부과 이후 소비자 직면가격이 3.25, 생산자 직면가격이 2.25이므로 소비자 조세부담은 0.75, 생산자의 조세부담은 0.25가 되어 소비자와 생산자 부담의 합 1이 조세액 1과 일치한다.

⑥ 이때, 전체조세수입은 과세 후 균형거래량 6.75에 단위당 1원을 고려한 6.75원이 된다.

02 2016년 국가직 9급

완전경쟁시장에서 A재의 시장공급은 $Q_s = 100 + 2P$이고 시장수요는 $Q_d = 400 - P$이다. 이 시장의 소비자에게 한 단위당 30의 종량세를 부과할 경우 새로운 균형에서 공급자가 받는 가격과 소비자가 지불하는 가격은? (단, Q_s, Q_d, P는 각각 A재의 공급량, 수요량, 가격이다)

	공급자가 받는 가격	소비자가 지불하는 가격
①	80	110
②	90	120
③	100	130
④	110	140

출제이슈 조세부담의 귀착
핵심해설 정답 ②

조세의 경제적 효과는 다음과 같다.

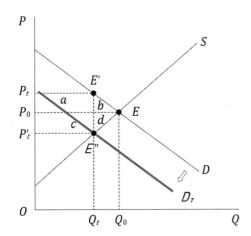

수요자에게 조세가 부과되는 경우 소비자 인식가격 P_t, 생산자 인식가격 $P_t^{'}$로 가격이 괴리된다. 이에 따라서 소비자 부담은 $P_t - P_o$, 생산자 부담은 $P_o - P_t^{'}$ 이 되며, 정부의 조세수입은 $T = $ 소비자부담 + 생산자부담 $= P_t - P_t^{'}$ 이 된다.

이하에서 설문을 검토하면 다음과 같다.

1) 조세부과 이전의 균형

① 조세부과 이전 수요곡선이 $Q_d = 400 - P$ 이고 공급곡선은 $Q_s = 100 + 2P$ 이므로 시장균형은 수요와 공급이 일치하는 $400 - P = 100 + 2P$ 에서 달성된다.

② 따라서 균형가격은 $P = 100$이고, 균형거래량은 $Q = 300$이 된다.

2) 소비자에게 조세부과 이후의 균형

① 조세부과 이전 수요곡선은 $Q_d = 400 - P$ 이므로 이를 변형하면 $P = 400 - Q$ 이고 단위당 30의 조세부과 이후 수요곡선은 $P = 400 - Q - 30$ 이 된다.

② 공급곡선이 $Q_s = 100 + 2P$ 이며 이를 변형하면 $P = -50 + 0.5Q$ 이므로 시장균형은 수요와 공급이 일치하는 $370 - Q = -50 + 0.5Q$ 에서 달성된다.

③ 따라서 균형거래량은 $Q = 280$ 이고, 균형가격은 $P = 90$ 가 된다.

④ 이때, 생산자 직면가격은 90이고, 소비자 직면가격은 균형가격 90에서 조세액 30을 가산한 120이 된다.

⑤ 조세부과 이전 균형가격은 $P = 100$ 이고 조세부과 이후 소비자 직면가격이 120, 생산자 직면가격이 90이므로 소비자 조세부담은 20, 생산자의 조세부담은 10이 되어 소비자와 생산자 부담의 합 30이 조세액 30과 일치한다.

⑥ 이때, 전체조세수입은 과세 후 균형거래량 280에 단위당 30을 고려한 8,400이 된다.

03 2011년 국가직 7급

타이어에 대한 수요(Q^D)와 공급(Q^S)함수가 각각 $Q^D = 700 - P$와 $Q^S = 200 + 4P$로 주어져 있다. 정부가 소비자에게 타이어 1개당 10원의 세금을 부과한다면, 공급자가 받는 가격(P_S)과 소비자가 지불하는 가격(P_P)은? (단, P는 가격을 나타낸다)

	P_S	P_D
①	98원	108원
②	100원	110원
③	108원	98원
④	110원	100원

출제이슈 조세부담의 귀착

핵심해설 정답 ①

조세의 경제적 효과는 다음과 같다.

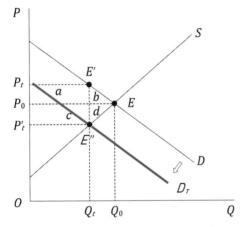

수요자에게 조세가 부과되는 경우 소비자 인식가격 P_t, 생산자 인식가격 $P_t^{'}$로 가격이 괴리된다. 이에 따라서 소비자 부담은 $P_t - P_o$, 생산자 부담은 $P_o - P_t^{'}$이 되며, 정부의 조세수입은 $T = 소비자부담 + 생산자부담 = P_t - P_t^{'}$이 된다.

이하에서 설문을 검토하면 다음과 같다.

1) 조세부과 이전의 균형

① 조세부과 이전 수요곡선이 $Q^D = 700 - P$이고 공급곡선은 $Q^S = 200 + 4P$이므로 시장균형은 수요와 공급이 일치하는 $700 - P = 200 + 4P$에서 달성된다.

② 따라서 균형가격은 $P = 100$이고, 균형거래량은 $Q = 600$이 된다.

2) 소비자에게 조세부과 이후의 균형

① 조세부과 이전 수요곡선은 $Q^D = 700 - P$ 이므로 이를 변형하면 $P = 700 - Q$ 이고 단위당 10원의 조세부과 이후 수요곡선은 $P = 700 - Q - 10$ 이 된다. 이를 변형하면 $Q = 690 - P$ 가 된다.

② 공급곡선이 $Q^S = 200 + 4P$ 이므로 시장균형은 수요와 공급이 일치하는 $690 - P = 200 + 4P$ 에서 달성된다.

③ 따라서 균형가격은 $P = 98$ 이고 균형거래량은 $Q = 592$ 가 된다.

④ 이때, 생산자 직면가격은 98이고, 소비자 직면가격은 균형가격 98에서 조세액 10을 가산한 108이 된다.

⑤ 조세부과 이전 균형가격은 $P = 100$ 이고 조세부과 이후 소비자 직면가격이 108, 생산자 직면가격이 98이므로 소비자 조세부담은 8, 생산자의 조세부담은 2가 되어 소비자와 생산자 부담의 합 10이 조세액 10과 일치한다.

⑥ 이때, 전체조세수입은 과세 후 균형거래량 592에 단위당 10을 고려한 5,920이 된다.

04 2010년 지방직 7급

어떤 상품의 수요곡선과 공급곡선이 아래와 같다. 정부가 상품 1개당 25원의 세금을 생산자에게 부과하는 경우와 소비자에게 부과하는 경우 각각의 세금 수입은?

$$Q^d = 150 - 2P \qquad Q^s = -100 + 3P$$

	생산자에게 부과한 경우	소비자에게 부과한 경우
①	500원	500원
②	500원	750원
③	750원	750원
④	1,750원	1,750원

출제이슈 소비자 혹은 생산자에 조세납부의무 부과 시 조세부담의 귀착
핵심해설 정답 ①

소비자(수요자)에게 조세가 부과되든, 생산자(공급자)에게 조세가 부과되든 그 효과는 동일하다.

1) 조세부과 이전의 균형

① 조세부과 이전 수요곡선이 $Q^d = 150 - 2P$ 이고 공급곡선은 $Q^s = -100 + 3P$이므로 시장균형은 수요와 공급이 일치하는 $150 - 2P = -100 + 3P$ 에서 달성된다.

② 따라서 균형가격은 $P = 50$이고, 균형거래량은 $Q = 50$이 된다.

2) 생산자에게 조세부과 이후의 균형

① 조세부과 이전 공급곡선은 $Q^s = -100 + 3P$이므로 이를 변형하면 $P = \dfrac{1}{3}Q + \dfrac{100}{3}$ 이고 단위당 25원의 조세부과 이후 공급곡선은 $P = \dfrac{1}{3}Q + \dfrac{100}{3} + 25$ 가 된다.

참고로 조세부과 이후 공급곡선은 상방으로 25만큼 평행이동한 것이므로 $Q = -100 + 3(P - 25)$와 같이 쉽게 도출할 수 있다. 이 방법이 훨씬 쉽고 실수 없이 문제를 풀 수 있다. 그러나 이에 익숙지 않은 수험생들은 위와 같이 변형하여 차근차근히 구해도 무방하다.

② 수요곡선이 $Q^d = 150 - 2P$ 이므로 시장균형은 수요와 공급이 일치하는 $150 - 2P = -100 + 3(P - 25)$에서 달성된다.

③ 따라서 균형가격은 $P = 65$이고 균형거래량은 $Q = 20$이 된다.

④ 이때, 소비자 직면가격은 65이고, 생산자 직면가격은 균형가격 65에서 조세액 25(원)을 차감한 40이 된다.

⑤ 조세부과 이전 균형가격은 $P = 50$이고 조세부과 이후 소비자 직면가격이 65, 생산자 직면가격이 40이므로 소비자 조세부담은 15, 생산자의 조세부담은 10이 되어 소비자와 생산자 부담의 합 25가 조세액 25와 일치한다.

⑥ 이때, 전체조세수입은 과세 후 균형거래량 20에 단위당 25(원)을 고려한 500(원)이 된다.

3) 소비자에게 조세부과 이후의 균형

① 조세부과 이전 수요곡선은 $Q^d = 150 - 2P$이므로 이를 변형하면 $P = 75 - 0.5Q$이고 단위당 25원의 조세부과 이후 수요곡선은 $P = 75 - 0.5Q - 25$이 된다. 이를 변형하면 $Q = 100 - 2P$가 된다.

참고로 조세부과 이후 수요곡선은 하방으로 25만큼 평행이동한 것이므로 $Q = 150 - 2(P + 25)$와 같이 쉽게 도출할 수 있다. 이 방법이 훨씬 쉽고 실수 없이 문제를 풀 수 있다. 그러나 이에 익숙지 않은 수험생들은 위와 같이 변형하여 차근차근히 구해도 무방하다.

② 공급곡선이 $Q^s = -100 + 3P$이므로 시장균형은 수요와 공급이 일치하는 $100 - 2P = -100 + 3P$에서 달성된다.

③ 따라서 균형가격은 $P = 40$이고 균형거래량은 $Q = 20$가 된다.

④ 이때, 생산자 직면가격은 40이고, 소비자 직면가격은 균형가격 40에서 조세액 25(원)을 가산한 65가 된다.

⑤ 조세부과 이전 균형가격은 $P = 50$이고 조세부과 이후 소비자 직면가격이 65, 생산자 직면가격이 40이므로 소비자 조세부담은 15, 생산자의 조세부담은 10이 되어 소비자와 생산자 부담의 합 25가 조세액 25와 일치한다.

⑥ 이때, 전체조세수입은 과세 후 균형거래량 20에 단위당 25(원)을 고려한 500(원)이 된다.

제2편

1 조세의 초과부담 　2012 국7　2011 국9　2017 국9　2019 지7

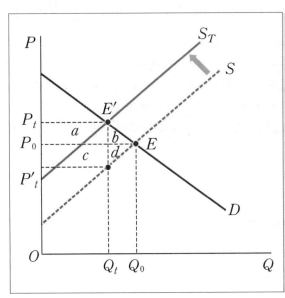

① 가격의 이원화
　ⅰ) 소비자 인식가격 P_t
　ⅱ) 생산자 인식가격 P_t'
② 조세의 부담
　ⅰ) 소비자 부담 $P_t - P_o$
　ⅱ) 생산자 부담 $P_o - P_t'$
③ 조세수입
$T =$ 소비자부담 $+$ 생산자부담 $= P_t - P_t'$
④ 사회총잉여 증감 (비효율성)
　ⅰ) 소비자잉여의 감소분　$-(a+b)$
　ⅱ) 생산자잉여의 감소분　$-(c+d)$
　ⅲ) 정부조세수입의 증가분　$+(a+c)$

2 조세의 초과부담 및 귀착과 수요탄력성

1) 수요탄력성이 클수록 초과부담, 시장왜곡, 그리고 자원배분의 비효율성이 크다.

2) 수요가 완전비탄력적인 경우 　2015 서7

　① 조세부담은 소비자가 모두 부담
　② 시장거래량은 불변, 소비자직면가격(과세 후 시장가격)은 상승, 공급자직면가격은 불변
　③ 생산자잉여는 불변

3 조세의 초과부담 및 귀착과 공급탄력성

1) 공급탄력성이 클수록 초과부담, 시장왜곡, 그리고 자원배분의 비효율성이 크다.

2) 공급이 완전비탄력적인 경우 　2014 국9　2011 지7

　① 조세부담은 생산자가 모두 부담
　② 시장거래량은 불변, 소비자직면가격(과세 후 시장가격)은 불변, 공급자직면가격은 하락
　③ 소비자잉여는 불변

ISSUE 문제 📝

01 　2011년 국가직 9급

다음 글의 의미를 설명한 것으로 옳은 것은?

> 조세 부과로 인해 발생하는 조세의 비효율성인 자중손실(deadweight loss)의 크기는 수요 및 공급의 가격 탄력성에 의존한다.

① 수요자 및 공급자가 가격의 변화에 민감하게 반응할수록 시장왜곡이 더 커진다.
② 수요자 및 공급자가 가격의 변화에 적절히 반응하지 않을수록 시장 왜곡이 더 커진다.
③ 수요곡선 및 공급곡선의 이동이 클수록 시장 균형이 더 크게 영향을 받는다.
④ 수요곡선 및 공급곡선의 이동이 적절히 발생하지 않을수록 시장 균형이 더 크게 영향을 받는다.

출제이슈 　조세의 초과부담
핵심해설 　정답 ①

조세의 초과부담 및 귀착과 수요 및 공급의 가격탄력성의 관계는 다음과 같다.

1. 조세의 초과부담 및 귀착과 수요탄력성

1) 수요탄력성이 클수록 초과부담, 시장왜곡, 그리고 자원배분의 비효율성이 크다.
2) 수요가 완전비탄력적인 경우
　　① 조세부담은 소비자가 모두 부담
　　② 시장거래량은 불변, 소비자직면가격(과세 후 시장가격)은 상승, 공급자직면가격은 불변
　　③ 생산자잉여는 불변

2. 조세의 초과부담 및 귀착과 공급탄력성

1) 공급탄력성이 클수록 초과부담, 시장왜곡, 그리고 자원배분의 비효율성이 크다.
2) 공급이 완전비탄력적인 경우
　　① 조세부담은 생산자가 모두 부담
　　② 시장거래량은 불변, 소비자직면가격(과세 후 시장가격)은 불변, 공급자직면가격은 하락
　　③ 소비자잉여는 불변

① 수요자와 공급자가 가격변화에 대하여 민감하게 반응할수록 수요와 공급의 탄력성이 커서 시장에서 초과부담이 더욱 커지므로 왜곡이 심화된다.

02   2012년 국가직 7급

어떤 재화의 수요곡선은 우하향하고 공급곡선은 우상향한다고 가정한다. 이 재화의 공급자에 대해 재화 단위당 일정액의 세금을 부과했을 때의 효과에 대한 분석으로 옳은 것은?

① 단위당 부과하는 세금액이 커지면 자중적손실(deadweight loss)은 세금액 증가보다 더 가파르게 커진다.

② 다른 조건이 일정할 때 수요가 가격에 탄력적일수록 소비자가 부담하는 세금의 비중은 더 커진다.

③ 다른 조건이 일정할 때 수요가 가격에 탄력적일수록 세금부과에 따른 자중적손실(deadweight loss)은 적다.

④ 세금부과 후에 시장가격은 세금부과액과 동일한 금액만큼 상승한다.

출제이슈   조세의 초과부담
핵심해설   정답 ①

조세의 초과부담 및 귀착과 수요 및 공급의 가격탄력성의 관계는 다음과 같다.

1. 조세의 초과부담 및 귀착과 수요탄력성

1) 수요탄력성이 클수록 초과부담, 시장왜곡, 그리고 자원배분의 비효율성이 크다.
2) 수요가 완전비탄력적인 경우
  ① 조세부담은 소비자가 모두 부담
  ② 시장거래량은 불변, 소비자직면가격(과세 후 시장가격)은 상승, 공급자직면가격은 불변

2. 조세의 초과부담 및 귀착과 공급탄력성

1) 공급탄력성이 클수록 초과부담, 시장왜곡, 그리고 자원배분의 비효율성이 크다.
2) 공급이 완전비탄력적인 경우
  ① 조세부담은 생산자가 모두 부담
  ② 시장거래량은 불변, 소비자직면가격(과세 후 시장가격)은 불변, 공급자직면가격은 하락

설문을 검토하면 다음과 같다.

①, ③ 초과부담의 크기는 $EB = \dfrac{1}{2}t^2 ePQ$ (e:가격탄력성, t:세율, P:가격, Q:거래량)로 표시된다.

따라서 부과되는 가격탄력성, 세율, 세액이 클수록 초과부담은 커진다. 또한 초과부담은 세액의 제곱에 비례하므로 세액의 증가보다 훨씬 더 크다. 예를 들어 세율이 2배 상승하면, 초과부담은 4배 증가한다.

② 수요가 가격에 탄력적일수록 소비자의 부담은 상대적으로 줄어든다.

④ 과세 후 시장가격은 과세 전에 비하여 상승하지만 그 상승폭이 단위당 세금부과액을 의미하지는 않는다.

03 2017년 국가직 9급

정상적인 수요곡선과 공급곡선에서 일반적으로 조세는 경제적 비용을 유발한다. 이러한 현상에 대한 설명으로 옳지 않은 것은?

① 주어진 수요곡선하에서 공급의 가격탄력성이 비탄력적일수록 세금 부과에 의한 경제적 순손실은 작다.
② 주어진 공급곡선하에서 수요의 가격탄력성이 비탄력적일수록 세금 부과에 의한 경제적 순손실은 작다.
③ 세금이 부과되면 거래량이 감소하고 소비자 잉여와 생산자 잉여가 감소한다.
④ 세금이 부과되면 소비자잉여의 감소분과 생산자 잉여의 감소분의 합은 정부의 조세수입과 같아지게 된다.

출제이슈 조세의 초과부담
핵심해설 정답 ④

조세의 초과부담 및 귀착과 수요 및 공급의 가격탄력성의 관계는 다음과 같다.

1. 조세의 초과부담 및 귀착과 수요탄력성
1) 수요탄력성이 클수록 초과부담, 시장왜곡, 그리고 자원배분의 비효율성이 크다.
2) 수요가 완전비탄력적인 경우
   ① 조세부담은 소비자가 모두 부담
   ② 시장거래량은 불변, 소비자직면가격(과세 후 시장가격)은 상승, 공급자직면가격은 불변
   ③ 생산자잉여는 불변

2. 조세의 초과부담 및 귀착과 공급탄력성
1) 공급탄력성이 클수록 초과부담, 시장왜곡, 그리고 자원배분의 비효율성이 크다.
2) 공급이 완전비탄력적인 경우
   ① 조세부담은 생산자가 모두 부담
   ② 시장거래량은 불변, 소비자직면가격(과세 후 시장가격)은 불변, 공급자직면가격은 하락
   ③ 소비자잉여는 불변

설문을 검토하면 다음과 같다.

①, ② 옳은 내용이다.
수요 또는 공급의 가격탄력성이 작을수록 세금부과에 따른 경제적 순손실의 크기는 줄어든다.

③ 옳은 내용이다.
과세로 인하여 거래량은 감소하고 소비자잉여 및 생산자잉여는 감소한다.

④ 틀린 내용이다.
과세로 인한 소비자잉여 및 생산자잉여의 감소분의 합은 정부의 조세수입보다 더 크다. 이는 조세의 초과부담으로 인하여 발생하는 경제적 순손실이다.

04 2019년 지방직 7급

종량세(specific tax) 부과의 효과에 대한 설명으로 옳지 않은 것은?

① 공급의 가격탄력성이 완전탄력적인 재화의 공급자에게 종량세를 부과할 경우 조세 부담은 모두 소비자에게 귀착된다.
② 종량세가 부과된 상품의 대체재가 많을수록 공급자에게 귀착되는 조세부담은 작아진다.
③ 수요와 공급의 가격탄력성이 큰 재화일수록 종량세 부과의 자중손실이 크다.
④ 종량세 부과가 균형거래량을 변동시키지 않는다면 종량세 부과는 자중손실을 발생시키지 않는다.

출제이슈 조세의 초과부담과 귀착
핵심해설 정답 ②

조세의 초과부담 및 귀착과 수요 및 공급의 가격탄력성의 관계는 다음과 같다.

1. 조세의 초과부담 및 귀착과 수요탄력성

1) 수요탄력성이 클수록 초과부담, 시장왜곡, 그리고 자원배분의 비효율성이 크다.
2) 수요가 완전비탄력적인 경우
   ① 조세부담은 소비자가 모두 부담
   ② 시장거래량은 불변, 소비자직면가격(과세 후 시장가격)은 상승, 공급자직면가격은 불변
   ③ 생산자잉여는 불변

2. 조세의 초과부담 및 귀착과 공급탄력성

1) 공급탄력성이 클수록 초과부담, 시장왜곡, 그리고 자원배분의 비효율성이 크다.
2) 공급이 완전비탄력적인 경우
   ① 조세부담은 생산자가 모두 부담
   ② 시장거래량은 불변, 소비자직면가격(과세 후 시장가격)은 불변, 공급자직면가격은 하락
   ③ 소비자잉여는 불변

설문을 검토하면 다음과 같다.

① 옳은 내용이다.
공급이 가격에 대해 완전탄력적인 경우 공급자에게 종량세를 부과하면, 조세부담은 모두 소비자가 지게 된다.

② 틀린 내용이다.
대체재가 많을수록 수요의 가격탄력성이 크다는 것을 의미하므로, 대체재가 많은 재화에 과세되는 경우, 공급자에게 귀착되는 부담의 정도는 상대적으로 커지고, 수요자의 부담의 정도는 상대적으로 작아진다.

③, ④ 옳은 내용이다.
수요와 공급의 탄력성이 클수록 과세로 인한 자중손실이 크며 이는 탄력성이 큰 경우 과세로 인한 거래량의 변화량이 커서 조세의 초과부담이 커짐을 의미한다. 역으로 과세로 인하여 거래량이 불변인 경우 조세의 초과부담, 자중손실은 발생하지 않는다.

조세의 초과부담 계산

1 생산자에게 부과 [2016 서7] [2015 국9] [2012 국9] [2018 국7,9] [2019 지7]

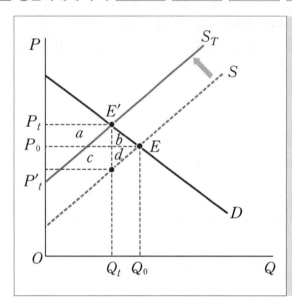

① 가격의 이원화
  i) 소비자 인식가격 P_t
  ii) 생산자 인식가격 P_t'

② 조세의 부담
  i) 소비자 부담 $P_t - P_o$
  ii) 생산자 부담 $P_o - P_t'$

③ 조세수입
  T = 소비자부담 + 생산자부담 = $P_t - P_t'$

④ 사회총잉여 증감 (비효율성)
  i) 소비자잉여의 감소분 $-(a+b)$
  ii) 생산자잉여의 감소분 $-(c+d)$
  iii) 정부조세수입의 증가분 $+(a+c)$

2 소비자에게 부과하는 경우 [2016 국7]

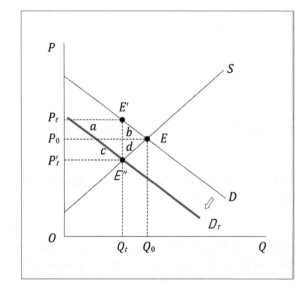

① 가격의 이원화
  i) 소비자 인식가격 P_t
  ii) 생산자 인식가격 P_t'

② 조세의 부담
  i) 소비자 부담 $P_t - P_o$
  ii) 생산자 부담 $P_o - P_t'$

③ 조세수입
  T = 소비자부담 + 생산자부담 = $P_t - P_t'$

④ 사회총잉여 증감 (비효율성)
  i) 소비자잉여의 감소분 $-(a+b)$
  ii) 생산자잉여의 감소분 $-(c+d)$
  iii) 정부조세수입의 증가분 $+(a+c)$

ISSUE 문제 📝

01 2016년 서울시 7급

완전경쟁시장에서 수요곡선은 $Q_D = 120 - p$이고 공급곡선은 $Q_s = 2p$이다. 여기에 정부가 개당 30원의 종량세를 부과하였다면, 세금으로 인한 경제적 순손실(deadweight loss)은 얼마인가?

① 300원

② 400원

③ 500원

④ 600원

출제이슈 조세의 초과부담 계산

핵심해설 정답 ①

조세의 경제적 효과는 다음과 같다.

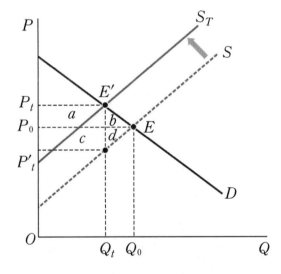

공급자에게 조세가 부과되는 경우 소비자 인식가격 P_t, 생산자 인식가격 $P_t^{'}$로 가격이 괴리된다. 이에 따라서 소비자 부담은 $P_t - P_o$, 생산자 부담은 $P_o - P_t^{'}$이 되며, 정부의 조세수입은 $T =$ 소비자부담 + 생산자부담 $= P_t - P_t^{'}$이 된다.

한편, 조세부과로 인하여 소비자잉여는 $-(a+b)$만큼 감소, 생산자잉여는 $-(c+d)$만큼 감소하고 정부조세수입의 증가분은 $+(a+c)$이 되어 결국 사회총잉여의 순감소분은 $-(b+d)$이 되어 비효율성이 노정된다.

설문의 자료를 이용하여 자중손실을 구하면 다음과 같다.

1) 조세부과 이전의 균형

① 조세부과 이전 수요곡선이 $Q_D = 120 - P$ 이고 공급곡선은 $Q_s = 2P$ 이므로 시장균형은 수요와 공급이 일치하는 $120 - P = 2P$ 에서 달성된다.

② 따라서 균형가격은 $P = 40$ 이고, 균형거래량은 $Q = 80$ 이 된다.

2) 생산자에게 조세부과 이후의 균형

① 조세부과 이전 공급곡선은 $Q_s = 2P$ 이므로 이를 변형하면 $P = 0.5Q$ 이고 개당 30원의 조세부과 이후 공급곡선은 $P = 0.5Q + 30$ 이 된다.

② 수요곡선이 $Q_D = 120 - P$ 이므로 시장균형은 수요와 공급이 일치하는 $120 - Q = 0.5Q + 30$ 에서 달성된다.

③ 따라서 균형가격은 $P = 60$ 이고 균형거래량은 $Q = 60$ 이 된다.

3) 자중손실 계산

설문에서 조세부과 이전의 균형은 $P = 40$, $Q = 80$ 이고 조세부과 이후의 균형은 $P = 60$, $Q = 60$ 이다. 따라서 단위당 조세액 $T = 30$, 과세로 인한 거래량의 감소분 $\Delta Q = 20$ 이 된다. 따라서, 사회총잉여의 순감소분은 $(b + d) = EB = \dfrac{T \times \Delta Q}{2} = \dfrac{30 \times 20}{2} = 300$(원)이 된다.

02 2016년 국가직 7급

재화 A에 대한 수요곡선과 공급곡선은 각각 $Q_d = 12 - P$ 및 $Q_s = 2P$로 표현된다. 이 재화에 개당 3원의 세금을 소비자에게 부과하는 경우에 경제적 순손실의 크기는? (단, Q_d는 수요량, Q_s는 공급량, P는 가격이다)

① 1원   ② 3원
③ 5원   ④ 7원

출제이슈 조세의 초과부담 계산
핵심해설 정답 ②

조세의 경제적 효과는 다음과 같다.

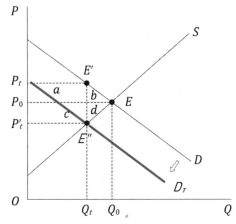

소비자에게 조세가 부과되는 경우 소비자 인식가격 P_t, 생산자 인식가격 $P_t^{'}$로 가격이 괴리된다. 이에 따라서 소비자 부담은 $P_t - P_o$, 생산자 부담은 $P_o - P_t^{'}$이 되며, 정부의 조세수입은 $T =$ 소비자부담 + 생산자부담 $= P_t - P_t^{'}$이 된다.

한편, 조세부과로 인하여 소비자잉여는 $-(a+b)$만큼 감소, 생산자잉여는 $-(c+d)$만큼 감소하고 정부조세수입의 증가분은 $+(a+c)$이 되어 결국 사회총잉여의 순감소분은 $-(b+d)$이 되어 비효율성이 노정된다.

설문의 자료를 이용하여 자중손실을 구하면 다음과 같다.

1) 조세부과 이전의 균형

① 조세부과 이전 수요곡선이 $Q_D = 12 - P$이고 공급곡선은 $Q_s = 2P$이므로 시장균형은 수요와 공급이 일치하는 $12 - P = 2P$에서 달성된다.

② 따라서 균형가격은 $P = 4$이고, 균형거래량은 $Q = 8$이 된다.

2) 소비자에게 조세부과 이후의 균형

① 조세부과 이전 수요곡선은 $Q_D = 12 - P$ 이므로 이를 변형하면 $P = 12 - Q$ 이고 개당 3원의 조세부과 이후 수요 곡선은 $P = 12 - Q - 3$ 이 된다.

② 공급곡선이 $Q_s = 2P$ 이므로 시장균형은 수요와 공급이 일치하는 $12 - P - 3 = 2P$ 에서 달성된다.

③ 따라서 균형가격은 $P = 3$ 이고 균형거래량은 $Q = 6$ 이 된다.

3) 자중손실 계산

설문에서 조세부과 이전의 균형은 $P = 4$, $Q = 8$ 이고 조세부과 이후의 균형은 $P = 3$, $Q = 6$ 이다. 따라서 단위당 조세액 $T = 3$, 과세로 인한 거래량의 감소분 $\Delta Q = 2$ 이 된다. 따라서, 사회총잉여의 순감소분은 $(b + d) = EB = \dfrac{T \times \Delta Q}{2} = \dfrac{3 \times 2}{2} = 3$ 이 된다.

제2편

03 ┃2019년 지방직 7급┃

어떤 상품의 수요곡선과 공급곡선은 직선이며, 상품 1단위당 5,000원의 세금이 부과되었다고 하자. 세금의 부과는 상품에 대한 균형거래량을 200개에서 100개로 감소시켰으며, 소비자잉여를 450,000원 감소시키고, 생산자잉여는 300,000원 감소시켰다. 세금부과에 따른 자중손실은?

① 250,000원

② 500,000원

③ 750,000원

④ 1,000,000원

출제이슈 ┃ 조세의 초과부담 계산
핵심해설 ┃ 정답 ①

조세의 경제적 효과는 다음과 같다.

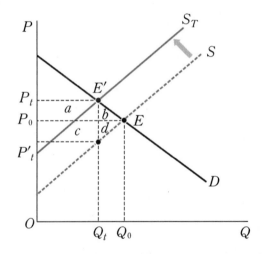

공급자에게 조세가 부과되는 경우 소비자 인식가격 P_t, 생산자 인식가격 P'_t로 가격이 괴리된다. 이에 따라서 소비자 부담은 $P_t - P_o$, 생산자 부담은 $P_o - P'_t$ 이 되며, 정부의 조세수입은 $T = $ 소비자부담 + 생산자부담 $= P_t - P'_t$ 이 된다.

한편, 조세부과로 인하여 소비자잉여는 $-(a+b)$ 만큼 감소, 생산자잉여는 $-(c+d)$ 만큼 감소하고 정부조세수입의 증가분은 $+(a+c)$ 이 되어 결국 사회총잉여의 순감소분은 $-(b+d)$ 이 되어 비효율성이 노정된다.

설문의 자료를 이용하여 자중손실을 구하면 다음과 같다.

개당 세금은 5,000원이며, 과세로 인한 거래량의 감소분은 100개가 된다.

따라서, 사회총잉여의 순감소분 $(b+d) = EB = \dfrac{T \times \Delta Q}{2} = \dfrac{5,000 \times 100}{2} = 250,000$ 이 된다.

04 2018년 국가직 9급

X재 시장의 공급곡선은 우상향하는 직선이고 수요곡선은 우하향하는 직선이다. 현재 X재 균형가격과 균형수량은 각각 100원 및 1,000개이다. 정부가 개당 10원의 세금을 부과하여 소비자가 지불하는 가격이 106원으로 상승하고 균형수량이 900개로 감소하였다면, 세금부과로 인한 경제적 순손실(deadweight loss)은?

① 200
② 300
③ 500
④ 1,000

출제이슈 조세의 초과부담 계산
핵심해설 정답 ③

조세의 경제적 효과는 다음과 같다.

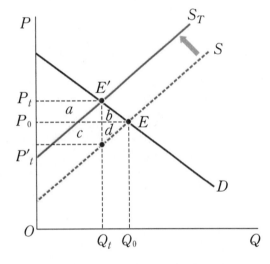

공급자에게 조세가 부과되는 경우 소비자 인식가격 P_t, 생산자 인식가격 $P_t^{'}$로 가격이 괴리된다. 이에 따라서 소비자 부담은 $P_t - P_o$, 생산자 부담은 $P_o - P_t^{'}$이 되며, 정부의 조세수입은 $T =$ 소비자부담 + 생산자부담 $= P_t - P_t^{'}$이 된다.

한편, 조세부과로 인하여 소비자잉여는 $-(a+b)$만큼 감소, 생산자잉여는 $-(c+d)$만큼 감소하고 정부조세수입의 증가분은 $+(a+c)$이 되어 결국 사회총잉여의 순감소분은 $-(b+d)$이 되어 비효율성이 노정된다.

설문의 자료를 이용하여 자중손실을 구하면 다음과 같다.

단위당 조세액 $T = 10$(원/개), 과세로 인한 거래량의 감소분 $\Delta Q = 100$(개)이 된다. 따라서 사회총잉여의 순감소분은 $(b+d) = EB = \dfrac{T \times \Delta Q}{2} = \dfrac{10 \times 100}{2} = 500$이 된다.

제2편

05 2012년 국가직 9급

사과에 대한 시장수요곡선은 우하향하는 직선이고, 시장공급곡선은 우상향하는 직선이다. 사과시장에서 세금부과 전의 균형수량은 200개이고, 사과 1개당 5원의 물품세를 부과할 경우 소비자는 2원을, 생산자는 3원의 세금을 각각 부담하게 된다. 정부가 세금을 부과하여 750원의 조세수입을 확보할 경우, 세금부과에 의한 자중손실(deadweight loss)은?

① 50   ② 75

③ 125   ④ 250

출제이슈 조세의 초과부담 계산
핵심해설 정답 ③

조세의 경제적 효과는 다음과 같다.

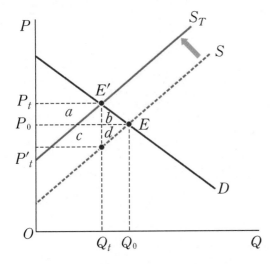

공급자에게 조세가 부과되는 경우 소비자 인식가격 P_t, 생산자 인식가격 P_t'로 가격이 괴리된다. 이에 따라서 소비자 부담은 $P_t - P_o$, 생산자 부담은 $P_o - P_t'$이 되며, 정부의 조세수입은 $T =$ 소비자부담 + 생산자부담 $= P_t - P_t'$이 된다.

한편, 조세부과로 인하여 소비자잉여는 $-(a+b)$만큼 감소, 생산자잉여는 $-(c+d)$만큼 감소하고 정부조세수입의 증가분은 $+(a+c)$이 되어 결국 사회총잉여의 순감소분은 $-(b+d)$이 되어 비효율성이 노정된다.

설문의 자료를 이용하여 자중손실을 구하면 다음과 같다.
정부의 조세수입은 $TQ_t = 5Q_t = 750$ 이므로 $Q_t = 150$ 이다. 따라서 $\Delta Q = 200 - 150 = 50$이 된다.
따라서 단위당 조세액 $T = 5$(원/개), 과세로 인한 거래량의 감소분 $\Delta Q = 50$(개)이 된다. 따라서 사회총잉여의 순감소분은 $(b+d) = EB = \dfrac{T \times \Delta Q}{2} = \dfrac{5 \times 50}{2} = 125$가 된다.

06 2015년 국가직 9급

수요와 공급의 법칙이 성립하는 자동차 시장에서 세금부과 전의 균형거래량은 250대이다. 자동차 1대당 5만 원의 세금이 부과될 때, 소비자는 3만 원, 생산자는 2만 원의 세금을 각각 부담하게 된다. 정부가 1,000만 원의 조세수입을 확보할 경우, 세금부과에 의한 자중손실(deadweight loss)은?

① 50만 원

② 75만 원

③ 125만 원

④ 250만 원

출제이슈 조세의 초과부담 계산

핵심해설 정답 ③

조세의 경제적 효과는 다음과 같다.

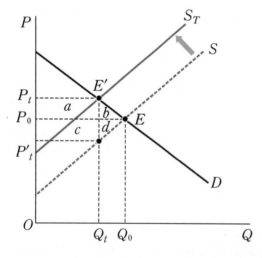

공급자에게 조세가 부과되는 경우 소비자 인식가격 P_t, 생산자 인식가격 P'_t로 가격이 괴리된다. 이에 따라서 소비자 부담은 $P_t - P_o$, 생산자 부담은 $P_o - P'_t$이 되며, 정부의 조세수입은 $T =$ 소비자부담 + 생산자부담 $= P_t - P'_t$이 된다.

한편, 조세부과로 인하여 소비자잉여는 $-(a+b)$만큼 감소, 생산자잉여는 $-(c+d)$만큼 감소하고 정부조세수입의 증가분은 $+(a+c)$이 되어 결국 사회총잉여의 순감소분은 $-(b+d)$이 되어 비효율성이 노정된다.

설문의 자료를 이용하여 자중손실을 구하면 다음과 같다.

정부의 조세수입은 $TQ_t = 5Q_t = 1,000$ 이므로 $Q_t = 200$ 이다. 따라서 $\Delta Q = 250 - 200 = 50$이 된다. 따라서 단위당 조세액 $T = 5$(만 원/대), 과세로 인한 거래량의 감소분 $\Delta Q = 50$(대)이 된다. 따라서 사회총잉여의 순감소분은 $(b+d) = EB = \dfrac{T \times \Delta Q}{2} = \dfrac{5 \times 50}{2} = 125$(만 원)이 된다.

07 2018년 국가직 7급

어느 재화를 생산하는 기업이 직면하는 수요곡선은 $Q_d = 200 - P$이고, 공급곡선 Q_s는 $P = 100$ 에서 수평선으로 주어져 있다. 정부가 이 재화의 소비자에게 단위당 20원의 물품세를 부과할 때, 초과부담을 조세수입으로 나눈 비효율성계수(coefficient of inefficiency)는? (단, P는 가격이다)

① $\dfrac{1}{8}$ ② $\dfrac{1}{4}$

③ $\dfrac{1}{2}$ ④ 1

출제이슈 조세의 초과부담과 비효율성 계수
핵심해설 정답 ①

설문의 자료를 이용하여 비효율성계수를 구하면 다음과 같다.

1) 조세부과 전후의 균형
① 조세부과 이전의 균형은 $P = 100$, $Q = 100$ 이다.
② 조세부과 이후의 균형은 $P = 120$, $Q = 80$ 이다.

2) 정부의 조세수입
단위당 조세가 20원이고 조세부과 이후 거래량이 80이므로 조세수입은 1,600원이 된다.

3) 조세의 자중손실
사회총잉여의 순감소분은 $EB = \dfrac{T \times \Delta Q}{2} = \dfrac{20 \times 20}{2} = 200$ 이 된다.

4) 비효율성 계수
초과부담(자중손실) 200을 조세수입 1,600(원)으로 나눈 값은 $\dfrac{200}{1,600} = \dfrac{1}{8}$ 이 된다.

최고가격규제

1 최고가격규제

최고가격규제: 시장균형가격보다 낮은 수준으로 거래가격 통제 2017 국7

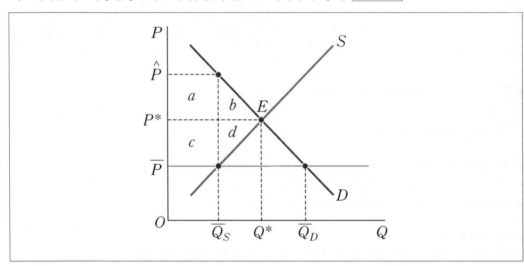

2 최고가격제의 효과

1) **거래가격 통제, 고정**: $P = \overline{P}$

2) **수급량 괴리**

   ① 수요량 증가: $Q^* \rightarrow \overline{Q_D}$

   ② 공급량 감소: $Q^* \rightarrow \overline{Q_s}$

   ③ 초과수요 = 증가한 수요량 + 감소한 공급량 = $(\overline{Q_D} - Q^*) + (Q^* - \overline{Q_S}) = (\overline{Q_D} - \overline{Q_S})$

3) **가격압력**: 초과수요 $\rightarrow \left(\begin{array}{c}\text{가격상승압력}\\\text{가격고정}\end{array}\right) \rightarrow$ 초과수요 해소를 위한 정부 보조금 지급 가능성

2018 국7 2014 지7

4) **사회총잉여 감소**: 가격규제로 인한 자중손실

   ① 소비자 잉여의 감소분 $-b + c$

   ② 생산자 잉여의 감소분 $-c - d$

   ③ 사회총잉여의 감소분 = ① + ② = $-(b + d)$

3 **최고가격제의 부작용(예 : 분양가 상한제, 임대료규제)** 2017 서7

1) 암시장 출현

2) 주택의 질적 수준 저하

3) 비가격방식의 임대방식 출현, 비효율성 노정

4) 장기적 주택공급의 감소 (단기보다 장기에 더 많이 감소할 가능성) 2017 국9

4 **최고가격제의 부작용의 완화**

1) 정부의 보조금 지급

2) 그 외 공급증대를 위한 각종 인센티브 제공 2017 서7

ISSUE 문제 📝

01 2017년 국가직 7급

완전경쟁시장에서 정부가 시행하는 가격상한제에 대한 설명으로 옳은 것은?

① 최저임금제는 가격상한제에 해당하는 정책이다.
② 가격상한제를 실시할 경우 초과공급이 발생한다.
③ 가격상한은 판매자가 부과할 수 있는 최소가격을 의미한다.
④ 가격상한이 시장균형가보다 높게 설정되면 정책의 실효성이 없다

출제이슈 최고가격규제의 효과
핵심해설 정답 ④

최고가격규제는 정부가 정책적 목적으로 시장균형가격보다 낮은 수준으로 거래가격을 통제하는 것을 의미하며 그 경제적 효과는 다음과 같다.

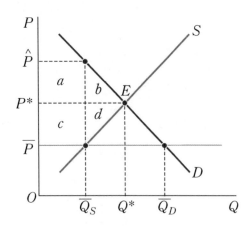

1) 거래가격을 인위적으로 $P = \overline{P}$ 수준으로 통제, 고정한다.
2) 통제가격에서 수요량이 증가하고 공급량이 감소하여 초과수요가 발생한다.
3) 초과수요로 인하여 가격상승압력이 발생함에도 가격은 고정되어 있어 여러 부작용이 생겨난다.
   ① 암시장 출현   ② 주택의 질적 수준 저하
   ③ 비가격방식의 임대방식 출현, 비효율성 노정   ④ 장기적 주택공급의 감소
4) 가격규제의 자중손실로 인해서 사회총잉여가 감소한다.
   ① 소비자 잉여의 감소분 $-b+c$ ② 생산자 잉여의 감소분 $-c-d$
   ③ 사회총잉여의 감소분 = ① + ② $= -(b+d)$

설문을 검토하면 다음과 같다.

① 틀린 내용이다. 최저임금제는 가격상한제가 아니라 가격하한제에 해당하는 정책이다.
② 틀린 내용이다. 가격상한제를 실시할 경우 시장균형가격보다 낮은 수준에 상한가격이 설정되기 때문에 수요량이 늘어나서 초과수요가 발생한다.
③ 틀린 내용이다. 가격상한은 정부가 정책적 목적 달성을 위해서 설정하는 최고가격이다.
④ 옳은 내용이다. 가격상한은 정부의 정책적 목적 달성을 위해 시장균형가격보다 낮은 수준으로 설정된다.

02 | 2019년 서울시 7급

〈보기〉에서 임대료 규제의 효과로 옳은 것을 모두 고르면?

<보기>

ㄱ. 암시장의 발생 가능성 증가
ㄴ. 장기적으로 주택공급의 감소
ㄷ. 주택의 질적 수준의 하락
ㄹ. 비가격 방식의 임대방식으로 임대주택의 비효율성 발생

① ㄱ   ② ㄱ, ㄴ
③ ㄱ, ㄷ   ④ ㄱ, ㄴ, ㄷ, ㄹ

출제이슈 최고가격규제의 효과
핵심해설 정답 ④

최고가격규제는 정부가 정책적 목적으로 시장균형가격보다 낮은 수준으로 거래가격을 통제하는 것을 의미하며 그 경제적 효과는 다음과 같다.

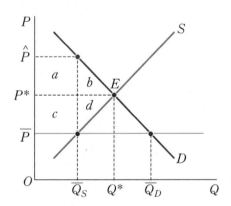

1) 거래가격을 인위적으로 $P = \overline{P}$ 수준으로 통제, 고정한다.
2) 통제가격에서 수요량이 증가하고 공급량이 감소하여 초과수요가 발생한다.
3) 초과수요로 인하여 가격상승압력이 발생함에도 가격은 고정되어 있어 여러 부작용이 생겨난다.
   ① 암시장 출현   ② 주택의 질적 수준 저하
   ③ 비가격방식의 임대방식 출현, 비효율성 노정   ④ 장기적 주택공급의 감소
4) 가격규제의 자중손실로 인해서 사회총잉여가 감소한다.
   ① 소비자 잉여의 감소분 $-b+c$ ② 생산자 잉여의 감소분 $-c-d$
   ③ 사회총잉여의 감소분 = ① + ② $= -(b+d)$

설문을 검토하면 다음과 같다.

ㄱ. 임대료 규제로 인하여 발생한 초과수요로 인하여 암시장을 통한 거래가 나타날 수 있다.
ㄴ. 시장균형 임대료보다 낮은 수준의 임대료로 인하여 주택공급이 장기적으로 줄어들 수 있다.
ㄷ. 시장균형 임대료보다 낮은 수준의 임대료를 보전하기 위하여 주택공급자들은 주택이 노후화되더라도 수리를 해태하는 방식을 사용하게 되어 주택의 질적 수준이 저하될 수 있다.
ㄹ. 임대료 이외 다른 요인들이 거래결정에 작용하게 되어 거래에 비효율성이 노정된다.

03 [2017년 국가직 9급]

A국은 경쟁시장인 주택시장에서 결정된 높은 임대료를 규제하기 위해 가격상한제를 시행하고자 한다. 이 경우 단기와 장기 관점에서의 설명으로 옳은 것은?

① 주택물량 부족 규모는 단기적으로 크고 장기적으로도 크다.
② 주택물량 부족 규모는 단기적으로 작으나 장기적으로는 크다.
③ 주택물량 과잉 규모는 단기적으로 크고 장기적으로도 크다.
④ 주택물량 과잉 규모는 단기적으로 작으나 장기적으로는 크다.

출제이슈 최고가격규제의 효과
핵심해설 정답 ②

최고가격규제는 정부가 정책적 목적으로 시장균형가격보다 낮은 수준으로 거래가격을 통제하는 것을 의미하며 그 경제적 효과는 다음과 같다.

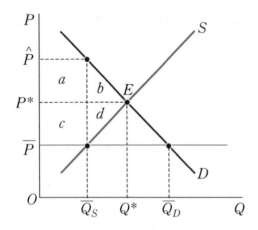

1) 거래가격을 인위적으로 $P = \overline{P}$ 수준으로 통제, 고정한다.
2) 통제가격에서 수요량이 증가하고 공급량이 감소하여 초과수요가 발생한다.
3) 초과수요로 인하여 가격상승압력이 발생함에도 가격은 고정되어 있어 여러 부작용이 생겨난다.
   ① 암시장 출현   ② 주택의 질적 수준 저하
   ③ 비가격방식의 임대방식 출현, 비효율성 노정   ④ 장기적 주택공급의 감소
4) 가격규제의 자중손실로 인해서 사회총잉여가 감소한다.
   ① 소비자 잉여의 감소분 $-b + c$ ② 생산자 잉여의 감소분 $-c - d$
   ③ 사회총잉여의 감소분 = ① + ② = $-(b + d)$

설문을 검토하면 다음과 같다.

② 시장균형 임대료보다 낮은 수준의 임대료로 인하여 단기적으로 주택공급이 감소할 뿐만 아니라 장기에는 신규 및 기존 주택공급이 모두 감소하여 주택공급이 단기보다 더 크게 줄어들 수 있다.

04 2018년 국가직 7급

A국에서 어느 재화의 수요곡선은 $Q_d = 280 - 3P$이고 공급곡선은 $Q_s = 10 + 7P$이다. A국 정부는 이 재화의 가격상한을 20원으로 설정하였고, 이 재화의 생산자에게 보조금을 지급하여 공급량을 수요량에 맞추고자 한다. 이 조치에 따른 단위당 보조금은? (단, P는 이 재화의 단위당 가격이다)

① 10원
② 12원
③ 14원
④ 16원

출제이슈 최고가격규제와 보조금 지급
핵심해설 정답 ①

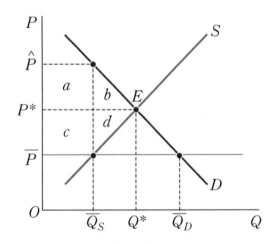

가격상한제로 인하여 발생한 초과수요는 $(\overline{Q_D} - Q^*) + (Q^* - \overline{Q_S}) = (\overline{Q_D} - \overline{Q_S})$이다. 이때, 정부는 초과수요 해소를 위하여 공급측에 보조금을 지급할 수 있다.

규제 이전 시장가격 $P^* = 27$원이고, 상한가격 $\overline{P} = 20$원이다.
상한가격 20원 하에서 수요 $\overline{Q_D} = 220$, 공급 $\overline{Q_S} = 150$으로서 초과수요는 70이 된다.

초과수요 70을 해소하기 위하여 정부는 보조금을 S만큼 지급하여 공급을 늘리도록 유인할 수 있다.
따라서 보조금 지급 이전 공급곡선 $Q = 10 + 7P$에서 보조금 S지급 이후 공급곡선 $Q = 10 + 7(P+S)$이 된다.
이는 원래의 공급곡선을 횡축 방향으로 70(초과수요의 크기)만큼 평행이동하도록 보조금 S을 지급함을 의미한다. 따라서 보조금 S 지급 이후에는 공급곡선이 $Q - 70 = 10 + 7P$가 된다.

$Q = 10 + 7(P+S)$와 $Q - 70 = 10 + 7P$는 동일해야 하므로 보조금 규모 S는 10(원)이 된다.

05 2014년 지방직 7급

보청기의 수요함수가 Q = 370 − 3P이고 공급함수가 Q = 10 + 6P이다. 보청기 보급을 위해서 정부가 보청기 가격의 상한을 36으로 정하였다. 이때 발생하는 초과수요를 없애기 위해 정부가 보청기 생산기업에게 보청기 한 대당 지급해야 하는 보조금은? (단, Q는 생산량, P는 가격을 나타낸다)

① 6
② 8
③ 10
④ 12

출제이슈 최고가격규제와 보조금 지급
핵심해설 정답 ①

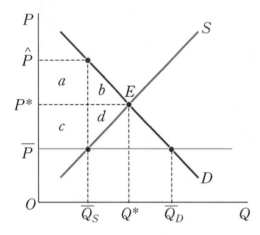

가격상한제로 인하여 발생한 초과수요는 $(\overline{Q_D} - Q^*) + (Q^* = \overline{Q_S}) = (\overline{Q_D} - \overline{Q_S})$이다. 이때, 정부는 초과수요 해소를 위하여 공급측에 보조금을 지급할 수 있다.

규제 이전 시장가격 $P^* = 40$원이고, 상한가격 $\overline{P} = 36$원이다. 상한가격 36원 하에서 수요 $\overline{Q_D} = 262$, 공급 $\overline{Q_S} = 226$으로서 초과수요는 36이 된다.

초과수요 36을 해소하기 위하여 정부는 보조금을 S만큼 지급하여 공급을 늘리도록 유인할 수 있다.
따라서 보조금 지급 이전 공급곡선 $Q = 10 + 6P$에서 보조금 S지급 이후 공급곡선 $Q = 10 + 6(P + S)$ $Q - 36 = 10 + 6P$이 된다. 이는 원래의 공급곡선을 횡축 방향으로 36(초과수요의 크기)만큼 평행이동하도록 보조금 S을 지급함을 의미한다.

$Q = 10 + 6(P + S)$와 $Q - 36 = 10 + 6P$는 동일해야 하므로 보조금 규모 S는 6(원)이 된다.

06 2017년 서울시 7급

정부가 소비자 보호를 위해 쌀 시장에 가격상한제(price ceiling)를 적용하고·있다고 하자. 이런 상황에서 쌀 농사에 유리한 기후 조건으로 쌀 공급이 소폭 증가했을 때 예상되는 현상으로 옳은 것은? (단, 시장 균형가격은 과거나 지금이나 가격상한선보다 높다.)

① 규제로 인한 자중후생손실(deadweight loss)이 감소한다.
② 시장에서의 거래 가격이 하락한다.
③ 공급자 잉여가 감소한다.
④ 소비자 잉여가 감소한다.

출제이슈 최고가격규제와 공급 변화
핵심해설 정답 ①

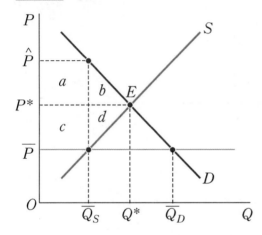

가격규제로 인한 자중손실은 사회총잉여 감소로 측정될 수 있다. 소비자잉여의 감소분은 $-b+c$, 생산자 잉여의 감소분은 $-c-d$이며 사회총잉여의 감소분은 $-(b+d)$이 된다.

이때, 공급이 소폭 증가하게 되면, 공급곡선이 우측으로 이동하게 되므로, 거래량이 증가한다.

설문을 검토하면 다음과 같다.

①, ③, ④ 공급의 증가로 인해서 거래량이 증가하게 되므로 쌀 공급 이전 가격상한제가 실시되고 있는 경우에 비하여 소비자잉여와 생산자잉여가 모두 증가한다. 이에 따른 자중손실은 감소한다. 자중손실이 감소하는 정도는 공급이 어느 정도나 늘었는가에 달려있다.

② 여전히 거래가격은 공급 증가 이전이나 이후나 동일하게 상한가격 수준을 그대로 유지한다.

1 최저가격규제

최저가격규제: 시장균형가격보다 높은 수준으로 거래가격 통제

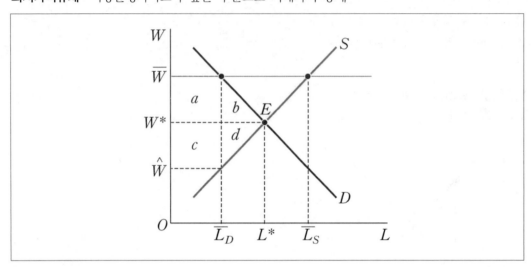

2 최저가격제의 효과

1) **거래가격, 임금 통제, 고정**: $W = \overline{W}$

2) **수급량 괴리** (미숙련 노동시장, 실업발생)

   ① 미숙련 노동공급 증가: $L^* \to \overline{L_S}$

   ② 미숙련 노동수요 감소: $L^* \to \overline{L_D}$, 노동수요가 탄력적인 경우 실업증가 `2010 지7`

   ③ 초과공급 = 증가한 공급량 + 감소한 수요량 = $(\overline{L_S} - L^*) + (L^* - \overline{L_D}) = (\overline{L_S} - \overline{L_D})$ `2010 국7`

3) **가격압력**: 초과공급 → $\begin{pmatrix} \text{가격하락압력} \\ \text{가격고정} \end{pmatrix}$ → 초과공급 해소 위한 정부 보조금 지급 가능성 `2019 서7`

4) **사회총잉여 감소**: 가격규제로 인한 자중손실

   ① 노동수요자의 후생감소분 (소비자 잉여의 감소분) $-a-b$

   ② 노동공급자의 후생감소분 (생산자 잉여의 감소분) $+a-d$

   ③ 사회총잉여의 감소분 = ① + ② = $-(b+d)$ `2013 국9`

제2편

3 최저가격제의 부작용(예 : 최저임금제)

1) 노동환경 질적 수준 저하

2) 비가격방식의 근로계약방식 출현, 비효율성 노정

4 최저가격제의 부작용의 완화

1) 정부의 보조금 지급

2) 그외 수요증대를 위한 각종 인센티브 제공

3) 노동수요가 비탄력적인 경우 실업발생 감소 2017 국7

5 최저가격제와 탄력성

수요가 탄력적인 경우 최저가격제로 인해 거래량 감소가 커진다.

ISSUE 문제 📝

01 2010년 국가직 7급

어떤 산업의 노동수요곡선과 노동공급곡선이 아래와 같다고 한다. 하루 법정 최저실질임금이 60,000이라 할 때, 이 노동시장의 실업인구는? (단, 여기에서 ND는 노동수요, NS는 노동공급, 그리고 w는 하루의 실질임금이다)

- ND = 800,000 − 4w
- NS = 380,000 + 4w

① 20,000   ② 30,000
③ 40,000   ④ 60,000

출제이슈 최저임금제의 효과
핵심해설 정답 ④

최저임금제는 정부가 정책적 목적으로 시장균형임금보다 높은 수준으로 임금을 통제하는 것을 의미하며 그 경제적 효과는 다음과 같다.

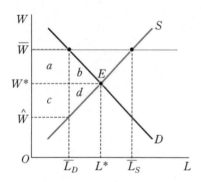

1) 노동임금을 인위적으로 $W = \overline{W}$ 수준으로 통제, 고정한다.
2) 통제임금에서 노동공급이 증가하고 노동수요가 감소하여 노동의 초과공급이 발생한다.
3) 초과공급으로 인하여 임금하락압력이 발생함에도 임금은 고정되어 있어 여러 부작용이 생겨난다.
   ① 미숙련노동시장에서 실업의 발생 ② 노동환경 질적 수준 저하
   ③ 비가격방식의 근로계약방식 출현, 비효율성 노정
   ④ 장기적으로 노동대체기술의 개발로 인하여 노동수요의 감소
4) 임금규제의 자중손실로 인해서 사회총잉여가 감소한다.
   ① 노동수요자의 후생감소분 (소비자 잉여의 감소분) $-a-b$
   ② 노동공급자의 후생감소분 (생산자 잉여의 감소분) $+a-d$
   ③ 사회총잉여의 감소분 = ① + ② $= -(b+d)$

설문에서 최저임금제로 인하여 발생한 노동초과공급은 $(\overline{L_S} - L^*) + (L^* - \overline{L_D}) = (\overline{L_S} - \overline{L_D})$이 된다.

최저임금인 60,000하에서 노동수요는 560,000, 노동공급은 620,000이므로 노동초과공급은 60,000이 되며 이는 실업을 의미한다.

제2편

02 2013년 국가직 9급

최저임금이 완전히 적용되는 시간제 근로시장에서 노동수요곡선은 $W = 10{,}000 - 100 \times L$, 노동 공급곡선은 $W = 100 \times L$, 최저임금은 5,500원이다. 시간제 근로자와 사용자가 입게 되는 자중손실(deadweight loss)의 합은? (단, W는 시간 당 임금, L은 노동시간)

① 500원 ② 1,000원
③ 2,000원 ④ 2,500원

출제이슈 최저임금제의 효과
핵심해설 정답 ④

최저임금제는 정부가 정책적 목적으로 시장균형임금보다 높은 수준으로 임금을 통제하는 것을 의미하며 그 경제적 효과는 다음과 같다.

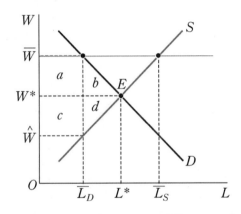

1) 노동임금을 인위적으로 $W = \overline{W}$ 수준으로 통제, 고정한다.
2) 통제임금에서 노동공급이 증가하고 노동수요가 감소하여 노동의 초과공급이 발생한다.
3) 임금규제의 자중손실로 인해서 사회총잉여가 감소한다.
   ① 노동수요자의 후생감소분 (소비자 잉여의 감소분) $-a - b$
   ② 노동공급자의 후생감소분 (생산자 잉여의 감소분) $+a - d$
   ③ 사회총잉여의 감소분 = ① + ② = $-(b + d)$

최저임금제로 인한 자중손실은 사회총잉여 감소로 측정될 수 있다. 노동수요자의 후생 감소분은 $-a - b$, 노동공급자의 후생 감소분은 $+a - d$이며 사회총잉여의 감소분은 $-(b + d)$이 된다.

사회총잉여의 감소분은 $-(b + d)$를 구하기 위해서 설문에서 주어진 자료를 활용하면 다음과 같다.
최저임금제 시행 이전 균형고용량 $L^* = 50$, 시장균형임금 $W^* = 5{,}000$,
최저임금제 시행 이후 노동수요량 $\overline{L_D} = 45$, 노동공급량 $\overline{L_S} = 55$, 최저임금 $\overline{W} = 5{,}500$, $\widehat{W} = 4{,}500$

따라서 사회총잉여의 감소분은 $-(b + d)$의 면적은 $\dfrac{(5{,}500 - 4{,}500) \times (50 - 45)}{2} = 2{,}500$(원)이 된다.

03 | 2019년 서울시 7급 |

노동시장의 수요와 공급에 대한 조사 결과가 다음 표와 같다고 하자.

시간당 임금(원)	6	7	8
수요량(개)	40	30	20
공급량(개)	20	30	40

시간당 최저임금을 8원으로 할 경우 발생하는 비자발적 실업의 규모는 ㉠이고, 이때 실업을 완전히 없애기 위한 보조금으로 소요되는 필요 예산이 ㉡이다. ㉠과 ㉡을 순서대로 바르게 나열한 것은?

① 10, 20   ② 10, 40

③ 20, 40   ④ 20, 80

출제이슈 최저임금제와 보조금

핵심해설 정답 ④

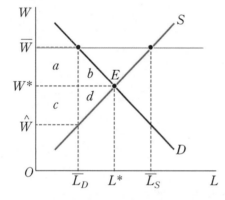

최저임금제로 인하여 발생한 노동초과공급은 $(\overline{L_S} - L^*) + (L^* - \overline{L_D}) = (\overline{L_S} - \overline{L_D})$이 된다.

이때, 정부는 초과공급 해소를 위하여 수요측에 보조금을 지급할 수 있다.

보조금을 구해내기 위해서 설문에서 주어진 자료를 활용하면 다음과 같다.

최저임금제 시행 이전 균형고용량 $L^* = 30$, 시장균형임금 $W^* = 7$

최저임금제 시행 이후 노동수요량 $\overline{L_D} = 20$, 노동공급량 $\overline{L_S} = 40$, 최저임금 $\overline{W} = 8$

최저임금제로 인하여 발생한 노동초과공급은 $(\overline{L_S} - L^*) + (L^* - \overline{L_D}) = (\overline{L_S} - \overline{L_D}) = 40 - 20 = 20$

따라서 비자발적 실업의 규모는 20이 된다.

비자발적 실업, 즉 노동의 초과공급 20을 해소하기 위하여 정부는 보조금을 S만큼 지급하여 수요를 늘리도록 유인할 수 있다. 따라서 보조금 지급 이전 수요곡선에서 보조금 지급 이후 수요곡선으로 이동한다. 보조금 지급을 통하여 초과수요를 없앨 수 있게 되므로 이는 원래의 수요곡선을 횡축 방향으로 20(초과공급의 크기)만큼 평행이동하도록 보조금을 지급함을 의미한다.

노동수요량을 40으로 하기 위해서는 원래는 임금 6이 되어야 하는데, 현재 최저임금 8 수준에서 노동수요량 40이 달성되어야 하므로 보조금 규모는 2가 된다. 전체 고용규모는 최저임금 8 수준에서 노동수요량과 노동공급량이 일치하여 40이 되므로 전체 보조금은 80이 된다.

04 | 2010년 지방직 7급 |

최저임금이 오를 때 실업이 가장 많이 증가하는 노동자 유형은?

① 노동에 대한 수요가 탄력적인 비숙련노동자
② 노동에 대한 수요가 비탄력적인 비숙련노동자
③ 노동에 대한 수요가 탄력적인 숙련노동자
④ 노동에 대한 수요가 비탄력적인 숙련노동자

출제이슈 최저임금제의 효과와 탄력성
핵심해설 정답 ①

최저임금제는 정부가 정책적 목적으로 시장균형임금보다 높은 수준으로 임금을 통제하는 것을 의미하며 그 경제적 효과는
다음과 같다.

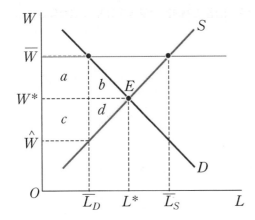

1) 노동임금을 인위적으로 $W = \overline{W}$ 수준으로 통제, 고정한다.
2) 통제임금에서 노동공급이 증가하고 노동수요가 감소하여 노동의 초과공급이 발생하므로 미숙련 노동시장에서 실업이 발
   생하게 된다.

   ① 미숙련 노동공급 증가: $L^* \rightarrow \overline{L_S}$
   ② 미숙련 노동수요 감소: $L^* \rightarrow \overline{L_D}$, 노동수요가 탄력적인 경우 실업증가
   ③ 노동초과공급 = 증가한 공급량 + 감소한 수요량 = $(\overline{L_S} - L^*) + (L^* - \overline{L_D}) = (\overline{L_S} - \overline{L_D})$

설문에서 최저임금제가 적용되고 있는 노동자는 고임금의 숙련노동자가 아니라 저임금의 비숙련노동자군이다. 비숙련노동
자는 별다른 전문기술을 보유하고 있지 못하므로 대체가능성이 매우 크다. 이는 노동수요가 임금변화에 대하여 매우 민감할
수 있다는 것, 즉 탄력적 수요임을 의미한다. 따라서 최저임금이 상승하는 경우, 비숙련노동자에 대한 탄력적 수요로 인하여
실업이 크게 발생할 수 있다. 이는 위의 그래프에서 최초의 균형점을 통과하면서 더욱 완만하고 탄력적인 노동수요곡선을
그려보면, 최저임금제로 인하여 노동실업의 규모가 더 커지게 됨을 쉽게 알 수 있다.

05 [2017년 하 국가직 7급]

정부는 최저임금제 시행이 실업 증가라는 부작용을 초래한다는 논리와 최저 생활수준의 보장을 위해 최저임금 인상이 불가피하다는 여론 사이에서 고민하고 있다. 정부가 실업을 최소로 유발하면서 최저임금을 인상할 수 있는 경우는?

① 숙련 노동자의 노동수요가 탄력적인 경우
② 숙련 노동자의 노동수요가 비탄력적인 경우
③ 비숙련 노동자의 노동수요가 비탄력적인 경우
④ 비숙련 노동자의 노동수요가 탄력적인 경우

출제이슈 최저임금제의 효과와 탄력성
핵심해설 정답 ③

최저임금제는 정부가 정책적 목적으로 시장균형임금보다 높은 수준으로 임금을 통제하는 것을 의미하며 그 경제적 효과는 다음과 같다.

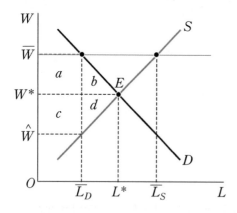

1) 노동임금을 인위적으로 $W = \overline{W}$ 수준으로 통제, 고정한다.
2) 통제임금에서 노동공급이 증가하고 노동수요가 감소하여 노동의 초과공급이 발생하므로 미숙련 노동시장에서 실업이 발생하게 된다.
   ① 미숙련 노동공급 증가: $L^* \to \overline{L_S}$
   ② 미숙련 노동수요 감소: $L^* \to \overline{L_D}$, 노동수요가 탄력적인 경우 실업증가
   ③ 노동초과공급 = 증가한 공급량 + 감소한 수요량 = $(\overline{L_S} - L^*) + (L^* - \overline{L_D}) = (\overline{L_S} - \overline{L_D})$

설문에서 최저임금제가 적용되고 있는 노동자는 고임금의 숙련노동자가 아니라 저임금의 비숙련노동자군이다. 비숙련노동자는 별다른 전문기술을 보유하고 있지 못하므로 대체가능성이 매우 크다. 이는 노동수요가 임금변화에 대하여 매우 민감할 수 있다는 것, 즉 탄력적 수요임을 의미한다. 따라서 최저임금이 상승하는 경우, 비숙련노동자에 대한 탄력적 수요로 인하여 실업이 크게 발생할 수 있다. 이는 위의 그래프에서 최초의 균형점을 통과하면서 더욱 완만하고 탄력적인 노동수요곡선을 그려보면, 최저임금제로 인하여 노동실업의 규모가 더 커지게 됨을 쉽게 알 수 있다. 따라서 정부가 실업을 최소로 유발하면서 최저임금을 인상할 수 있는 경우는 비숙련노동시장에서 노동수요가 비탄력적인 경우라야 한다.

제 3 편

소비이론

조경국
경제학
워크북

미시편

www.pmg.co.kr

무차별곡선과 예산선

1 무차별곡선의 의의

1) 서수적 효용 `2010 국7`

2) 효용의 기수적 측정을 극복

2 무차별곡선의 성질 `2017 서7` `2011 국7`

1) 소비자의 선호체계를 반영한다.

2) 임의의 소비점을 지나는 무차별곡선이 존재한다. (완전성)

3) 우하향한다. (대체성)

4) 교차하지 않는다. (이행성)

5) 원점에서 멀리 떨어질수록 큰 효용을 갖는다. (단조성)

6) 원점에 대해 볼록하다. (한계대체율 체감)

3 무차별곡선의 기울기와 한계대체율

$$-\frac{\Delta Y}{\Delta X} = \frac{MU_X}{MU_Y} \;\Rightarrow\; MRS_{X,Y}\,(\text{한계대체율})$$

4 다양한 무차별 곡선 `2012 국7`

1) CD 효용함수

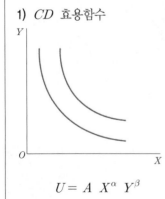

$$U = A\,X^{\alpha}\,Y^{\beta}$$

2) 선형효용함수

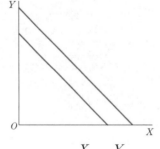

$$U = \frac{X}{a} + \frac{Y}{b}$$

3) 레온티에프 효용함수

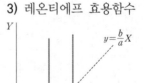
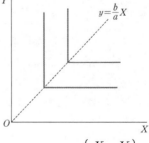

$$U = Min\left\{\frac{X}{a}, \frac{Y}{b}\right\}$$

5 비재화의 무차별곡선 2012 국7

1) 우하향하지 않을 수 있다.

2) 원점에서 멀리 떨어질수록 큰 효용이 아닐 수 있다. 2017 서7

3) 원점에 대해 볼록하지 않을 수 있다.

4) **예외적 무차별곡선**

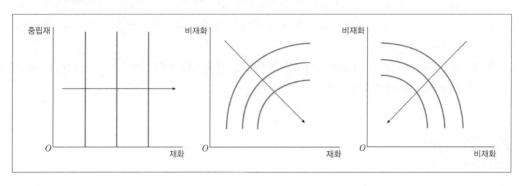

6 예산선

1) $P_X \, X + P_Y \, Y = M$ (단, P_X, P_Y, M은 상수)

2) **기울기와 상대가격** : $\therefore \; - \dfrac{\Delta Y}{\Delta X} = \dfrac{P_X}{P_Y}$

3) 예산선의 이동

① 소득의 변화 : 평행이동

② 재화가격의 변화 : 회전이동

③ 소득과 재화가격이 같은 비율로 변화할 경우 예산선 불변, 수요함수의 0차 동차성

ISSUE 문제 📝

01 2017년 서울시 7급

무차별곡선(indifference curve)에 대한 설명으로 가장 옳은 것은?

① 선호체계에 있어서 이행성(transitivity) 성립한다면, 무차별곡선은 서로 교차할 수 있다.
② 두 재화가 완전대체재일 경우의 무차별곡선은 원점에 대해서 오목하게 그려진다.
③ 무차별곡선이 원점에 대해서 볼록하게 생겼다는 것은 한계대체율체감의 법칙이 성립하고 있다는 것을 의미한다.
④ 두 재화 중 한 재화가 비재화(bads)일 경우에도 상품조합이 원점에서 멀리 떨어질수록 더 높은 효용수준을 나타낸다.

출제이슈 무차별곡선
핵심해설 정답 ③

무차별곡선의 성질은 다음과 같다.

1) 소비자의 선호체계를 반영한다.
2) 임의의 소비점을 지나는 무차별곡선이 존재한다. (완전성)
3) 우하향한다. (대체성)
4) 교차하지 않는다. (이행성)
5) 원점에서 멀리 떨어질수록 큰 효용을 갖는다. (단조성)
6) 원점에 대해 볼록하다. (한계대체율 체감)

설문을 검토하면 다음과 같다.

① 선호체계의 공리 중 이행성이 성립한다면 서로 다른 무차별곡선은 교차하지 않는다.

② 두 재화가 완전대체재일 경우 무차별곡선은 우하향하는 직선의 형태로 나타난다.

④ 비재화의 무차별곡선의 경우 비재화의 소비량이 적어야 효용이 크기 때문에 원점에 가까울수록 더 높은 효용수준을 나타내는 경우도 있다.

02 2012년 국가직 7급

재화의 성질 및 무차별곡선에 대한 설명으로 옳지 않은 것은?

① 모든 기펜재(Giffen goods)는 열등재이다.
② 두 재화가 대체재인 경우 두 재화 간 교차탄력성은 양(+)의 값을 가진다.
③ X축에는 공해를, Y축에는 정상재를 나타내는 경우 무차별곡선은 수평이다.
④ 두 재화가 완전대체재인 경우 두 재화의 한계대체율(marginal rate of substitution)은 일정하다.

출제이슈 무차별곡선
핵심해설 정답 ③

설문을 검토하면 다음과 같다.

① 기펜재는 열등재이지만, 열등재가 반드시 기펜재인 것은 아니다.

기펜재의 성격은 다음과 같다.

1) 수요법칙의 예외로서 가격 상승 시 수요량이 오히려 증가한다.
2) 대체효과에 의하여, 기펜재의 가격 상승 시 기펜재에 대한 수요량은 감소한다.
3) 소득효과에 의하여, 기펜재의 가격 상승에 따라 실질소득이 감소하므로 수요량이 증가한다. (열등재) 이는 소득탄력성이 음수임을 의미한다.
4) 기펜재의 가격 상승에 따라서 나타나는 대체효과와 소득효과는 반대방향으로 작용한다. 즉 기펜재의 가격 상승 시 대체효과에 따라 수요량은 감소하는 반면, 소득효과에 따라 수요량은 증가한다.
5) 특히 기펜재의 소득효과에 의한 수요량 증가가 대체효과에 의한 수요량 감소보다 더 크기 때문에 가격 상승 시 가격효과가 수요량 증가로 나타난다.

한편, 이와 구별해야 할 개념으로서 열등재의 성격은 다음과 같다.

1) 수요법칙이 적용되며 가격 하락 시 수요량이 증가한다.
2) 대체효과에 의하여, 열등재의 가격 하락 시 열등재에 대한 수요량은 증가한다.
3) 소득효과에 의하여, 열등재의 가격 하락에 따라 실질소득이 증가하므로 수요량은 감소한다. 이는 소득탄력성이 음수임을 의미한다.
4) 열등재의 가격 하락에 따라서 나타나는 대체효과와 소득효과는 반대방향으로 작용한다. 즉 열등재의 가격 하락 시 대체효과에 따라 수요량은 증가하는 반면, 소득효과에 따라 수요량은 감소한다.
5) 특히 열등재의 소득효과에 의한 수요량 감소보다 대체효과에 의한 수요량 증가가 더 크기 때문에 가격 하락 시 가격효과는 수요량 증가로 나타난다.

② 대체재인 경우 교차탄력성은 양수이며, 보완재인 경우 교차탄력성은 음수이다.

참고로 교차탄력성의 개념, 산식, 특징은 다음과 같다.

1) 개념
① 다른 재화가격 변화에 따른 수요량 변화
② 다른 재화가격이 변화할 때, 그에 따른 수요량이 얼마나 민감하게 반응하는지 측정

2) 계산식

$$e_C = \cfrac{\cfrac{dQ}{Q}\text{(수요량 변화율)}}{\cfrac{dP_R}{P_R}\text{(다른 재화가격의 변화율)}}$$

3) 재화의 성격과 교차탄력성

① 교차탄력성 > 0 : 대체재

② 교차탄력성 < 0 : 보완재

③ 교차탄력성의 절대값이 0에 가까우면 두 재화는 서로 독립적

설문 ③에서 중립재의 무차별곡선은 수평 혹은 수직으로 나타낼 수 있다.

중립재와 비재화의 무차별곡선은 다음과 같다.

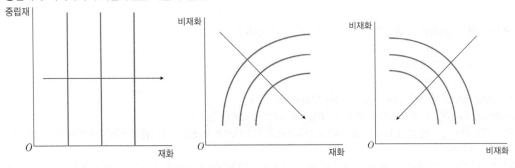

설문 ④에서 완전대체재인 경우 무차별곡선이 우하향하는 직선으로 나타나며 한계대체율은 일정하다.

03 2011년 국가직 7급

무차별곡선이론에 대한 설명으로 옳지 않은 것은?

① 효용의 주관적 측정 가능성을 전제한다.
② 무차별곡선과 예산제약선을 이용하여 소비자 균형을 설명한다.
③ 무차별곡선의 기울기는 한계 기술대체율이다.
④ 무차별곡선은 우하향하며 원점에 대해 볼록(convex)하다.

제3편

출제이슈 무차별곡선
핵심해설 정답 ③

설문을 검토하면 다음과 같다.

① 무차별곡선은 기수적 효용이 아니라 서수적 효용에 기반을 둔 이론으로서 효용의 객관적 측정이 아니라 주관적 측정을 가정하고 있다. 무차별곡선 이론은 서수적 효용 개념에 입각하여 소비자의 선택행위를 분석하고 있다. 이는 효용함수에서 도출되는 절대적인 효용의 수준은 중요하지 않으며, 다만 효용의 선후관계가 중요할 뿐임을 의미한다.

② 소비자의 최적선택은 제약조건으로서의 예산제약 하에서 소비자의 효용을 극대화하기 위해서 예산선과 무차별곡선이 접하는 점을 선택하는 것으로 귀결된다.

③ 무차별곡선의 기울기는 $-\dfrac{\Delta Y}{\Delta X} = \dfrac{MU_X}{MU_Y}$ 로서 $MRS_{X,Y}$(한계대체율)로 표현되며, 등량곡선의 기울기가 한계기술대체율로 나타난다. 무차별곡선은 원점에 대해 볼록하며 이는 한계대체율 체감의 가정을 의미한다. 다만, 특수한 무차별곡선의 경우, 한계대체율 체감이 성립하지 않을 수도 있다. 예를 들어 완전대체재의 무차별곡선에서는 한계대체율이 일정하다.

④ 무차별곡선은 우하향하며 원점에 대해 볼록(convex)하다. 옳은 지문이다.

참고로 무차별곡선의 성질은 다음과 같다.

1) 소비자의 선호체계를 반영한다.
2) 임의의 소비점을 지나는 무차별곡선이 존재한다. (완전성)
3) 우하향한다. (대체성)
4) 교차하지 않는다. (이행성)
5) 원점에서 멀리 떨어질수록 큰 효용을 갖는다. (단조성)
6) 원점에 대해 볼록하다. (한계대체율 체감)

04 2010년 국가직 7급

정상재들에 대한 무차별곡선의 설명으로 옳은 것을 모두 고른 것은?

> ㄱ. 소비자에게 같은 수준의 효용을 주는 상품묶음의 집합을 그림으로 나타낸 것이다.
> ㄴ. 원점에서 멀어질수록 더 높은 효용수준을 나타낸다.
> ㄷ. 기수적 효용 개념에 입각하여 소비자의 선택행위를 분석하는 것이다.
> ㄹ. 무차별곡선들을 모아 놓은 것을 무차별지도라고 부른다.

① ㄱ, ㄷ   ② ㄷ, ㄹ
③ ㄱ, ㄴ, ㄹ   ④ ㄱ, ㄴ, ㄷ

출제이슈   무차별곡선
핵심해설   정답 ③

ㄱ,ㄹ. 소비자에게 동일한 효용, 만족을 주는 상품의 조합을 연결한 궤적을 무차별곡선이라고 한다. 효용수준에 따라서 무수히 많은 무차별곡선이 가능하며 이를 모아 놓은 것을 무차별지도라고 한다.

ㄴ. 정상재의 무차별곡선은 원점에서 멀리 떨어져 있을수록 더 높은 효용수준을 나타내지만, 비재화의 경우 그렇지 않을 수도 있다.

비재화의 무차별곡선은 다음과 같다.

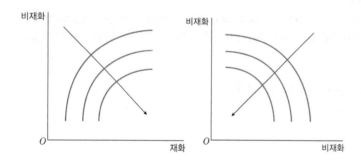

ㄷ. 무차별곡선은 기수적 효용이 아니라 서수적 효용에 기반을 둔 이론으로서 효용의 객관적 측정이 아니라 주관적 측정을 가정하고 있다. 무차별곡선 이론은 서수적 효용 개념에 입각하여 소비자의 선택행위를 분석하고 있다. 이는 효용함수에서 도출되는 절대적인 효용의 수준은 중요하지 않으며, 다만 효용의 선후관계가 중요할 뿐임을 의미한다.

ISSUE 02 소비자 최적선택의 조건

제3편

1 의의 : 주어진 예산제약하에서 소비자 효용을 극대화한 상태 (소비자 균형)

2 수리적 분석 : $Max\ U = U(X, Y)$
$\qquad\qquad X, Y$
$\qquad\quad s, t. \quad P_X X + P_Y Y = M$

3 기하적 분석

예산선과 무차별곡선이 접하는 $E_0(X_0, Y_0)$에서 소비자 균형 달성 2017 국9

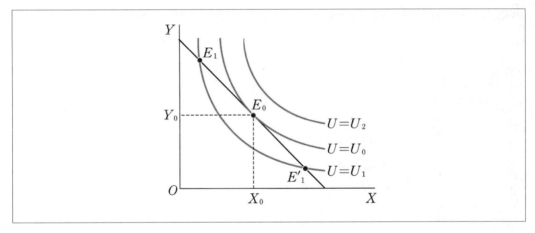

1) 소비자 최적선택이 달성되지 않는 소비의 경우 적절히 그 소비량을 조절해야 한다.

2) 어느 한 재화의 소비를 줄이고 대신 다른 재화의 소비를 늘리면 효용이 증가한다.

3) 극단적인 소비보다는 평균적인 소비가 더 큰 효용을 가져온다.

4 수리적 분석과 기하적 분석의 동시 활용

1) $(-)$ 무차별곡선의 기울기 $=(-)$ 예산선의 기울기 2015 서7   2012 국7

$\quad \to$ 한계대체율 $\left(\dfrac{MU_X}{MU_Y}\right)$ = 상대가격 $\left(\dfrac{P_X}{P_Y}\right)$ ───────── (i)

$\quad \to X$ 재 구입 1원의 한계효용 $\left(\dfrac{MU_X}{P_X}\right)$ = Y 재 구입 1원의 한계효용 $\left(\dfrac{MU_Y}{P_Y}\right)$ 2017 국9   2013 서7

2) 균형은 예산선 상에서 달성

$\quad \to P_X X + P_Y Y = M$ ──────────── (ii)

ISSUE 문제 📝

01 2012년 국가직 7급

甲은 주어진 돈을 모두 X재와 Y재 소비에 지출하여 효용을 최대화하고 있으며, X재의 가격은 100원이고 Y재의 가격은 50원이다. 이때 X재의 마지막 1단위의 한계효용이 200이라면 Y재의 마지막 1단위 한계효용은?

① 50 ② 100
③ 200 ④ 400

출제이슈 소비자 최적선택
핵심해설 정답 ②

소비자 최적선택은 예산선과 무차별곡선이 접하는 $E_0(X_0, Y_0)$에서 달성되며, 그 조건은 다음과 같다.

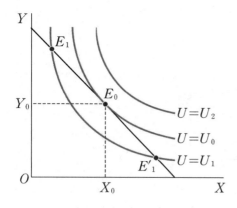

1) 한계대체율 ($\frac{MU_X}{MU_Y}$) = 상대가격 ($\frac{P_X}{P_Y}$) 이어야 하며 이는 X재 구입 1원의 한계효용 ($\frac{MU_X}{P_X}$) = Y재 구입 1원의

한계효용 ($\frac{MU_Y}{P_Y}$) 임을 의미한다.

2) 또한 균형은 반드시 예산선 상에서 달성되어야 하므로 다음의 식을 만족한다.
$$P_X \, X + P_Y \, Y = M$$

설문에서 소비자 최적선택의 조건은 한계대체율 ($\frac{MU_X}{MU_Y}$) = 상대가격 ($\frac{P_X}{P_Y}$) 이므로 $\frac{200}{MU_Y} = \frac{100}{50}$ 이 성립한다.

따라서 Y재의 한계효용은 100이 된다.

02   2013년 서울시 7급

주어진 예산을 여러 재화의 소비에 나누어 지출하는 어떤 소비자가 합리적 선택을 한 경우에 대한 다음의 설명 중 옳은 것은?

① 각 재화에 지출되는 금액 단위당 한계효용은 같아진다.
② 각 재화의 한계효용이 극대화된다.
③ 각 재화에 대한 수요의 가격탄력성이 1이 된다.
④ 가격이 낮은 재화일수록 소비량은 더 크다.
⑤ 각 재화에 대한 지출금액은 동일하다.

출제이슈   소비자 최적선택
핵심해설   정답 ①

소비자 최적선택은 예산선과 무차별곡선이 접하는 $E_0\,(X_0,\,Y_0)$에서 달성되며, 그 조건은 다음과 같다.

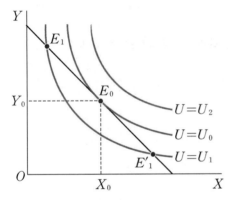

1) 한계대체율 $(\dfrac{MU_X}{MU_Y})$ = 상대가격 $(\dfrac{P_X}{P_Y})$ 이어야 하며 이는 X 재 구입 1원의 한계효용 $(\dfrac{MU_X}{P_X})$ = Y 재 구입 1원의

한계효용 $(\dfrac{MU_Y}{P_Y})$ 임을 의미한다.

2) 또한 균형은 반드시 예산선 상에서 달성되어야 하므로 다음의 식을 만족한다.
$$P_X\,X + P_Y\,Y = M$$

설문의 경우, 소비자 최적선택의 조건은 한계대체율 $(\dfrac{MU_X}{MU_Y})$ = 상대가격 $(\dfrac{P_X}{P_Y})$ 이며 이를 변형해 보면 X 재 1원어치의

한계효용 $\dfrac{MU_X}{P_X}$ = Y 재 1원어치의 한계효용 $\dfrac{MU_X}{P_X}$ 를 의미한다.

즉, 각 재화에 지출되는 금액 단위당 한계효용이 같아야 한다는 것이다.

03 2015년 서울시 7급

두 재화를 소비하는 소비자가 효용을 극대화하는 최적 소비묶음을 찾는 과정에 대한 다음의 설명 중 옳은 것은?

① 두 재화 간의 한계대체율과 두 재화의 상대가격비율이 일치하는 수준에서 효용을 극대화하는 최적 소비묶음이 결정된다.
② 한 재화의 소비로부터 얻는 소비자의 한계효용과 그 재화의 가격이 일치하는 수준에서 효용을 극대화하는 최적 소비묶음이 결정된다.
③ 원점에 대해 볼록한 형태의 무차별곡선의 경우 한계대체율체증의 법칙이 성립하므로 예산제약선과 무차별곡선의 접점에서 최적 소비묶음이 결정된다.
④ 두 재화의 가격과 소비자의 소득이 모두 종전의 1.5배 수준으로 올랐다고 할 때, 예산제약선은 원점에서 더 멀어진 위치로 평행이동한다.

출제이슈 소비자 최적선택
핵심해설 정답 ①

소비자 최적선택은 예산선과 무차별곡선이 접하는 $E_0(X_0, Y_0)$ 에서 달성되며, 그 조건은 다음과 같다.

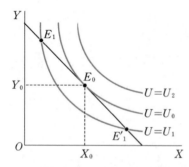

1) 한계대체율 $(\frac{MU_X}{MU_Y})$ = 상대가격 $(\frac{P_X}{P_Y})$ 이어야 하며 이는 X 재 구입 1원의 한계효용 $(\frac{MU_X}{P_X})$ = Y 재 구입 1원의 한계효용 $(\frac{MU_Y}{P_Y})$ 임을 의미한다.

2) 또한 균형은 반드시 예산선 상에서 달성되어야 하므로 다음의 식을 만족한다.
$$P_X X + P_Y Y = M$$

설문의 내용을 검토하면 다음과 같다.

①, ② 소비자 최적선택의 조건은 한계대체율 $(\frac{MU_X}{MU_Y})$ = 상대가격 $(\frac{P_X}{P_Y})$ 이며 이를 변형해 보면 X 재 1원어치의 한계효용 $\frac{MU_X}{P_X}$ = Y 재 1원어치의 한계효용 $\frac{MU_X}{P_X}$ 를 의미한다.

③ 원점에 대해 볼록한 형태의 무차별곡선의 경우 한계대체율 체감의 법칙이 성립한다.

④ 두 재화의 가격과 소비자의 소득이 모두 종전의 1.5배 수준으로 오른 경우, 예산선은 불변이다. 이를 수요함수의 0차 동차성이라고 한다.

제3편

04 │2017년 국가직 9급│

다음 그림은 소비자 甲의 예산선 및 무차별곡선을 나타내고 있다. 이 그림에 대한 설명으로 옳지

않은 것은? (단, 한계대체율을 $-\dfrac{\Delta Y}{\Delta X}$ 로 정의한다)

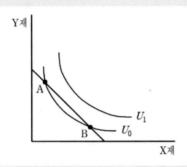

① 한계대체율은 A점이 B점보다 크다.

② 무차별곡선 U_0 에서의 상품묶음이 무차별곡선 U_1 에서의 어떤 상품묶음보다도 효용이 작다.

③ 소비자 甲이 B점에서 소비하는 경우, 효용을 극대화하기 위해서는 X재의 소비를 감소시키고
Y재의 소비를 증가시켜야 한다.

④ A점에서 X재의 1원당 한계효용은 Y재의 1원당 한계효용보다 작다.

출제이슈 소비자 최적선택
핵심해설 정답 ④

소비자 최적선택이 달성되지 않는 소비의 경우 적절히 그 소비량을 조절할 필요가 있다. 이 경우, 어느 한 재화의 소비를 줄이고 대신 다른 재화의 소비를 늘리는 경우 효용 증가하게 되는데 이는 극단적인 소비보다는 평균적인 소비가 더 큰 효용을 가져옴을 의미한다.

소비자 최적선택의 조건은 한계대체율 $\left(\dfrac{MU_X}{MU_Y}\right)$ = 상대가격 $\left(\dfrac{P_X}{P_Y}\right)$ 이며 이를 변형해 보면 X 재 1원어치의 한계효용

$\dfrac{MU_X}{P_X}$ = Y 재 1원어치의 한계효용 $\dfrac{MU_X}{P_X}$ 를 의미한다.

설문의 A 점에서는 한계대체율 $\left(\dfrac{MU_X}{MU_Y}\right)$ > 상대가격 $\left(\dfrac{P_X}{P_Y}\right)$ 이며 동시에 X 재 1원어치의 한계효용 $\dfrac{MU_X}{P_X}$ > Y 재

1원어치의 한계효용 $\dfrac{MU_X}{P_X}$ 를 의미한다.

소비자 최적선택과 예외

1 모형 설정

$U = U(X, Y)$

$P_X\, X + P_Y\, Y = M$

$Max\ U$

2 균형

1) 한계대체율 $(\dfrac{MU_X}{MU_Y})$ = 상대가격 $(\dfrac{P_X}{P_Y})$ ———————— (i)

2) $P_X \cdot X + P_Y \cdot Y = M$ ——————— (ii)

3 균형의 해석

1) X재에 대한 주관적 가치 $(\dfrac{MU_X}{MU_Y})$ = X재에 대한 객관적 가격 $(\dfrac{P_X}{P_Y})$

2) X재 구입 1원의 한계효용 $(\dfrac{MU_X}{P_X})$ = Y재 구입 1원의 한계효용 $(\dfrac{M_Y}{P_Y})$

4 사례연습

1) Case 1

$U = X Y$ ———————— ①

$1,000X + 500Y = 10,000$ ——— ②

$Max\ U$ ———————— ③

2) Case 2

$U = X Y$ ———————— ①

$1,000X + 500Y = 20,000$ ——— ②

$Max\ U$ ———————— ③

3) Case 3

$$U = X Y \text{————————— ①}$$

$$500X + 500Y = 10,000 \text{————— ②}$$

$$Max\ U \text{——————————— ③}$$

5 예외적인 소비자 균형(1계 필요조건 달성 X)

1) 무차별곡선이 직선인 경우: 완전대체 2019 서7   2013 국9

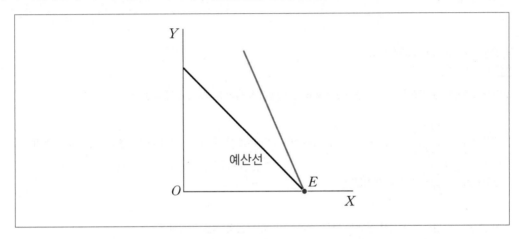

2) 무차별곡선이 L자형인 경우: 완전보완 2015 국7

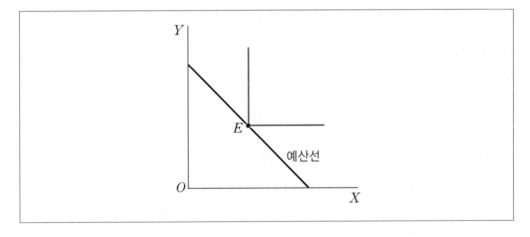

ISSUE 문제 📝

01 2011년 지방직 7급

두 상품 X재와 Y재를 소비하는 홍길동의 효용함수는 $U(X, Y) = XY + 3$이다. 홍길동의 소득이 10,000원이고, X재와 Y재의 가격이 각각 1,000원과 500원일 때, 홍길동의 효용을 극대화하는 X재와 Y재의 소비량은? (단, X재와 Y재의 소비량은 0보다 크다)

① (2, 16) ② (5, 10)
③ (6, 8) ④ (8, 4)

출제이슈 소비자 최적선택 도출
핵심해설 정답 ②

소비자 최적선택은 예산선과 무차별곡선이 접하는 점에서 달성되며, 그 조건은 다음과 같다.

1) 한계대체율 ($\frac{MU_X}{MU_Y}$) = 상대가격 ($\frac{P_X}{P_Y}$) 이어야 하며 이는 X재 구입 1원의 한계효용 ($\frac{MU_X}{P_X}$) = Y재 구입 1원의

한계효용 ($\frac{MU_Y}{P_Y}$) 임을 의미한다.

2) 또한 균형은 반드시 예산선 상에서 달성되어야 하므로 다음의 식을 만족한다.
$$P_X \cdot X + P_Y \cdot Y = M$$

설문의 자료를 위의 산식에 대입하면 다음과 같이 풀 수 있다.

$U = U(X, Y)$ $U = XY + 3$ ——————— ①
$P_X X + P_Y Y = M$ $1,000X + 500Y = 10,000$ —— ②
$Max\ U$ $Max\ U$ ——————— ③

$$\frac{MU_X}{MU_Y} = \frac{P_X}{P_Y} \qquad\qquad \frac{Y}{X} = \frac{1,000}{500}$$

$$P_X X + P_Y Y = M \qquad\qquad 1,000X + 500Y = 10,000$$

위의 식을 풀면 $X = 5$, $Y = 10$이 된다.

02 | 2018년 국가직 9급

소비자 甲은 X재와 T재를 소비하고 있다. 甲의 X재에 대한 한계효용은 $\frac{1}{Q_X}$ 이고, Y재에 대한 한계효용은 $\frac{1}{Q_Y}$ 이다. X재의 가격과 Y재의 가격이 각각 0.5 및 2로 주어져 있다. 甲의 소득이 120일 때, 효용을 극대화하는 Q_X의 크기는? (단, $Q_{X,}Q_Y$는 각각 X재의 소비량과 T재의 소비량을 의미한다)

① 30   ② 60
③ 120   ④ 240

출제이슈 소비자 최적선택 도출
핵심해설 정답 ③

소비자 최적선택은 예산선과 무차별곡선이 접하는 $E_0(X_0, Y_0)$에서 달성되며, 그 조건은 다음과 같다.

1) 한계대체율 ($\frac{MU_X}{MU_Y}$) = 상대가격 ($\frac{P_X}{P_Y}$) 이어야 하며 이는 X재 구입 1원의 한계효용 ($\frac{MU_X}{P_X}$) = Y재 구입 1원의 한계효용 ($\frac{MU_Y}{P_Y}$) 임을 의미한다.

2) 또한 균형은 반드시 예산선 상에서 달성되어야 하므로 다음의 식을 만족한다.
$P_X \cdot X + P_Y \cdot Y = M$

설문의 자료를 위의 산식에 대입하면 다음과 같이 풀 수 있다.

$$\frac{MU_X}{MU_Y} = \frac{P_X}{P_Y}$$

$$P_X X + P_Y Y = M$$

$$\frac{\frac{1}{Q_X}}{\frac{1}{Q_Y}} = \frac{0.5}{2}$$

$$0.5X + 2Y = 120$$

위의 식을 풀면 $X = 120$, $Y = 30$이 된다.

03 2014년 국가직 9급

월소득이 33,000원인 A가 1편의 가격이 6,000원인 영화와 1곡의 가격이 3,000원인 음악을 소비하려 한다. 영화와 음악으로부터 A가 누리는 한계효용이 표와 같을 때, A의 효용을 극대화하는 영화와 음악의 월소비량은?

수량	1	2	3	4	5	6	7
영화	1,080	1,020	960	900	840	780	720
음악	600	570	540	510	480	450	420

① 영화 2편, 음악 7곡　　　　　② 영화 3편, 음악 5곡
③ 영화 4편, 음악 3곡　　　　　④ 영화 5편, 음악 1곡

출제이슈 소비자 최적선택 도출
핵심해설 정답 ②

소비자 최적선택은 예산선과 무차별곡선이 접하는 $E_0(X_0, Y_0)$에서 달성되며, 그 조건은 다음과 같다.

1) 한계대체율 ($\frac{MU_X}{MU_Y}$) = 상대가격 ($\frac{P_X}{P_Y}$) 이어야 하며 이는 X재 구입 1원의 한계효용 ($\frac{MU_X}{P_X}$) = Y재 구입 1원의

　한계효용 ($\frac{MU_Y}{P_Y}$) 임을 의미한다.

2) 또한 균형은 반드시 예산선 상에서 달성되어야 하므로 다음의 식을 만족한다.
　$P_X \cdot X + P_Y \cdot Y = M$

설문의 자료를 위의 산식에 대입하면 다음과 같이 풀 수 있다.

$$\frac{MU_X}{MU_Y} = \frac{P_X}{P_Y} \qquad\qquad \frac{MU_X}{MU_Y} = \frac{P_X}{P_Y} = \frac{6,000}{3,000}$$

$$P_X X + P_Y Y = M \qquad\qquad 6,000X + 3,000Y = 33,000$$

위의 식에 해당하는 X, Y의 조합을 구하면 $X = 3, Y = 5$가 된다.

04 2019년 서울시 7급

어느 소비자에게 X재와 Y재는 완전대체재이며 X재 2개를 늘리는 대신 Y재 1개를 줄이더라도 동일한 효용을 얻는다. X재의 시장가격은 2만 원이고 Y재의 시장가격은 6만 원이다. 소비자가 X재와 Y재에 쓰는 예산은 총 60만 원이다. 이 소비자가 주어진 예산에서 효용을 극대화할 때 소비하는 X재와 Y재의 양은?

	X재(개)	Y재(개)
①	0	10
②	15	5
③	24	2
④	30	0

출제이슈 예외적인 소비자 최적선택
핵심해설 정답 ④

소비자 최적선택은 한계대체율 ($\frac{MU_X}{MU_Y}$) = 상대가격 ($\frac{P_X}{P_Y}$) 이어야 하는데 예외적인 소비자 균형에서는 1계 필요조건이 불필요하다. 그러한 경우는 다음과 같다.

1) 무차별곡선이 직선인 경우 : 완전대체

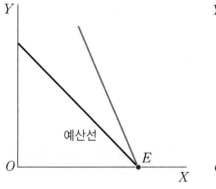

2) 무차별곡선이 L자형인 경우 : 완전보완

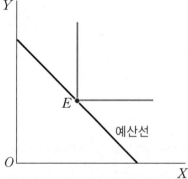

여기에서 한계대체율 ($\frac{MU_X}{MU_Y}$) = 상대가격 ($\frac{P_X}{P_Y}$) 이 충족되지 않는 이유는 무차별곡선의 기울기가 항상 일정하여 예산선과의 기울기와 비교했을 때, 같은 소비점이 존재하지 않기 때문이다. 이러한 경우 설문에서

$\frac{MU_X}{MU_Y} = \frac{1}{2} > \frac{P_X}{P_Y} = \frac{2}{6}$ 이므로 항상 X재만 소비한다.

05 2013년 국가직 9급

효용극대화를 추구하는 소비자 甲은 X재와 Y재만 소비한다. 甲이 X재와 Y재의 소비로부터 얻는 한계효용은 소비량에 관계없이 각각 50과 30으로 일정하다. X재의 가격은 4, Y재의 가격은 2, 소득은 10일 때, 甲의 최적 소비조합 (X, Y)는?

① (0, 5) ② (1, 3)
③ (2, 1) ④ (2.5, 0)

출제이슈 예외적인 소비자 최적선택
핵심해설 정답 ①

소비자 최적선택은 한계대체율 ($\frac{MU_X}{MU_Y}$) = 상대가격 ($\frac{P_X}{P_Y}$) 이어야 하는데 예외적인 소비자 균형에서는 1계 필요조건이 불필요하다. 그러한 경우는 다음과 같다.

1) 무차별곡선이 직선인 경우 : 완전대체　　2) 무차별곡선이 L자형인 경우 : 완전보완

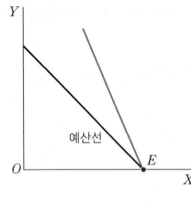
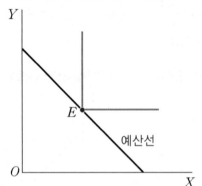

여기에서 한계대체율 ($\frac{MU_X}{MU_Y}$) = 상대가격 ($\frac{P_X}{P_Y}$) 이 충족되지 않는 이유는 무차별곡선의 기울기가 항상 일정하여 예산선과의 기울기와 비교했을 때, 같은 소비점이 존재하지 않기 때문이다.

이러한 경우 설문에서 $\frac{MU_X}{MU_Y} = \frac{50}{30} < \frac{P_X}{P_Y} = \frac{4}{2}$ 이므로 항상 Y재만 소비하는 것이 소비자의 최적선택이 된다.

06 2015년 국가직 7급

x재와 y재를 소비하는 소비자 A의 효용함수가 $U(x,y) = \min(3x, 5y)$이다. 두 재화 사이의 관계와 y재 가격은? (단, x재의 가격은 8원이고, 소비자 A의 소득은 200원, 소비자 A의 효용을 극대화하는 x재 소비량은 10단위이다)

① 완전보완재, 12원
② 완전보완재, 20원
③ 완전대체재, 12원
④ 완전대체재, 20원

출제이슈 예외적인 소비자 최적선택
핵심해설 정답 ②

소비자 최적선택은 한계대체율 ($\frac{MU_X}{MU_Y}$) = 상대가격 ($\frac{P_X}{P_Y}$) 이어야 하는데 예외적인 소비자 균형에서는 1계 필요조건이 불필요하다. 그러한 경우는 다음과 같다.

1) **무차별곡선이 직선인 경우** : 완전대체

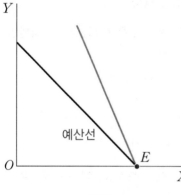

2) **무차별곡선이 L자형인 경우** : 완전보완

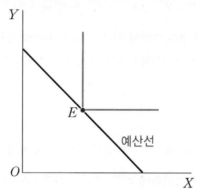

여기에서 한계대체율 ($\frac{MU_X}{MU_Y}$) = 상대가격 ($\frac{P_X}{P_Y}$) 이 충족되지 않는 이유는 무차별곡선이 ㄴ자형태로서 꺾이는 지점에서는 수학적으로 한계대체율이 정의되지 않기 때문이다. 이러한 경우에 효용이 극대화되는 소비점은 항상 무차별곡선이 꺾이는 점이 되며, 그 소비점은 반드시 예산선 위에 존재하여야 한다. 따라서 무차별곡선이 꺾이는 점의 궤적과 예산선의 교점이 소비자 최적선택이 된다.

설문에서 $3x = 5y$와 예산선 $8x + P_y y = 200$이 만나는 점에서 효용극대화 소비가 이루어지며, 설문에서 이 경우 x재 소비량은 10이므로 이를 대입하여 풀면, y재의 소비량은 6, y재의 가격은 20이 된다.

1 예산선의 변화와 이동

1) $P_X \, X + P_Y \, Y = M$(단, P_X, P_Y, M은 상수)

2) 기울기와 상대가격: $\therefore \; -\dfrac{\Delta Y}{\Delta X} = \dfrac{P_X}{P_Y}$

3) 예산선의 변화와 이동 `2017 국9`

    ① 소득의 변화: 평행이동　② 재화가격의 변화: 회전이동

    ③ 소득과 재화가격이 동시에 같은 비율로 변할 경우 예산선 불변 (수요함수 0차 동차성)

2 소득소비곡선(ICC) `2017 국7`

1) 소득변화에 따른 새로운 소비자 최적선택점(균형점)을 연결한 곡선

2) 엥겔곡선(EC_X)은 소득변화에 따른 새로운 최적소비선택점 중에서 특정상품의 소비량만을 소득과 대응시켜 연결한 곡선(소득과 특정상품 소비량간의 관계)

3 가격소비곡선(PCC)

1) 가격변화에 따른 새로운 소비자 최적선택점(균형점)을 연결한 곡선

2) 수요곡선(DC_X) 가격변화에 따른 새로운 최적소비선택점 중에서 특정상품의 소비량만을 가격과 대응시켜 연결한 곡선(가격과 특정상품 소비량간의 관계)

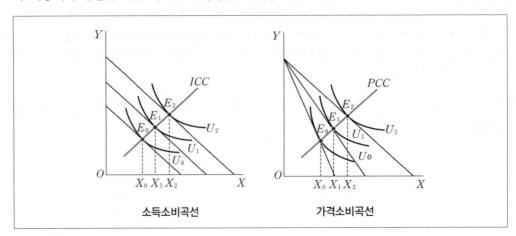

소득소비곡선　　　　　가격소비곡선

ISSUE 문제 📝

01 2017년 국가직 9급

소비자 甲은 주어진 소득 하에서 효용을 극대화하는 상품묶음을 선택한다. 모든 상품의 가격이 3배 오르고, 소비자 甲의 소득도 3배 늘었을 때 예상할 수 있는 결과는?

① 정상재의 소비만 증가한다.
② 모든 상품에 대한 수요가 증가한다.
③ 모든 상품에 대한 수요가 감소한다.
④ 기본에 소비하던 상품의 수요는 불변이다.

출제이슈 예산선의 변화와 소비자 최적선택의 변화
핵심해설 정답 ④

예산선의 변화와 이동은 다음과 같다.

1) **예산선**: $P_X\,X + P_Y\,Y = M$(단, P_X, P_Y, M은 상수)

2) **예산선의 기울기와 상대가격**: $\therefore -\dfrac{\Delta Y}{\Delta X} = \dfrac{P_X}{P_Y}$

3) **예산선의 변화와 이동**: 소득과 가격의 변화

① 소득이 변화할 경우 예산선은 평행이동한다.
② 재화가격이 변화할 경우 예산선은 절편을 중심으로 회전이동한다.
③ 소득과 재화가격이 동시에 같은 비율로 변할 경우 예산선은 불변이며, 이를 수요함수의 0차 동차성이라고 한다.

설문에서 모든 상품의 가격이 3배 오르고, 소비자 甲의 소득도 3배 늘었기 때문에 소득과 재화의 가격이 모두 동일한 비율로 변화하였으며, 이에 따라 예산선은 불변이다. 따라서 소비자의 효용을 극대화하는 소비량도 불변이다. 이를 수요함수의 0차 동차성이라고 한다.

02 2017년 국가직 7급

효용함수가 $u(x,y) = x + y$인 소비자가 있다. $p_x = 2$, $p_y = 3$일 때, 이 소비자의 소득소비곡선 (income−consumption curve)을 바르게 나타낸 식은?

① $x = 0$

② $y = 0$

③ $y = \dfrac{2}{3}x$

④ $y = \dfrac{3}{2}x$

출제이슈 소득의 변화와 소비자 최적선택의 변화
핵심해설 정답 ②

소득의 변화에 따른 새로운 소비자 최적선택도 역시 한계대체율 ($\dfrac{MU_X}{MU_Y}$) = 상대가격 ($\dfrac{P_X}{P_Y}$) 을 만족하여야 한다. 그런데 예외적인 경우에는 한계대체율 ($\dfrac{MU_X}{MU_Y}$) = 상대가격 ($\dfrac{P_X}{P_Y}$) 이 충족되지 않는다. 그 이유는 설문과 같이 무차별곡선의 기울기가 항상 "1"로 일정하여 예산선과의 기울기와 비교했을 때, 그 둘이 같은 소비점이 존재하지 않기 때문이다.

이러한 경우는 아래의 그래프와 같은 횡축 상에서 항상 최적소비가 달성된다. 왜냐하면, $\dfrac{MU_X}{MU_Y} > \dfrac{P_X}{P_Y}$ 이므로 항상 X 재만 소비하는 것이 유리하기 때문이다. 따라서 소득이 증가함에 따라서 항상 X 재만 소비하므로 소득소비곡선은 X 축 자체가 된다.

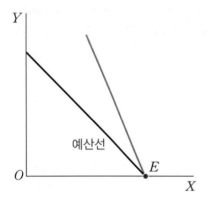

설문에서 $\dfrac{MU_X}{MU_Y} = 1 > \dfrac{P_X}{P_Y} = \dfrac{2}{3}$ 이므로 항상 X 재만 소비한다. 따라서 소득이 증가함에 따라서 항상 X 재만 소비하므로 소득소비곡선은 X 축 자체가 된다.

제3편

1 가격효과

1) 대체효과: 지출극소화의 원리

$$X재\ 가격\ 하락 \to 상대가격변화 \to \begin{cases} X재\ 상대적으로\ 싸짐 \to X소비량\ 증가(X_0 \to X_1) \\ Y재\ 상대적으로\ 비싸짐 \to Y소비량\ 감소(Y_0 \to Y_1) \end{cases}$$

2) 소득효과: 지출극소화에 의해 절감한 지출액(실질소득의 증가)을 소비에 활용하여 효용을 증진시킴

$$X재\ 가격\ 하락 \to 실질소득변화 \to \begin{cases} X재\ 소비량\ 증가(X_1 \to X_2) \\ Y재\ 소비량\ 증가(Y_1 \to Y_2) \end{cases}$$

2 정상재

1) 수요법칙의 성립: 가격 하락 시 수요량 증가

2) 대체효과: 가격 하락 시 대체효과에 의하여 수요량 증가 $\boxed{2014\ 국9}$

3) 소득효과: 가격 하락에 따른 실질소득 증가 시 소득효과에 의해 수요량 증가

4) 대체효과와 소득효과는 동일방향이다.

3 열등재 $\boxed{2014\ 국9}$

1) 수요법칙의 성립: 가격 하락 시 수요량 증가

2) 대체효과: 가격 하락 시 대체효과에 의하여 수요량 증가

3) 소득효과: 가격 하락에 따른 실질소득 증가 시 소득효과에 의해 수요량 감소

4) 대체효과와 소득효과는 반대방향이다.

5) 대체효과에 의한 수요량 증가가 소득효과에 의한 수요량 감소보다 더 크다.

4 기펜재 [2014 국7]

1) 수요법칙의 예외: 가격 하락 시 수요량 감소

2) 대체효과: 가격 하락 시 대체효과에 의하여 수요량 증가

3) 소득효과: 가격 하락에 따른 실질소득 증가 시 소득효과에 의해 수요량 감소(열등재)
   → 소득탄력성 음수

4) 대체효과와 소득효과는 반대방향이다.

5) 소득효과에 의한 수요량 감소가 대체효과에 의한 수요량 증가보다 더 크다.

ISSUE 문제 📝

01 2014년 국가직 7급

재화 X는 가격이 상승할 때 수요량이 증가하는 재화이다. 재화 X에 대한 설명으로 옳은 것은?

① 재화 X는 정상재이다.
② 재화 X의 수요의 소득탄력성은 0보다 크다.
③ 재화 X는 대체효과와 가격효과가 동일한 방향으로 나타난다.
④ 재화 X의 가격 변화에 따른 소득효과는 대체효과보다 더 크다.

출제이슈 가격효과와 기펜재
핵심해설 정답 ④

기펜재의 성격은 다음과 같다.

1) 수요법칙의 예외로서 가격 상승 시 수요량이 오히려 증가한다.
2) 대체효과에 의하여, 기펜재의 가격 상승 시 기펜재에 대한 수요량은 감소한다.
3) 소득효과에 의하여, 기펜재의 가격 상승에 따라 실질소득이 감소하므로 수요량이 증가한다. (열등재) 이는 소득탄력성이 음수임을 의미한다.
4) 기펜재의 가격 상승에 따라서 나타나는 대체효과와 소득효과는 반대방향으로 작용한다. 즉 기펜재의 가격 상승 시 대체효과에 따라 수요량은 감소하는 반면, 소득효과에 따라 수요량은 증가한다.
5) 특히 기펜재의 소득효과에 의한 수요량 증가가 대체효과에 의한 수요량 감소보다 더 크기 때문에 가격 상승 시 가격효과가 수요량 증가로 나타난다.

한편, 이와 구별해야 할 개념으로서 열등재의 성격은 다음과 같다.

1) 수요법칙이 적용되며 가격 하락 시 수요량이 증가한다.
2) 대체효과에 의하여, 열등재의 가격 하락 시 열등재에 대한 수요량은 증가한다.
3) 소득효과에 의하여, 열등재의 가격 하락에 따라 실질소득이 증가하므로 수요량은 감소한다. 이는 소득탄력성이 음수임을 의미한다.
4) 열등재의 가격 하락에 따라서 나타나는 대체효과와 소득효과는 반대방향으로 작용한다. 즉 열등재의 가격 하락 시 대체효과에 따라 수요량은 증가하는 반면, 소득효과에 따라 수요량은 감소한다.
5) 특히 열등재의 소득효과에 의한 수요량 감소보다 대체효과에 의한 수요량 증가가 더 크기 때문에 가격 하락 시 가격효과는 수요량 증가로 나타난다.

설문을 검토하면 다음과 같다.

① 가격이 상승할 때 수요량이 증가하므로 수요법칙이 성립하지 않는 기펜재이다. 기펜재는 특수한 열등재이다.
② 기펜재는 열등재이므로 수요의 소득탄력성은 0보다 작다.
③ 기펜재는 대체효과와 소득효과가 반대방향이며, 또한 대체효과와 가격효과도 반대방향이다.
④ 기펜재는 소득효과가 대체효과를 압도하는 재화이다.

02 2014년 국가직 9급

과자와 도넛만을 소비하는 소비자가 있다. 이 소비자는 소득이 늘면 항상 과자 소비를 줄인다. 이 경우, 도넛 가격의 하락으로 나타나는 현상으로 옳은 것은? (단, 과자 가격은 불변이다)

① 과자 수요량은 감소한다.
② 도넛 가격이 충분히 하락하면 과자 수요량은 증가할 수 있다.
③ 도넛 수요곡선이 우측으로 이동하고 장기적으로 도넛 가격은 어느 정도 다시 상승하게 된다.
④ 도넛 수요량은 증가하지만 위의 정보로는 과자 수요량에 미치는 영향을 알 수 없다.

출제이슈 가격효과와 열등재
핵심해설 정답 ①

이 문제를 풀기 위해서는 가격효과와 열등재에 대한 이해가 필수적이다.

먼저 가격효과는 대체효과와 소득효과로 나누어지는데 이는 다음과 같다.

1) 대체효과에 의하면, 지출극소화의 원리에 따라서 상대적으로 저렴해진 재화소비를 늘려서 지출액을 줄일 수 있다.

$$X재\ 가격\ 하락 \rightarrow 상대가격\ 변화 \rightarrow \begin{cases} X재\ 상대적으로\ 싸짐 \rightarrow X재\ 소비량\ 증가\,(X_0 \rightarrow X_1) \\ Y재\ 상대적으로\ 비싸짐 \rightarrow Y재\ 소비량\ 감소\,(Y_0 \rightarrow Y_1) \end{cases}$$

2) 소득효과는 지출극소화에 의해 절감한 지출액(실질소득의 증가)을 소비에 활용하여 효용을 증진시키는 것을 의미한다.

$$X재\ 가격\ 하락 \rightarrow 실질소득\ 변화 \rightarrow \begin{cases} X재\ 소비량\ 증가\,(X_1 \rightarrow X_2) \\ Y재\ 소비량\ 증가\,(Y_1 \rightarrow Y_2) \end{cases}$$

열등재의 성격은 다음과 같다.

1) 수요법칙이 적용되며 가격 하락 시 수요량이 증가한다.
2) 대체효과에 의하여, 열등재의 가격 하락 시 열등재에 대한 수요량은 증가한다.
3) 소득효과에 의하여, 열등재의 가격 하락에 따라 실질소득이 증가하므로 수요량은 감소한다. 이는 소득탄력성이 음수임을 의미한다.
4) 열등재의 가격 하락에 따라서 나타나는 대체효과와 소득효과는 반대방향으로 작용한다. 즉 열등재의 가격 하락 시 대체효과에 따라 수요량은 증가하는 반면, 소득효과에 따라 수요량은 감소한다.
5) 특히 열등재의 소득효과에 의한 수요량 감소보다 대체효과에 의한 수요량 증가가 더 크기 때문에 가격 하락 시 가격효과는 수요량 증가로 나타난다.

한편, 이와 구별해야 할 개념으로서 기펜재의 성격은 다음과 같다.

1) 수요법칙의 예외로서 가격 상승 시 수요량이 오히려 증가한다.
2) 대체효과에 의하여, 기펜재의 가격 상승 시 기펜재에 대한 수요량은 감소한다.

3) 소득효과에 의하여, 기펜재의 가격 상승에 따라 실질소득이 감소하므로 수요량이 증가한다. (열등재) 이는 소득탄력성이 음수임을 의미한다.

4) 기펜재의 가격 상승에 따라서 나타나는 대체효과와 소득효과는 반대방향으로 작용한다. 즉 기펜재의 가격 상승 시 대체효과에 따라 수요량은 감소하는 반면, 소득효과에 따라 수요량은 증가한다.

5) 특히 기펜재의 소득효과에 의한 수요량 증가가 대체효과에 의한 수요량 감소보다 더 크기 때문에 가격 상승 시 가격효과가 수요량 증가로 나타난다.

설문을 검토하면 다음과 같다.
설문에 의하면, 소득이 늘면 과자 소비를 항상 줄인다. 따라서 과자는 열등재이다.

① 옳은 내용이다. 도넛가격이 하락하면 상대적으로 과자가격은 상승하므로 과자 소비는 감소한다.

②, ④ 도넛가격이 하락하면 상대적으로 저렴해진 도넛 소비는 증가하고 실질소득은 증가한다. 그러나 과자는 열등재이므로 실질소득이 증가하더라도 과자 소비는 증가하지 않는다. 과자는 대체효과와 소득효과에 의하여 소비가 늘지 않는다.

③ 도넛가격이 하락하면 도넛수요곡선 상의 이동을 의미하며 수요곡선 자체의 이동이 아니다.

여가 − 소득 선택 모형

1 여가 − 소득 선택 모형 2019 국7

$$\begin{cases} U = U(l, M) \text{ ——————} ① \\ \overline{W}\, l + M = 24\, \overline{W} \text{ ————} ② \\ Max\ U \text{ ——————————} ③ \end{cases}$$

균형 : 한계대체율 = 임금 $\overline{W}$

2 임금상승의 효과 2013 서7

1) 임금 $\overline{W}$ 상승 시 노동공급이 증가하는 경우 (대체효과 > 소득효과) 2010 지7

① 대체효과 $E_0 \rightarrow E_1$: 여가가격 상승 $\overline{W} \rightarrow W'$, 여가소비 감소

② 소득효과 $E_1 \rightarrow E_2$: 실질소득 증가, 여가소비 증가

③ 총효과 $E_0 \rightarrow E_2$(대체효과 > 소득효과) : 여가소비 감소, 노동공급 증가

④ 정상재의 경우 대체효과와 소득효과는 동일방향이나, 정상재 여가의 경우 반대방향

2) 임금 $\overline{W}$ 상승 시 노동공급이 감소하는 경우 (대체효과 < 소득효과)

① 대체효과 $E_0 \rightarrow E_1$: 여가가격 상승 $\overline{W} \rightarrow W'$, 여가소비 감소

② 소득효과 $E_1 \rightarrow E_2$: 실질소득 증가, 여가소비 많이 증가

③ 총효과 $E_0 \rightarrow E_2$(대체효과 < 소득효과) : 여가소비 증가, 노동공급 감소

④ 정상재의 경우 대체효과와 소득효과는 동일방향이나, 정상재 여가의 경우 반대방향

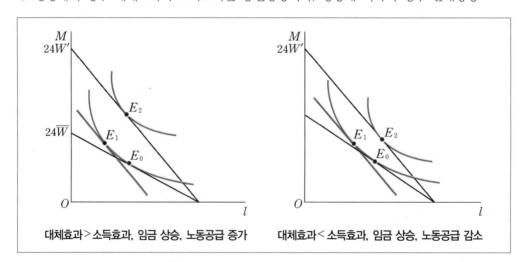

대체효과>소득효과, 임금 상승, 노동공급 증가　　　대체효과<소득효과, 임금 상승, 노동공급 감소

ISSUE 문제 📝

01 2013년 서울시 7급

임금수준과 노동공급량에 대한 설명으로 가장 적절한 것은?

① 임금이 상승하면 시장의 노동공급량은 항상 감소한다.
② 임금수준은 상승하고 근로시간은 줄었다면, 노동공급곡선은 항상 음(−)의 기울기를 갖는다.
③ 임금의 상승은 재화와 여가 모두의 소비를 늘리는 대체효과를 갖는다.
④ 임금의 상승은 재화의 소비를 줄이고 여가의 소비를 늘리는 소득효과를 갖는다.
⑤ 임금이 상승할 때 개인의 노동공급량은 대체효과와 소득효과의 크기에 따라 증가 또는 감소한다.

출제이슈 여가 − 소득 선택 모형에서 임금률 상승의 효과
핵심해설 정답 ⑤

여가 − 소득 선택모형에서 임금률 상승의 효과는 다음과 같다.

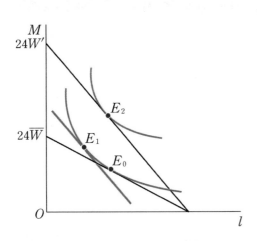

대체효과 > 소득효과, 임금 상승, 노동공급 증가   대체효과 < 소득효과, 임금 상승, 노동공급 감소

1) 임금 $\overline{W}$ 상승 시 노동공급이 증가하는 경우 (대체효과 > 소득효과)

① 대체효과 $E_0 \rightarrow E_1$: 여가가격 상승 $\overline{W} \rightarrow W'$, 여가소비 감소
② 소득효과 $E_1 \rightarrow E_2$: 실질소득 증가, 여가소비 증가
③ 총효과 $E_0 \rightarrow E_2$(대체효과 > 소득효과) : 여가소비 감소, 노동공급 증가
④ 참고로 정상재의 경우 대체효과와 소득효과는 동일한 방향이나, 정상재 여가의 경우 대체효과와 소득효과의 방향이 반대라는 것에 유의해야 한다.

2) 임금 $\overline{W}$ 상승 시 노동공급이 감소하는 경우 (대체효과 < 소득효과)

① 대체효과 $E_0 \rightarrow E_1$: 여가가격 상승 $\overline{W} \rightarrow W'$, 여가소비 감소
② 소득효과 $E_1 \rightarrow E_2$: 실질소득 증가, 여가소비 많이 증가
③ 총효과 $E_0 \rightarrow E_2$ (대체효과 < 소득효과) : 여가소비 증가, 노동공급 감소
④ 참고로 정상재의 경우 대체효과와 소득효과는 동일한 방향이나, 정상재 여가의 경우 대체효과와 소득효과의 방향이 반대라는 것에 유의해야 한다.

위의 내용에 기초하여 설문의 내용을 검토하면 다음과 같다.

① 임금이 상승하는 경우 노동공급량은 증가할 수도, 감소할 수도 있다.

② 임금이 상승하고 근로시간이 줄었다면, 노동공급곡선은 당해 부분에서 후굴하는 형태로서 음의 기울기를 갖게 되지만, 모든 구간에서 그러한 것은 아니다.

③, ④ 임금의 상승은 재화와 여가 모두의 소비를 늘리는 소득효과를 갖는다. 대체효과에 의해서는 여가 소비가 감소한다.

⑤ 옳은 내용이다. 임금이 상승하는 경우 대체효과에 의하여 노동공급이 증가하고 소득효과에 의하여 노동공급이 감소한다. 따라서 임금이 상승할 때 개인의 노동공급량은 대체효과와 소득효과의 크기에 따라 증가할 수도 있고 감소할 수도 있다.

02 2019년 국가직 7급

효용함수가 $U = Ly$인 A는 마주 주어진 80시간을 노동과 여가에 배분하여 효용을 극대화한다. 시간당 임금은 1주일에 40시간까지는 1만 원이고, 40시간을 초과한 시간에 대해서는 2만 원이다. 효용이 극대화될 때 A의 1주일간 노동 소득은? (단, L은 여가, y는 소득이며, A에게 노동 소득을 제외한 다른 소득은 없다)

① 30만 원   ② 40만 원

③ 50만 원   ④ 60만 원

제3편

출제이슈 여가 – 소득 선택 모형
핵심해설 정답 ④

이 문제는 40시간을 기준으로 임금률이 달라지기 때문에 40시간을 기준으로 나눠서 효용극대화를 분석하는 것이 중요하다.

1) 여가시간 $L \geq 40$, 1주일에 40시간 이하로 일하는 경우의 효용극대화

원래 기본적인 여가 – 소득 선택모형과 모형에서 사용된 기호들을 설문에서 주어진대로 스위칭하여 다음과 같이 만드는 것이 필요하다.

$$\begin{cases} U = U(l, M) \text{————— ①} \\ \overline{W}\, l + M = 24\, \overline{W} \text{——— ②} \\ Max\ U \text{—————— ③} \end{cases} \quad \text{모형을 활용} \rightarrow \quad \begin{cases} U = Ly \text{————— ①} \\ L + y = 80 \text{————— ②} \\ Max\ U \text{—————— ③} \end{cases}$$

여기서 효용극대화는 효용함수의 $MRS_{L,y}$(한계대체율)$= -\dfrac{dy}{dL} = \dfrac{MU_L}{MU_y} = \dfrac{y}{L}$ 과 임금률(1만 원)을 일치시키는 것

이 출발점이다. 따라서 $\dfrac{y}{L} = 1$ 이 된다. 이 식과 위의 $L + y = 80$을 연립하여 풀면, $L = 40$, $y = 40$이 된다. 단, 여가시간 $L \geq 40$ 조건을 충족해야 함에 유의해야 한다.

이때, 효용은 $U = Ly = 40 \times 40 = 1,600$ 수준이 된다.

2) 여가시간 $L < 40$, 1주일에 40시간을 초과하여 일하는 경우의 효용극대화

역시 여기도 원래 기본적인 여가 – 소득 선택모형과 모형에서 사용된 기호들을 설문에서 주어진대로 스위칭하여 다음과 같이 만드는 것이 필요하다.

$$\begin{cases} U = U(l, M) \text{————— ①} \\ \overline{W}\, l + M = 24\, \overline{W} \text{——— ②} \\ Max\ U \text{—————— ③} \end{cases} \quad \text{모형을 활용} \rightarrow \quad \begin{cases} U = Ly \text{————— ①} \\ 2L + y = 120 \text{————— ②} \\ Max\ U \text{—————— ③} \end{cases}$$

여기서 효용극대화는 효용함수의 $MRS_{L,y}$(한계대체율)$= -\dfrac{dy}{dL} = \dfrac{MU_L}{MU_y} = \dfrac{y}{L}$ 과 임금률(2만 원)을 일치시키는 것

이 출발점이다. 따라서 $\dfrac{y}{L} = 2$이 된다. 이 식과 위의 $2L + y = 120$을 연립하여 풀면, $L = 30$, $y = 60$이 된다. 단, 여가시간 $L < 40$ 조건을 충족해야 함에 유의해야 한다.

이때, 효용은 $U = Ly = 30 \times 60 = 1,800$ 수준이 된다.

3) 효용극대화 의사결정과 노동소득

따라서 효용을 극대화할 수 있는 경우는 위의 2)와 같은 경우로서 여가시간 30시간, 노동시간 50시간이 된다. 이때 소득은 노동시간 40시간까지는 임금 1만 원을 적용하여 40만 원이며, 그 이상의 노동시간인 10시간에 대하여는 임금 2만 원을 적용하여 20만 원이므로 총 60만 원이 된다.

ISSUE 07 시점 간 소비 선택 모형

제3편

1 시점 간 소비 선택 모형 ⬚2017 국7⬚ ⬚2018 지7⬚ ⬚2017 지7⬚

$$\begin{cases} U = U(C_1, C_2) \text{——————} ① \\ C_1 + \dfrac{C_2}{1+r} = Y_1 + \dfrac{Y_2}{1+r} \text{———} ② \\ Max\ U \text{————————} ③ \end{cases}$$

균형 : 한계대체율 $(\dfrac{MU_{C_1}}{MU_{C_2}})$ = 상대가격 $(1+r)$

2 이자율 상승의 효과 : 미래소비 가격 하락$(\dfrac{1}{1+r} \rightarrow \dfrac{1}{1+r'})$, 현재소비 상대가격 상승

1) 이자율 상승 시$(r \rightarrow r')$: 저축이 증가하는 경우 (대체효과 > 소득효과)

① 대체효과 $E_0 \rightarrow E_1$: 현재소비 상대가격 상승, 현재소비 감소

② 소득효과 $E_1 \rightarrow E_2$: 저축자 소득증가, 현재소비 증가

③ 총효과 $E_0 \rightarrow E_2$(대체효과 > 소득효과) : 현재소비 감소, 저축 증가

④ 정상재의 대체효과와 소득효과는 동일방향이나, 정상재 현재소비의 경우 반대방향

2) 이자율 상승 시 $(r \rightarrow r')$: 저축이 감소하는 경우 (대체효과 < 소득효과)

① 대체효과 $E_0 \rightarrow E_1$: 현재소비 상대가격 상승, 현재소비 감소

② 소득효과 $E_1 \rightarrow E_2$: 저축자 소득증가, 현재소비 증가

③ 총효과 $E_0 \rightarrow E_2$(대체효과 < 소득효과) : 현재소비 증가, 저축 감소

④ 정상재의 대체효과와 소득효과는 동일방향이나, 정상재 현재소비의 경우 반대방향

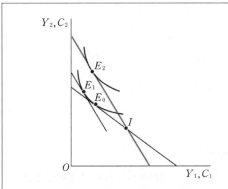

대체효과 > 소득효과, 이자율 상승, 저축

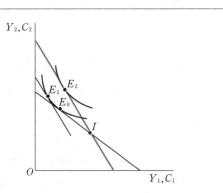

대체효과 < 소득효과, 이자율 상승, 저축 감소

ISSUE 문제 📝

01 2012년 지방직 7급

2기간 소비 선택 모형에서 소비자의 효용함수는 $U(C_1, C_2) = C_1 C_2$이고, 예산제약식은 $C_1 + \dfrac{C_2}{1+r} = Y_1 + \dfrac{Y_2}{1+r}$이다. 이 소비자의 최적소비 행태에 대한 설명으로 옳지 않은 것은? (단, C_1은 1기의 소비, C_2는 2기의 소비, Y_1은 1기의 소득으로 100, Y_2는 2기의 소득으로 121, r은 이자율로 10%이다)

① 한계대체율과 $(1+r)$이 일치할 때 최적소비가 발생한다.
② 1기보다 2기에 소비를 더 많이 한다.
③ 1기에 이 소비자는 저축을 한다.
④ 유동성제약이 발생하면 1기의 소비는 감소한다.

출제이슈 시점 간 소비 선택 모형
핵심해설 정답 ③

시점 간 소비 선택 모형은 다음과 같다.

$$\begin{cases} U = U(C_1, C_2) \text{ ——— ①} \\ C_1 + \dfrac{C_2}{1+r} = Y_1 + \dfrac{Y_2}{1+r} \text{ — ②} \\ Max\ U \text{ ——————— ③} \end{cases} \qquad \begin{cases} U = C_1, C_2 \text{ ———— ①} \\ C_1 + \dfrac{C_2}{1+1} = 100 + \dfrac{121}{1.1} \text{ — ②} \\ Max\ U \text{ ——————— ③} \end{cases}$$

시점 간 소비 선택 모형도 일반적인 소비 선택 모형과 유사하다. 소비자 최적선택은 예산선과 무차별곡선이 접하는 점에서 달성되며, 그 조건은 다음과 같다.

1) 한계대체율 ($\dfrac{MU_{C_1}}{MU_{C_2}}$) = 상대가격 $(1+r)$이어야 한다.

2) 또한 균형은 반드시 예산선 상에서 달성되어야 하므로 다음의 식을 만족한다.

$$C_1 + \dfrac{C_2}{1+r} = Y_1 + \dfrac{Y_2}{1+r}$$

따라서, 설문에서 한계대체율은 $\dfrac{C_2}{C_1}$이고 예산선의 기울기인 상대가격은 1.1이 되며 둘은 일치해야 한다. 따라서, $C_2 = 1.1 C_1$이다. 이를 예산선과 함께 연립하여 풀면 $C_1 = 105$, $C_2 = 115.5$가 된다.

설문을 검토하면 다음과 같다.

① 한계대체율과 상대가격이 일치할 때 최적소비가 가능하다.
② $C_1 = 105$, $C_2 = 115.5$이므로 2기의 소비는 1기보다 많다.
③ 틀린 내용이다. $C_1 = 105$, $C_2 = 115.5$이고 $Y_1 = 100$, $Y_2 = 121$이므로 1기는 차입이 발생한다.
④ 유동성이 발생하는 경우 차입이 어려워지기 때문에 1기의 소비는 감소한다.

02 2018년 지방직 7급

다음은 두 기간에 걸친 어느 소비자의 균형조건을 보여준다. 이 소비자의 소득 부존점은 E이고 효용극대화 균형점은 A이며 이 경제의 실질이자율은 r이다. 이에 대한 설명으로 옳지 않은 것은? (단, 원점에 볼록한 곡선은 무차별곡선이다)

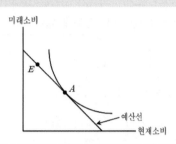

① 실질이자율(r)이 하락하면, 이 소비자의 효용은 감소한다.
② 효용극대화를 추구하는 이 소비자는 차입자가 될 것이다.
③ 현재소비와 미래소비가 모두 정상재인 경우, 현재소득이 증가하면 소비평준화(Consumption smoothing) 현상이 나타난다.
④ 유동성 제약이 있다면, 이 소비자의 경우 한계대체율은 $1+r$보다 클 것이다.

출제이슈 시점 간 소비 선택 모형
핵심해설 정답 ①

시점 간 소비 선택 모형도 일반적인 소비선택모형과 유사하다. 소비자 최적선택은 예산선과 무차별곡선이 접하는 점에서 달성되며, 그 조건은 다음과 같다.

1) 한계대체율 ($\dfrac{MU_{C_1}}{MU_{C_2}}$) = 상대가격 ($1+r$)이어야 한다.

2) 또한 균형은 반드시 예산선 상에서 달성되어야 하므로 다음의 식을 만족한다.

$$C_1 + \frac{C_2}{1+r} = Y_1 + \frac{Y_2}{1+r}$$

설문을 검토하면 다음과 같다.

①, ② E가 소득 부존점이고 A가 소비점이므로 이 소비자는 현재 차입하여 소비한다. 만일 이자율이 하락하는 경우 이 소비자는 차입비용이 감소하고 예산집합(차입영역)은 확대되어 효용은 증가한다.

③ 현재소득이 증가하는 경우 예산선이 우측으로 평행이동하고 원점에 대해 볼록한 무차별곡선과 만나는 점에서 효용극대화가 달성되고 이는 소비평준화를 의미한다.

④ 유동성제약이 있다면, 한계대체율이 상대가격보다 더 큰 상황이 된다.

03 2017년 국가직 7급

다음은 2기간 소비 선택 모형이다. 이에 대한 설명으로 옳지 않은 것은?

> 소비자의 효용함수는 $U(C_1, C_2) = \ln(C_1) + \beta \ln(C_2)$이다. 여기서 C_1은 1기 소비, C_2는 2기 소비, $\beta \in (0.1)$, $\ln$은 자연로그이다. 소비자의 1기 소득은 100이며, 2기 소득은 0이다. 1기의 소비 중에서 남은 부분은 저축 할 수 있으며, 저축에 대한 이자율은 r로 일정하다.

① 소비자의 예산제약식은 $C_1 + \dfrac{C_2}{1+r} = 100$이다.

② $\beta(1+r) = 1$이면 1기의 소비와 2기의 소비는 같다.

③ $\beta > \dfrac{1}{1+r}$이면, 1기의 소비가 2기의 소비보다 크다.

④ 효용함수가 $U(C_1, C_2) = C_1 C_2^{\beta}$인 경우에도, 1기 소비와 2기 소비의 균형은 변하지 않는다.

출제이슈 시점 간 소비 선택 모형
핵심해설 정답 ③

시점 간 소비 선택 모형은 다음과 같다.

$$\begin{cases} U = U(C_1, C_2) \quad\text{①} \\ C_1 + \dfrac{C_2}{1+r} = Y_1 + \dfrac{Y_2}{1+r} \quad\text{②} \\ Max\ U \quad\text{③} \end{cases} \qquad \begin{cases} U = \ln(C_1) + \beta \ln(C_2) \quad\text{①} \\ C_1 + \dfrac{C_2}{1+r} = Y_1 + \dfrac{Y_2}{1+r} \quad\text{②} \\ Max\ U \quad\text{③} \end{cases}$$

시점 간 소비 선택 모형도 일반적인 소비 선택 모형과 유사하다. 소비자 최적선택은 예산선과 무차별곡선이 접하는 점에서 달성되며, 그 조건은 다음과 같다.

1) 한계대체율 $\left(\dfrac{MU_{C_1}}{MU_{C_2}}\right)$ = 상대가격 $(1+r)$이어야 한다.

2) 또한 균형은 반드시 예산선 상에서 달성되어야 하므로 다음의 식을 만족한다.

$$C_1 + \dfrac{C_2}{1+r} = Y_1 + \dfrac{Y_2}{1+r}$$

설문의 효용함수 $U(C_1, C_2) = \ln(C_1) + \beta \ln(C_2)$으로부터 한계대체율을 구하면 $\dfrac{MU_{C_1}}{MU_{C_2}} = \dfrac{\frac{1}{C_1}}{\frac{\beta}{C_2}} = \dfrac{C_2}{\beta C_1}$이다.

소비자 최적선택에서는 한계대체율 $\dfrac{C_2}{\beta C_1}$과 예산선의 기울기인 상대가격 $1+r$은 일치해야 한다.

따라서, $C_2 = \beta(1+r)C_1$이다.

설문을 검토하면 다음과 같다.

① 옳은 내용이다.

이자율이 r 이므로 소비자의 예산제약식은 $C_1 + \dfrac{C_2}{1+r} = 100$ 이다.

② 옳은 내용이다.
위에서 구한 최적조건식 $C_2 = \beta(1+r)C_1$ 에서 만일 설문처럼 $\beta(1+r) = 1$ 인 경우, 이를 최적조건식에 대입하면 $C_2 = C_1$ 가 된다. 즉, 1기 소비와 2기 소비가 같음을 의미한다.

③ 틀린 내용이다.
위에서 구한 최적조건식 $C_2 = \beta(1+r)C_1$ 에서 만일 설문처럼 $\beta(1+r) > 1$ 인 경우, 이를 최적조건식에 대입하면 $C_2 > C_1$ 가 된다. 즉, 2기 소비가 1기 소비보다 큼을 의미한다.

④ 옳은 내용이다.
효용함수가 $U(C_1, C_2) = C_1 C_2^{\beta}$ 인 경우 소비자 최적선택의 조건식을 구하면 다음과 같다.

효용함수 $U(C_1, C_2) = C_1 C_2^{\beta}$ 으로부터 한계대체율을 구하면 $\dfrac{MU_{C_1}}{MU_{C_2}} = \dfrac{C_2^{\beta}}{\beta C_1 C_2^{\beta - 1}} = \dfrac{C_2}{\beta C_1}$ 이다.

소비자 최적선택에서는 한계대체율 $\dfrac{C_2}{\beta C_1}$ 과 예산선의 기울기인 상대가격 $1 + r$ 은 일치해야 한다.

따라서, $C_2 = \beta(1+r)C_1$ 이다.

결국 효용함수가 $U(C_1, C_2) = \ln(C_1) + \beta \ln(C_2)$ 이든지, $U(C_1, C_2) = C_1 C_2^{\beta}$ 이든지 간에 관계없이 소비자 최적선택은 동일하다. 따라서 효용함수가 이와 같이 바뀌더라도 1기 소비와 2기 소비의 균형은 변하지 않는다.

1 현금보조 vs 현물보조 〔2016 지7〕

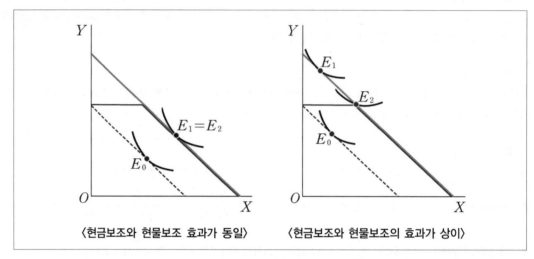

〈현금보조와 현물보조 효과가 동일〉 〈현금보조와 현물보조의 효과가 상이〉

	현금보조	현물보조	현금보조	현물보조
효용변화	동일		우월	
타깃재화소비	동일			우월
보조금 예산	동일		동일	

1) 최초 소비상태가 E_0인 경우 현금보조를 받게 되면 예산선이 평행하게 확장 이동하게 되어 결국 현금보조 이후의 소비상태는 E_1(위의 왼쪽, 오른쪽 그래프)이 된다.

2) 현금보조는 타겟재화 소비증진이라는 정책목표 측면에서 볼 때는 현물보조에 비해 바람직하지 않을 수 있다.

3) 왜냐하면 현물보조가 대신 이루어졌다면 그 때 소비상태는 E_2로서 오른쪽 그래프에서 현금보조에 비해 현물보조의 경우 타겟재화 소비가 많이 증진될 수 있기 때문이다.

4) 하지만, 현물보조는 소비자 효용증진이라는 측면에서 볼 때는 현금보조에 비해 바람직하지 않다.

5) 왜냐하면 현물보조 시의 소비자 효용보다는 현금보조 시의 소비자 효용이 더 높기 때문이다. 위의 오른쪽 그래프에서 E_2를 지나는 무차별곡선(현물보조 시 효용)이 E_1을 지나는 무차별곡선(현금보조 시 효용)보다 좌하방에 위치하는 것을 보면 쉽게 알 수 있다.

6) 따라서 E_2를 지나는 무차별곡선(현물보조 시 효용)에 접하면서 동일한 기울기를 가진 예산선을 그려보면 예산선 간의 격차는 보조받은 현물의 재판매 가격 인하분이다.

2 현금보조 vs 가격보조

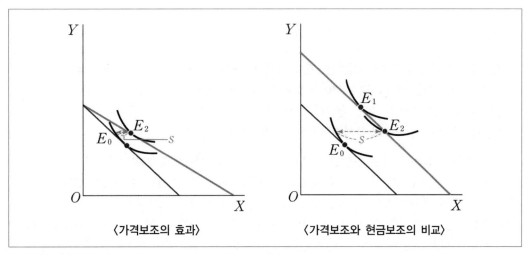

〈가격보조의 효과〉   〈가격보조와 현금보조의 비교〉

	현금보조	가격보조
효용	우월	
타깃재화소비		우월
보조금 예산	동일	

1) 최초 소비상태가 E_0 인 경우 가격보조를 받게 되면 예산선이 회전이동하게 되어 결국 현금보조 이후의 소비상태는 E_2(위의 왼쪽, 오른쪽 그래프)이 된다.

2) 가격보조는 소비자 효용증진이라는 측면에서 볼 때는 현금보조에 비해 바람직하지 않다.

3) 왜냐하면 동일한 예산을 사용한다고 가정할 경우, 가격보조 시의 소비자 효용보다는 현금보조 시의 소비자 효용이 더 높기 때문이다. 이는 위의 오른쪽 그래프에서 E_2를 지나는 무차별곡선 (가격보조 시 효용)이 E_1을 지나는 무차별곡선(현금보조 시 효용)보다 좌하방에 위치하는 것을 보면 쉽게 알 수 있다.

4) 그러나, 현금보조는 타겟재화 소비증진이라는 정책목표 측면에서 볼 때는 가격보조에 비해 바람 직하지 않을 수 있다.

5) 왜냐하면 오른쪽 그래프에서 가격보조 후의 소비상태는 E_2로서 현금보조 후의 소비상태인 E_1 에 비해 가격보조의 경우 타겟재화 소비가 많이 증진될 수 있기 때문이다.

ISSUE 문제 📝

01 | 2016년 지방직 7급

매년 40만 원을 정부로부터 지원받는 한 저소득층 가구에서 매년 100kg의 쌀을 소비하고 있었다. 그런데 정부가 현금 대신 매년 200kg의 쌀을 지원하기로 했다. 쌀의 시장가격은 kg당 2,000원이어서 지원되는 쌀의 가치는 40만 원이다. 쌀의 재판매가 금지되어 있다고 할 때, 다음 설명 중 옳지 않은 것은? (단, 이 가구의 무차별곡선은 원점에 대해 볼록하다)

① 이 가구는 새로 도입된 현물급여보다 기존의 현금급여를 선호할 것이다.
② 현물급여를 받은 후 이 가구의 예산집합 면적은 현금급여의 경우와 차이가 없다.
③ 이 가구는 새로운 제도 하에서 쌀 소비량을 늘릴 가능성이 크다.
④ 만약 쌀을 kg당 1,500원에 팔 수 있는 재판매 시장이 존재하면, 이 가구는 그 시장을 활용할 수도 있다.

출제이슈 사회복지제도
핵심해설 정답 ②

현금보조와 현물보조를 비교하면 다음과 같다.

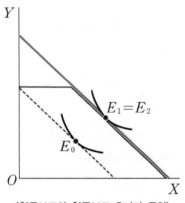

〈현금보조와 현물보조 효과가 동일〉

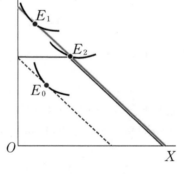

〈현금보조와 현물보조의 효과가 상이〉

	현금보조	현물보조	현금보조	현물보조
효용변화	동일		우월	
타깃재화소비	동일			우월
보조금 예산	동일		동일	

1) 최초 소비상태가 E_0인 경우 현금보조를 받게 되면 예산선이 평행하게 확장 이동하게 되어 결국 현금보조 이후의 소비상태는 E_1(위의 왼쪽, 오른쪽 그래프)이 된다.

2) 현금보조는 타겟재화 소비증진이라는 정책목표 측면에서 볼 때는 현물보조에 비해 바람직하지 않을 수 있다.

3) 왜냐하면 현물보조가 대신 이루어졌다면 그 때 소비상태는 E_2로서 오른쪽 그래프에서 현금보조에 비해 현물보조의 경우 타겟재화 소비가 많이 증진될 수 있기 때문이다.

4) 하지만, 현물보조는 소비자 효용증진이라는 측면에서 볼 때는 현금보조에 비해 바람직하지 않다.

5) 왜냐하면 현물보조 시의 소비자 효용보다는 현금보조 시의 소비자 효용이 더 높기 때문이다. 위의 오른쪽 그래프에서 E_2를 지나는 무차별곡선(현물보조 시 효용)이 E_1을 지나는 무차별곡선(현금보조 시 효용)보다 좌하방에 위치하는 것을 보면 쉽게 알 수 있다.

6) 따라서 E_2를 지나는 무차별곡선(현물보조 시 효용)에 접하면서 동일한 기울기를 가진 예산선을 그려보면 예산선 간의 격차는 보조받은 현물의 재판매 가격 인하분이다.

설문을 검토하면 다음과 같다.

매년 40만 원의 현금보조를 받는 가구가 매년 100kg의 쌀을 소비하는 경우 소비점을 E_1으로 표시할 수 있다. 현금보조 대신에 매년 200kg의 쌀을 지원받는 경우에 예산선이 변화되어 소비점은 E_2로 표시 가능하다.

① 이 가구는 새로 도입된 현물급여보다 기존의 현금급여를 선호한다.

② 현물급여와 현금급여에 따른 예산선은 차이가 있다.

③ 새로운 현물급여제도 하에서는 E_2와 같이 쌀 소비량이 늘어날 수 있다.

④ 보조받은 현물인 쌀을 재판매시장에서 시장가격보다 낮은 수준에서 판매하여 현금을 마련할 수 있다면 그러한 거래기회를 활용할 수도 있다. 다만, 재판매가격이 너무 낮아서 현물보조 시 효용보다 감소하게 되는 경우 재판매를 포기할 수도 있다.

2019 국9

1 위험에 대한 태도

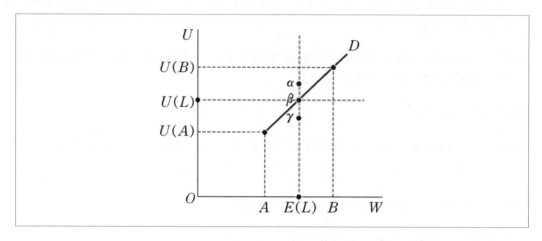

1) α점: $U[E(L)] > U(L)$: 위험 기피적(복권 전 효용 > 공정한 복권의 효용) → 구입 ×

2) β점: $U[E(L)] = U(L)$: 위험 중립적(복권 전 효용 = 공정한 복권의 효용) → 무차별

3) γ점: $U[E(L)] < U(L)$: 위험 애호적 (복권 전 효용 < 공정한 복권의 효용) → 구입 ○

2 위험에 대한 태도와 효용함수

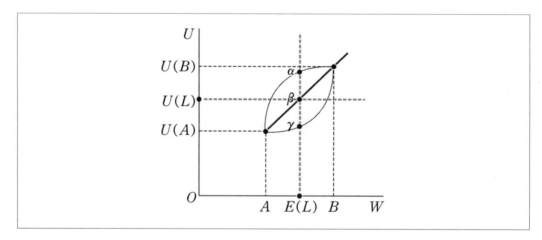

1) α점 통과하는 효용곡선 $C\alpha D$ ⌐ : 위험 기피적

2) β점 통과하는 효용곡선 $C\beta D$ / : 위험 중립적

3) γ점 통과하는 효용곡선 $C\gamma D$ ⌐ : 위험 애호적

ISSUE 문제 📝

01 2019년 국가직 9급

그림은 乙의 소득에 대한 효용을 나타낸 것이다. 이에 대한 설명으로 옳은 것은?

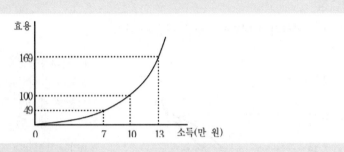

① 乙은 위험회피적(risk−averse)이다.
② 乙은 위험중립적(risk−neutral)이다.
③ 乙은 소득의 증가에 따라 위험에 대한 선호가 변화한다.
④ 한계효용체감의 법칙이 乙에게는 적용되지 않는다.

출제이슈 위험에 대한 태도
핵심해설 정답 ④

위험에 대한 태도에 따른 효용함수의 형태는 아래와 같다.

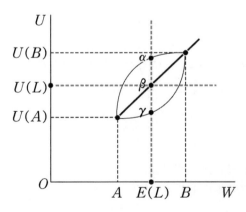

① α점 통과하는 효용곡선 $C\alpha D$ ⌢ : 위험 기피적
② β점 통과하는 효용곡선 $C\beta D$ ╱ : 위험 중립적
③ γ점 통과하는 효용곡선 $C\gamma D$ ⌣ : 위험 애호적

설문에서 乙의 위험에 대한 태도는 위험애호적이며 이러한 위험애호적 태도는 소득이 증가하더라도 변함없이 유지되며 한계효용은 체증하고 있다.

복권과 위험프리미엄

1 모형설정

불확실성 하에서의 기대효용모형은 다음과 같다.

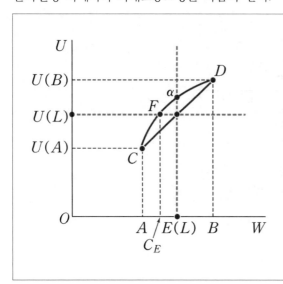

1) 기대효용함수

불확실한 상황 A, B 를 내포하는 조건부 상품 L에 대한 효용은 다음과 같이 폰노이만 – 모겐스턴 효용함수로 구할 수 있다.

A라는 특정상황(결과)에 대한 효용 $U(A)$과 B라는 특정상황(결과)에 대한 효용 $U(B)$을 가중평균한 함수로서 $U(L) = P\,U(A) + (1 - P)\,U(B)$가 된다.

2) 조건부상품의 기대값
$E(L) = P \cdot A + (1 - P) \cdot B$

3) 위험에 대한 태도
$\Rightarrow U(L)$과 $U[E(L)]$의 비교

2 확실대등액과 위험프리미엄

1) 확실대등액 C_E (확실성등가)

① 위험으로부터 예상되는 기대효용 $U(L)$과 동일한 효용을 가져다주는 확실한 금액 C_E

② 불확실한 복권(L)을 효용으로 나타내면 $U(L)$이고, 금전으로 계량화하면 C_E

③ $U(L) = U(C_E)$

2) 위험프리미엄 $RP = E(L) - C_E$

① 불확실한 자산(복권)과 확실한 자산(현금) 간의 교환을 위한 대가

② 최초 자산 W_0는 확실한 금액이며 공정한 복권이라면 $W_0 = E(L)$

③ $U(W_0) = U(E(L))$

④ 불확실한 자산인 복권 (L)의 효용은 $U(L)$

⑤ 불확실한 자산의 효용 $U(L) =$ 확실한 자산의 효용 $U(C_E) < U(W_0) = U(E(L))$

⑥ 따라서 최초 확실한 자산 W_0의 효용이 복권의 효용 $U(L)$보다 크므로 복권 구입은 발생하지 않는다. (위험기피자의 경우)

⑦ 이 경우 확실한 자산 W_0의 효용과 복권의 효용 $U(L)$의 차이에 해당하는 만큼이 보조되어야 하며 이는 $W_0 = E(L)$과 C_E간의 차이가 된다.

ISSUE 문제 📝

01 2020년 국가직 9급

효용함수 $U(I) = \dfrac{1}{100}\sqrt{I}$ 를 가진 구직자가 새로운 직장을 찾고 있다. 새로운 직장에서는 자신의 노력 여부와 상관없이 기업의 성과에 따라 64만 원의 월 소득을 받거나 혹은 196만 원의 월 소득을 받을 수 있다. 64만 원을 받을 확률과 196만 원을 받을 확률이 각각 50 %로 동일할 경우, 기대효용은? (단, U는 효용이고, I는 원으로 표시된 월 소득이다)

① 11   ② 12
③ 13   ④ 14

출제이슈 기대효용
핵심해설 정답 ①

불확실성 하에서의 기대효용모형은 다음과 같다.

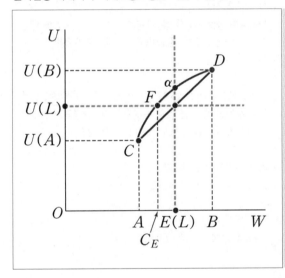

1) 기대효용함수
불확실한 상황 A, B 를 내포하는 조건부상품 L에 대한 효용은 다음과 같이 폰노이만 − 모겐스턴 효용함수로 구할 수 있다.

A라는 특정상황(결과)에 대한 효용 $U(A)$과 B라는 특정상황(결과)에 대한 효용 $U(B)$을 가중평균한 함수로서 $U(L) = P\ U(A) + (1-P)\ U(B)$가 된다.

2) 조건부상품의 기대값
$E(L) = P \cdot A + (1-P) \cdot B$

3) 위험에 대한 태도
⇒ $U(L)$과 $U[E(L)]$의 비교

설문에서 기대효용을 계산하면 다음과 같다.

A라는 특정상황(결과)에 대한 효용 $U(A) = U(640,000) = \dfrac{1}{100}\sqrt{640,000}$ 이고

B라는 특정상황(결과)에 대한 효용 $U(B) = U(1,960,000) = \dfrac{1}{100}\sqrt{1,960,000}$ 이 된다.

따라서 기대효용은 위의 가중평균 함수로서

$$U(L) = 0.5 \times \frac{1}{100}\sqrt{640,000} + 0.5 \times \frac{1}{100}\sqrt{1,960,000} = 11$$ 이 된다.

02 2015년 지방직 7급

A군은 친구가 하는 사업에 100만 원을 투자하려고 한다. 사업이 성공하면 A군은 0.5의 확률로 196만 원을 돌려받고, 사업이 실패하면 0.5의 확률로 64만 원을 돌려받게 된다. A군의 효용함수가 $U(y) = 10y^{0.5}$이고 y는 소득을 나타낸다. 이 투자기회에 대한 A군의 확실성등가와 위험프리미엄은?

	확실성등가	위험프리미엄
①	110만 원	9만 원
②	110만 원	20만 원
③	121만 원	9만 원
④	121만 원	20만 원

출제이슈 확실대등액과 위험프리미엄
핵심해설 정답 ③

불확실성 하에서의 기대효용모형은 다음과 같다.

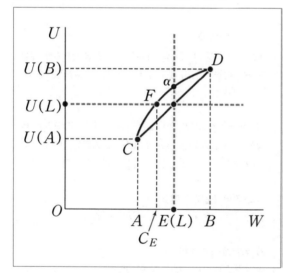

1) 기대효용함수

불확실한 상황 A, B를 내포하는 조건부상품 L에 대한 효용은 다음과 같이 폰노이만 − 모겐스턴 효용함수로 구할 수 있다.

A라는 특정상황(결과)에 대한 효용 $U(A)$과 B라는 특정상황(결과)에 대한 효용 $U(B)$을 가중평균한 함수로서 $U(L) = P\ U(A) + (1 - P)\ U(B)$가 된다.

2) 조건부상품의 기대값
$E(L) = P \cdot A + (1 - P) \cdot B$

3) 위험에 대한 태도
$\Rightarrow U(L)$과 $U[E(L)]$의 비교

설문에서 확실대등액과 위험프리미엄을 계산하면 다음과 같다.

1) 확실대등액 C_E: $U(L) = U(C_E)$
$U(L) = 0.5\ U(196) + 0.5\ U(64) = 11,000$
$U(L) = U(C_E)$에 따라서 확실대등액을 계산하면 $U(C_E) = 10\sqrt{C_E} = 11,000$, $C_E = 1,210,000$ 이 된다.

2) 위험프리미엄 $RP = E(L) - C_E$
$E(L) = (0.5 \times 196) + (0.5 \times 64) = 1,300,000$
$RP = E(L) - C_E = 1,300,000 - 1,210,000 = 90,000$

03 2016년 지방직 7급

화재가 발생하지 않는 경우 철수 집의 자산가치는 10,000이고, 화재가 발생하는 경우 철수 집의 자산가치는 2,500이다. 철수 집에 화재가 발생하지 않을 확률은 0.8이고, 화재가 발생할 확률은 0.20이다. 위험을 기피하는 철수의 효용함수는 $U(X) = X^{1/2}$이다. 화재의 위험에 대한 위험 프리미엄(risk premium)은? (단, X는 자산가치이다)

① 200   ② 300
③ 400   ④ 500

제3편

출제이슈 확실대등액과 위험프리미엄
핵심해설 정답 ③

불확실성 하에서의 기대효용모형은 다음과 같다.

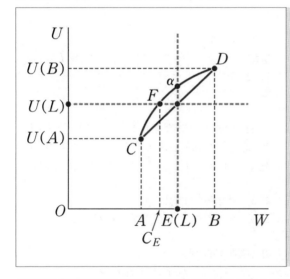

1) 기대효용함수
불확실한 상황 A, B 를 내포하는 조건부상품 L에 대한 효용은 다음과 같이 폰노이만 − 모겐스턴 효용함수로 구할 수 있다.

A라는 특정상황(결과)에 대한 효용 $U(A)$과 B라는 특정상황(결과)에 대한 효용 $U(B)$을 가중평균한 함수로서 $U(L) = P\,U(A) + (1-P)\,U(B)$가 된다.

2) 조건부상품의 기대값
$E(L) = P \cdot A + (1-P) \cdot B$

3) 위험에 대한 태도
$\Rightarrow U(L)$과 $U[E(L)]$ 의 비교

설문에서 확실대등액과 위험프리미엄을 계산하면 다음과 같다.

1) 확실대등액 C_E : $U(L) = U(C_E)$
$U(L) = 0.2\,U(2,500) + 0.8\,U(10,000) = 0.2\,\sqrt{2,500} + 0.8\,\sqrt{10,000} = 10 + 80 = 90$
$U(L) = U(C_E)$에 따라서 확실대등액을 계산하면 $U(C_E) = \sqrt{C_E} = 90$, $C_E = 8,100$ 이 된다.

2) 위험프리미엄 $RP = E(L) - C_E$
$E(L) = (0.2 \times 2,500) + (0.8 \times 10,000) = 500 + 8,000 = 8,500$
$RP = E(L) - C_E = 8,500 - 8,100 = 400$

04 　2015년 국가직 7급

w원에 대한 A의 효용함수는 $U(w) = \sqrt{w}$ 이다. A는 50%의 확률로 10,000원을 주고, 50%의 확률로 0원을 주는 복권 L을 가지고 있다. 다음 중 옳은 것은?

① 복권 L에 대한 A의 기대효용은 5,000이다.
② 누군가 현금 2,400원과 복권 L을 교환하자고 제의한다면, A는 제의에 응하지 않을 것이다.
③ A는 위험중립적인 선호를 가지고 있다.
④ A에게 40%의 확률로 100원을 주고, 60%의 확률로 3,600원을 주는 복권 M과 복권 L을 교환할 수 있는 기회가 주어진다면, A는 새로운 복권 M을 선택할 것이다.

출제이슈　확실대등액과 위험프리미엄
핵심해설　정답 ②

불확실성 하에서의 기대효용모형은 다음과 같다.

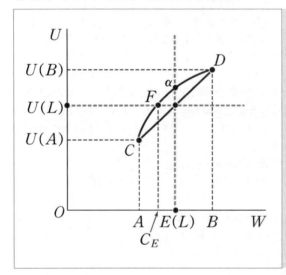

1) 기대효용함수
불확실한 상황 A, B 를 내포하는 조건부상품 L 에 대한 효용은 다음과 같이 폰노이만 – 모겐스턴 효용함수로 구할 수 있다.

A라는 특정상황(결과)에 대한 효용 $U(A)$과 B라는 특정상황(결과)에 대한 효용 $U(B)$을 가중평균한 함수로서 $U(L) = P\,U(A) + (1-P)\,U(B)$가 된다.

2) 조건부상품의 기대값
$E(L) = P \cdot A + (1-P) \cdot B$

3) 위험에 대한 태도
$\Rightarrow U(L)$과 $U[E(L)]$의 비교

설문을 검토하면 다음과 같다.

① 복권의 기대효용
$$U(L) = P\,U(A) + (1-P)\,U(B) = 0.5 \times \sqrt{10{,}000} + 0.5 \times \sqrt{0} = 50$$

참고로 복권의 기댓값 혹은 기대소득 $E(L) = (0.5 \times 10{,}000) + (0.5 \times 0) = 5{,}000$이 된다.
따라서 틀린 지문이다.

② 현금 2,400원과 복권의 교환거래 수용여부 검토

ⅰ) 현금 2,400원이 주는 효용은 $U(2{,}400) = \sqrt{2{,}400} = 20\sqrt{6}$ 이다.
ⅱ) 복권이 주는 효용은 위에서 구한대로 50이다.
ⅲ) 이 둘을 비교하면 현금 2,400원이 주는 효용 $20\sqrt{6}$ < 복권이 주는 효용 50이므로 교환제의에 응하지 않는다. 따라서 옳은 지문이다.

혹은 복권과 동일한 효용을 가져다 주는 확실한 금액인 확실대등액을 구하면

$U(L) = U(C_E)$에 따라서 $U(C_E) = \sqrt{C_E} = 50$, $C_E = 2,500$ 이 된다.

따라서 현금 2,400원과 복권의 확실대등액 2,500액을 비교하면 확실대등액이 더 크므로 교환제의에 응하지 않는다. 따라서 옳은 지문이다.

③ 위험중립적인 선호인지 검토

위험에 대한 태도는 복권의 기대효용과 복권(공정한 복권인 경우)의 기대소득의 효용을
비교하여 아래와 같이 알아낼 수 있다. ($U(L)$ 과 $U[E(L)]$ 의 비교)

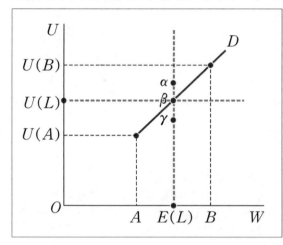

1) 위험기피적 선호
α점: $U[E(L)] > U(L)$
복권 구입 전 효용 > 공정한 복권의 효용

2) 위험중립적 선호
β점: $U[E(L)] = U(L)$
복권 구입 전 효용 = 공정한 복권의 효용

3) 위험애호적 선호
γ점: $U[E(L)] < U(L)$
복권 구입 전 효용 < 공정한 복권의 효용

설문에서 $U[E(L)] = U(5,000) = \sqrt{5,000} = 50\sqrt{2}$, $U(L) = 50$이 된다.

따라서 $U[E(L)] > U(L)$ 가 되어 위험기피적인 선호임을 알 수 있다. 틀린 지문이다.

④ 40% 확률로 100원을 주고, 60% 확률로 3,600원을 주는 복권과 기존복권의 교환거래 수용여부

ⅰ) 새복권이 주는 효용은 $0.4\,U(100) + 0.6\,U(3,600) = 0.4\sqrt{100} + 0.6\sqrt{3,600} = 40$이다.

ⅱ) 기존 복권이 주는 효용은 위에서 구한대로 50이다.

ⅲ) 이 둘을 비교하면 새복권이 주는 효용 40 < 기존복권이 주는 효용 50이므로 교환제의에 응하지 않을 것이다. 따라서 틀린 지문이다.

05 2018년 국가직 7급

甲의 효용함수는 $u(x) = \sqrt{x}$ 로 표현된다. 甲은 현재 소득이 0원이며, $\frac{1}{3}$ 의 당첨 확률로 상금 100 원을 받는 복권을 갖고 있다. 상금의 일부를 포기하는 대신에 당첨될 확률을 $\frac{2}{3}$ 로 높일 수 있을 때, 甲이 포기할 용의가 있는 최대 금액은? (단, x는 원으로 표시된 소득이다)

① $\frac{100}{3}$ 원

② 50원

③ $\frac{200}{3}$ 원

④ 75원

출제이슈 기대효용

핵심해설 정답 ④

불확실성 하에서의 기대효용모형은 다음과 같다.

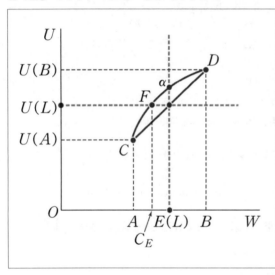

1) 기대효용함수

불확실한 상황 A, B 를 내포하는 조건부상품 L에 대한 효용은 다음과 같이 폰노이만 – 모겐스턴 효용함수로 구할 수 있다.

A라는 특정상황(결과)에 대한 효용 $U(A)$과 B라는 특정상황(결과)에 대한 효용 $U(B)$을 가중평균한 함수로서 $U(L) = P\,U(A) + (1-P)\,U(B)$가 된다.

2) 조건부상품의 기대값
$$E(L) = P \cdot A + (1-P) \cdot B$$

3) 위험에 대한 태도
$\Rightarrow U(L)$과 $U[E(L)]$ 의 비교

설문에서 기존의 복권 대신에 다른 조건의 새로운 복권을 제시하고 그에 대한 댓가로서 포기해야 하는 상금 중의 일부를 구해야 한다. 기존복권의 효용과 상금 일부를 포기하고 당첨확률을 높인 새로운 복권의 효용을 비교하여, 후자가 크다면, 상금 일부를 포기하는 것이 타당하다.

그런데 상금 일부의 포기액수가 크면 클수록 새로운 복권의 효용이 감소하므로 기존 복권의 효용과의 차이가 줄어들게 된다. 따라서 상금 일부의 포기액수의 최대치는 바로 새로운 복권의 효용과 기존 복권의 효용 차이가 없을 때, 즉 효용수준이 동일할 때 달성됨을 알 수 있다.

이하에서 기존복권의 효용과 새로운 복권의 효용을 구하여 상금 일부의 포기액수를 구해보자.
(상금 일부의 포기액수를 X라고 하고 논의를 진행한다.)

1) 기존복권의 효용

$$U(L) = \frac{1}{3}\,U(100) + \frac{2}{3}\,U(0) = \frac{10}{3}$$

2) 새 복권의 효용

새 복권은 기존 복권과 비교하여 당첨확률을 2배로 높인 대신, 상금의 일부(X)를 포기해야 한다. 따라서 새 복권의 효용은 다음과 같이 쓸 수 있다.

$$U(N) = \frac{2}{3}\,U(100 - X) + \frac{1}{3}\,U(0) = \frac{2}{3}\,\sqrt{100 - X}$$

3) 상금의 일부 포기액수 X의 최대치

앞에서 설명한대로 상금의 일부 포기액수 X의 최대치는 새로운 복권의 효용과 기존 복권의 효용이 같을 때 달성된다.

따라서 $\dfrac{10}{3} = \dfrac{2}{3}\,\sqrt{100 - X}$ 이 된다. 이를 풀면, $X = 75$가 된다.

공정보험료와 최대보험료

2019 서7   2016 서7

1 모형설정

불확실성 하에서의 기대효용모형은 다음과 같다.

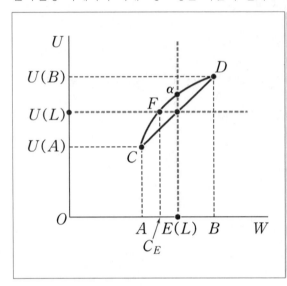

1) 기대효용함수

불확실한 상황 A, B 를 내포하는 조건부상품 L에 대한 효용은 다음과 같이 폰노이만 – 모겐스턴 효용함수로 구할 수 있다.

A라는 특정상황(결과)에 대한 효용 $U(A)$과 B라는 특정상황(결과)에 대한 효용 $U(B)$을 가중평균한 함수로서 $U(L) = P U(A) + (1 - P) U(B)$가 된다.

2) 조건부상품의 기대값
$E(L) = P \cdot A + (1 - P) \cdot B$

3) 위험에 대한 태도
$\Rightarrow U(L)$과 $U[E(L)]$의 비교

2 위험프리미엄과 보험료 간의 차이

1) 위험프리미엄은 보험 가입 전 불확실한 상황(L)으로부터의 위험을 회피하기 위하여 지불하는 금액으로 이 경우 위험을 회피할 경우 $U(L)$의 효용 달성이 가능하다.

2) 보험료는 보험 가입 전 불확실한 상황(L)으로부터의 위험을 회피하기 위하여 지불하는 금액으로 이 경우 보험사를 통한 위험회피가 가능해진다.

  ① 보험 가입으로 인하여 $U(L)$보다 더 큰 효용인 $U(B)$의 달성이 가능하다.

  ② 보험 가입으로 인하여 $E(L)$보다 더 큰 자산인 B의 달성이 가능하다.

3 최대보험료 : $B - C_E$

<u>보험 가입 후 기대되는 효용 $U(B)$</u>과 <u>보험 가입 전 기대되는 효용 $U(L)$</u>의 차이
  → 금액으로 계량화 B → 금액으로 계량화 C_E

4 공정보험료 : $B - E(L)$

<u>보험 가입 후 기대되는 자산·소득</u>과 <u>보험 가입 전 기대되는 자산·소득</u>의 차이
  → 금액으로 계량화 (B)   → 금액으로 계량화 $E(L)$

ISSUE 문제 📝

01 2019년 서울시 7급

A는 현재 시가로 1,600만 원인 귀금속을 보유하고 있는데, 이를 도난당할 확률이 0.4라고 한다. A의 효용함수는 $U = 2\sqrt{W}$ (W는 보유자산의 화폐가치)이며, 보험에 가입할 경우 도난당한 귀금속을 현재 시가로 전액 보상해준다고 한다. 보험 가입 전 A의 기대효용과 A가 보험에 가입할 경우 지불할 용의가 있는 최대 보험료는?

	기대효용	최대보험료
①	36	1,276만 원
②	48	1,024만 원
③	36	1,024만 원
④	48	1,276만 원

출제이슈 최대보험료와 공정보험료
핵심해설 정답 ②

불확실성 하에서의 기대효용모형은 다음과 같다.

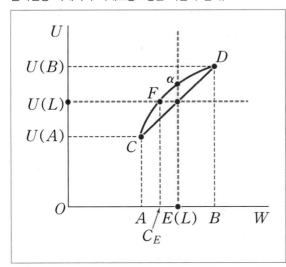

1) 기대효용함수
불확실한 상황 A, B 를 내포하는 조건부상품 L에 대한 효용은 다음과 같이 폰노이만 – 모겐스턴 효용함수로 구할 수 있다.

A라는 특정상황(결과)에 대한 효용 $U(A)$과 B라는 특정상황(결과)에 대한 효용 $U(B)$을 가중평균한 함수로서 $U(L) = P\,U(A) + (1-P)\,U(B)$가 된다.

2) 조건부상품의 기대값
$$E(L) = P \cdot A + (1-P) \cdot B$$

3) 위험에 대한 태도
$\Rightarrow U(L)$과 $U[E(L)]$의 비교

보험료는 보험 가입 전 불확실한 상황(L)으로부터의 위험을 회피하기 위하여 지불하는 금액으로 이 경우 보험사를 통한 위험회피가 가능해진다.

보험 가입 이전에 자산의 상황이 A 혹은 B로서 불확실하였지만, 보험 가입 이후에는 자산의 상황이 확실하게 B로 확정이 된다. 따라서 보험 가입으로 인해서 기대소득이 증가하게 될 뿐만 아니라 기대효용도 증가하게 된다.

1) 보험 가입으로 인하여 보험 가입 전 효용 $U(L)$보다 더 큰 효용인 $U(B)$의 달성이 가능하다.
2) 보험 가입으로 인하여 보험 가입 전 기대소득 $E(L)$보다 더 큰 자산인 B의 달성이 가능하다.
따라서 보험 가입으로 인해서 증가하게 된 기대소득과 기대효용에 대한 대가를 지불해야 하는데 이것이 바로 보험료로 나타나는 것이다.

1) 최대보험료: $B - C_E$

　보험 가입 후 기대되는 효용 $U(B)$과 보험 가입 전 기대되는 효용 $U(L)$의 차이
　　→ 금액으로 계량화 B　　　　　　　→ 금액으로 계량화 C_E

2) 공정보험료: $B - E(L)$

　보험 가입 후 기대되는 자산·소득과 보험 가입 전 기대되는 자산·소득의 차이
　　→ 금액으로 계량화 (B)　　　　　　→ 금액으로 계량화 $E(L)$

위의 산식에 따라서 설문의 자료를 이용하여 최대보험료와 공정보험료를 계산하면 다음과 같다.

1) 기대소득 $E(L)$

$$E(L) = 0.4 \times 0 + 0.6 \times 1{,}600 = 960$$

2) 기대효용 $U(L)$

$$U(L) = 0.6\,U(1{,}600) + 0.4\,U(0) = 0.6 \times 2\sqrt{1{,}600} + 0.4 \times 2\sqrt{0} = 48$$

3) 확실대등액 C_E

$$U(L) = 0.6\,U(1{,}600) + 0.4\,U(0) = 0.6 \times 2\sqrt{1{,}600} + 0.4 \times 2\sqrt{0} = 48$$

$U(L) = U(C_E)$에 따라서 확실대등액을 계산하면 $U(C_E) = 2\sqrt{C_E} = 48$, $C_E = 576$이 된다.

4) 최대보험료: $B - C_E = 1{,}600 - 576 = 1{,}024$

　보험 가입 후 기대되는 효용 $U(B)$과 보험 가입 전 기대되는 효용 $U(L)$의 차이
　　→ 금액으로 계량화 B　　　　　　→ 금액으로 계량화 C_E

5) 공정보험료: $B - E(L) = 1{,}600 - 960 = 640$

　보험 가입 후 기대되는 자산·소득과 보험 가입 전 기대되는 자산·소득의 차이
　　→ 금액으로 계량화 (B)　　　　　　→ 금액으로 계량화 $E(L)$

02 2016년 서울시 7급

어떤 소비자의 효용함수 $U = X^{0.5}$(X는 자산금액)이다. 이 소비자는 현재 6,400만 원에 거래되는 귀금속 한 점을 보유하고 있다. 이 귀금속을 도난당할 확률은 0.5인데, 보험에 가입할 경우에는 도난당한 귀금속을 현재 가격으로 전액 보상해준다고 한다. 보험에 가입하지 않은 상황에서 이 소비자의 기대효용과 이 소비자가 보험에 가입할 경우 낼 용의가 있는 최대 보험료는 각각 얼마인가?

	기대효용	최대보험료
①	40	2,800만 원
②	40	4,800만 원
③	60	2,800만 원
④	60	4,800만 원

출제이슈 최대보험료와 공정보험료
핵심해설 정답 ②

불확실성 하에서의 기대효용모형은 다음과 같다.

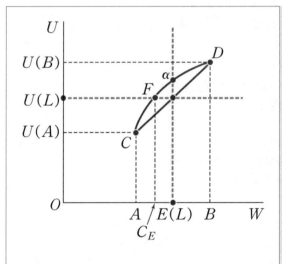

1) 기대효용함수

불확실한 상황 A, B 를 내포하는 조건부상품 L 에 대한 효용은 다음과 같이 폰노이만 – 모겐스턴 효용함수로 구할 수 있다.

A라는 특정상황(결과)에 대한 효용 $U(A)$과 B라는 특정상황(결과)에 대한 효용 $U(B)$을 가중평균한 함수로서 $U(L) = P\ U(A) + (1 - P)\ U(B)$가 된다.

2) 조건부상품의 기대값
$$E(L) = P \cdot A + (1 - P) \cdot B$$

3) 위험에 대한 태도
$\Rightarrow U(L)$과 $U[E(L)]$ 의 비교

보험료는 보험 가입 전 불확실한 상황(L)으로부터의 위험을 회피하기 위하여 지불하는 금액으로 이 경우 보험사를 통한 위험회피가 가능해진다.

보험 가입 이전에 자산의 상황이 A 혹은 B로서 불확실하였지만, 보험 가입 이후에는 자산의 상황이 확실하게 B로 확정이 된다. 따라서 보험 가입으로 인해서 기대소득이 증가하게 될 뿐만 아니라 기대효용도 증가하게 된다.

1) 보험 가입으로 인하여 보험 가입 전 효용 $U(L)$보다 더 큰 효용인 $U(B)$의 달성이 가능하다.
2) 보험 가입으로 인하여 보험 가입 전 기대소득 $E(L)$보다 더 큰 자산인 B의 달성이 가능하다.
따라서 보험 가입으로 인해서 증가하게 된 기대소득과 기대효용에 대한 대가를 지불해야 하는데 이것이 바로 보험료로 나타나는 것이다.

1) 최대보험료: $B - C_E$

　　보험 가입 후 기대되는 효용 $U(B)$과 보험 가입 전 기대되는 효용 $U(L)$의 차이
　　　→ 금액으로 계량화 B　　　　　　　→ 금액으로 계량화 C_E

2) 공정보험료: $B - E(L)$

　　보험 가입 후 기대되는 자산·소득과 보험 가입 전 기대되는 자산·소득의 차이
　　　→ 금액으로 계량화 (B)　　　　　→ 금액으로 계량화 $E(L)$

위의 산식에 따라서 설문의 자료를 이용하여 최대보험료와 공정보험료를 계산하면 다음과 같다.

1) 기대소득 $E(L)$
　　$E(L) = 0.5 \times 0 + 0.5 \times 6,400 = 3,200$

2) 기대효용 $U(L)$
　　$U(L) = 0.5\, U(0) + 0.5\, U(6,400) = 0.5\, \sqrt{0} + 0.5\, \sqrt{6,400} = 40$

3) 확실대등액 C_E
　　$U(L) = 0.5\, U(0) + 0.5\, U(6,400) = 0.5\, \sqrt{0} + 0.5\, \sqrt{6,400} = 40$
　　$U(L) = U(C_E)$에 따라서 확실대등액을 계산하면 $U(C_E) = \sqrt{C_E} = 40$, $C_E = 1,600$이 된다.

4) 최대보험료: $B - C_E = 6,400 - 1,600 = 4,800$

　　보험 가입 후 기대되는 효용 $U(B)$과 보험 가입 전 기대되는 효용 $U(L)$의 차이
　　　→ 금액으로 계량화 B　　　　　　　→ 금액으로 계량화 C_E

5) 공정보험료: $B - E(L) = 6,400 - 3,200 = 3,200$

　　보험 가입 후 기대되는 자산·소득과 보험 가입 전 기대되는 자산·소득의 차이
　　　→ 금액으로 계량화 (B)　　　　　→ 금액으로 계량화 $E(L)$

제 4 편

생산이론

조경국
경제학
워크북

미시편

2019 서7 2018 국9 2015 지7

1 생산함수

1) 등량곡선의 성질

① 생산자의 기술체계를 반영한다.

② 우하향한다.

③ 서로 다른 등량곡선은 교차하지 않는다.

④ 원점에서 멀리 떨어질수록 많은 생산량을 의미한다.

⑤ 원점에 대하여 볼록하다.

2) 등량곡선의 기울기 : $-\dfrac{\Delta K}{\Delta L}$

$$\Delta L \Leftrightarrow -\Delta K \quad \therefore \ \Delta L \cdot MP_L = -\Delta K \cdot MP_K$$

$$\therefore \ -\frac{\Delta K}{\Delta L} = \frac{MP_L}{MP_K} \quad \Rightarrow MRTS_{L,K}(\text{한계기술 대체율})$$

⇨ 노동 1단위의, 자본으로 표시한, 실물, 주관적 가격

3) 다양한 등량곡선

① CD 생산함수
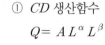

② 선형 생산함수
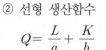

③ 레온티에프 생산함수

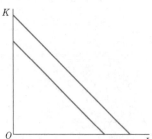
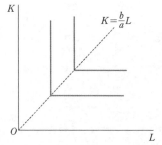

2 규모에 대한 수익

1) 의의

모든 생산요소의 투입을 일정한 비율로 변화시킬 때 그에 따른 생산량의 변화를 규모에 대한 수익이라고 한다.

2) 규모에 대한 수익 불변 (CRS)

① 의의: 모든 생산요소의 투입량을 j배 증가시킬 때 생산량도 j배 증가하는 경우

② 수리적 분석: $Q = f(L, K)$, $f(jL, jK) = jf(L, K)$

③ 기하적 분석: 등량곡선 간격이 일정

3) 규모에 대한 수익 체증 (IRS)

① 의의: 모든 생산요소의 투입을 j배 증가시켰을 때 생산량은 j배 초과 증가하는 경우

② 수리적 분석: $Q = f(L, K)$, $f(jL, jK) > j \cdot f(L, K)$

③ 기하적 분석: 등량곡선 간격이 좁아짐

4) 규모에 대한 수익 체감 (DRS)

① 의의: 모든 생산요소의 투입을 j배 증가시킬 때 생산량은 j배 미만 증가하는 경우

② 수리적 분석: $Q = f(L, K)$, $f(jL, jK) < j \cdot f(L, K)$

③ 기하적 분석: 등량곡선 간격이 넓어짐

3 동차함수와 규모에 대한 수익

1) 동차함수

$Q = f(L, K)$, $\quad j^{\alpha} f(L, K) = f(jL, jK)$ α차 동차 생산함수

2) 규모에 대한 수익

IRS: $f(jL, jK) > j \cdot f(L, K)$

CRS: $f(jL, jK) = j \cdot f(L, K)$

DRS: $f(jL, jK) < j \cdot f(L, K)$

3) 동차함수와 규모에 대한 수익 간 관계

① $\alpha > 1 \Rightarrow IRS$

② $\alpha = 1 \Rightarrow CRS$

③ $\alpha < 1 \Rightarrow DRS$

ISSUE 문제 📝

01 2018년 국가직 9급

생산함수 $Q = f(L, K)$에 대해 모든 생산요소를 h배 투입하였을때 $f(hL, hK) < hf(L, K)$의 관계가 성립한다. 이 생산함수에 대한 설명으로 옳은 것은? (단, L은 노동, K는 자본이다)

① 규모에 대한 수익 감소
② 규모에 대한 수익 불변
③ 규모에 대한 수익 증가
④ 한계생산 체감

출제이슈 규모에 대한 수익
핵심해설 정답 ①

규모에 대한 수익은 다음과 같다.

1) 의의
모든 생산요소의 투입을 일정한 비율로 변화시킬 때 그에 따른 생산량의 변화를 규모에 대한 수익이라고 한다.

2) 규모에 대한 수익 불변 (CRS)
① 의의: 모든 생산요소의 투입량을 j배 증가시킬 때 생산량도 j배 증가하는 경우
② 수리적 분석: $Q = f(L, K)$, $f(jL, jK) = jf(L, K)$

3) 규모에 대한 수익 체증 (IRS)
① 의의: 모든 생산요소의 투입을 j배 증가시켰을 때 생산량은 j배 초과 증가하는 경우
② 수리적 분석: $Q = f(L, K)$, $f(jL, jK) > j \cdot f(L, K)$

4) 규모에 대한 수익 체감 (DRS)
① 의의: 모든 생산요소의 투입을 j배 증가시킬 때 생산량은 j배 미만 증가하는 경우
② 수리적 분석: $Q = f(L, K)$, $f(jL, jK) < j \cdot f(L, K)$

설문에서 $f(hL, hK) < hf(L, K)$의 관계가 성립하므로 위의 산식에 의할 때, 당해 생산함수는 규모수익 체감의 성격을 가짐을 알 수 있다.

02 2015년 지방직 7급

A 기업의 생산함수는 $Y = \sqrt{K+L}$ 이다. 이 생산함수에 대한 설명으로 옳은 것은?

① 규모에 대한 수확불변을 나타낸다.
② 자본과 노동은 완전보완관계이다.
③ 이윤극대화를 위해 자본과 노동 중 하나만 사용해도 된다.
④ 등량곡선(iso-quant curve)은 원점에 대해 볼록하다.

출제이슈 규모에 대한 수익
핵심해설 정답 ③

설문을 검토하면 다음과 같다.

① 규모에 대한 수익 체감(DRS)은 모든 생산요소의 투입을 j배 증가시킬 때 생산량은 j배 미만 증가하는 경우로서 $Q = f(L, K), f(jL, jK) < j \cdot f(L, K)$를 의미한다.

따라서 설문에서 $\sqrt{jK+jL} = \sqrt{j}\sqrt{K+L} < j\sqrt{K+L}$ 이므로 규모수익 체감의 성질을 가진다.

②, ④ 생산함수 $Y = \sqrt{K+L}$ 는 양변을 제곱하면, 등량곡선이 우하향하는 직선 형태를 가지게 된다. 따라서 자본과 노동은 완전대체의 관계에 있다.

선형생산함수는 $Q = \dfrac{L}{a} + \dfrac{K}{b}$ 형태로서 우하향하는 직선의 등량곡선이다. 이 경우 한계대체율이 체감하지 않고 일정하며 요소간 완전대체가 가능하다.

③ 위에서 본 바와 같이 당해 생산함수의 요소는 완전대체가 가능하기 때문에, 두 요소 중 어느 하나만 사용해도 이윤극대화를 위한 생산이 가능하다. 다만, 어느 생산요소를 사용해야 하는지는 생산요소 간 상대가격과 대체비율을 고려하여 결정해야 한다. 이때는 예외적인 생산자균형으로서 1계 필요조건을 달성할 필요가 없게 된다.

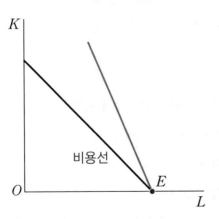

비용함수의 성격

2020 국9 | 2017 서7 | 2011 지7 | 2010 국7 | 2018 국9
2016 서7 | 2013 국9 | 2016 국7 | 2010 지7 | 2012 국7

1 비용과 기술체계

1) 생산과 기술체계

2) 생산과 비용의 쌍대성 (duality)

   ① $P = MC$　　② $w = P\,MP_L$　　③ $MC\,MP_L = w$

2 평균비용과 한계비용

1) 평균가변비용, 평균비용의 최저점을 한계비용곡선이 통과한다.

2) 평균가변비용의 최저점은 평균비용의 최저점보다 좌측에 위치한다.

3) 평균비용과 평균가변비용의 간격은 생산량이 커짐에 따라서 감소한다.

4) 평균비용이 증가하면, 한계비용은 평균비용보다 크다.

5) 평균비용이 최소가 되는 점보다 생산량을 증가시키는 경우 한계비용이 평균비용보다 높다.

6) 평균비용이 최소가 되는 점에서 한계비용곡선은 평균비용곡선을 아래에서 위로 교차한다.

7) 낮은 생산수준에서 평균비용의 감소추세는 주로 급격한 평균고정비용의 감소에 기인한다.

8) 평균비용이 나중에 상승하는 이유는 한계생산체감에 따라 평균가변비용의 증가에 기인한다.

9) 한계비용이 평균비용보다 낮을 때에는 평균비용곡선이 음의 기울기를 갖는다.

10) 평균비용곡선과 한계비용곡선이 서로 교차하는 점에서 평균비용은 최소이다.

3 고정비용과 매몰비용

1) 고정비용은 고정투입요소에 대한 비용(예: 공장부지, 기계 임차에 따른 비용)이다.

2) 고정비용은 회수 가능한 비용과 회수 불가능한 비용(매몰비용)으로 구성된다.

3) 회수 불가능한 매몰비용은 기회비용이 0이라는 것을 의미한다.

4) 따라서 기회비용이 0이므로 의사결정과정에서 고려해서는 안 된다.

5) 모든 고정비용이 매몰비용인 것은 아니다. 재판매가 가능한 생산시설에 소요된 비용의 경우, 고정비용으로서 일부는 회수 가능한 비용이 된다. 따라서 고정비용이면서 회수 불가능한 매몰비용인 경우도 있고 회수 가능한 비용인 경우도 있다.

4 손익분기점과 생산중단점

1) 손익분기점   ① 평균비용곡선의 최저점
　　　　　　　　 ② 이윤 $= 0$

2) 생산중단점   ① 평균가변비용곡선의 최저점
　　　　　　　　 ② 생산자잉여 $= 0$

ISSUE 문제 📝

01 | 2016년 서울시 7급 |

총비용함수가 $TC = 100 + 20Q$이다. 이때, TC는 총비용이고 A는 생산량이다. 다음 중 옳은 것을 모두 고르면?

> ㄱ. 생산량이 1일 때, 총고정비용은 120이다.
> ㄴ. 생산량이 2일 때, 총가변비용은 40이다.
> ㄷ. 생산량이 3일 때, 평균가변비용은 20이다.
> ㄹ. 생산량이 4일 때, 한계비용은 20이다.

① ㄱ   ② ㄴ, ㄷ
③ ㄴ, ㄹ   ④ ㄴ, ㄷ, ㄹ

출제이슈 비용의 분류와 개념
핵심해설 정답 ④

설문을 검토하면 다음과 같다.

ㄱ. 틀린 내용이다.
생산량에 관계없이 발생하는 총고정비용은 100이다. 고정비용은 고정투입요소에 대한 비용(예 : 공장부지, 기계 임차에 따른 비용)으로서 모든 고정비용이 매몰비용인 것은 아니다. 고정비용은 회수 가능한 비용과 회수 불가능한 비용(매몰비용)으로 구성된다. 재판매가 가능한 생산시설에 소요된 비용의 경우, 고정비용으로서 일부는 매몰비용으로 회수 불가능한 비용이지만, 일부는 회수 가능한 비용이다.

ㄴ. 옳은 내용이다.
총가변비용은 총비용 $TC = 100 + 20Q$에서 $20Q$을 의미한다. 따라서 생산량이 2일 때, 총가변비용은 40이 된다.

ㄷ. 옳은 내용이다.
평균가변비용은 총비용 $TC = 100 + 20Q$에서 20을 의미한다. 따라서 생산량 수준에 관계없이 평균가변비용은 항상 20이 된다.

참고로 평균비용 관련 산식은 다음과 같다.
평균고정비용 $AFC = TFC / Q$, 평균가변비용 $AVC = TVC / Q$, 평균비용 $AC = AFC + AVC$

ㄹ. 옳은 내용이다.
한계비용은 총비용 $TC = 100 + 20Q$에서 20을 의미한다. 따라서 생산량 수준에 관계없이 평균가변비용은 항상 20이 된다.

02 　2011년 지방직 7급

비용에 대한 설명으로 옳은 것은?

① 매몰비용은 경제적 의사결정을 하는 데 있어서 고려되어서는 안 된다.
② 공장부지나 재판매가 가능한 생산시설을 구입하는 데 지출된 비용은 고정비용이자 매몰비용이다.
③ 평균비용곡선이 U자 형태로 되어있을 때, 한계비용곡선은 평균비용곡선의 최저점을 통과할 수 없다.
④ 수입보다 비용이 커서 손실이 발생한 기업은 조업을 중단하여야 한다.

출제이슈 　매몰비용, 평균비용, 한계비용
핵심해설 　정답 ①

설문을 검토하면 다음과 같다.

① 옳은 내용이다.
매몰비용은 회수 불가능한 비용으로서 경제적 의사결정에 고려되어서는 안 된다.

② 틀린 내용이다.
매몰비용과 구별할 개념으로 고정비용이 있다. 고정비용은 고정투입요소에 대한 비용(예: 공장부지, 기계 임차에 따른 비용)으로서 회수 가능한 비용과 회수 불가능한 비용(매몰비용)으로 구성된다. 모든 고정비용이 매몰비용인 것은 아니다. 재판매가 가능한 생산시설에 소요된 비용의 경우, 고정비용으로서 일부는 매몰비용으로 회수 불가능한 비용이지만, 일부는 회수 가능한 비용이다.

③ 틀린 내용이다.
한계비용곡선은 평균비용곡선의 최저점을 통과한다.

평균비용과 한계비용의 관계에 대하여 다음을 반드시 숙지하고 있어야 한다.

1) 평균가변비용, 평균비용의 최저점을 한계비용곡선이 통과한다.
2) 평균가변비용의 최저점은 평균비용의 최저점보다 좌측에 위치한다.
3) 평균비용과 평균가변비용의 간격은 생산량이 커짐에 따라서 감소한다.
4) 평균비용이 증가하면, 한계비용은 평균비용보다 크다.
5) 평균비용이 최소가 되는 점보다 생산량을 증가시키는 경우 한계비용이 평균비용보다 높다.
6) 평균비용이 최소가 되는 점에서 한계비용곡선은 평균비용곡선을 아래에서 위로 교차한다.
7) 낮은 생산수준에서 평균비용의 감소추세는 주로 급격한 평균고정비용의 감소에 기인한다.
8) 평균비용이 나중에 상승하는 이유는 한계생산체감에 따라 평균가변비용의 증가에 기인한다.
9) 한계비용이 평균비용보다 낮을 때에는 평균비용곡선이 음의 기울기를 갖는다.
10) 평균비용곡선과 한계비용곡선이 서로 교차하는 점에서 평균비용은 최소이다.

④ 틀린 내용이다.
손실을 본다고 해서 반드시 조업을 중단하는 것은 아니다. 조업중단점 혹은 생산중단점은 평균가변비용곡선의 최저점이다.

03 2020년 국가직 9급

매몰비용(sunk cost)에 대한 설명으로 옳지 않은 것은?

① 일단 지출된 후에는 어떠한 방법으로도 회수가 불가능한 비용이다.
② 매몰비용의 기회비용은 0이다.
③ 일단 지출된 후에는 기업의 의사결정 과정에서 고려할 필요가 없는 비용이다.
④ 고정비용이면서 매몰비용인 경우는 없다.

출제이슈 매몰비용과 고정비용
핵심해설 정답 ④

매몰비용과 고정비용의 관계를 잘 알고 있어야 한다.

1) 고정비용은 고정투입요소에 대한 비용(예: 공장부지, 기계 임차에 따른 비용)이다.
2) 고정비용은 회수 가능한 비용과 회수 불가능한 비용(매몰비용)으로 구성된다.
3) 회수 불가능한 매몰비용은 기회비용이 0이라는 것을 의미한다.
4) 따라서 기회비용이 0이므로 의사결정과정에서 고려해서는 안된다.
5) 모든 고정비용이 매몰비용인 것은 아니다. 재판매가 가능한 생산시설에 소요된 비용의 경우, 고정비용으로서 일부는 회수 가능한 비용이 된다. 따라서 고정비용이면서 회수 불가능한 매몰비용인 경우도 있고 회수 가능한 비용인 경우도 있다.

따라서 고정비용이면서 매몰비용인 경우도 있고 아닌 경우도 있으므로 ④는 틀린 내용이 된다.

04 2016년 국가직 7급

U자 형태의 평균비용곡선과 한계비용곡선 간의 관계에 대한 설명으로 옳지 않은 것은?

① 한계비용이 평균비용보다 낮을 때에는 평균비용곡선이 음의 기울기를 갖게 된다.
② 평균비용곡선과 한계비용곡선이 서로 교차하는 점에서 평균비용은 최소가 된다.
③ 한계비용이 최소가 되는 점에서 평균비용곡선은 한계비용곡선을 아래에서 위로 교차하며 지나간다.
④ 평균비용이 최소가 되는 점보다 생산량을 증가시키는 경우에는 한계비용이 평균비용보다 높다.

출제이슈 평균비용과 한계비용의 관계
핵심해설 정답 ③

평균비용과 한계비용의 관계에 대하여 다음을 반드시 숙지하고 있어야 한다.

1) 평균가변비용, 평균비용의 최저점을 한계비용곡선이 통과한다.
2) 평균가변비용의 최저점은 평균비용의 최저점보다 좌측에 위치한다.
3) 평균비용과 평균가변비용의 간격은 생산량이 커짐에 따라서 감소한다.
4) 평균비용이 증가하면, 한계비용은 평균비용보다 크다.
5) 평균비용이 최소가 되는 점보다 생산량을 증가시키는 경우 한계비용이 평균비용보다 높다.
6) 평균비용이 최소가 되는 점에서 한계비용곡선은 평균비용곡선을 아래에서 위로 교차한다.
7) 낮은 생산수준에서 평균비용의 감소추세는 주로 급격한 평균고정비용의 감소에 기인한다.
8) 평균비용이 나중에 상승하는 이유는 한계생산체감에 따라 평균가변비용의 증가에 기인한다.
9) 한계비용이 평균비용보다 낮을 때에는 평균비용곡선이 음의 기울기를 갖는다.
10) 평균비용곡선과 한계비용곡선이 서로 교차하는 점에서 평균비용은 최소이다.

위의 내용을 토대로 하여 설문을 검토하면 다음과 같다.

① 옳은 내용이다.
한계비용이 평균비용보다 낮을 때에는 평균비용곡선이 감소하는 구간으로서 음의 기울기이다. 반대로 평균비용이 증가하면, 한계비용은 평균비용보다 크다.

② 옳은 내용이다.
평균가변비용, 평균비용의 최저점을 한계비용곡선이 통과한다. 따라서 평균비용곡선과 한계비용곡선이 교차하는 점에서는 평균비용이 최소이다.

③ 틀린 내용이다.
평균비용이 최소가 되는 점에서 한계비용곡선은 평균비용곡선을 아래에서 위로 교차하며 지나간다.

④ 옳은 내용이다.
평균비용곡선의 우측에서는 한계비용이 평균비용보다 높다.

05 2010년 국가직 7급

기업의 생산활동과 생산비용에 대한 설명으로 옳지 않은 것은?

① 평균비용이 증가할 때 한계비용은 평균비용보다 작다.
② 단기에 기업의 총비용은 총고정비용과 총가변비용으로 구분된다.
③ 낮은 생산수준에서 평균비용의 감소추세는 주로 급격한 평균고정비용의 감소에 기인한다.
④ 완전경쟁기업의 경우, 단기에 평균가변비용이 최저가 되는 생산량이 생산중단점이 된다.

출제이슈 평균비용과 한계비용의 관계
핵심해설 정답 ①

평균비용과 한계비용의 관계에 대하여 다음을 반드시 숙지하고 있어야 한다.

1) 평균가변비용, 평균비용의 최저점을 한계비용곡선이 통과한다.
2) 평균가변비용의 최저점은 평균비용의 최저점보다 좌측에 위치한다.
3) 평균비용과 평균가변비용의 간격은 생산량이 커짐에 따라서 감소한다.
4) 평균비용이 증가하면, 한계비용은 평균비용보다 크다.
5) 평균비용이 최소가 되는 점보다 생산량을 증가시키는 경우 한계비용이 평균비용보다 높다.
6) 평균비용이 최소가 되는 점에서 한계비용곡선은 평균비용곡선을 아래에서 위로 교차한다.
7) 낮은 생산수준에서 평균비용의 감소추세는 주로 급격한 평균고정비용의 감소에 기인한다.
8) 평균비용이 나중에 상승하는 이유는 한계생산체감에 따라 평균가변비용의 증가에 기인한다.
9) 한계비용이 평균비용보다 낮을 때에는 평균비용곡선이 음의 기울기를 갖는다.
10) 평균비용곡선과 한계비용곡선이 서로 교차하는 점에서 평균비용은 최소이다.

위의 내용을 토대로 하여 설문을 검토하면 다음과 같다.

① 틀린 내용이다.
평균비용이 증가할 때 한계비용은 평균비용보다 크다.

② 옳은 내용이다.
단기에 기업의 총비용은 총고정비용과 총가변비용으로 구분된다. 이는 생산량의 변동에 따라서 변동하는 가변비용과 변동하지 않는 고정비용으로의 구분이다. 왜냐하면 단기는 고정투입요소가 존재하기 때문에 고정투입요소에 대한 고정비용이 역시 존재한다.

③ 옳은 내용이다.
낮은 생산수준에서 평균비용의 감소추세는 주로 급격한 평균고정비용의 감소에 기인한다. 평균비용은 평균고정비용과 평균가변비용의 합으로 구성되며 낮은 생산수준에서는 평균비용이 감소하고 높은 생산수준에서는 평균비용이 증가한다. 특히 낮은 생산수준에서 감소하는 것은 평균고정비용의 감소에 기인한다. 총고정비용이 일정하기 때문에 평균고정비용은 생산량 증가에 따라서 계속 감소하며 평균고정비용곡선의 기울기를 고려하면, 낮은 생산수준에서 급격히 감소하게 된다.

④ 옳은 내용이다.
완전경쟁기업의 경우, 단기에 평균가변비용이 최저가 되는 생산량이 생산중단점이 된다. 단, 고정비용이 모두 회수 가능한 비용일 경우에는 평균비용의 최저가 되는 생산량이 생산중단점이 됨에 유의해야 한다.

06 | 2017년 서울시 7급

비용에 대한 설명으로 가장 옳은 것은?

① 조업을 중단하더라도 남아 있는 계약 기간 동안 지불해야 하는 임대료는 고정비용이지만 매몰비용은 아니다.
② 평균총비용곡선이 U자 모양일 때. 한계비용은 평균총비용의 최저점을 통과하지 않는다.
③ 한계수확체감 현상이 발생하고 있는 경우, 생산량이 증가함에 따라 한계비용은 감소한다.
④ 가변비용과 고정비용이 발생하고 있고 평균총비용곡선과 평균가변비용곡선이 모두 U자 모양일 때, 평균가변비용의 최저점은 평균총비용의 최저점보다 더 낮은 생산량 수준에서 발생한다.

출제이슈 고정비용의 성격 및 평균비용과 한계비용의 관계
핵심해설 정답 ④

설문을 검토하면 다음과 같다.

① 고정비용과 매몰비용의 개념을 잘 숙지하는 것이 중요하다.
매몰비용은 회수 불가능한 비용으로서 의사결정에 고려되어서는 안된다. 구별할 개념으로 고정비용이 있다. 고정비용은 고정투입요소에 대한 비용(예: 공장부지, 기계 임차에 따른 비용)으로서 회수 가능한 비용과 회수 불가능한 비용(매몰비용)으로 구성된다. 모든 고정비용이 매몰비용인 것은 아니다. 재판매가 가능한 생산시설에 소요된 비용의 경우, 고정비용으로서 일부는 매몰비용으로 회수 불가능한 비용이지만, 일부는 회수 가능한 비용이다. 설문에서 조업을 중단하더라도 남아 있는 계약 기간 동안 지불해야 하는 임대료는 고정비용임과 동시에 매몰비용에 해당한다. 따라서 틀린 지문이다.

②,④ 평균비용과 한계비용의 관계에 대하여 다음을 반드시 숙지하고 있어야 한다.

1) 평균가변비용, 평균비용의 최저점을 한계비용곡선이 통과한다.
2) 평균가변비용의 최저점은 평균비용의 최저점보다 좌측에 위치한다.
3) 평균비용과 평균가변비용의 간격은 생산량이 커짐에 따라서 감소한다.
4) 평균비용이 증가하면, 한계비용은 평균비용보다 크다.
5) 평균비용이 최소가 되는 점보다 생산량을 증가시키는 경우 한계비용이 평균비용보다 높다.
6) 평균비용이 최소가 되는 점에서 한계비용곡선은 평균비용곡선을 아래에서 위로 교차한다.
7) 낮은 생산수준에서 평균비용의 감소추세는 주로 급격한 평균고정비용의 감소에 기인한다.
8) 평균비용이 나중에 상승하는 이유는 한계생산체감에 따라 평균가변비용의 증가에 기인한다.
9) 한계비용이 평균비용보다 낮을 때에는 평균비용곡선이 음의 기울기를 갖는다.
10) 평균비용곡선과 한계비용곡선이 서로 교차하는 점에서 평균비용은 최소이다.

위의 내용을 토대로 하여 ②,④를 검토하면 평균비용곡선이 U자형일 때, 한계비용은 평균총비용의 최저점을 통과하며 가변비용과 고정비용이 발생하고 있고 평균총비용곡선과 평균가변비용곡선이 모두 U자 모양일 때, 평균가변비용의 최저점은 평균총비용의 최저점보다 더 낮은 생산량 수준에서 발생한다. 따라서 ②는 틀린 내용이 되며, ④는 옳은 내용이 된다.

③ 생산과 비용의 쌍대성 관계를 이해하는 것이 중요하다. 이를 위해서 생산물시장과 생산요소시장에서 활동하는 기업의 이윤극대화 조건을 이용하면 다음과 같다.

1) $P = MC$ 2) $w = PMP_L$ 3) $MC \, MP_L = w$

따라서 한계비용과 한계생산은 역의 관계에 있으며, 한계생산이 체감하고 있는 경우 생산량 증가에 따라서 한계비용이 증가하고 있음을 의미한다. 따라서 ③은 틀린 내용이다.

07 　2013년 국가직 9급

㉠ ~ ㉢에 들어갈 내용으로 옳은 것은?

> 단기에 기업의 평균총비용곡선은 생산량 증가에 따라 평균총비용이 처음에는 하락하다가 나중에 상승하는 U자의 형태를 갖는다. 평균총비용이 처음에 하락하는 이유는 생산량이 증가함에 따라 (㉠)이 하락하기 때문이다. 평균총비용이 나중에 상승하는 이유는 (㉡)의 법칙에 따라 (㉢)이 증가하기 때문이다.

	㉠	㉡	㉢
①	평균고정비용	한계생산 체감	평균가변비용
②	평균고정비용	규모수익 체감	평균가변비용
③	평균가변비용	한계생산 체감	평균고정비용
④	평균가변비용	규모수익 체감	평균고정비용

출제이슈 평균비용의 성격
핵심해설 정답 ①

설문의 내용을 검토하면 다음과 같다.

평균비용은 평균고정비용과 평균가변비용의 합으로 이루어진다. 평균고정비용은 생산량 증가에 따라서 감소하며 우하향하는 형태로 나타난다. 이는 일정한 고정비용의 성격에 기인하는 것이다. 평균가변비용은 생산량 증가에 따라서 감소하다가 최저점 이후에는 상승하는 형태로 나타난다. 이는 한계생산이 생산량 증가에 따라서 증가하다가 최고점 이후에 하락하는 것에 기인한다.

평균비용은 평균고정비용과 평균가변비용의 합으로 구성되며 낮은 생산수준에서는 평균비용이 감소하고 높은 생산수준에서는 평균비용이 증가한다.

특히 낮은 생산수준에서 평균비용이 감소하는 것은 평균고정비용의 감소에 기인한다. 총고정비용이 일정하기 때문에 평균고정비용은 생산량 증가에 따라서 계속 감소하며 평균고정비용곡선의 기울기를 고려하면, 낮은 생산수준에서 급격히 감소하게 된다. (㉠)

한편, 높은 생산수준에서 평균비용이 증가하는 것은 평균가변비용의 증가에 기인한다. 한계생산이 생산량 증가에 따라서 증가하다가 최고점 이후에 하락하기 때문에 한계비용이 상승한다. 이를 위해서는 생산과 비용의 쌍대성 관계를 이해하는 것이 중요하다. 생산물시장과 생산요소시장에서 활동하는 기업의 이윤극대화 조건을 이용하면 다음과 같다.
1) $P = MC$　　2) $w = P MP_L$　　3) $MC \ MP_L = w$

따라서 한계비용과 한계생산은 역의 관계에 있으며, 한계생산이 체감(㉡)하고 있는 경우 생산량 증가에 따라서 한계비용이 증가하고 있음을 의미한다. 한계비용의 상승에 따라서 평균가변비용 및 평균비용도 상승한다. (㉢)

08 2018년 국가직 9급

어느 기업의 총비용함수가 $TC(Q) = 20Q^2 - 15Q + 4500$일 때, 평균비용을 최소화하는 생산량은? (단, Q는 생산량이다)

① 10   ② 15
③ 20   ④ 25

출제이슈 평균비용
핵심해설 정답 ②

설문에서 총비용함수가 $TC(Q) = 20Q^2 - 15Q + 4500$이므로 평균비용은 $AC(Q) = 20Q - 15 + \dfrac{4500}{Q}$가 된다.

따라서 평균비용을 최소화하기 위해서는 $\dfrac{dAC(Q)}{dQ} = 0$을 충족해야 한다.

이를 풀면, $20 - \dfrac{4500}{Q^2} = 0$이므로 $Q = 15$가 된다.

2016 국7   2014 국9

1 의의 : 주어진 비용 제약 하에서 생산량을 극대화한 상태(생산자균형)

2 수리적 분석

$$\underset{L,K}{Max} \ Q = Q(L,K)$$
$$s.t. \ wL + rK = C$$

3 기하적 분석

비용선과 등량곡선이 접하는 $E_0(L_0, K_0)$에서 생산자균형 달성

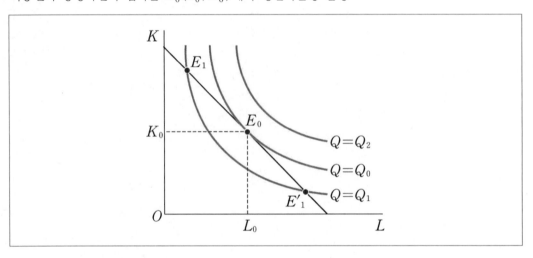

4 수리적 분석과 기하적 분석의 동시 활용

1) 등량곡선의 기울기 = 비용선의 기울기

⇨ 한계기술대체율$(\dfrac{MP_L}{MP_K})$ = 요소상대가격 $\dfrac{w}{r}$ —————— ①

2) 균형은 비용선상에서 달성

⇨ $wL + rK = C$ ————————————— ②

5 예외적인 생산자 균형(1계 필요조건 달성 X)

1) 등량곡선이 직선인 경우 : 완전대체요소에서의 선택

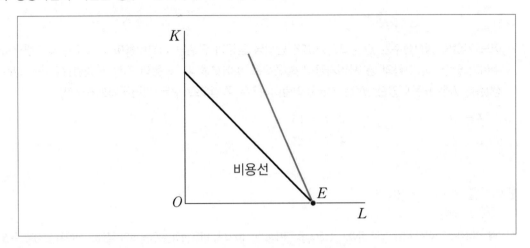

2) 등량곡선이 L자형인 경우 : 완전보완요소에서의 선택 ⎣ 2018 국7 ⎦

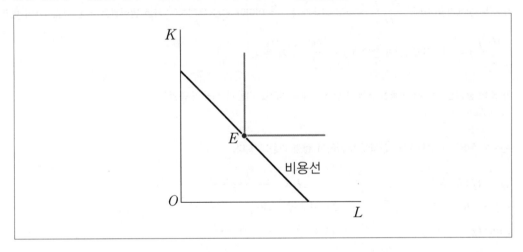

제4편

ISSUE 문제 📝

01 2016년 국가직 7급

어느 기업의 생산함수는 $Q = 2LK$이다. 단위당 임금과 단위당 자본비용이 각각 2원 및 3원으로 주어져 있다. 이 기업의 총 사업자금이 60원으로 주어졌을 때, 노동의 최적 투입량은? (단, Q는 생산량, L은 노동투입량, K는 자본투입량이며, 두 투입요소 모두 가변투입요소이다)

① $L = 10$ ② $L = 15$

③ $L = 20$ ④ $L = 25$

출제이슈 생산자 최적선택
핵심해설 정답 ②

생산량 극대화는 주어진 비용 제약 하에서 생산량을 극대화한 상태로서 비용선과 등량곡선이 접하는 점에서 달성될 수 있다.

1) 이는 한계기술대체율($\frac{MP_L}{MP_K}$) = 요소상대가격 $\frac{w}{r}$ 이어야 함을 의미하며 이를 변형하면 노동 구입 1원의 한계생산

($\frac{MP_L}{w}$) = 자본 구입 1원의 한계생산 ($\frac{MP_K}{r}$) 가 된다.

2) 또한 균형은 반드시 비용선 상에서 달성되어야 하므로 다음의 식을 만족한다.
$$wL + rK = C$$

설문에 주어진 자료를 위의 산식에 대입하여 풀면 다음과 같다.

$$Q = Q(L, K) \qquad\qquad Q = 2LK \text{————} ①$$
$$wL + rK = C \qquad\qquad 2L + 3K = 60 \text{————} ②$$
$$Max\ Q \qquad\qquad\qquad Max\ Q \text{————————} ③$$

$$\frac{MP_L}{MP_K} = \frac{w}{r} \qquad\qquad \frac{2K}{2L} = \frac{2}{3}$$

$$wL + rK = C \qquad\qquad 2L + 3K = 60$$

위의 식을 풀면 $L = 15$, $K = 10$이 된다.

02 2018년 국가직 7급

기업 A의 생산함수는 $Q = \min(2L, K)$이다. 고정비용이 0원이고 노동과 자본의 단위당 가격이 각각 2원과 1원이라고 할 때, 기업 A가 100단위의 상품을 생산하기 위한 총비용은? (단, L은 노동투입량, K는 자본투입량이다)

① 100원   ② 200원

③ 250원   ④ 500원

출제이슈 생산자 최적선택

핵심해설 정답 ②

한계기술대체율$(\dfrac{MP_L}{MP_K})$ = 요소상대가격 $\dfrac{w}{r}$ 이어야 하는데 예외적인 생산자 균형에서는 1계 필요조건이 불필요하다. 그러한 경우는 다음과 같다.

1) 등량곡선이 직선인 경우 : 완전대체

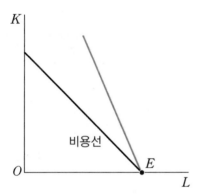

2) 무차별곡선이 L자형인 경우 : 완전보완

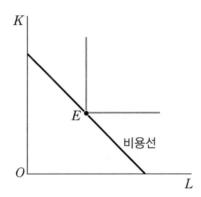

여기에서 한계기술대체율$(\dfrac{MP_L}{MP_K})$ = 요소상대가격 $\dfrac{w}{r}$ 이 충족되지 않는 이유는 등량곡선이 ㄴ자형태로서 꺾이는 지점에서는 수학적으로 한계기술대체율이 정의되지 않기 때문이다. 이러한 경우에 생산이 극대화되는 생산점은 기하적으로 항상 등량곡선이 꺾이는 점이 되며, 그 생산점은 반드시 비용선 위에 존재하여야 한다. 따라서 등량곡선이 꺾이는 점의 궤적과 비용선의 교점이 생산자 최적선택이 된다.

설문에서 $2L = K$와 비용선 $C = 2L + K$이 만나는 점에서 생산량 극대화가 이루어지며, 설문에서 이 경우 기업이 100단위를 생산하고 있기 때문에 이를 대입하여 풀면, 노동투입량은 50, 자본투입량은 100이 된다. 따라서 이때 총비용은 200이 된다.

참고로 이를 수식으로 표현하면 다음과 같다.

$$C = wL + rK \qquad\qquad C = 2L + K \ \text{————} \ ①$$

$$Q(L, K) = Q_0 \qquad\qquad Min\{2L, K\} = 100 \ \text{——} \ ②$$

$$Min \ C \qquad\qquad\qquad Min \ C \ \text{————————} \ ③$$

$$\frac{MP_L}{MP_K} = \frac{w}{r} \qquad\qquad C = 2L + K$$

$$\qquad\qquad\qquad\qquad\qquad K = 2L$$

$$Q(L, K) = Q_0 \qquad\qquad L = 50, \ K = 100$$

따라서 총비용은 200이 된다.

규모의 경제와 범위의 경제

1 **규모의 경제와 규모의 비경제** 2017 국7 · 2017 지7 · 2015 국7

1) 규모의 경제: 생산량이 증가함에 따라 장기 평균 비용이 하락하는 현상

2) 규모의 비경제: 생산량이 증가함에 따라 장기 평균 비용이 상승하는 현상

3) 구별: 장기평균비용곡선 최하점 기준, 좌측은 규모의 경제, 우측은 규모의 비경제

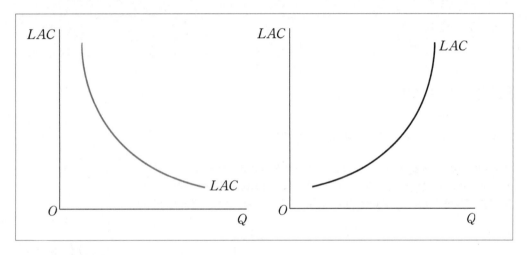

4) 규모 수익 체증과 규모의 경제 (요소가격 일정 시)

① 규모 수익 체증 → 규모의 경제: 성립

② 규모 수익 체증 ← 규모의 경제: 불성립

③ 규모 수익 체증 ↔ 규모의 경제: 생산함수가 동차함수인 경우 둘은 일치

2 **범위의 경제** 2017 국7 · 2015 국7 · 2012 지7

1) 의의

한 기업이 여러 가지 상품을 동시에 생산하는 체제가 각각의 기업이 하나의 상품만 별도로 생산하는 체제보다 생산비용이 저렴한 경우를 의미

2) 수리적 분석

- $C(X, Y) < \ C_X(X) + C_Y(Y)$, $C(X, Y)$: X, Y 동시 생산 시 비용
- $C_X(X)$: X만 생산 시 비용
- $C_Y(Y)$: Y만 생산 시 비용

ISSUE 문제 📝

01 2017년 국가직 7급

A기업의 장기 총비용곡선은 $TC(Q) = 40Q - 10Q^2 + Q^3$ 이다. 규모의 경제와 규모의 비경제가 구분되는 생산규모는?

① $Q = 5$

② $Q = \dfrac{20}{3}$

③ $Q = 10$

④ $Q = \dfrac{40}{3}$

출제이슈 규모의 경제
핵심해설 정답 ①

규모의 경제와 규모의 비경제는 다음과 같이 구분된다.

1) **규모의 경제**: 생산량이 증가함에 따라 장기 평균 비용이 하락하는 현상
2) **규모의 비경제**: 생산량이 증가함에 따라 장기 평균 비용이 상승하는 현상
3) **구별**: 장기평균비용곡선 최하점 기준, 좌측은 규모의 경제, 우측은 규모의 비경제

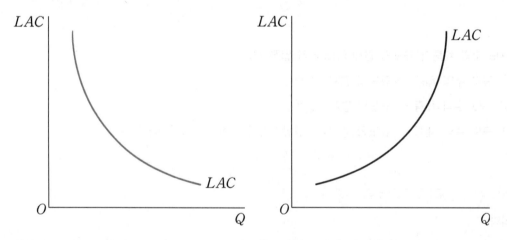

설문에서 $TC(Q) = 40Q - 10Q^2 + Q^3$ 이므로 $AC(Q) = 40 - 10Q + Q^2$ 가 된다. 따라서 AC의 최저는 $Q = 5$일 때 달성되며 그때, 규모의 경제와 규모의 비경제가 구분된다.

02 2012년 지방직 7급

생산함수가 $Q(L, K) = \sqrt{LK}$ 이고 단기적으로 K가 1로 고정된 기업이 있다. 단위당 임금과 단위당 자본비용이 각각 1원 및 9원으로 주어져 있다. 단기적으로 이 기업에서 규모의 경제가 나타나는 생산량 Q의 범위는? (단, Q는 생산량, L은 노동투입량, K는 자본투입량이다)

① $0 \leq Q \leq 3$

② $3 \leq Q \leq 4.5$

③ $4.5 \leq Q \leq 6$

④ $3 \leq Q \leq 6$

출제이슈 ▷ 규모의 경제
핵심해설 ▷ 정답 ①

규모의 경제와 규모의 비경제는 다음과 같이 구분된다.

1) 규모의 경제 : 생산량이 증가함에 따라 장기 평균 비용이 하락하는 현상
2) 규모의 비경제 : 생산량이 증가함에 따라 장기 평균 비용이 상승하는 현상
3) 구별 : 장기평균비용곡선 최하점 기준, 좌측은 규모의 경제, 우측은 규모의 비경제

설문에서 먼저 비용함수를 구하면 다음과 같다.

생산함수가 $Q(L, K) = \sqrt{LK}$ 이고 단기적으로 K가 1로 고정되어 있으므로 $Q = \sqrt{L}$ 이 된다. 이를 변형하면, $Q^2 = L$ 이 된다.

이때, 단위당 임금과 단위당 자본비용이 각각 1원 및 9원으로 주어져 있으므로 비용은 다음과 같다.

$C = wL + rK = Q^2 + 9$가 되므로 평균비용 $AC = Q + \dfrac{9}{Q}$ 가 된다.

따라서 설문에서처럼 단기적으로 이 기업에서 규모의 경제가 나타나는 생산량 Q의 범위는 평균비용의 최저를 기준으로 구할 수 있다. 평균비용의 최저는 $\dfrac{dAC}{dQ} = 0$에서 달성되며, $1 - \dfrac{9}{Q^2} = 0$이 되어 그 때의 $Q = 3$이 된다. 따라서 규모의 경제는 생산량이 0과 3 사이에서 나타난다.

03 2017년 국가직 7급

'한 기업이 여러 제품을 함께 생산하는 경우가 각 제품을 별도의 개별기업이 생산하는 경우보다 생산비용이 더 적게 드는 경우'를 설명하는 것은?

① 범위의 경제
② 규모에 대한 수확체증
③ 규모의 경제
④ 비경합적 재화

출제이슈 범위의 경제
핵심해설 정답 ①

범위의 경제란 한 기업이 여러 가지 상품을 동시에 생산하는 체제가 각각의 기업이 하나의 상품만 별도로 생산하는 체제보다 생산비용이 저렴한 경우를 의미한다.

범위의 경제가 성립할 경우 $C(X, Y) < C_X(X) + C_Y(Y)$이 성립한다.

- $C(X, Y)$: X, Y 동시생산 시 비용
- $C_X(X)$: X만 생산 시 비용
- $C_Y(Y)$: Y만 생산 시 비용

04 2012년 지방직 7급

한 기업이 여러 상품을 동시에 생산함으로써 비용상의 이점이 생기는 경우를 잘 나타내는 경제개념은?

① 규모의 경제(economies of scale)
② 범위의 경제(economies of scope)
③ 규모의 비경제(diseconomies of scale)
④ 범위의 비경제(diseconomies of scope)

출제이슈 범위의 경제
핵심해설 정답 ②

범위의 경제란 한 기업이 여러 가지 상품을 동시에 생산하는 체제가 각각의 기업이 하나의 상품만 별도로 생산하는 체제보다 생산비용이 저렴한 경우를 의미한다.

범위의 경제가 성립할 경우 $C(X, Y) < C_X(X) + C_Y(Y)$이 성립한다.

- $C(X, Y)$: X, Y 동시생산 시 비용
- $C_X(X)$: X만 생산 시 비용
- $C_Y(Y)$: Y만 생산 시 비용

05 [2015년 국가직 7급]

생산비용에 대한 설명으로 옳은 것만을 모두 고른 것은?

> ㄱ. 총비용함수가 $TC = 100 + \sqrt{Q}$ 인 경우 규모의 경제가 존재한다. (단, Q는 생산량이다)
> ㄴ. 한 기업이 두 재화 X, Y를 생산할 경우의 비용이 $C(X, Y) = 10 + 2X + 3Y - XY$이고, 두 기업이 X, Y를 독립적으로 하나씩 생산할 경우의 비용이 각각 $C(X) = 5 + 2X$, $C(Y) = 5 + 3Y$인 경우 범위의 경제가 존재한다.
> ㄷ. 매몰비용과 관련된 기회비용은 0이다.

① ㄱ, ㄴ   ② ㄱ, ㄷ
③ ㄴ, ㄷ   ④ ㄱ, ㄴ, ㄷ

출제이슈 규모의 경제와 범위의 경제
핵심해설 정답 ④

규모의 경제와 규모의 비경제는 다음과 같이 구분된다.

1) **규모의 경제**: 생산량이 증가함에 따라 장기 평균 비용이 하락하는 현상
2) **규모의 비경제**: 생산량이 증가함에 따라 장기 평균 비용이 상승하는 현상
3) **구별**: 장기평균비용곡선 최하점 기준, 좌측은 규모의 경제, 우측은 규모의 비경제

따라서 지문 ㄱ에서 $TC(Q) = 100 + \sqrt{Q}$ 이므로 $AC(Q) = \dfrac{100}{Q} + \dfrac{1}{\sqrt{Q}}$ 이 된다. 이때

$\dfrac{dAC}{dQ} = -\dfrac{100}{Q^2} - \dfrac{0.5}{Q^{1.5}}$ 가 되어 항상 음수가 된다. 따라서 규모의 경제가 항상 나타난다.

범위의 경제란 한 기업이 여러 가지 상품을 동시에 생산하는 체제가 각각의 기업이 하나의 상품만 별도로 생산하는 체제보다 생산비용이 저렴한 경우를 의미한다. 범위의 경제가 성립할 경우 $C(X, Y) < C_X(X) + C_Y(Y)$이 성립한다.
• $C(X, Y)$: X, Y 동시생산 시 비용
• $C_X(X)$: X만 생산 시 비용
• $C_Y(Y)$: Y만 생산 시 비용

따라서 지문 ㄴ에서 한 기업이 두 재화 X, Y를 생산할 경우의 비용이 $C(X, Y) = 10 + 2X + 3Y - XY$이고, 두 기업이 X, Y를 독립적으로 하나씩 생산할 경우의 비용이 각각 $C(X) = 5 + 2X$, $C(Y) = 5 + 3Y$이기 때문에 $C(X, Y) < C_X(X) + C_Y(Y)$이 성립한다. 따라서 범위의 경제가 존재한다.
• $C(X, Y)$: X, Y 동시생산 시 비용
• $C_X(X)$: X만 생산 시 비용
• $C_Y(Y)$: Y만 생산 시 비용

지문 ㄷ에서 매몰비용은 회수할 수 없는 비용으로서 경제적 의사결정에서 고려되어서는 안되며 기회비용이 0이 된다. 한편, 구별할 개념으로 고정비용은 고정투입요소에 대한 비용(예: 공장부지, 기계 임차에 따른 비용)으로 회수 가능한 비용과 회수 불가능한 비용(매몰비용)으로 구성된다. 모든 고정비용이 매몰비용인 것은 아니다. 재판매가 가능한 생산시설에 소요된 비용의 경우, 고정비용으로서 일부는 매몰비용으로 회수 불가능한 비용이지만, 일부는 회수 가능한 비용이다.

대체탄력성

2017 국7

1 도입

요소가격이 변화할 때 그에 따라서 최적의 노동투입량과 자본투입량이 얼마나 민감하게 반응하는지 나타내는 척도

2 개념

요소상대가격이 1% 변화할 때 자본노동비율(요소집약도)이 몇 퍼센트 변화하는지 나타낸다.

$$\text{대체탄력성 } \sigma = \frac{\text{요소집약도의 변화율}}{\text{요소상대가격의 변화율}} = \frac{d(\frac{K}{L})/(\frac{K}{L})}{d(\frac{w}{r})/(\frac{w}{r})}$$

3 요소가격의 변화와 대체의 정도

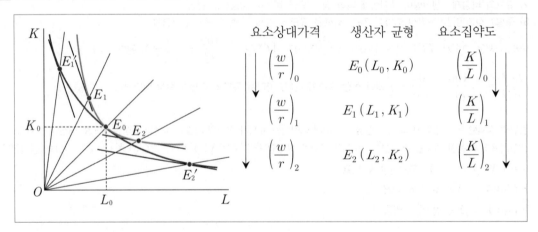

1) L자에 가까운 등량곡선의 경우

   요소상대가격 변화 시 요소집약도의 변화가 작고 노동 − 자본간 대체가 어렵다.

2) 선형에 가까운 등량곡선의 경우

   요소상대가격 변화 시 요소집약도의 변화가 크고 노동 − 자본간 대체가 쉽다.

ISSUE 문제 📝

01 2017년 하 국가직 7급

생산함수가 $Q = L^2 K^2$으로 주어져 있다. 이 생산함수에 대한 설명으로 옳은 것만을 모두 고른 것은? (단, Q는 생산량, L은 노동량, K는 자본량이다)

ㄱ. 2차 동차함수이다.
ㄴ. 규모에 따른 수확체증이 있다.
ㄷ. 주어진 생산량을 최소비용으로 생산하는 균형점에서 생산요소 간 대체탄력성은 1이다.

① ㄱ
② ㄴ
③ ㄱ, ㄷ
④ ㄴ, ㄷ

출제이슈 동차함수, 규모수익, 대체탄력성
핵심해설 정답 ④

먼저 지문 ㄱ, ㄴ을 검토하면 다음과 같다.
주어진 생산함수는 4차 동차생산함수로서 규모에 대하여 수익체증의 성격을 가진다.
동차함수와 규모수익 간의 관계는 다음과 같다.

1) 동차함수

$$Q = f(L, K), \quad j^{\alpha} f(L, K) = f(jL, jK) \ \alpha \text{차 동차 생산함수}$$

2) 규모에 대한 수익

$$IRS: f(jL, jK) > j \cdot f(L, K)$$
$$CRS: f(jL, jK) = j \cdot f(L, K)$$
$$DRS: f(jL, jK) < j \cdot f(L, K)$$

3) 동차함수와 규모에 대한 수익 간 관계

① $\alpha > 1 \rightarrow IRS$
② $\alpha = 1 \rightarrow CRS$
③ $\alpha < 1 \rightarrow DRS$

지문 ㄷ을 검토하면 다음과 같다.

대체탄력성이란 요소가격이 변화할 때 그에 따라서 최적의 노동투입량과 자본투입량이 얼마나 민감하게 반응하는지 나타내는 척도로서 요소상대가격이 1% 변화할 때 자본노동비율(요소집약도)이 몇 퍼센트 변화하는지 나타낸다.

$$\text{대체탄력성 } \sigma = \frac{\text{요소집약도의 변화율}}{\text{요소상대가격의 변화율}} = \frac{d(\frac{K}{L}) / (\frac{K}{L})}{d(\frac{w}{r}) / (\frac{w}{r})}$$

지문 ㄷ에서 주어진 생산량을 최소비용으로 생산하는 균형점에서는 $\frac{MP_L}{MP_K} = \frac{w}{r}$가 성립하고 $\frac{MP_L}{MP_K} = \frac{K}{L}$가 된다.

결국 $\frac{K}{L} = \frac{w}{r}$가 되므로 생산요소 간 대체탄력성은 1이다.

1 이윤의 의의

1) 이윤 = 수입 − 비용

2) 상품을 팔고 얻은 총수입(TR)에서 상품을 만드는데 투입된 총비용(TC)을 뺀 것이다.

2 이윤의 종류 [2015 서7]

1) 회계적 이윤 = 총수입 − 회계적 비용 = 총수입 − 명시적 비용

2) 경제적 이윤 = 총수입 − 경제적 비용 = 총수입 − (명시적 비용 + 암묵적 비용)

3 이윤극대화

1) 의의

주어진 시장제약 및 기술제약 하에서 이윤을 극대화한 상태를 말한다.

2) 수리적 분석 [2011 국7]

$$Max\ \pi = P \cdot Q - C(Q)$$
$$s.t.\ P = \overline{P}$$

$$\frac{d\pi}{dQ} = \overline{P} - C'(Q) = 0$$

$$\therefore\ \overline{P} = C'(Q)$$
$$MR = MC$$

3) 2계 조건의 경우, 한계비용곡선이 한계수입곡선을 아래에서부터 위로 통과하면서 교차할 때 달성된다. [2013 지7]

<참고> 생산이 incrementally 이루어지는 경우의 이윤극대화는 주의해야 한다. [2010 지7]

ISSUE 문제 📝

01 2015년 서울시 7급

전직 프로골퍼인 어떤 농부가 있다. 이 농부는 골프 레슨으로 시간당 3만 원을 벌 수 있다. 어느 날 이 농부가 15만 원 어치 씨앗을 사서 10시간 파종하였는데 그 결과 30만 원의 수확을 올렸다면, 이 농부의 회계학적 이윤(또는 손실)과 경제적 이윤(또는 손실)은 각각 얼마인가?

① 회계학적 이윤 30만 원, 경제적 이윤 30만 원
② 회계학적 이윤 15만 원, 경제적 손실 15만 원
③ 회계학적 손실 15만 원, 경제적 손실 15만 원
④ 회계학적 손실 15만 원, 경제적 이윤 15만 원

출제이슈 회계적 이윤과 경제적 이윤
핵심해설 정답 ②

이윤은 상품을 팔고 얻은 총수입(TR)에서 상품을 만드는데 투입된 총비용(TC)을 뺀 것으로서, 회계적 이윤과 경제적 이윤이 있다.

1) 회계적 이윤 = 총수입 − 회계적 비용 = 총수입 − 명시적 비용
2) 경제적 이윤 = 총수입 − 경제적 비용 = 총수입 − (명시적 비용 + 암묵적 비용)

경제적 이윤을 구하기 위해서는 경제적 비용, 즉 명시적 비용과 암묵적 비용을 알아야 한다.

명시적 비용은 어느 대안을 선택함으로써 포기한 자원의 가치로서 실제로 지출된 금전적 비용이다. 이는 대안 선택을 위해 실제로 지출하여야 하는 비용으로 회계장부에 기록된 회계적 비용이다.

암묵적 비용은 어느 대안을 선택함으로써 포기한 자원의 가치로서 실제로 지출된 비용은 아니지만, 얻을 수 있었던 수익의 감소로 인한 비용이다. 대안 선택을 위해서는 금전적 비용 이외에도 추가로 포기한 자원들(예를 들어 시간 등)이 있으며 그에 대한 가치가 바로 암묵적 비용이 된다.

설문에서 농부가 15만 원 어치 씨앗을 사서 10시간 파종한 경우의 이윤은 다음과 같다.

1) 수입 혹은 수익
농부가 15만 원 어치 씨앗을 사서 10시간 파종한 경우 수입 혹은 수익은 30만 원으로 주어졌다.

2) 비용
① 명시적 비용 : 씨앗을 사는데 지출한 15만 원
② 암묵적 비용 : 시간당 3만 원의 기회를 포기한 10시간의 비용으로서 30만 원

3) 이윤
① 회계적 이윤 = 총수입 − 회계적 비용 = 총수입 − 명시적 비용 = 30 − 15 = 15(만 원)
② 경제적 이윤 = 총수입 − 경제적 비용 = 총수입 − (명시적 비용 + 암묵적 비용) = 30 − 45 = −15(만 원)

02 [2011년 국가직 7급]

기업의 이윤극대화 조건을 가장 적절하게 표현한 것은?(단, MR은 한계수입, MC는 한계비용, TR은 총수입, TC는 총비용이다)

① $MR = MC,\ TR > TC$

② $MR = MC,\ TR < TC$

③ $MR > MC,\ TR > TC$

④ $MR > MC,\ TR < TC$

출제이슈 이윤극대화 조건

핵심해설 정답 ①

기업의 이윤극대화란 주어진 시장제약 및 기술제약 하에서 이윤을 극대화한 상태를 말한다.

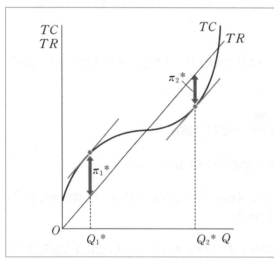

이윤극대화를 수리적으로 분석하면 다음과 같다.

$$Max\ \pi = \overline{P} \cdot Q - C(Q)$$
$$s.t.\ P = \overline{P}$$

$$\frac{d\pi}{dQ} = \overline{P} - C'(Q) = 0$$

$$\therefore\ \overline{P} = C'(Q)$$
$$MR = MC$$

즉, 한계수입과 한계비용이 일치할 때, 이윤극대화가 달성되는 것이다.

그런데 위의 그래프에서 보듯이 한계수입과 한계비용이 일치하는 경우는 유일하지 않다. 특정한 경우에는 이윤이 극대화되는 것이 아니라, 오히려 손실이 극대화되고 있는 상태이다. 따라서 손실극대화 상태를 제거하기 위한 조건이 필요한데 이를 이윤극대화의 2계 조건이라고 한다.

이윤극대화의 2계 조건을 직관적으로 보면, 매우 쉽다. 총수입이 총비용보다 크면 되는 것이다. 이를 한계비용곡선과 한계수입곡선의 측면에서 보면, 한계비용곡선이 한계수입곡선을 아래에서부터 위로 통과하면서 교차할 때 달성된다.

03 2013년 지방직 7급

기업의 이윤극대화에 대한 설명으로 옳은 것만을 모두 고른 것은?

> ㄱ. 한계수입(MR)이 한계비용(MC)과 같을 때 이윤극대화의 1차 조건이 달성된다.
> ㄴ. 한계비용(MC)곡선이 한계수입(MR)곡선을 아래에서 위로 교차하는 영역에서 이윤극대화의 2차 조건이 달성된다.
> ㄷ. 평균비용(AC)곡선과 평균수입(AR)곡선이 교차할 때의 생산수준에서 이윤극대화가 달성된다.

① ㄱ, ㄴ   ② ㄱ, ㄷ
③ ㄴ, ㄷ   ④ ㄱ, ㄴ, ㄷ

출제이슈 이윤극대화 조건
핵심해설 정답 ①

먼저 지문 ㄱ을 검토한다.
이윤극대화는 주어진 시장제약 및 기술제약 하에서 이윤을 극대화한 상태로서 수리적으로 분석하면 다음과 같다.

$$Max \ \pi = P \cdot Q - C(Q) \quad s.t. \ P = \overline{P}$$
$$\frac{d\pi}{dQ} = \overline{P} - C'(Q) = 0$$

따라서 지문 ㄱ에서 한계수입(MR)이 한계비용(MC)과 같을 때 이윤극대화의 1차 조건이 달성된다는 것은 옳은 내용이다.

지문 ㄷ은 틀린 내용이다.

지문 ㄴ을 검토하기 위해서 이윤극대화를 기하적으로 분석하면 다음과 같다.

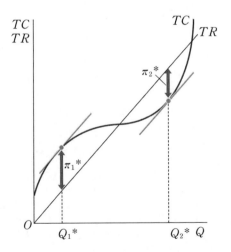

지문 ㄴ에서 총비용곡선의 기울기인 한계비용(MC)이 총수입의 기울기인 한계수입(MR)보다 클 때 이윤극대화 2차 조건이 달성된다. 즉, 한계비용곡선이 한계수입곡선을 아래에서 위로 교차하는 영역에 해당한다. 따라서 옳은 내용이다.

04 2011년 국가직 7급

어느 기업의 평균수입(AR)함수는 $AR = 60 - 3Q$, 총비용함수는 $TC = Q^2 - 4Q + 5$라고 할 때, 이 기업의 이윤극대화 생산량은? (단, Q는 수량, TC는 총비용이다)

① 4   ② 8
③ 12   ④ 16

출제이슈 이윤극대화 조건과 도출
핵심해설 정답 ②

이윤극대화는 주어진 시장제약 및 기술제약 하에서 이윤을 극대화한 상태로서 수리적으로 분석하면 다음과 같다.

$\pi = PQ - TC$　　　　　　　　$\pi = PQ - TC$

$P = P(Q),\ TC = C(Q)$　　　　$P = 60 - 3Q,\ TC = Q^2 - 4Q + 5$

$Max\ \pi$　　　　　　　　　　$Max\ \pi$

설문에서 주어진 자료를 토대로 이윤극대화를 풀어내면 다음과 같다.

$TR = (60 - 3Q)Q$ 이므로 $MR = 60 - 6Q$가 된다.
$MC = 2Q - 4$이므로 $MR = MC$에서 이윤극대화 산출량은 8이 된다.

05 2010년 지방직 7급

가나다구두회사의 하루 구두 생산비용이 아래 표와 같을 때, 구두가격이 5만 원이라면 이 회사의 이윤은? (단, 구두시장은 완전경쟁적이라고 가정한다)

구두생산량(켤레/일)	0	1	2	3	4	5
총비용(만 원)	3	5	8	13	20	28

① 0원 ② 2만 원
③ 5만 원 ④ 10만 원

제4편

출제이슈 이윤극대화 조건과 도출
핵심해설 정답 ②

이윤극대화는 주어진 시장제약 및 기술제약 하에서 이윤을 극대화한 상태로서 수리적으로 분석하면 다음과 같다.
$$Max\ \pi = P \cdot Q - C(Q)\quad s.t.\ P = \overline{P}$$
$$\frac{d\pi}{dQ} = \overline{P} - C'(Q) = 0$$

즉, 가격이 한계비용과 일치할 때 달성된다.
그런데, 설문에서는 비용함수가 수식형태로 주어진 것이 아니라, 분절적인 생산스케줄이 주어져 있으므로 주의할 필요가 있다.

설문에서 주어진 자료를 이용하여 한계비용을 구하면 다음과 같다.

구두생산량(켤레/일)	0	1	2	3	4	5
총비용(만 원)	3	5	8	13	20	28
한계비용	—	2	3	5	7	8

따라서 구두가격이 5만 원으로 주어져 있으므로 가격과 한계비용이 일치할 때의 이윤극대화 생산량은 구두 3켤레가 된다. 이때 총수입은 1켤레당 가격 5만 원에 생산량인 3켤레를 곱한 15만 원이고 총비용은 표에서 주어진대로 13만 원이므로 이윤은 2만 원이 된다.

제 5 편

생산물시장이론

조경국
경제학
워크북

미시편

ISSUE 01 경쟁기업의 단기균형

2019 국9	2018 지7	2018 국9	2017 지7	2016 국9	2015 국7
2014 지7	2013 국7	2014 서7	2012 지7	2011 국9	2010 국7

1 경쟁기업의 단기균형

1) 이윤 $\pi = TR - TC$

2) 총수입 $TR = PQ = \overline{P}Q$ (개별기업이 직면하는 수요곡선 $P = \overline{P}$)

3) 총비용 $TC = C(Q)$

4) 이윤극대화 $Max\ \pi = TR - TC = \overline{P}Q - C(Q)$ $\therefore \dfrac{dTR}{dQ} - \dfrac{dTC}{dQ} = 0$ $\therefore \overline{P} = C'(Q)$

2 경쟁기업의 단기공급 곡선

1) 주어진 시장가격 $\overline{P}$에 대하여 개별기업은 $\overline{P} = MC$인 Q^*를 공급, 따라서 $SC \leftrightarrow MC$

2) SC는 생산중단점(AVC 최저점) 이후의 MC

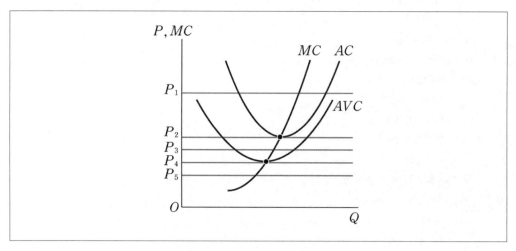

① $P = P_1,$ $\boxed{P} > \boxed{AC} > \boxed{AVC}$, $TR > TC > TVC$ $\therefore$ $TR - TC > 0$
   $\therefore \pi > 0$, 초과이윤

② $P = P_2,$ $\boxed{P} = \boxed{AC} > \boxed{AVC}$, $TR = TC > TVC$ $\therefore$ $TR = TC$
   $\therefore \pi = 0$, 정상이윤

③ $P = P_3,$ $\boxed{AC} > \boxed{P} > \boxed{AVC}$, $TC > TR > TVC$ $\therefore$ $TR - TC < 0$ $\therefore \pi < 0$ 손실
   $0 > TR - TC$(생산 시 이윤) $> -TFC$(중단 시 이윤) $\therefore$ 생산을 지속

④ $P = P_4$, $\boxed{AC} > \boxed{P} = \boxed{AVC}$, $TC > TR = TVC$ $\therefore TR - TC < 0$ $\therefore \pi < 0$, 손실

$0 > TR - TC$(생산 시 이윤) $= -TFC$(중단 시 이윤) $\therefore$ 생산 또는 중단

⑤ $P = P_5$, $\boxed{AC} > \boxed{AVC} > \boxed{P}$, $TC > TVC > TR$ $\therefore TR - TC < 0$ $\therefore \pi < 0$, 손실

$0 > -TFC$(중단 시 이윤) $> TR - TC$(생산 시 이윤) $\therefore$ 생산을 중단

3) 고정비용이 전부 회수가능비용일 경우에는 생산중단시 이윤은 0이 된다.

이때 생산중단점은 평균비용곡선의 최저점이 되는데 이를 증명하면 다음과 같다.

$TR - TC$(생산 시 이윤) > 0(중단 시 이윤) $\therefore$ 생산을 지속

$TR - TC$(생산 시 이윤) $= 0$(중단 시 이윤) $\therefore$ 생산 또는 중단

0(중단 시 이윤) $> TR - TC$(생산 시 이윤) $\therefore$ 생산을 중단

따라서 위의 산식에 의하면, $TR - TC$(생산 시 이윤) $= 0$(중단 시 이윤)이 생산중단점이 된다.

이는 $\boxed{P} - \boxed{AC} = 0$임을 의미한다. 즉, 가격이 평균비용과 일치하는 점이며 이는 한계비용과 평균비용이 일치하며, 평균비용의 최저점이 된다.

3 경쟁시장의 단기공급곡선

1) 도출방법

시장공급곡선은 개별공급곡선을 수평합하여 도출한다.

2) 시장공급곡선의 기울기

시장공급곡선은 개별공급곡선보다 더 완만하다.

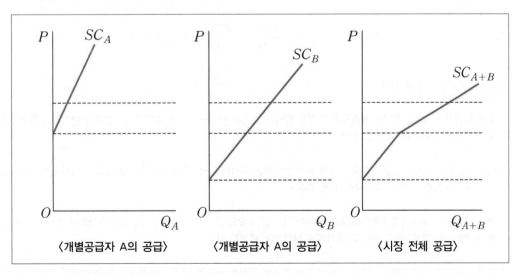

〈개별공급자 A의 공급〉　　〈개별공급자 A의 공급〉　　〈시장 전체 공급〉

ISSUE 문제 📝

> **01** 2010년 국가직 7급
>
> 단기의 완전경쟁기업에 대한 설명으로 옳지 않은 것은?
>
> ① 일정한 생산량 수준을 넘어서서 공급하는 경우에 총수입은 오히려 감소한다.
> ② 완전경쟁기업의 경우에 평균수입과 한계수입은 동일한 선으로 나타난다.
> ③ 완전경쟁기업이 받아들이는 가격은 시장 수요와 공급의 균형가격이다.
> ④ 완전경쟁기업이 직면하는 수요곡선은 수평선이다.

출제이슈 경쟁기업의 단기균형
핵심해설 정답 ①

경쟁기업의 단기균형은 다음과 같다.

1) 이윤 $\pi = TR - TC$
2) 총수입 $TR = PQ$

① 수요

ⅰ) $P = \overline{P}$ 는 개별기업이 시장에서 받을 수 있는 가격으로 개별기업이 직면하는 수요

ⅱ) 완전경쟁시장의 특성상 개별기업은 정해진 시장가격보다 더 받을 수 없으며 덜 받을 필요도 없다. 즉, 수요는 $P = \overline{P}$ 수준에서 무한대로 상정할 수 있다. 이는 평균수입과 한계수입을 의미한다.

② 따라서 총수입 $TR = PQ = \overline{P}Q$

3) 총비용 $TC = C(Q)$
4) 이윤극대화

$$\underset{Q}{Max}\ \pi = TR - TC = \overline{P}Q - C(Q) \quad \therefore \frac{dTR}{dQ} - \frac{dTC}{dQ} = 0 \quad \overline{P} = C'(Q)$$

설문을 검토하면 다음과 같다.

① 틀린 내용이다. 경쟁시장에서 활동하는 기업은 일정한 시장가격에 공급 및 판매가 가능하므로 경쟁기업의 총수입은 공급 및 판매량에 비례하여 계속 증가한다.

② 옳은 내용이다. 경쟁기업은 생산량 수준에 관계없이 항상 일정한 시장가격에 판매가 가능하다. 따라서 경쟁기업의 평균수입과 한계수입은 시장가격수준으로서 동일하다.

③ 옳은 내용이다. 경쟁기업이 받아들이는 가격수준은 시장수요와 공급에 의하여 결정된 균형가격이며 이는 다른 모든 조건이 일정할 때, 경쟁기업의 공급량 증감에도 불구하고 변하지 않는다.

④ 옳은 내용이다. 경쟁기업은 시장의 수요와 공급에 의해 결정된 균형가격수준에서 원하는 만큼 판매가 가능하므로 개별기업이 직면하는 수요곡선은 그 가격수준에서 수평선이 된다.

02 2018년 지방직 7급

완전경쟁시장에서 활동하는 A기업의 고정비용인 사무실 임대료가 작년보다 30% 상승했다. 단기균형에서 A기업이 제품을 계속 생산하기로 했다면 전년대비 올해의 생산량은? (단, 다른 조건은 불변이다)

① 30% 감축
② 30% 보다 적게 감축
③ 30% 보다 많이 감축
④ 전년과 동일

출제이슈 경쟁기업의 단기균형
핵심해설 정답 ④

경쟁기업의 단기균형은 다음과 같다.

1) 이윤 $\pi = TR - TC$
2) 총수입 $TR = PQ$

① 수요

ⅰ) $P = \overline{P}$ 는 개별기업이 시장에서 받을 수 있는 가격으로 개별기업이 직면하는 수요

ⅱ) 완전경쟁시장의 특성상 개별기업은 정해진 시장가격보다 더 받을 수 없으며 덜 받을 필요도 없다. 즉, 수요는 $P = \overline{P}$ 수준에서 무한대로 상정할 수 있다. 이는 평균수입과 한계수입을 의미한다.

② 따라서 총수입 $TR = PQ = \overline{P}Q$

3) 총비용 $TC = C(Q)$
4) 이윤극대화

$$\underset{Q}{Max}\ \pi = TR - TC = \overline{P}Q - C(Q) \quad \therefore \frac{dTR}{dQ} - \frac{dTC}{dQ} = 0 \quad \overline{P} = C'(Q)$$

설문에서 고정비용이 상승하더라도 단기균형에는 영향이 없다. 왜냐하면, 위의 산식에서 보는 바와 같이 단기균형은 가격과 한계비용이 결정하기 때문에 고정비용의 변화와는 무관하다. 즉, $\overline{P} = C'(Q)$ 의 균형조건식이 고정비용의 상승에도 불구하고 불변이기 때문에 이윤극대화 산출량도 불변이다. 따라서 올해의 생산량은 전년과 동일하다.

03 | 2014년 서울시 7급 |

완전 경쟁 시장에서 조업하는 어떤 기업이 직면하고 있는 시장가격은 9이고, 이 기업의 평균비용곡선은 $AC(Q) = \dfrac{7}{Q} + 1 + Q \ (Q > 0)$으로 주어져 있다. 이윤을 극대화하는 이 기업의 산출량 Q는?

① 4 　　　　　　　② 5

③ 6 　　　　　　　④ 7

⑤ 8

출제이슈 　경쟁기업의 단기균형
핵심해설 　정답 ①

경쟁기업의 단기균형은 다음과 같다.

1) 이윤 $\pi = TR - TC$
2) 총수입 $TR = PQ$

① 수요

ⅰ) $P = \overline{P}$ 는 개별기업이 시장에서 받을 수 있는 가격으로 개별기업이 직면하는 수요

ⅱ) 완전경쟁시장의 특성상 개별기업은 정해진 시장가격보다 더 받을 수 없으며 덜 받을 필요도 없다. 즉, 수요는 $P = \overline{P}$ 수준에서 무한대로 상정할 수 있다. 이는 평균수입과 한계수입을 의미한다.

② 따라서 총수입 $TR = PQ = \overline{P} Q$

3) 총비용 $TC = C(Q)$
4) 이윤극대화

$\underset{Q}{Max} \ \pi = TR - TC = \overline{P} Q - C(Q) \quad \therefore \dfrac{dTR}{dQ} - \dfrac{dTC}{dQ} = 0 \quad \overline{P} = C^{'}(Q)$

경쟁기업의 균형은 $P = MC$에서 달성된다.

설문에서 $AC(Q) = \dfrac{7}{Q} + 1 + Q$ 이므로 $TC(Q) = 7 + Q + Q^2$이 되며 $MC(Q) = 1 + 2Q$가 된다.

시장가격이 9로 주어져 있으므로 $9 = 1 + 2Q$ 가 되어 이윤극대화 산출량은 4가 된다.

04 2016년 국가직 9급

완전경쟁시장에서 어떤 재화에 대한 기업 A의 한계비용 함수는 $MC = 8Q + 300$이다. 이 기업의 이윤극대화 생산량이 100일 때, 시장가격은? (단, Q는 이 기업의 생산량을 나타낸다)

① 900   ② 1,100
③ 1,300   ④ 1,500

출제이슈 경쟁기업의 단기균형
핵심해설 정답 ②

경쟁기업의 단기균형은 다음과 같다.

1) 이윤 $\pi = TR - TC$
2) 총수입 $TR = PQ$

① 수요
 ⅰ) $P = \bar{P}$는 개별기업이 시장에서 받을 수 있는 가격으로 개별기업이 직면하는 수요
 ⅱ) 경쟁시장의 특성상 개별기업은 정해진 시장가격보다 더 받을 수 없으며 덜 받을 필요도 없다.
   즉, 수요는 $P = \bar{P}$ 수준에서 무한대로 상정할 수 있다. 이는 평균수입과 한계수입을 의미한다.
② 따라서 총수입 $TR = PQ = \bar{P}Q$

3) 총비용 $TC = C(Q)$
4) 이윤극대화

$$\underset{Q}{Max}\, \pi = TR - TC = \bar{P}Q - C(Q) \quad \therefore \frac{dTR}{dQ} - \frac{dTC}{dQ} = 0 \quad \bar{P} = C'(Q)$$

경쟁기업의 균형은 $P = MC$에서 달성된다.
설문에서 $MC = 8Q + 300$이므로 $P = 8Q + 300$이 되며 이때 이윤극대화 산출량 100을 식에 대입하면, 균형가격은 1,100이 된다.

05 | 2015년 국가직 7급

완전경쟁시장의 단기 균형 상태에서 시장가격이 10원인 재화에 대한 한 기업의 생산량이 50개, 이윤이 100원이라면 이 기업의 평균비용은?

① 5원　　　　　　　　② 6원

③ 7원　　　　　　　　④ 8원

출제이슈 이윤의 결정식
핵심해설 정답 ④

경쟁기업의 이윤은 다음과 같이 결정된다.

1) 총수입 $TR = PQ$

① 수요

ⅰ) $P = \overline{P}$ 는 개별기업이 시장에서 받을 수 있는 가격으로 개별기업이 직면하는 수요

ⅱ) 완전경쟁시장의 특성상 개별기업은 정해진 시장가격보다 더 받을 수 없으며 덜 받을 필요도 없다. 즉, 수요는 $P = \overline{P}$ 수준에서 무한대로 상정할 수 있다.

② 따라서 총수입 $TR = PQ = \overline{P}Q$

2) 총비용 $TC = C(Q)$

3) 이윤 $\pi = TR - TC$

설문의 자료를 위의 산식들에 적절히 대입하여 풀면 다음과 같다.

이윤 $\pi = TR - TC$ 에서 총수입 $TR = PQ = \overline{P}Q$ 이고 총비용 TC 는 정의상 평균비용과 생산량의 곱이므로 $TC = AC \times Q$ 가 된다.

따라서 $\pi = TR - TC = (10 - AC) \times 50 = 100$ 이므로 평균비용 $AC = 8$ 이 된다.

06 [2017년 지방직 7급]

어느 재화의 시장에서 가격수용자인 기업의 비용함수는 $C(Q) = 5Q + \dfrac{Q^2}{80}$ 이며, 이 재화의 판매 가격은 85원이다. 이 기업이 이윤극대화를 할 때, 생산량과 생산자잉여의 크기는? (단, Q는 생산량 이며, 회수 가능한 고정비용은 없다고 가정한다)

	생산량	생산자잉여
①	3,000	128,000
②	3,000	136,000
③	3,200	128,000
④	3,200	136,000

출제이슈 경쟁기업의 단기균형과 생산자잉여
핵심해설 정답 ③

경쟁기업의 단기균형은 다음과 같다.

1) 이윤 $\pi = TR - TC$
2) 총수입 $TR = PQ$

① 수요

ⅰ) $P = \overline{P}$ 는 개별기업이 시장에서 받을 수 있는 가격으로 개별기업이 직면하는 수요

ⅱ) 완전경쟁시장의 특성상 개별기업은 정해진 시장가격보다 더 받을 수 없으며 덜 받을 필요도 없다. 즉, 수요는 $P = \overline{P}$ 수준에서 무한대로 상정할 수 있다.

② 따라서 총수입 $TR = PQ = \overline{P}Q$

3) 총비용 $TC = C(Q)$

4) 이윤극대화

$$\underset{Q}{Max}\ \pi = TR - TC = \overline{P}Q - C(Q) \quad \therefore \ \frac{dTR}{dQ} - \frac{dTC}{dQ} = 0 \quad \overline{P} = C'(Q)$$

경쟁기업의 균형은 $P = MC$ 에서 달성된다.

설문에서 가격은 85원이고, $MC = 5 + \dfrac{1}{40}Q$ 이므로 이윤극대화 산출량은 $Q = 3,200$ 이다.

이때, 생산자잉여를 구하면 $PS = \dfrac{(85-5) \times 3,200}{2} = 128,000$ 이 된다.

참고로, 생산자잉여는 총수입에서 가변비용을 차감한 것이므로
$TR - TVC = 85 \times 3,200 - 144,000 = 128,000$ 이 됨을 알 수 있다.

07 2014년 지방직 7급

완전경쟁시장인 피자시장에서 어떤 피자집이 현재 100개의 피자를 단위당 100원에 팔고 있고, 이때 평균비용과 한계비용은 각각 160원과 100원이다. 이 피자집은 이미 5,000원을 고정비용으로 지출한 상태이다. 이윤극대화를 추구하는 피자집의 행동으로 가장 옳은 것은?

① 손해를 보고 있지만 생산을 계속해야 한다.
② 손해를 보고 있으며 생산을 중단해야 한다.
③ 양(+)의 이윤을 얻고 있으며 생산을 계속해야 한다.
④ 양(+)의 이윤을 얻고 있지만 생산을 중단해야 한다.

출제이슈 경쟁기업의 생산지속 및 중단의 의사결정
핵심해설 정답 ②

경쟁기업의 생산지속 및 중단의 의사결정은 다음과 같다.

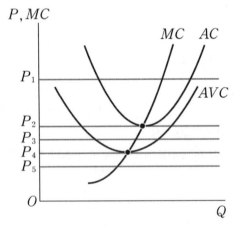

① $P = P_1$, $\boxed{P} > \boxed{AC} > \boxed{AVC}$, $TR > TC > TVC$ $\therefore TR - TC > 0$ $\therefore \pi > 0$, 초과이윤

② $P = P_2$, $\boxed{P} = \boxed{AC} > \boxed{AVC}$, $TR = TC > TVC$ $\therefore TR = TC$ $\therefore \pi = 0$, 정상이윤

③ $P = P_3$, $\boxed{AC} > \boxed{P} > \boxed{AVC}$, $TC > TR > TVC$ $\therefore TR - TC < 0$ $\therefore \pi < 0$ 손실
$\quad\quad\quad\quad 0 > TR - TC$(생산 시 이윤) $> -TFC$(중단 시 이윤) $\therefore$ 생산을 지속

④ $P = P_4$, $\boxed{AC} > \boxed{P} = \boxed{AVC}$, $TC > TR = TVC$ $\therefore TR - TC < 0$ $\therefore \pi < 0$, 손실
$\quad\quad\quad\quad 0 > TR - TC$(생산 시 이윤) $= -TFC$(중단 시 이윤) $\therefore$ 생산 또는 중단

⑤ $P = P_5$, $\boxed{AC} > \boxed{AVC} > \boxed{P}$, $TC > TVC > TR$ $\therefore TR - TC < 0$ $\therefore \pi < 0$, 손실
$\quad\quad\quad\quad 0 > -TFC$(중단 시 이윤) $> TR - TC$(생산 시 이윤) $\therefore$ 생산을 중단

설문을 정리하면, $TFC = 5,000$, $P = 100$, $Q = 100$, $MC = 100$, $AC = 160$이다.

따라서 $AFC = \dfrac{TFC}{Q} = \dfrac{5,000}{100} = 50$, $AVC = AC - AFC = 160 - 50 = 110$

즉, $P = 100$, $AVC = 110$, $AC = 160$ 이므로 가격 100이 평균비용 160보다 작기 때문에 손실을 보고 있으며 가격 100이 평균가변비용 110보다 작기 때문에 생산을 중단해야 한다.

08 2010년 지방직 7급

영희는 매월 아이스크림을 50개 팔고 있다. 영희의 월간 총비용은 50,000원이고, 이 중 고정비용은 10,000원이다. 영희는 단기적으로는 이 가게를 운영하지만 장기적으로는 폐업할 계획이다. 아이스크림 1개당 가격의 범위는? (단, 아이스크림 시장은 완전경쟁적이라고 가정한다)

① 600원 이상 700원 미만   ② 800원 이상 1,000원 미만
③ 1,100원 이상 1,200원 미만   ④ 1,300원 이상 1,400원 미만

제5편

출제이슈 경쟁기업의 생산지속 및 중단의 의사결정
핵심해설 정답 ②

경쟁기업의 생산지속 및 중단의 의사결정은 다음과 같다.

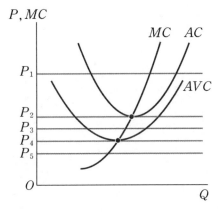

① $P = P_1$, $\boxed{P} > \boxed{AC} > \boxed{AVC}$, $TR > TC > TVC$ ∴ $TR - TC > 0$ ∴ $\pi > 0$, 초과이윤

② $P = P_2$, $\boxed{P} = \boxed{AC} > \boxed{AVC}$, $TR = TC > TVC$ ∴ $TR = TC$ ∴ $\pi = 0$, 정상이윤

③ $P = P_3$, $\boxed{AC} > \boxed{P} > \boxed{AVC}$, $TC > TR > TVC$ ∴ $\pi < 0$ 손실
    $\quad\quad 0 > TR - TC$(생산 시 이윤) $> -TFC$(중단 시 이윤) ∴ 생산을 지속

④ $P = P_4$, $\boxed{AC} > \boxed{P} = \boxed{AVC}$, $TC > TR = TVC$ ∴ $TR - TC < 0$ ∴ $\pi < 0$, 손실
    $\quad\quad 0 > TR - TC$(생산 시 이윤) $= -TFC$(중단 시 이윤) ∴ 생산 또는 중단

⑤ $P = P_5$, $\boxed{AC} > \boxed{AVC} > \boxed{P}$, $TC > TVC > TR$ ∴ $TR - TC < 0$ ∴ $\pi < 0$, 손실
    $\quad\quad 0 > -TFC$(중단 시 이윤) $> TR - TC$(생산 시 이윤) ∴ 생산을 중단

설문을 정리하면, $TC = 50,000$, $TFC = 10,000$, $Q = 50$ 이다.

따라서 $AC = \dfrac{TFC}{Q} = \dfrac{50,000}{50} = 1,000$, $AFC = \dfrac{TFC}{Q} = \dfrac{10,000}{50} = 200$,

따라서 $AVC = AC - AFC = 1,000 - 200 = 800$ 이다.

이때, 영희의 의사결정은 단기적으로 이 가게를 운영하지만, 장기적으로 폐업할 계획이다. 이는 단기적으로는 손실을 보더라도 고정비용이 들기 때문에 운영하지만, 고정비용이 없는 장기에서는 손실때문에 생산을 중단한다는 의미이다. 즉, 가격이 평균가변비용보다 높은 상황이며, 동시에 가격은 평균비용보다는 낮은 상황임을 나타낸다.

따라서 가격이 800 이상 1,000 미만의 사이에 존재한다. (단위: 원)

09 2019년 국가직 9급

완전경쟁시장에서 X재를 생산하는 어느 기업의 고정비용은 18,000원이다. 현재 생산량 수준에서 가변비용은 24,000원, 평균비용은 10.5원이며, 현재 평균가변비용의 최저점에서 생산하고 있다. 시장가격이 9원일 때, 옳은 것은?

① 이윤극대화를 위해서 이 기업은 생산량을 줄여야 한다.
② 현재의 생산량 수준에서 이 기업의 한계비용은 8원이다.
③ 이 기업은 단기적으로 조업을 중단해야 한다.
④ 현재의 생산량 수준에서 이 기업의 평균가변비용은 6원이다.

출제이슈 경쟁기업의 생산지속 및 중단의 의사결정
핵심해설 정답 ④

경쟁기업의 생산지속 및 중단의 의사결정은 다음과 같다.

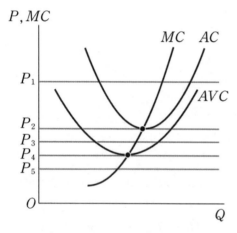

① $P = P_1$, $\boxed{P} > \boxed{AC} > \boxed{AVC}$, $TR > TC > TVC$ $\therefore TR - TC > 0$ $\therefore \pi > 0$, 초과이윤
② $P = P_2$, $\boxed{P} = \boxed{AC} > \boxed{AVC}$, $TR = TC > TVC$ $\therefore TR = TC$ $\therefore \pi = 0$, 정상이윤
③ $P = P_3$, $\boxed{AC} > \boxed{P} > \boxed{AVC}$, $TC > TR > TVC$ $\therefore TR - TC < 0$ $\therefore \pi < 0$ 손실
$\quad\quad\quad\quad 0 > TR - TC$(생산 시 이윤) $> -TFC$(중단 시 이윤) $\therefore$ 생산을 지속
④ $P = P_4$, $\boxed{AC} > \boxed{P} = \boxed{AVC}$, $TC > TR = TVC$ $\therefore TR - TC < 0$ $\therefore \pi < 0$, 손실
$\quad\quad\quad\quad 0 > TR - TC$(생산 시 이윤) $= -TFC$(중단 시 이윤) $\therefore$ 생산 또는 중단
⑤ $P = P_5$, $\boxed{AC} > \boxed{AVC} > \boxed{P}$, $TC > TVC > TR$ $\therefore TR - TC < 0$ $\therefore \pi < 0$, 손실
$\quad\quad\quad\quad 0 > -TFC$(중단 시 이윤) $> TR - TC$(생산 시 이윤) $\therefore$ 생산을 중단

설문을 정리하면, $TFC = 18,000$, $TVC = 24,000$, $AC = 10.5$, $P = 9$이므로
$TC = TFC + TVC = 18,000 + 24,000 = 42,000$이 되고 이로부터
현재 산출량 수준 $Q = \dfrac{TC}{AC} = \dfrac{42,000}{10.5} = 4,000$이 도출된다.

이로부터 $AFC = \dfrac{TFC}{Q} = \dfrac{18,000}{4,000} = 4.5$, $AVC = \dfrac{TVC}{Q} = \dfrac{24,000}{4,000} = 6$ 이 도출된다.

설문에서 현재 평균가변비용의 최저점 6에서 생산 중이라고 하였으므로 현재 한계비용은 6이 됨을 의미한다. 따라서 시장가격은 9인데 한계비용은 6 수준이므로 이윤극대화를 위해서는 생산을 늘려야 한다.

위의 내용에 근거하여 설문의 내용을 각각 검토하면 다음과 같다.

① 이윤극대화를 위해서 이 기업은 생산량을 늘려야 하므로 틀린 내용이다.

② 현재의 생산량 수준에서 이 기업의 한계비용은 6원이므로 틀린 내용이다.

③ 이 기업은 단기적으로 손실을 보고 있으나 생산을 중단하면 더 큰 손실을 보기 때문에 조업을 중단할 이유가 없으므로 틀린 내용이다.

④ 현재의 생산량 수준에서 평균가변비용은 6원이며 옳은 내용이다.

제5편

10 2018년 국가직 9급

완전경쟁시장에서 이윤을 극대화하는 어느 기업이 현재 단기적으로 300만 원의 경제적 이윤을 얻고 있다. 이 기업에 대한 설명으로 옳은 것은? (단, 이 기업의 한계비용곡선은 U자 형태이다)

① 장기균형에서도 초과이윤을 얻는 것이 가능하다.
② 현재 단기적으로 한계비용은 평균비용보다 크다.
③ 현재의 생산량을 감소시키면 가격이 상승할 것이다.
④ 현재의 생산량을 증가시키면 평균비용이 감소할 것이다.

출제이슈 경쟁기업의 생산지속 및 중단의 의사결정
핵심해설 정답 ②

경쟁기업의 생산지속 및 중단의 의사결정은 다음과 같다.

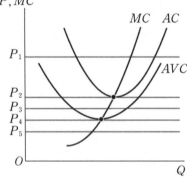

① $P = P_1$, $\boxed{P} > \boxed{AC} > \boxed{AVC}$, $TR > TC > TVC$ ∴ $TR - TC > 0$ ∴ $\pi > 0$, 초과이윤
② $P = P_2$, $\boxed{P} = \boxed{AC} > \boxed{AVC}$, $TR = TC > TVC$ ∴ $TR = TC$ ∴ $\pi = 0$, 정상이윤
③ $P = P_3$, $\boxed{AC} > \boxed{P} > \boxed{AVC}$, $TC > TR > TVC$ ∴ $TR - TC < 0$ ∴ $\pi < 0$ 손실
$\qquad\qquad 0 > TR - TC$(생산 시 이윤) $> -TFC$(중단 시 이윤) ∴ 생산을 지속
④ $P = P_4$, $\boxed{AC} > \boxed{P} = \boxed{AVC}$, $TC > TR = TVC$ ∴ $TR - TC < 0$ ∴ $\pi < 0$, 손실
$\qquad\qquad 0 > TR - TC$(생산 시 이윤) $= -TFC$(중단 시 이윤) ∴ 생산 또는 중단
⑤ $P = P_5$, $\boxed{AC} > \boxed{AVC} > \boxed{P}$, $TC > TVC > TR$ ∴ $TR - TC < 0$ ∴ $\pi < 0$, 손실
$\qquad\qquad 0 > -TFC$(중단 시 이윤) $> TR - TC$(생산 시 이윤) ∴ 생산을 중단

설문에서 현재 단기적으로 300만 원의 경제적 이윤을 얻고 있다고 하였으므로 위의 산식 ①에 해당한다.

① $P = P_1$, $\boxed{P} > \boxed{AC} > \boxed{AVC}$, $TR > TC > TVC$ ∴ $TR - TC > 0$ ∴ $\pi > 0$, 초과이윤

설문의 내용을 검토하면 다음과 같다.

① 틀린 내용이다. 장기균형에서는 가격과 장기평균비용 및 장기한계비용이 일치하며 정상이윤을 얻게 된다.
② 옳은 내용이다. 이윤극대화를 위해서 가격과 한계비용이 일치하는 의사결정을 하고 있으므로 현재 단기적으로 한계비용이 평균비용보다 크다고 할 수 있다.
③ 틀린 내용이다. 현재의 생산량을 변화시키더라도 경쟁시장에서의 가격에는 영향을 주지 못한다.
④ 틀린 내용이다. 현재 단기적으로 한계비용이 평균비용보다 크다고 할 수 있기 때문에 평균비용의 최저점의 오른쪽에서 생산이 이루어지고 있고 평균비용곡선이 우상향하는 구간임을 알 수 있다. 만일 현재의 생산량을 증가시키면 평균비용이 증가할 것이다.

11 2013년 국가직 7급

완전경쟁시장에서 기업의 단기 이윤극대화에 대한 설명으로 옳지 않은 것은?

① 개별기업의 수요곡선은 수평이며 한계수입곡선이다.

② 이윤극대화를 위해서는 한계수입과 한계비용이 같아야 한다.

③ 고정비용이 전부 매몰비용일 경우 생산중단점은 평균비용곡선의 최저점이 된다.

④ 투입요소들의 가격이 불변일 경우 시장전체의 공급곡선은 개별기업의 공급곡선을 수평으로 더하여 구할 수 있다.

출제이슈 경쟁기업의 단기균형
핵심해설 정답 ③

경쟁기업의 단기균형은 다음과 같다.

1) 이윤 $\pi = TR - TC$
2) 총수입 $TR = PQ$

① 수요

ⅰ) $P = \overline{P}$ 는 개별기업이 시장에서 받을 수 있는 가격으로 개별기업이 직면하는 수요

ⅱ) 완전경쟁시장의 특성상 개별기업은 정해진 시장가격보다 더 받을 수 없으며 덜 받을 필요도 없다. 즉, 수요는 $P = \overline{P}$ 수준에서 무한대로 상정할 수 있다. 이는 평균수입과 한계수입을 의미한다.

② 따라서 총수입 $TR = PQ = \overline{P}Q$

3) 총비용 $TC = C(Q)$
4) 이윤극대화

$$\underset{Q}{Max} \ \pi = TR - TC = \overline{P}Q - C(Q) \quad \therefore \ \frac{dTR}{dQ} - \frac{dTC}{dQ} = 0 \quad \overline{P} = C'(Q)$$

설문을 각각 검토하면 다음과 같다.

① 옳은 내용이다. 완전경쟁시장의 특성상 개별기업은 정해진 시장가격보다 더 받을 수 없으며 덜 받을 필요도 없다. 즉, 수요는 $P = \overline{P}$ 수준에서 무한대로 상정할 수 있다. 개별기업이 직면하는 수요곡선은 수평이며 한계수입곡선이 된다.

② 옳은 내용이다. 위에서 본 바와 같이 경쟁기업의 이윤극대화를 위해서는 시장에서 결정된 균형가격과 경쟁기업의 한계비용이 일치해야 한다. $\overline{P} = C'(Q)$

③ 틀린 내용이다. 고정비용이 전부 매몰비용일 경우 생산중단점은 평균비용곡선의 최저점이 아니라 평균가변비용곡선의 최저점이 된다. 고정비용이 전부 매몰비용이고 현재 손실의 상황을 묘사하면 다음과 같다.

$0 > TR - TC$(생산 시 이윤) $> -TFC$(중단 시 이윤) $\therefore$ 생산을 지속

$0 > TR - TC$(생산 시 이윤) $= -TFC$(중단 시 이윤) $\therefore$ 생산 또는 중단

$0 > -TFC$(중단 시 이윤) $> TR - TC$(생산 시 이윤) $\therefore$ 생산을 중단

따라서 위의 산식에 의하면, $TR-TC$(생산 시 이윤) = $-TFC$(중단 시 이윤)가 생산중단점이 된다.

이는 $\boxed{AC} > \boxed{P} = \boxed{AVC}$ 임을 의미한다. 즉, 가격이 평균가변비용과 일치하는 점이며 이는 한계비용과 평균비용이 일치하며, 평균가변비용의 최저점이 된다.

만일 설문 ③에서 고정비용이 전부 회수가능비용일 경우에는 생산중단 시 이윤은 0이 된다.
이때 생산중단점은 평균비용곡선의 최저점이 되는데 이를 증명하면 다음과 같다.

$TR-TC$(생산 시 이윤) > 0 (중단 시 이윤) ∴ 생산을 지속
$TR-TC$(생산 시 이윤) = 0 (중단 시 이윤) ∴ 생산 또는 중단
0 (중단 시 이윤) > $TR-TC$(생산 시 이윤) ∴ 생산을 중단

따라서 위의 산식에 의하면, $TR-TC$(생산 시 이윤) = 0 (중단 시 이윤)가 생산중단점이 된다.

이는 $\boxed{P} - \boxed{AC} = 0$ 임을 의미한다. 즉, 가격이 평균비용과 일치하는 점이며 이는 한계비용과 평균비용이 일치하며, 평균비용의 최저점이 된다.

④ 옳은 내용이다. 투입요소들의 가격이 불변일 경우 시장전체의 공급곡선은 아래와 같이 개별기업의 공급곡선을 수평으로 더하여 구할 수 있다. 이 경우 시장공급곡선은 개별공급곡선보다 더 완만하다.

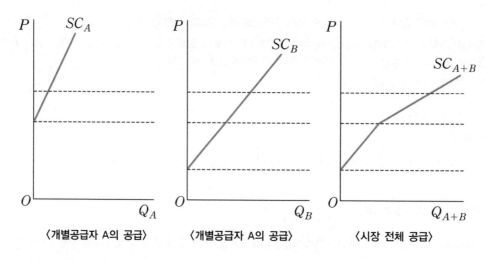

〈개별공급자 A의 공급〉   〈개별공급자 A의 공급〉   〈시장 전체 공급〉

ISSUE 02 경쟁기업의 장기균형

1 경쟁기업의 장기균형

1) 의의: 장기조정과정이 완료됨과 동시에 주어진 가격수준 하에서 이윤극대화 산출

2) 기하적 분석

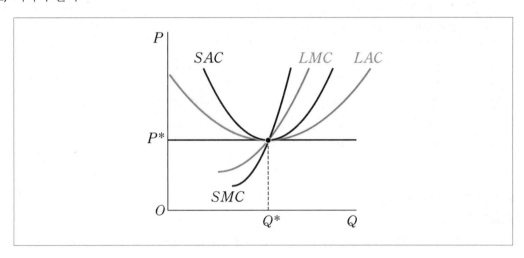

3) 특징: $P = LMC = LAC = SMC = SAC$

2 경쟁기업의 장기공급곡선: 장기한계비용곡선

1) 완전경쟁시장의 특징

① 다수의 수요자와 공급자: 누구도 가격에 영향을 줄 수 없다. (가격수용자)

② 정보가 완전: 거래와 관련된 모든 경제적, 기술적 정보를 갖추고 있다.

③ 동질적 상품: 소비자는 자기와 거래하는 공급자가 누구인지 신경쓰지 않는다.

④ 진입, 퇴출 자유: 장기적으로 진입장벽, 퇴출장벽, 매몰비용이 없다.

2) 완전경쟁시장의 장, 단기

① 장기: 기업이 시장에 진입, 이탈하는 것이 자유롭다.

② 단기: 기업이 시장에 진입, 이탈하는 데에 제한이 있다.

ISSUE 문제 📝

분석과 균형 제1장 □□□□□

01 2020년 국가직 7급

X재 시장은 완전경쟁적이며, 각 기업의 장기총비용함수와 X재에 대한 시장수요곡선은 다음과 같다. X재 시장의 장기균형에서 시장균형가격과 진입하여 생산하는 기업의 수를 옳게 짝 지은 것은? (단, P는 가격이고, q는 각 기업의 생산량이고, 모든 기업들의 비용함수 및 비용조건은 동일하다)

- 장기총비용함수: $TC(q) = 2q^3 - 12q^2 + 48q$
- 시장수요곡선: $D(P) = 600 - 5P$

	장기시장균형가격	기업의 수
①	20	100
②	20	120
③	30	150
④	30	180

출제이슈 경쟁기업의 장기균형
핵심해설 정답 ③

경쟁기업의 장기균형은 장기조정과정이 완료됨과 동시에 주어진 가격수준 하에서 이윤극대화 산출이 달성된다.

1) 장기조정의 완료

장기조정의 완료는 당해 시장에 더 이상 진입 또는 퇴출의 유인이 없는 상태로서 초과이윤이 없는, 즉 장기평균비용이 가격과 일치한 상태이다($P = LAC$).

2) 장기 이윤극대화

장기에서도 주어진 가격수준에서 경쟁기업의 이윤극대화 산출은 달성되어야 하므로, 장기한계비용이 가격과 일치하게 된다($P = LMC$).

이를 기하적으로 분석하면 다음과 같다.

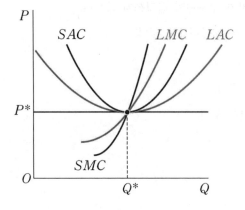

따라서 경쟁기업의 장기균형은 다음과 같이 장기평균비용의 최저수준에서 달성된다.

$$P = LMC = LAC = SMC = SAC$$

위의 내용에 따라서 설문을 검토하면 다음과 같다.

설문에서 개별기업의 장기평균비용함수가 $LAC = 2Q^2 - 12Q + 48 = 2(Q-3)^2 + 30$ 이므로 장기평균비용의 최저는 생산이 3일 때이며 균형시장가격 30과 동일하다. 따라서, 개별기업의 산출량은 3이 되고 시장가격은 30이 된다.

따라서 시장가격 30을 수요함수에 대입하면 균형 하에서 시장수급량은 450이 된다. 개별기업의 산출량이 3임을 고려하면, 동질적인 전체 기업의 수는 150개가 되어야 한다.

02 2015년 지방직 7급

A시장에는 동질적인 기업들이 존재하고 시장수요함수는 $Q = 1,000 - P$이다. 개별기업의 장기평균비용함수가 $c = 100 + (q - 10)^2$일 때, 완전경쟁시장의 장기균형에서 존재할 수 있는 기업의 수는? (단, Q는 시장수요량, q는 개별기업의 생산량을 나타낸다)

① 10   ② 90
③ 100   ④ 900

출제이슈 경쟁기업의 장기균형
핵심해설 정답 ②

경쟁기업의 장기균형은 장기조정과정이 완료됨과 동시에 주어진 가격수준 하에서 이윤극대화 산출이 달성된다.

1) 장기조정의 완료
장기조정의 완료는 당해 시장에 더 이상 진입 또는 퇴출의 유인이 없는 상태로서 초과이윤이 없는, 즉 장기평균비용이 가격과 일치한 상태이다($P = LAC$).

2) 장기 이윤극대화
장기에서도 주어진 가격수준에서 경쟁기업의 이윤극대화 산출은 달성되어야 하므로, 장기한계비용이 가격과 일치하게 된다($P = LMC$).

이를 기하적으로 분석하면 다음과 같다.

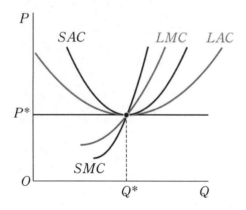

따라서 경쟁기업의 장기균형은 다음과 같이 장기평균비용의 최저수준에서 달성된다.
$P = LMC = LAC = SMC = SAC$

위의 내용에 따라서 설문을 검토하면 다음과 같다.

설문에서 개별기업의 장기평균비용함수가 $c = 100 + (q - 10)^2$이므로 장기평균비용의 최저는 생산이 10일 때이며 균형시장가격이 달성된다. 따라서 개별기업의 산출량은 10이 되고 시장가격은 100이 된다.

따라서 시장가격 100을 수요함수에 대입하면 균형 하에서 시장수급량은 900이 된다. 개별기업의 산출량이 10임을 고려하면, 동질적인 전체 기업의 수는 90개가 되어야 한다.

03 〔2015년 서울시 7급〕

다음 왼쪽 그래프는 완전경쟁시장에 놓여 있는 전형적 기업이며 오른쪽 그래프는 단기의 완전경쟁시장이다. 이 시장이 동일한 기업들로 이루어져 있다면 장기적으로 이 시장에는 몇 개의 기업이 조업하겠는가?

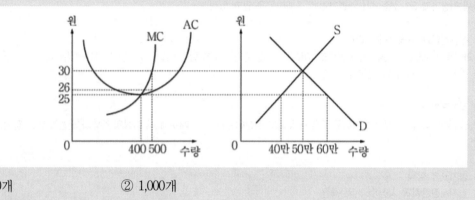

① 800개 　　　　　　　　② 1,000개
③ 1,250개 　　　　　　　④ 1,500개

출제이슈 경쟁기업의 장기균형
핵심해설 정답 ④

경쟁기업의 장기균형은 장기조정과정이 완료됨과 동시에 주어진 가격수준 하에서 이윤극대화 산출이 달성된다.

1) 장기조정의 완료
장기조정의 완료는 당해 시장에 더 이상 진입 또는 퇴출의 유인이 없는 상태로서 초과이윤이 없는, 즉 장기평균비용이 가격과 일치한 상태이다($P = LAC$).

2) 장기 이윤극대화
장기에서도 주어진 가격수준에서 경쟁기업의 이윤극대화 산출은 달성되어야 하므로, 장기한계비용이 가격과 일치하게 된다($P = LMC$).

이를 기하적으로 분석하면 다음과 같다.

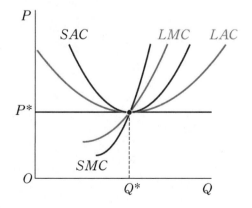

따라서 경쟁기업의 장기균형은 다음과 같이 장기평균비용의 최저수준에서 달성된다.

$$P = LMC = LAC = SMC = SAC$$

위의 내용에 따라서 설문을 검토하면 다음과 같다.

1) 현재 상황
현재 시장가격 30 수준에서 개별기업은 초과이윤을 얻고 있다.

2) 신규진입과 시장가격의 하락
초과이윤의 존재로 인하여 이 시장으로 새로운 기업들이 진입하게 될 것이다. 이로 인해 시장가격은 하락하여 결국 평균비용의 최저수준인 25가 될 것이다.

3) 장기균형 달성
평균비용의 최저수준에서 초과이윤은 얻지 못하고 정상이윤만 얻기 때문에 더 이상의 진입과 퇴출이 없는 장기균형이 가능하다.

4) 장기균형 상황
① 장기시장가격과 시장수요 및 공급
시장가격이 25인 수준에서 시장수요는 60만인데 균형이므로 시장공급도 앞에서 본 바와 같이 신규진입으로 인해 증가하여 60만이 균형거래량으로 될 것이다.

② 개별기업의 공급과 개별기업의 수
이때, 개별기업은 400만큼을 공급하고 있는데 시장에서의 균형거래량은 60만이다. 따라서 시장에서 활동하는 기업들의 수는 60만/400＝1,500(개)가 되어야 한다.

04 | 2017년 하 국가직 7급

다음 특징을 지닌 시장의 장기균형에 대한 설명으로 옳은 것은?

특징	응답
비가격경쟁 존재	아니다
가격차별화 실시	아니다
차별화된 상품 생산	아니다
새로운 기업의 자유로운 진입 가능	그렇다
장기이윤이 0보다 작으면 시장에서 이탈	그렇다

① 단골 고객이 존재한다.
② 규모를 늘려 평균비용을 낮출 수 있다.
③ 시장 참여 기업 간 상호 의존성이 매우 크다.
④ 개별 기업은 시장 가격에 영향을 미칠 수 없다.

출제이슈 완전경쟁시장의 특징과 장기균형
핵심해설 정답 ④

완전경쟁시장의 장기에 있어서 특징은 다음과 같다.

1) **다수의 수요자와 공급자** : 누구도 가격에 영향을 줄 수 없다. (가격수용자)
2) **정보가 완전** : 거래와 관련된 모든 경제적, 기술적 정보를 갖추고 있다.
3) **동질적 상품** : 소비자는 자기와 거래하는 공급자가 누구인지 신경쓰지 않는다.
4) **진입, 퇴출 자유** : 장기적으로 진입장벽, 퇴출장벽, 매몰비용이 없다.

설문을 검토하면 다음과 같다.

④에서 완전경쟁시장에서 활동하는 개별기업은 시장가격에 영향을 미칠 수 없으며 단지 가격을 수용할 뿐이다. 따라서 개별기업이 직면하는 수요곡선은 시장가격수준에서 수평선으로 나타난다.

나머지를 검토하면 다음과 같다.

① 독점적 경쟁시장을 의미한다. 비교적 소규모의 그러나 시장지배력이 가진 기업들이 단골 고객을 보유하고 있으며 그러한 의미에서 독점력이 미친다.

② 규모의 경제가 존재하는 독점기업의 경우 규모를 늘려 평균비용을 낮출 수 있다.

③ 과점시장은 독점과 경쟁의 성질을 모두 가지고 있는 시장형태로서 시장 참여 기업 간 상호 의존성이 매우 크며 이를 전략적 상황이라고 한다.

2020 지7 │ 2019 지7 │ 2017 국7 │ 2017 지7 │ 2015 국5 │ 2014 지7 │ 2014 국9 │ 2013 서7 │ 2013 국9

1 독점기업의 단기균형

1) **이윤** $\pi = TR - TC$

2) **총수입** $TR = PQ = P(Q)Q$ (독점기업이 직면하는 수요곡선 $P = P(Q)$)

3) **총비용** $TC = C(Q)$

4) **이윤극대화** $\displaystyle\operatorname*{Max}_{Q} \pi = TR - TC = P(Q)Q - C(Q) \quad \therefore \frac{dTR}{dQ} - \frac{dTC}{dQ} = 0 \quad \therefore MR = C'(Q)$

   ① 한계수입 $MR = \dfrac{dTR}{dQ} = \dfrac{d(P(Q)Q)}{dQ} = \underset{(\text{부호}:\text{음})}{\dfrac{dP}{dQ}}Q + P < P$

   ② 한계비용 $MC = C'(Q)$

   ③ 이윤극대화 $P + \dfrac{dP}{dQ}Q = C'(Q)$

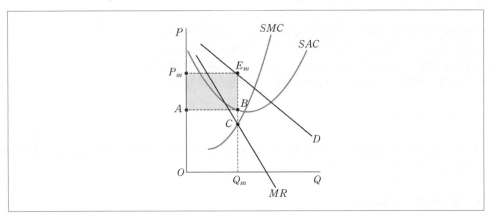

2 독점균형의 특징

1) $P > MR = MC$ (가격은 한계비용보다 큼)

2) 가격설정자 (독점기업은 공급곡선 없음)

3) $MR > 0$인 탄력적인 구간에서 균형 달성

4) 독점기업도 손실 가능 (수요곡선이 평균비용보다 하방위치)

5) 자중손실 발생 (하버거의 삼각형 면적 계산)

ISSUE 문제 📝

01 2013년 서울시 7급

독점기업의 행동에 대한 설명으로 옳지 않은 것은?

① 독점기업은 수요가 비탄력적인 구간에서 생산한다.
② 독점기업은 한계수입과 한계비용이 일치하도록 생산한다.
③ 독점기업은 공급곡선을 갖지 않는다.
④ 독점기업에 대한 수요곡선은 우하향한다.
⑤ 독점기업은 완전경쟁에 비해 적은 양을 생산한다.

출제이슈 독점기업의 이윤극대화

핵심해설 정답 ①

독점기업의 이윤극대화는 다음과 같이 달성된다.

1) 이윤 $\pi = TR - TC$
2) 총수입 $TR = PQ = P(Q)Q$ (독점기업이 직면하는 수요곡선 $P = P(Q)$)
3) 총비용 $TC = C(Q)$
4) 이윤극대화 $\underset{Q}{Max} \ \pi = TR - TC = P(Q)Q - C(Q)$ $\therefore \dfrac{dTR}{dQ} - \dfrac{dTC}{dQ} = 0$ $\therefore MR = C'(Q)$

   ① 한계수입 $MR = \dfrac{dTR}{dQ} = \dfrac{d(P(Q)Q)}{dQ} = \underset{(부호: 음)}{\dfrac{dP}{dQ}Q} + P < P$

   ② 한계비용 $MC = C'(Q)$

   ③ 이윤극대화 $P + \dfrac{dP}{dQ}Q = C'(Q)$

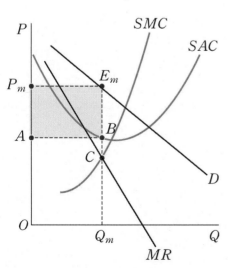

제5편

앞에서 살펴본 독점기업의 이윤극대화는 다음과 같은 특징을 가진다.

① $P > MR = MC$ (가격은 한계비용보다 큼)
② 가격설정자 (독점기업은 공급곡선 없음)
③ $MR > 0$인 탄력적인 구간에서 균형 달성
④ 독점기업도 손실 가능 (수요곡선이 평균비용보다 하방위치)
⑤ 자중손실 발생 (하버거의 삼각형 면적 계산)

위의 내용에 근거하여 설문을 검토하면 다음과 같다.

① 틀린 내용이다.
독점기업은 수요가 탄력적인 구간에서 생산한다.

② 옳은 내용이다.
독점기업은 이윤극대화를 위해 한계수입과 한계비용이 일치하도록 생산한다.

③ 옳은 내용이다.
독점기업은 가격설정자로서 이윤극대화 산출량을 정한 후에 그에 따라서 수요자들이 낼 용의가 있는 최대의 가격을 설정한다. 따라서 가격에 대하여 공급량을 정하는 스케쥴을 의미하는 공급곡선은 갖지 않는다.

④ 옳은 내용이다.
독점기업은 이윤극대화 산출량이 많아지는 경우, 시장에서 가격이 하락하고 산출량이 감소하는 경우 가격은 상승한다. 독점기업이 직면하는 수요곡선이 우하향하기 때문에 그러한 가격설정이 될 수밖에 없다. 반면, 경쟁기업이 직면하는 수요곡선은 시장균형가격 수준에서 수평이 된다.

⑤ 옳은 내용이다. 독점기업은 완전경쟁시장에 비해 적은 양을 생산하고 더 높은 가격을 받는다. 이로 인해서 사회적 후생손실이 발생하게 된다.

02 | 2013년 국가직 9급 |

이윤극대화를 추구하는 독점기업 A가 양(+)의 독점이윤을 실현하고 있을 때 옳지 않은 설명은?
(단, 한계비용＞0)

① A가 선택한 공급량에서 수요의 가격탄력성은 1보다 크다.
② 가격은 한계수입보다 높다.
③ 가격은 평균비용보다 높다.
④ 한계수입은 한계비용보다 크다.

출제이슈 독점기업의 이윤극대화
핵심해설 정답 ④

설문을 검토하면 다음과 같다.

① 옳은 내용이다.
독점기업은 한계수입과 한계비용이 일치하는 점에서 이윤극대화 생산을 하게 된다. 한계비용이 0 이상이라고 하면, 위와 같은 때는 한계수입이 0보다 큰 구간이 된다. 한계수입이 0보다 더 큰 구간은 수요가 탄력적인 구간을 의미한다. 따라서 A가 선택한 공급량에서 수요의 가격탄력성은 1보다 크게 된다.

② 옳은 내용이다.
독점기업은 한계수입과 한계비용이 일치하는 점에서 이윤극대화 생산을 하게 된다. 그러나 가격은 한계비용을 넘어서 수요자가 지불할 용의가 있는 금액을 독점가격으로 받게 된다. 따라서 독점균형은 $P > MR = MC$가 되어 가격은 한계수입보다 높다.

③ 옳은 내용이다.
현재 양의 독점이윤을 실현하고 있다는 것은 현재 설정된 독점가격이 평균비용보다 높다는 것을 의미한다. 다만, 독점의 경우도 수요조건과 비용조건에 따라서 음의 이윤, 즉 손실을 보는 것도 가능하는 것에 주의해야 한다.

④ 틀린 내용이다.
독점기업은 한계수입과 한계비용이 일치하는 점에서 이윤극대화 생산을 하게 된다.

03 　2019년 지방직 7급

그림은 독점기업의 단기균형을 나타낸다. 이에 대한 설명으로 옳은 것은? (단, MR은 한계수입곡선, D는 수요곡선, MC는 한계비용곡선, AC는 평균비용곡선이다)

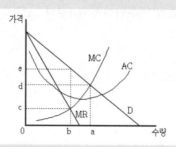

① 단기균형에서 이 기업의 생산량은 a이다.
② 단기균형에서 이 기업의 이윤은 b × (e − c)이다.
③ d는 균형가격을 나타낸다.
④ 균형생산량 수준에서 평균비용이 한계비용보다 크다.

출제이슈 　독점기업의 이윤극대화
핵심해설 　정답 ④

독점기업의 이윤극대화는 다음과 같이 달성된다.

1) 이윤 $\pi = TR - TC$
2) 총수입 $TR = PQ = P(Q)Q$ (독점기업이 직면하는 수요곡선 $P = P(Q)$)
3) 총비용 $TC = C(Q)$

4) 이윤극대화 $\underset{Q}{Max}\ \pi = TR - TC = P(Q)Q - C(Q)$ ∴ $\dfrac{dTR}{dQ} - \dfrac{dTC}{dQ} = 0$ ∴ $MR = C'(Q)$

① 한계수입 $MR = \dfrac{dTR}{dQ} = \dfrac{d(P(Q)Q)}{dQ} = \dfrac{dP}{dQ}Q + P < P$ 　② 한계비용 $MC = C'(Q)$
　　　　　　　　　　　　　　　　　　　　(부호 : 음)

③ 이윤극대화 $P + \dfrac{dP}{dQ}Q = C'(Q)$

위의 내용에 근거하여 설문을 검토하면 다음과 같다.

① 틀린 내용이다. 단기균형에서 이 기업의 생산량은 한계수입과 한계비용이 일치하는 수준인 b이다.

② 틀린 내용이다. 단기균형에서 이 기업의 이윤은 b × (e − c)가 아니라 b × (e − AC)이다.

③ 틀린 내용이다. d는 독점균형가격이 아니라 경쟁균형가격을 나타낸다. 독점균형가격은 e가 된다.

04 ｜2017년 지방직 7급｜

어느 독점기업이 직면하는 시장수요함수는 $P = 30 - Q$이며, 한계비용은 생산량과 상관없이 20으로 일정하다. 이 독점기업이 이윤을 극대화할 때의 생산량과 이윤의 크기는? (단, Q는 생산량이다)

	생산량	이윤
①	5	10
②	5	25
③	10	10
④	10	25

출제이슈 독점기업의 극대화
핵심해설 정답 ②

독점기업의 이윤극대화는 다음과 같이 달성된다.

1) 이윤 $\pi = TR - TC$
2) 총수입 $TR = PQ = P(Q)Q$ (독점기업이 직면하는 수요곡선 $P = P(Q)$)
3) 총비용 $TC = C(Q)$
4) 이윤극대화 $\underset{Q}{Max}\ \pi = TR - TC = P(Q)Q - C(Q)$ $\therefore \dfrac{dTR}{dQ} - \dfrac{dTC}{dQ} = 0$ $\therefore MR = C'(Q)$

  ① 한계수입 $MR = \dfrac{dTR}{dQ} = \dfrac{d(P(Q)Q)}{dQ} = \underset{(부호 : 음)}{\dfrac{dP}{dQ}}Q + P < P$ ② 한계비용 $MC = C'(Q)$

  ③ 이윤극대화 $P + \dfrac{dP}{dQ}Q = C'(Q)$

설문에서 독점기업의 이윤극대화를 풀면 다음과 같다.

$P = 30 - Q$, $MR = 30 - 2Q$, $MC = 20$이므로 독점기업의 이윤극대화 $MR = MC$ 조건을 풀면 $30 - 2Q = 20$가 되어 이윤극대화 생산량은 5, 독점가격은 25, 독점이윤은 25가 된다.

제5편

05 2015년 국가직 9급

어떤 독점기업의 수요함수가 $P = 30 - \dfrac{Q}{2}$ 이고, 총비용함수는 $TC(Q) = Q^2 + 100$ 일 대, 이윤을 극대화하는 생산량은? (단, P는 가격, Q는 생산량, TC는 총비용을 나타낸다)

① 5   ② 10

③ 15   ④ 20

출제이슈 독점기업의 이윤극대화
핵심해설 정답 ②

독점기업의 이윤극대화는 다음과 같이 달성된다.

1) 이윤 $\pi = TR - TC$
2) 총수입 $TR = PQ = P(Q)Q$ (독점기업이 직면하는 수요곡선 $P = P(Q)$)
3) 총비용 $TC = C(Q)$
4) 이윤극대화 $\underset{Q}{Max}\ \pi = TR - TC = P(Q)Q - C(Q)$ $\therefore\ \dfrac{dTR}{dQ} - \dfrac{dTC}{dQ} = 0$ $\therefore\ MR = C'(Q)$

   ① 한계수입 $MR = \dfrac{dTR}{dQ} = \dfrac{d(P(Q)Q)}{dQ} = \underset{(부호: 음)}{\dfrac{dP}{dQ}Q} + P\ < P$ ② 한계비용 $MC = C'(Q)$

   ③ 이윤극대화 $P + \dfrac{dP}{dQ}Q = C'(Q)$

설문에서 독점기업의 이윤극대화를 풀면 다음과 같다.

$P = 30 - 0.5Q$, $MR = 30 - Q$, $MC = 2Q$ 이므로 독점기업의 이윤극대화 $MR = MC$ 조건을 풀면 $30 - Q = 2Q$ 가 되어 이윤극대화 생산량은 10이 된다.

06 2014년 국가직 9급

재화의 시장수요곡선이 $Q = 30 - P$인 독점시장에서 기업의 한계비용이 Q일 때 시장의 균형생산량은?

① 7.5

② 10

③ 15

④ 20

출제이슈 독점기업의 이윤극대화

핵심해설 정답 ②

독점기업의 이윤극대화는 다음과 같이 달성된다.

1) 이윤 $\pi = TR - TC$
2) 총수입 $TR = PQ = P(Q)Q$ (독점기업이 직면하는 수요곡선 $P = P(Q)$)
3) 총비용 $TC = C(Q)$
4) 이윤극대화 $\underset{Q}{Max} \ \pi = TR - TC = P(Q)Q - C(Q)$ $\therefore \dfrac{dTR}{dQ} - \dfrac{dTC}{dQ} = 0$ $\therefore MR = C'(Q)$

① 한계수입 $MR = \dfrac{dTR}{dQ} = \dfrac{d(P(Q)Q)}{dQ} = \underset{(부호 : 음)}{\dfrac{dP}{dQ}Q} + P < P$ ② 한계비용 $MC = C'(Q)$

③ 이윤극대화 $P + \dfrac{dP}{dQ}Q = C'(Q)$

설문에서 독점기업의 이윤극대화를 풀면 다음과 같다.

$P = 30 - Q$, $MR = 30 - 2Q$, $MC = Q$이므로 독점기업의 이윤극대화 $MR = MC$ 조건을 풀면 $30 - 2Q = Q$가 되어 이윤극대화 생산량은 10이 된다.

07 2014년 지방직 7급

어떤 독점기업의 생산비용함수가 $C = 10Q^2 + 200Q$이고, 수요함수가 $P = 2,000 - 50Q$일 때, 이윤을 극대화하는 생산량과 가격은? (단, C는 생산비용, Q는 생산량, P는 가격을 나타낸다)

① $Q = 15, P = 1,250$
② $Q = 20, P = 1,250$
③ $Q = 15, P = 750$
④ $Q = 30, P = 500$

출제이슈 독점기업의 이윤극대화
핵심해설 정답 ①

독점기업의 이윤극대화는 다음과 같이 달성된다.

1) 이윤 $\pi = TR - TC$
2) 총수입 $TR = PQ = P(Q)Q$ (독점기업이 직면하는 수요곡선 $P = P(Q)$)
3) 총비용 $TC = C(Q)$
4) 이윤극대화 $\underset{Q}{Max}\ \pi = TR - TC = P(Q)Q - C(Q)$ ∴ $\dfrac{dTR}{dQ} - \dfrac{dTC}{dQ} = 0$ ∴ $MR = C'(Q)$

① 한계수입 $MR = \dfrac{dTR}{dQ} = \dfrac{d(P(Q)Q)}{dQ} = \underset{(부호 : 음)}{\dfrac{dP}{dQ}}Q + P < P$ ② 한계비용 $MC = C'(Q)$

③ 이윤극대화 $P + \dfrac{dP}{dQ}Q = C'(Q)$

설문에서 독점기업의 이윤극대화를 풀면 다음과 같다.

$P = 2,000 - 50Q$, $MR = 2,000 - 100Q$, $MC = 20Q + 200$이므로 독점기업의 이윤극대화 $MR = MC$ 조건을 풀면 $2,000 - 100Q = 20Q + 200$이 되어 이윤극대화 생산량 15, 가격 1,250이 된다.

08 2020년 지방직 7급

제품 A는 완전경쟁시장에서 거래되며, 수요곡선은 $Q^d = 150 - 5P$이다. 이 시장에 참여하고 있는 갑 기업의 한계수입곡선은 $MR = -\dfrac{2}{5}Q + 30$, 한계비용은 20이다. 갑 기업이 제품 A에 대한 독점 기업이 되면서, 한계비용은 22가 되었다. 독점에 의한 사회적 후생 손실은? (단, Q^d는 수요량, P는 가격이다)

① 30   ② 60
③ 90   ④ 120

출제이슈 독점의 자중손실
핵심해설 정답 ③

1) 먼저 경쟁일 경우 균형 E_C 을 구하면 다음과 같다.

설문에서 수요함수를 변형하면, $P = -0.2Q + 30$이고 한계비용 $MC = 20$ 이다.

경쟁 시 균형은 $P = MC$에서 달성되므로 $-0.2Q + 30 = 20$, $Q = 50$ 이 된다. 가격은 $P = 20$이다.

2) 이제 독점일 경우 균형 E_M 을 구하면 다음과 같다.

설문에서 $MR = -0.4Q + 30$ 이고 한계비용 $MC = 22$ 이다.

독점 시 균형은 $MR = MC$에서 달성되므로 $-0.4Q + 30 = 22$, $Q = 20$ 이 된다. 가격은 $P = 26$이다.

3) 이를 그래프로 표시하여 자중손실을 구하면 다음과 같다.

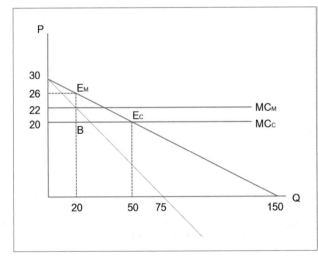

독점으로 인한 경제적 순손실은 하버거의 삼각형 (자중손실 DWL) $\triangle E_m E_c B$를 의미한다.

따라서 자중손실은
$$DWL = \frac{(26 - 20) \times (50 - 20)}{2} = 90$$
이 된다.

09 2017년 하 국가직 7급

이윤극대화를 추구하는 어느 독점기업의 이윤극대화 생산량은 230단위, 이윤극대화 가격은 3,000원이고, 230번째 단위의 한계비용은 2,000원이다. 만약 이 재화가 완전경쟁시장에서 생산된다면, 균형생산량은 300단위이고 균형가격은 2,500원이다. 수요곡선과 한계비용곡선이 직선일 때, 이 독점기업에 의해 유발되는 경제적 순손실(deadweight loss)은?

① 20,000원   ② 28,000원
③ 35,000원   ④ 50,000원

출제이슈 독점의 자중손실
핵심해설 정답 ③

독점으로 인한 경제적 순손실은 하버거의 삼각형 (자중손실 DWL) $\triangle E_m E_c B$를 의미한다.

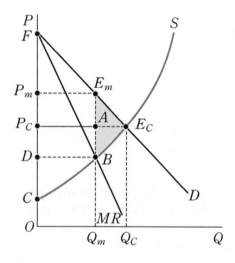

설문의 자료에 따르면, 다음과 같다.

① 독점 가격 P_m 은 3,000, 독점 산출량 230
② 경쟁 가격 E_c 는 2,500, 경쟁 산출량 300
③ 한계비용 $MC = 2,000$

따라서 자중손실은 $DWL = \dfrac{(3,000 - 2,000) \times (300 - 230)}{2} = 35,000$(원)이 된다.

ISSUE 04 독점시장 기타이슈

2017 지7 | 2018 국9 | 2013 국7 | 2011 국7

1 독점도

1) 의의

독점시장의 자원배분이 경쟁시장에 비하여 어느 정도 괴리되어 있는지를 나타내어 주는 지수로서 독점가격과 한계비용의 차이를 독점가격으로 나눈 값이다.

2) 독점도의 종류

① 러너의 독점도 $\dfrac{P - MC}{P}$ ② 힉스의 독점도 $\dfrac{1}{\epsilon_P}$

2 Amoroso-Robinson 공식

1) 의의 : 독점의 한계수입, 가격, 탄력성 간의 관계식을 의미한다.

2) 산식 : $MR = P(1 - \dfrac{1}{e})$, e : 가격탄력성

3 독점기업의 총수입극대화

1) 총수입 $TR = PQ = P(Q)Q$ (독점기업이 직면하는 수요곡선 $P = P(Q)$)

2) 총수입극대화 $\underset{Q}{Max} \pi = TR = P(Q)Q$ $\therefore \dfrac{dTR}{dQ} = 0$ $\therefore MR = 0$

① 한계수입 $MR = \dfrac{dTR}{dQ} = \dfrac{d(P(Q)Q)}{dQ} = \underset{(부호 : 음)}{\dfrac{dP}{dQ}} Q + P < P$

③ 총수입극대화 $P + \dfrac{dP}{dQ} Q = 0$

4 독점기업의 장기균형

1) 시설규모 조정 가능

① 단기에서는 시설규모의 조정이 불가능

② 장기에서는 보다 적절한 시설규모를 선택하여 단기보다 더 큰 이윤 달성 가능

2) 이탈 가능

① 계속 손실을 보는 경우 이탈

② 장기에 남아있는 독점기업은 최소한 0 이상의 이윤 획득

5 독점에 대한 규제

1) 가격규제 : 한계비용가격설정, 평균비용가격결정, 이중가격설정

2) 국유화

3) 경쟁체제로 전환

ISSUE 문제 📝

01 2017년 지방직 7급

어느 재화에 대한 수요곡선은 $Q = 100 - P$이다. 이 재화를 생산하여 이윤을 극대화하는 독점기업의 비용함수가 $C(Q) = 20Q + 10$일 때, 이 기업의 러너 지수(Lerner index) 값은?

① $\dfrac{1}{4}$ ② $\dfrac{1}{3}$

③ $\dfrac{2}{3}$ ④ $\dfrac{3}{4}$

출제이슈 독점균형과 독점도로서의 러너 지수
핵심해설 정답 ③

먼저 독점기업의 이윤극대화는 다음과 같이 달성된다.

1) 이윤 $\pi = TR - TC$
2) 총수입 $TR = PQ = P(Q)Q$ (독점기업이 직면하는 수요곡선 $P = P(Q)$)
3) 총비용 $TC = C(Q)$
4) 이윤극대화 $\underset{Q}{Max}\ \pi = TR - TC = P(Q)Q - C(Q)$ $\therefore \dfrac{dTR}{dQ} - \dfrac{dTC}{dQ} = 0$ $\therefore MR = C'(Q)$

① 한계수입 $MR = \dfrac{dTR}{dQ} = \dfrac{d(P(Q)Q)}{dQ} = \underset{(부호: 음)}{\dfrac{dP}{dQ}}Q + P < P$ ② 한계비용 $MC = C'(Q)$

③ 이윤극대화 $P + \dfrac{dP}{dQ}Q = C'(Q)$

설문에서 $P = 100 - Q$, $MR = 100 - 2Q$, $MC = 20$이므로 독점기업의 이윤극대화 $MR = MC$ 조건을 풀면 $100 - 2Q = 20$이 되어 이윤극대화 생산량 40, 가격 60이 된다.

한편, 독점시장의 독점도를 측정하는 지수로는 러너의 독점도와 힉스의 독점도가 있으며 그 산식은 각각 다음과 같다.

① 러너의 독점도 $\dfrac{P - MC}{P}$ ② 힉스의 독점도 $\dfrac{1}{\epsilon_P}$

위에서 구한 자료들을 러너의 독점도 산식에 대입하면 $\dfrac{P - MC}{P} = \dfrac{60 - 20}{60} = \dfrac{2}{3}$ 가 된다.

02 2018년 국가직 9급

기업 A는 차별화된 전통주를 독점적으로 생산하여 판매하고 있다. 이 제품에 대한 수요곡선은 $Q_d = -3P + 480$으로 표현된다. 기업 A가 판매수입을 극대화하기 위해 책정해야 하는 전통주 1병당 가격은? (단, P는 만 원 단위로 표시된 1병당 가격이다)

① 50   ② 60

③ 70   ④ 80

출제이슈 독점기업의 한계수입과 총수입극대화
핵심해설 정답 ④

독점기업의 총수입극대화는 다음과 같이 달성된다.

1) 총수입 $TR = PQ = P(Q)Q$ (독점기업이 직면하는 수요곡선 $P = P(Q)$)

2) 총수입극대화 $\underset{Q}{Max}\ \pi = TR = P(Q)Q$ $\therefore \dfrac{dTR}{dQ} = 0$ $\therefore MR = 0$

① 한계수입 $MR = \dfrac{dTR}{dQ} = \dfrac{d(P(Q)Q)}{dQ} = \underset{(부호:음)}{\dfrac{dP}{dQ}}Q + P\ < P$

③ 총수입극대화 $P + \dfrac{dP}{dQ}Q = 0$

설문에서 독점기업의 이윤극대화를 풀면 다음과 같다.

$P = 160 - \dfrac{1}{3}Q,\ MR = 160 - \dfrac{2}{3}Q$ 이므로 독점기업의 총수입극대화 $MR = 0$ 조건을 풀면 $160 - \dfrac{2}{3}Q = 0$ 이 되어 총수입극대화 생산량 240, 가격 80이 된다.

03 | 2011년 국가직 7급

어느 독점기업이 직면하는 수요곡선이 $P = 6 - 3Q$(단, P는 가격, Q는 수요량)일 때, 이 기업의 한계수입이 0이라면 총수입은?

① 1   ② 2

③ 3   ④ 4

출제이슈 독점기업의 한계수입과 총수입극대화

핵심해설 정답 ③

독점기업의 총수입극대화는 다음과 같이 달성된다.

1) 총수입 $TR = PQ = P(Q)Q$ (독점기업이 직면하는 수요곡선 $P = P(Q)$)

2) 총수입극대화 $\underset{Q}{Max} \ \pi = TR = P(Q)Q \quad \therefore \dfrac{dTR}{dQ} = 0 \quad \therefore MR = 0$

① 한계수입 $MR = \dfrac{dTR}{dQ} = \dfrac{d(P(Q)Q)}{dQ} = \underset{(\text{부호 : 음})}{\dfrac{dP}{dQ}Q} + P \ < \ P$

③ 총수입극대화 $P + \dfrac{dP}{dQ}Q = 0$

설문에서 독점기업의 총수입극대화를 풀면 다음과 같다.

$P = 6 - 3Q$, $MR = 6 - 6Q$ 이므로 주어진 $MR = 0$ 조건을 풀면 $6 - 6Q = 0$ 이 되어 생산량 1, 가격 3이 된다. 따라서 총수입은 3이 된다.

제5편

04 2013년 국가직 7급

독점기업인 자동차 회사 A가 자동차 가격을 1% 올렸더니 수요량이 4% 감소하였다. 자동차의 가격이 2,000만 원이라면 자동차 회사 A의 한계수입은?

① 1,000만 원   ② 1,500만 원

③ 2,000만 원   ④ 2,500만 원

출제이슈 독점기업의 한계수입과 Amoroso − Robinson 공식
핵심해설 정답 ②

Amoroso−Robinson 공식은 다음과 같다.

1) **의의** : 독점의 한계수입, 가격, 탄력성 간의 관계식을 의미한다.

2) **산식** : $MR = P(1 - \dfrac{1}{e})$, e : 가격탄력성

설문에서 독점기업인 자동차 회사 A가 자동차 가격을 1% 올렸더니 수요량이 4% 감소한 것은 수요의 가격탄력성이 4임을 나타낸다.

설문의 자료를 위의 산식 $MR = P(1 - \dfrac{1}{e})$에 대입하면 다음과 같다.

$MR = 2,000\,(1 - \dfrac{1}{4}) = 1,500$(단위 : 만 원)이다.

05 | 2019년 국가직 7급 |

독점기업 A의 수요함수와 평균비용이 다음과 같다. 정부가 A의 생산을 사회적 최적 수준으로 강제하는 대신 A의 손실을 보전해 줄 때, 정부가 A에 지급하는 금액은? (단, Q_D는 수요량, P는 가격, AC는 평균비용, Q는 생산량이다)

수요함수: $Q_D = \dfrac{25}{2} - \dfrac{1}{4}P$

평균비용: $AC = -Q + 30$

① 50   ② 100
③ 150   ④ 200

출제이슈 독점규제와 한계비용가격설정
핵심해설 정답 ②

독점체제는 자원배분의 효율성 및 소득분배의 공평성 측면에서 여러가지 문제점들을 가지고 있기 때문에 정부는 여러 정책수단을 동원하여 이를 치유하기 위해 노력하고 있다. 이러한 독점규제는 대체로 가격규제방식, 국유화방식, 경쟁체제 도입방식으로 나누어 볼 수 있다.

한계비용가격설정은 독점기업의 가격수준을 한계비용으로 설정하는 방식으로서 자원배분의 효율성은 달성할 수 있다는 장점은 있으나 독점기업에 손실을 야기한다는 문제점이 있다. 따라서 설문과 같이 손실을 보전하기 위한 보조금 지급이 검토될수 있다.

설문에서 주어진 자료를 활용하면 다음과 같다.

수요함수 $P = 50 - 4Q$이므로 한계수입 $MR = 50 - 8Q$이 된다.
또한 평균비용 $AC = -Q + 30$에서 한계비용을 도출하면 $MC = -2Q + 30$이 된다.

이때, 사회적 최적수준의 산출은 $P = MC$에서 달성되므로 $50 - 4Q = -2Q + 30$이므로 최적산출량 $Q = 10$이된다. 이때, 가격 $P = 50 - 4 \times 10 = 10$, 평균비용 $AC = -10 + 30 = 20$이므로 손실이 단위당 10만큼씩 발생하고 있다.

따라서 정부는 손실을 보전해 주기 위해서 산출량 10에 단위당 10만큼의 보조금을 지급하게 되면 총 100만큼의 보조금을 지급해야 한다.

가격차별

1 1급 가격차별: 상품 수요량을 극단적으로 세분화하여, 다른 가격을 설정하는 방식

2 2급 가격차별: 상품수요량을 구간별로 분리하여, 다른 가격을 설정하는 방식

3 3급 가격차별

  1) 의의: 수요자를 그룹별로 분리하여, 다른 가격을 설정하는 방식

  2) 조건

    ① 소비자: 그룹별 분리 가능 (가격탄력성, 분리비용 고려)

    ② 생산자: 독점력 보유

    ③ 소비자 그룹간 전매 (재판매) 불가능

  3) 기하적 분석

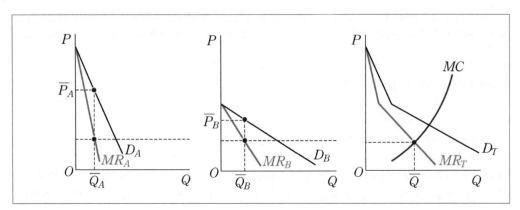

  4) 수리적 분석

    ① $MR_T = MC$ (이윤극대화 전체 산출량 결정)

    ② $MR_A = MR_B$ (각 시장마다 다른 가격으로 할당, 판매)

    ③ $P_A(1 - \dfrac{1}{\epsilon_A}) = P_B(1 - \dfrac{1}{\epsilon_B})$ (탄력적일수록 낮은 가격 설정)

ISSUE 문제 📝

제5편

01 2016년 국가직 9급

독점기업의 제3급 가격차별에 대한 설명으로 옳지 않은 것은?

① 가격차별을 하기 위해서는 소비자들을 그룹별로 분류할 수 있어야 한다.

② 가격차별을 하기 위해서는 상품의 소비자 간 재판매가 불가능해야 한다.

③ 생산량에 관계없이 한계비용이 일정할 경우, 독점기업이 이윤극대화를 위해서는 차별화된 각 시장에서의 한계수입이 동일하도록 판매량을 결정해야 한다.

④ 가격차별을 하는 독점기업은 수요의 가격탄력성이 높은 집단에게 높은 가격을, 가격탄력성이 낮은 집단에게 낮은 가격을 설정해야 한다.

출제이슈 3급 가격차별

핵심해설 정답 ④

3급 가격차별이란 수요자를 그룹별로 분리하여, 수요자 그룹별로 다른 가격을 설정하는 방식을 의미한다. 3급 가격차별이 가능하기 위해서는 ① 소비자는 그룹별로 분리 가능해야 하며(가격탄력성, 분리비용 고려), ② 생산자는 독점력을 보유하고 있어야 하며, ③ 소비자 그룹간 전매(재판매)는 불가능해야 한다.

가격차별을 수리적 · 기하적으로 분석하면 다음과 같다.

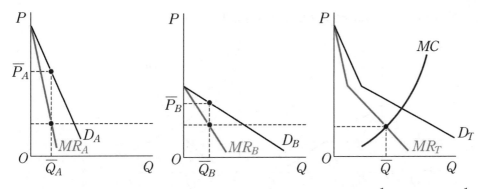

가격차별은 $MC = MR_A = MR_B$ 에서 달성되며 이를 다시 쓰면 $P_A(1 - \frac{1}{\epsilon_A}) = P_B(1 - \frac{1}{\epsilon_B})$ 이 된다. 이는 탄력적인 수요자 집단에 대해서는 낮은 가격을, 비탄력적인 수요자 집단에 대해서는 높은 가격을 설정해야 함을 의미한다. 지문 ④에서 가격차별을 하는 독점기업은 이윤극대화 조건식 $P_A(1 - \frac{1}{\epsilon_A}) = P_B(1 - \frac{1}{\epsilon_B})$ 에 따라서, 탄력성이 낮은 그룹에 대하여 높은 가격을, 탄력성이 높은 그룹에 대하여 낮은 가격을 설정한다.

02 2012년 국가직 7급

X재화를 공급하는 독점기업이 이윤극대화를 위해 실시하는 가격차별에 대한 설명으로 옳지 않은 것은?

① X재화에 대한 수요의 가격탄력성 차이가 집단구분의 기준이 될 수 있다.

② 두 시장을 각각 A와 B, X재화 판매의 한계수입을 MR, X재화 생산의 한계비용을 MC라고 할 때, $MR_A = MR_B = MC$ 원리에 기초하여 행동한다.

③ A시장보다 B시장에서 X재화에 대한 수요가 가격에 더 탄력적이라면 독점기업은 A시장보다 B시장에서 더 높은 가격을 설정한다.

④ 독점기업이 제1차 가격차별(first−degree price discrimination)을 하는 경우 사회적으로 바람 직한 양이 산출된다.

출제이슈 3급 가격차별과 1급 가격차별
핵심해설 정답 ③

설문을 검토하면 다음과 같다.

① 옳은 내용이다.
3급 가격차별이란 수요자를 그룹별로 분리하여, 수요자 그룹별로 차별적으로 다른 가격을 설정하는 방식을 의미한다. 3급 가격차별이 가능하기 위해서는 ⅰ) 소비자는 그룹별로 분리 가능해야 하며(가격탄력성, 분리비용 고려), ⅱ) 생산자는 독점력을 보유하고 있어야 하며, ⅲ) 소비자 그룹간 전매(재판매)는 불가능해야 한다. 따라서 수요의 가격탄력성 차이가 집단구분의 기준이 될 수 있다.

② 옳은 내용이다.
3급 가격차별의 이윤극대화를 수리적·기하적으로 분석하면 다음과 같다.

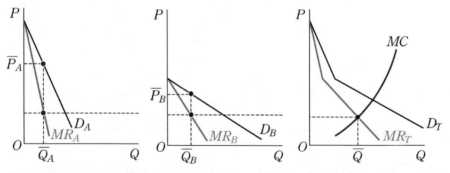

따라서 3급 가격차별 시 이윤극대화는 $MC = MR_A = MR_B$ 에서 달성된다.

③ 틀린 내용이다.
위의 3급 가격차별 시 이윤극대화 조건 $MC = MR_A = MR_B$ 을 Amoroso−Robinson 공식을 이용하여 다시 쓰면,

$P_A(1 - \dfrac{1}{\epsilon_A}) = P_B(1 - \dfrac{1}{\epsilon_B})$ 이 된다. 이는 탄력적인 수요자 집단에 대해서는 낮은 가격을, 비탄력적인 수요자 집단에 대해서는 높은 가격을 설정해야 함을 의미한다.

④ 옳은 내용이다.
1급 가격차별은 상품 수요량을 극단적으로 세분화하여, 다른 가격을 설정하는 방식으로서 이 경우 경쟁시장에서와 같은 생산량이 달성되지만, 소비자잉여가 모두 독점이윤으로 전환된다는 문제가 있다. 즉, 효율성 측면에서는 사회적으로 바람직한 양이 산출되지만, 공평성에 문제가 있다.

03 2019년 서울시 7급

어떤 독점기업이 시장을 A와 B로 나누어 이윤극대화를 위한 가격차별정책을 시행하고자 한다. A시장의 수요함수는 $Q_A = -2P_A + 60$이고 B시장의 수요함수는 $Q_B = -4P_B + 80$이라고 한다 (Q_A, Q_B는 각 시장에서 상품의 총수요량, P_A, P_B는 상품의 가격임). 이 기업의 한계비용이 생산량과 관계없이 2원으로 고정되어 있을 때, A시장과 B시장에 적용될 상품가격은?

	A시장	B시장
①	14	10
②	16	11
③	14	11
④	16	10

출제이슈 3급 가격차별
핵심해설 정답 ②

3급 가격차별의 경우 이윤극대화는 $MC = MR_A = MR_B$에서 달성된다.

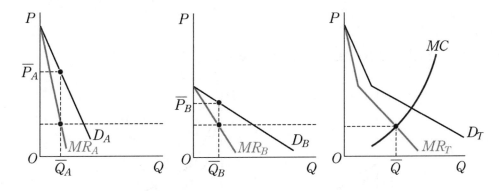

설문에 의하면, $MR_A = 30 - Q_A$, $MR_B = 20 - 0.5Q_B$, $MC = 2$ 이다.

가격차별 시 이윤극대화 조건 $MR_A = MR_B = MC$에 따라서 $30 - Q_A = 20 - 0.5Q_B = 2$가 된다.

이를 풀면 $Q_A = 28$, $P_A = 16$, $Q_B = 36$, $P_B = 11$이 된다.

04 2013년 지방직 7급

A사는 자동차 부품을 독점적으로 생산하여 대구와 광주에만 공급하고 있다. A사의 비용함수와 A사 부품에 대한 대구와 광주의 수요함수가 다음과 같을 때, A사가 대구와 광주에서 각각 결정할 최적 가격과 공급량은?

> • A사의 비용함수: $C = 15Q + 20$
> • 대구의 수요함수: $Q_{대구} = -P_{대구} + 55$
> • 광주의 수요함수: $Q_{광주} = -2P_{광주} + 70$
> (단, C는 비용, Q는 생산량, P는 가격이다)

① $(P_{대구}, Q_{대구}, P_{광주}, Q_{광주}) = (35, 20, 25, 20)$

② $(P_{대구}, Q_{대구}, P_{광주}, Q_{광주}) = (30, 20, 40, 20)$

③ $(P_{대구}, Q_{대구}, P_{광주}, Q_{광주}) = (30, 40, 30, 40)$

④ $(P_{대구}, Q_{대구}, P_{광주}, Q_{광주}) = (15, 40, 25, 40)$

출제이슈 3급 가격차별
핵심해설 정답 ①

3급 가격차별의 경우 이윤극대화는 $MC = MR_{대구} = MR_{광주}$ 에서 달성된다.

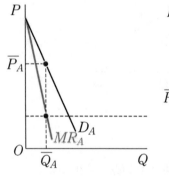 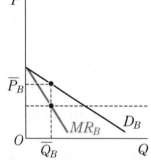 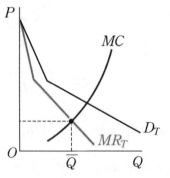

설문에 의하면, $MR_{대구} = 55 - 2Q_{대구}$, $MR_{광주} = 35 - Q_{광주}$, $MC = 15$ 이다.

가격차별 시 이윤극대화 조건 $MC = MR_{대구} = MR_{광주}$ 에 따라서
$55 - 2Q_{대구} = 35 - Q_{광주} = 15$ 가 된다.

이를 풀면 $Q_{대구} = 20$, $P_{대구} = 35$, $Q_{광주} = 20$, $P_{광주} = 25$ 이 된다.

05 | 2017년 국가직 9급

어떤 지역에서 독점적으로 영화관을 운영하는 기업은 영화관 이용자를 A와 B 두 집단으로 나눌 수 있다고 가정할 때, 다음 설명으로 옳지 않은 것은? (단, 이 기업이 영화를 제공하는 데 들어가는 한계비용은 10이고 A집단과 B집단의 수요함수는 각각 $Q_A = 10 - \frac{1}{2}P_A$ 와 $Q_B = 14 - P_B$이다)

① 영화관 이용자는 두 집단으로 구분될 수 있고, 이용자 간의 거래가 불가능해야만 가격차별이 가능하다.
② 독점기업은 A집단에게는 낮은 가격으로, B집단에게는 높은 가격으로 가격차별을 할 수 있다.
③ 독점기업은 가격차별을 통해 이윤을 증가시킬 수 있다.
④ A와 B 두 집단 각각에 대해 독점기업의 한계수입이 10일 때 이윤이 극대화 된다.

출제이슈 3급 가격차별
핵심해설 정답 ②

3급 가격차별의 경우 이윤극대화는 $MC = MR_A = MR_B$에서 달성된다.

설문에 의하면, $MR_A = 20 - 4Q_A$, $MR_B = 14 - 2Q_B$, $MC = 10$이다.

가격차별 시 이윤극대화 조건 $MR_A = MR_B = MC$에 따라서 $20 - 4Q_A = 14 - 2Q_B = 10$이 된다.

이를 풀면 $Q_A = 2.5$, $P_A = 15$, $Q_B = 2$, $P_B = 12$이 된다.

설문을 검토하면 다음과 같다.

① 옳은 내용이다.
영화관 이용자는 탄력성이 상이한 두 집단으로 구분될 수 있고, 두 집단 간에 전매차익 거래가 불가능해야만 가격차별이 가능하다.

② 틀린 내용이다.
독점기업은 상대적으로 비탄력적인 A집단에게는 높은 가격을, 상대적으로 탄력적인 B집단에게는 낮은 가격을 매겨서 가격차별을 할 수 있다.

③ 옳은 내용이디.
독점기업은 가격차별을 통해 가격차별 이전보다 더 이윤을 증가시킬 수 있다.

④ 옳은 내용이다.
A와 B 두 집단 각각에 대해 $MC = MR_A = MR_B$일 때, 가격차별이 성립하므로, 독점기업의 한계수입이 한계비용 10과 같을 때 이윤이 극대화 된다.

06 2013년 지방직 7급

수요의 특성이 다른 두 개의 분리된 시장 A와 B에서 이윤극대화를 추구하는 독점기업이 있다고 가정하자. 이 독점기업의 한계비용은 5이고, 시장 A와 시장 B에서 수요의 가격탄력성이 각각 1.5 및 1.2일 때, 시장 A와 시장 B에서의 독점가격은?

	시장 A 독점가격	시장 B 독점가격
①	15	20
②	20	10
③	20	15
④	15	30

출제이슈 3급 가격차별
핵심해설 정답 ④

3급 가격차별의 경우 이윤극대화는 $MC = MR_A = MR_B$ 에서 달성된다.

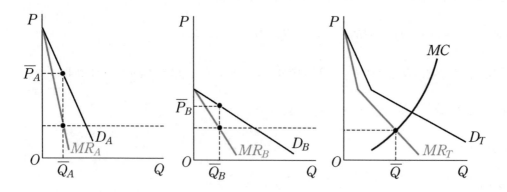

설문에 의하면, 시장A에서 수요의 가격탄력성 $e_A = 1.5$, 시장B에서 수요의 가격탄력성 $e_B = 1.2$ 이다.

이때, Amoroso-Robinson 공식 $MR = P(1 - \dfrac{1}{e})$, (단, e : 가격탄력성)을 사용하면 다음과 같다.

$$MR_A = P_A(1 - \frac{1}{e_A}) = P_A(1 - \frac{1}{1.5}), \ MR_B = P_B(1 - \frac{1}{e_B}) = P_B(1 - \frac{1}{1.2}) 가 된다.$$

이제 가격차별의 산식 $MC = MR_A = MR_B$에 위를 대입하면 다음과 같다.

$$P_A(1 - \frac{1}{1.5}) = P_B(1 - \frac{1}{1.2}) = 5가 된다. 따라서 P_A = 15, \ P_B = 30이 된다.$$

ISSUE 06 다공장 독점

2020 국7 | 2018 국9 | 2017 서7 | 2014 서7 | 2011 지7

1 의의

독점 생산자가 하나 이상의 여러 개 공장에서 상품을 생산

2 특징

1) 비용조건 상이

공장 간 상이한 비용조건을 의사결정 시 고려

2) 카르텔모형과 유사

① 다공장 독점: 여러 개의 공장 − 하나의 독점기업

② 카르텔: 여러 개의 참가기업 − 전체 카르텔

3 기하적 분석

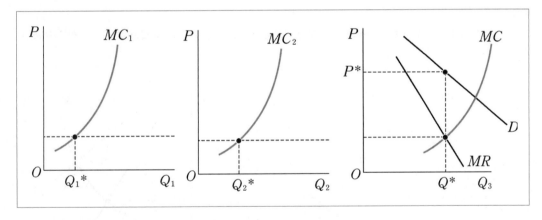

4 수리적 분석

① $MC_T = MR$(이윤극대화 전체 산출량 결정)

② $MC_1 = MC_2$(각 공장에 생산량 할당)

제5편

ISSUE 문제 📝

01 [2020년 국가직 7급]

독점기업 A는 동일한 상품을 생산하는 두 개의 공장을 가지고 있다. 두 공장의 비용함수와 A기업이 직면한 시장수요곡선이 다음과 같을 때, A기업의 이윤을 극대화하는 각 공장의 생산량을 옳게 짝지은 것은? (단, P는 가격, Q는 총생산량, Q_1은 공장 1의 생산량, Q_2는 공장 2의 생산량이다)

- 공장 1의 비용함수: $C_1(Q_1) = 40 + Q_1^2$
- 공장 2의 비용함수: $C_2(Q_2) = 90 + 6Q_2$
- 시장수요곡선: $P = 200 - Q$

	Q_1	Q_2
①	3	94
②	4	96
③	5	98
④	6	100

출제이슈 다공장 독점
핵심해설 정답 ①

다공장 독점은 독점 생산자가 하나 이상의 여러 개 공장에서 상품을 생산하는 경우를 말하며 이 경우 이윤극대화는 $MR = MC_1 = MC_2$ 을 통해 달성된다.

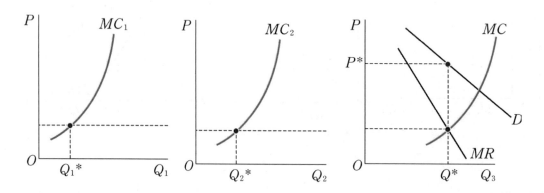

설문에 의하면, $MC_1 = 2Q_1$, $MC_2 = 6$ 이다.
그리고 주어진 수요함수로부터 한계수입 $MR = 200 - 2Q$ 가 된다.

따라서 다공장독점의 이윤극대화 조건 $MC_1 = MC_2 = MR$ 에 의하면 $2Q_1 = 6 = 200 - 2Q$ 이 된다.
이를 풀면 $Q_1 = 3$, $Q = 97$이므로 $Q_2 = 94$가 된다.

02 2011년 지방직 7급

독점기업 A는 두 개의 공장을 가지고 있으며, 제1공장과 제2공장의 한계비용곡선(MC)은 각각 $MC_1 = 50 + 2Q_1$, $MC_2 = 90 + Q_2$이다. A기업의 이윤을 극대화하는 생산량이 총 80단위일 때, 제1공장과 제2공장의 생산량은? (단, Q_1은 제1공장의 생산량, Q_2는 제2공장의 생산량이다)

① (20, 60) ② (30, 50)
③ (40, 40) ④ (50, 30)

출제이슈 다공장 독점
핵심해설 정답 ③

다공장 독점은 독점 생산자가 하나 이상의 여러 개 공장에서 상품을 생산하는 경우를 말하며 이 경우 이윤극대화는 $MR = MC_1 = MC_2$을 통해 달성된다.

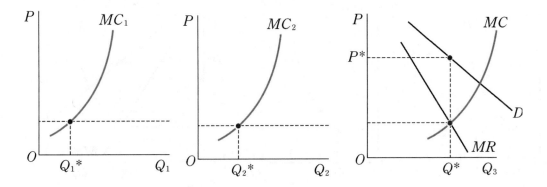

설문에 의하면, $MC_1 = 50 + 2Q_1$, $MC_2 = 90 + Q_2$이다.
그리고 이윤극대화 산출량은 80단위이므로 $Q_1 + Q_2 = 80$이 된다.

따라서 다공장독점의 이윤극대화 조건 $MC_1 = MC_2 = MR$에 의하면 $50 + 2Q_1 = 90 + Q_2$이 된다.
이를 풀면 $Q_1 = 40$, $Q_2 = 40$이 된다.

03 2018년 국가직 9급

동일한 재화를 두 개의 공장에서 생산하는 기업이 있다. 공장 1과 공장 2의 비용함수는 각각 $C_1(Q_1) = 6Q_1^2$ 및 $C_2(Q_2) = 4Q_2^2$ 이다. 이 기업이 총 100단위의 재화를 생산할 때, 이윤을 극대화하는 공장 1의 최적 생산량은? (단, Q_1은 공장 1의 생산량, Q_2는 공장 2의 생산량이다)

① 20   ② 30

③ 40   ④ 60

출제이슈 다공장 독점

핵심해설 정답 ③

다공장 독점은 독점 생산자가 하나 이상의 여러 개 공장에서 상품을 생산하는 경우를 말하며 이 경우 이윤극대화는 $MR = MC_1 = MC_2$을 통해 달성된다.

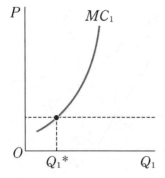 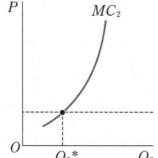 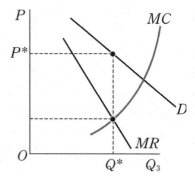

설문에 의하면, $MC_1 = 12Q_1$, $MC_2 = 8Q_2$ 이다.

그리고 전체 산출량은 80단위이므로 $Q_1 + Q_2 = 100$ 이 된다.

다공장독점의 이윤극대화 조건 $MC_1 = MC_2 = MR$에 따라서 $12Q_1 = 8Q_2$이 된다.

이를 풀면 $Q_1 = 40$, $Q_2 = 60$이 된다.

04 　2017년 서울시 7급

X재의 생산자는 A와 B, 두 기업밖에 없다고 하자. X재의 시장수요함수는 Q = 32 - 0.5P이고, 한계비용은 24로 일정하다. A와 B가 공모해서 독점 기업처럼 이윤극대화를 하고 생산량을 똑같이 나누기로 한다면, 기업 A가 얻는 이윤은? (단, 고정비용은 0이다.)

① 20　　　　　　　　　　② 64
③ 88　　　　　　　　　　④ 100

출제이슈 다공장 독점과 카르텔
핵심해설 정답 ④

카르텔 모형은 둘 이상의 사업자가 마치 독점사업자처럼 행동하는 경우로서 카르텔 참가기업을 다공장 독점의 개별공장으로 치환해서 취급하면 다공장 독점과 동일하게 분석될 수 있다.

다공장독점은 독점 생산자가 하나 이상의 여러 개 공장에서 상품을 생산하는 경우를 말하며 이 경우 이윤극대화는 $MR = MC_1 = MC_2$을 통해 달성된다.

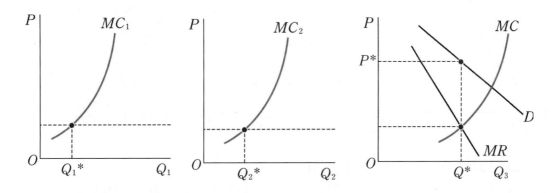

설문에 의하면, $MC_A = MC_B = 24$, $P = 64 - 2Q$, $MR = 64 - 4Q$이다.
따라서 다공장독점의 이윤극대화 조건 $MC_A = MC_B = MR$에 의하면 $24 = 64 - 4Q$가 된다.

이를 풀면, 이윤극대화 전체산출량은 $Q = 10$이 되고 $Q_A = Q_B = 5$가 된다.
이때 시장가격은 $P = 44$가 되고 A기업의 이윤은 $\pi = PQ_A - C_A = 44 \times 5 - 24 \times 5 = 100$이 된다.

제5편

05 2014년 서울시 7급

어떤 경쟁적 기업이 두 개의 공장을 가지고 있다. 각 공장의 비용함수는 $C_1 = 2Q + Q^2$, $C_2 = 3Q^2$ 이다. 생산물의 가격이 12일 때 이윤극대화 총생산량은 얼마인가?

① 3   ② 5

③ 7   ④ 10

⑤ 12

출제이슈 다공장 독점
핵심해설 정답 ③

다공장 독점은 독점 생산자가 하나 이상의 여러 개 공장에서 상품을 생산하는 경우를 말하며 이 경우 이윤극대화는 $MR = MC_1 = MC_2$ 을 통해 달성된다.

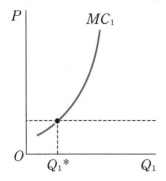 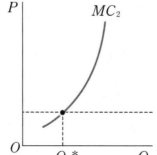 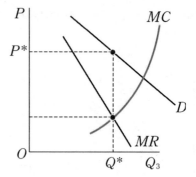

설문에 의하면, $MC_1 = 2 + 2Q_1$, $MC_2 = 6Q_2$ 이다.

따라서 다공장독점의 이윤극대화 조건 $MC_1 = MC_2 = MR$ 에 의하면 $2 + 2Q_1 = 6Q_2 = MR$ 이 된다.

그런데 설문에서 경쟁적 기업이며 생산물가격이 12라고 제시하고 있으므로 가격 = 한계수입이 되며 12로 동일하다는 것을 알 수 있다.

따라서 $2 + 2Q_1 = 6Q_2 = MR$ 에 12를 대입하여 풀면 다음과 같다.
$2 + 2Q_1 = 6Q_2 = 12$, $Q_1 = 5$, $Q_2 = 2$ 가 된다.

2016 지7   2015 서7

1 의의

1) 독점기업이 독점이윤을 증가시킬 목적으로 1개의 가격이 아니라 2개의 가격을 부과하는 것

2) 가입비(entry fee), 사용료(usage fee)

2 사례

1) **골프장**: 회원권 + 이용료

2) **놀이공원**: 입장료 + 놀이기구 이용료

3) **프린터**: 기기본체 + 토너카트리지

4) **이동통신서비스**: 기본요금 + 추가사용료

3 기하적 분석

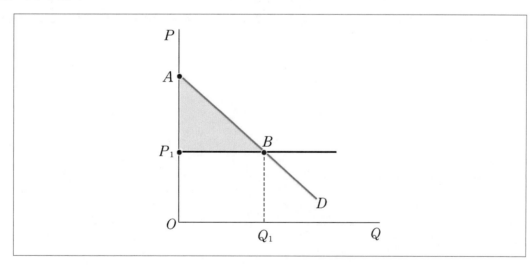

1) **가입비** $\triangle AP_1B$

    ① 경쟁시장균형에서의 소비자잉여의 크기에 해당

    ② 만일 가입비를 내야한다면 최대한 낼 용의가 있는 금액이며 그만큼이 가입비로 부과

2) **가격** P_1: 경쟁시장균형에서의 시장가격

ISSUE 문제 📝

01 2012년 지방직 7급

어느 지역에서 독점적으로 서비스를 공급하고 있는 피트니스클럽 A가 이부가격제도(two-part tariff)를 시행하려고 한다. A의 서비스에 대한 시장수요함수는 $Q = 4,000 - 5P$이다. 여기서 Q는 A가 제공하는 서비스의 양이고, P는 A의 서비스 한 단위 당 가격이다. 또한 A의 서비스 제공에 따른 한계비용은 $MC = 400$이다. A가 이윤을 극대화하기 위한 이부가격제도는? (단, 단위는 원이다)

	고정회비	서비스 한 단위 당 가격
①	400,000원	400원
②	400,000원	600원
③	100,000원	600원
④	100,000원	400원

출제이슈 이부가격
핵심해설 정답 ①

이부가격이란 독점기업이 독점이윤을 증가시킬 목적으로 1개의 가격이 아니라 가입비(entry fee)와 사용료(usage fee)의 2개의 가격을 부과하는 것을 의미한다.

이때, 가입비는 경쟁시장균형에서의 소비자잉여의 크기에 해당하는 것으로서 만일 가입비를 내야한다면 최대한 낼 용의가 있는 금액이 된다. 이는 아래 그래프에서 $\triangle AP_1B$에 해당한다. 가격은 경쟁시장균형에서의 시장가격 수준으로 부과된다. 이는 아래 그래프에서 P_1 수준에 해당한다.

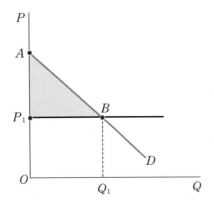

설문에서 수요함수 및 비용이 $Q = 4,000 - 5P$, $MC = 400$이며 경쟁시 균형가격은 $P = MC$에서 결정되므로 가격 $P_1 = 400$, 산출량 $Q_1 = 2,000$이 된다.

1) 가입비(entry fee)는 소비자잉여에 해당하는 부분으로 $\triangle AP_1B = \dfrac{(800 - 400) \times 2,000}{2} = 400,000$

2) 가격(usage fee)은 경쟁시장균형에서의 시장가격으로서 $P_1 = 400$

02 2015년 서울시 7급

통신시장에 하나의 기업만 존재하는 완점독점시장을 가정하자. 이 독점기업의 총비용(TC)함수는 $TC = 20 + 2Q$이고 시장의 수요는 $P = 10 - 0.5Q$이다. 만약, 이 기업이 이부가격(two part tariff) 설정을 통해 이윤을 극대화하고자 한다면, 고정요금(가입비)은 얼마로 설정해야 하는가?

① 16
② 32
③ 64
④ 128

출제이슈 이부가격

핵심해설 정답 ③

이부가격이란 독점기업이 독점이윤을 증가시킬 목적으로 1개의 가격이 아니라 가입비(entry fee)와 사용료(usage fee)의 2개의 가격을 부과하는 것을 의미한다.

이때, 가입비는 경쟁시장균형에서의 소비자잉여의 크기에 해당하는 것으로서 만일 가입비를 내야한다면 최대한 낼 용의가 있는 금액이 된다. 이는 아래 그래프에서 $\triangle AP_1B$에 해당한다. 가격은 경쟁시장균형에서의 시장가격 수준으로 부과된다. 이는 아래 그래프에서 P_1 수준에 해당한다.

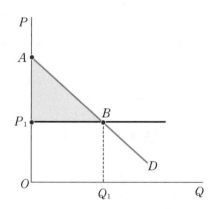

설문에서 수요함수 및 비용이 $P = 10 - 0.5Q$, $MC = 2$이며, 경쟁시 균형가격은 $P = MC$에서 결정되므로 가격 $P_1 = 2$, 산출량 $Q_1 = 16$이 된다.

1) 가입비(entry fee)는 소비자잉여에 해당하는 부분으로 $\triangle AP_1B = \dfrac{(10-2) \times 16}{2} = 64$

2) 가격(usage fee)은 경쟁시장균형에서의 시장가격으로서 $P_1 = 2$

꾸르노 모형

1 꾸르노 모형의 가정

1) 2개 기업   **2)** 동질적인 재화   **3)** 산출량 경쟁 전략

4) 상대방의 생산량이 고정된 것으로 보고 이를 추종하여 자신의 최적 산출량을 결정

    ⇨ 각 기업은 상대방이 산출량을 변화시키지 않을 것이라는 추측 하에서 자신의 행동을 선택

2 꾸르노 모형의 특징

1) 추종자 – 추종자 모형

2) 추측된 변화 $= 0$, 즉 $CV_Q^1 = \dfrac{\Delta Q_2}{\Delta Q_1} = 0$, $CV_Q^2 = \dfrac{\Delta Q_1}{\Delta Q_2} = 0$

3 꾸르노 모형의 균형

1) 모형의 조건

    ① 수요조건: 시장수요 $Q = 24 - P$

    ② 공급조건(비용조건): 기업 1의 한계비용 $MC_1 = 8$, 기업 2의 한계비용 $MC_2 = 4$

2) 수리적 분석: 이윤극대화 과정

    ① 기업 1의 이윤극대화

      ⅰ) 한계수입 $TR_1 = P \cdot Q_1 = (24 - Q_1 - Q_2)Q_1$ ∴ $MR_1 = 24 - 2Q_1 - Q_2$

      ⅱ) 한계비용 $MC_1 = 8$

      ⅲ) 이윤극대화 $Max\ \pi_1 \leftrightarrow MR_1 = MC_1$

      ∴ $24 - 2Q_1 - Q_2 = 8$ ∴ $2Q_1 + Q_2 = 16$ → 반응곡선 RC_1

    ② 기업 2의 이윤극대화

      ⅰ) 한계수입 $TR_2 = P \cdot Q_2 = (24 - Q_1 - Q_2)Q_2$ ∴ $MR_2 = 24 - Q_1 - 2Q_2$

      ⅱ) 한계비용 $MC_2 = 4$

      ⅲ) 이윤극대화 $Max\ \pi_2 \leftrightarrow MR_2 = MC_2$

      ∴ $24 - Q_1 - 2Q_2 = 4$ ∴ $Q_1 + 2Q_2 = 20$ → 반응곡선 RC_2

3) 균형: $Q_1 = 4$, $Q_2 = 8$ (각 기업의 시장점유율과 한계비용 간에 역의 관계)

ISSUE 문제 📝

01 2017년 지방직 7급

동일 제품을 생산하는 복점기업 A사와 B사가 직면한 시장수요곡선은 $P = 50 - 5Q$이다. A사와 B사의 비용함수는 각각 $C_A(Q_A) = 20 + 10Q_A$ 및 $C_B(Q_B) = 10 + 15Q_B$이다. 두 기업이 비협조적으로 행동하면서 이윤을 극대화하는 쿠르노 모형을 가정할 때, 두 기업의 균형생산량은? (단, Q는 A기업 생산량(Q_A)과 B기업 생산량(Q_B)의 합이다)

	Q_A	Q_B
①	2	2.5
②	2.5	2
③	3	2
④	3	4

제5편

출제이슈 꾸르노 모형
핵심해설 정답 ③

꾸르노 모형은 과점시장의 수량경쟁모형으로서 상대방의 생산량이 고정된 것으로 보고 이를 추종하여 자신의 최적 산출량을 결정한다. 즉 과점시장에 존재하는 각 기업은 상대방이 산출량을 변화시키지 않을 것이라는 추측 하에서 자신의 최적 행동을 선택하는 것이다.

설문의 자료에 따라서 꾸르노 균형을 구하면 다음과 같다.

1) 각 기업의 이윤극대화

① 기업 A의 이윤극대화
 i) 한계수입 $TR_A = P \cdot Q_A = (50 - 5Q_A - 5Q_B)Q_A$ ∴ $MR_A = 50 - 10Q_A - 5Q_B$
 ii) 한계비용 $MC_A = 10$
 iii) 이윤극대화 $Max \ \pi_A \leftrightarrow MR_A = MC_A$
   ∴ $50 - 10Q_A - 5Q_B = 10$ ∴ $2Q_A + Q_B = 8$ → 반응곡선 RC_A

② 기업 B의 이윤극대화
 i) 한계수입 $TR_B = P \cdot Q_B = (50 - 5Q_A - 5Q_B)Q_B$ ∴ $MR_B = 50 - 5Q_A - 10Q_B$
 ii) 한계비용 $MC_B = 15$
 iii) 이윤극대화 $Max \ \pi_B \leftrightarrow MR_B = MC_B$
   ∴ $50 - 5Q_A - 10Q_B = 15$ ∴ $Q_A + 2Q_B = 7$ → 반응곡선 RC_B

2) 균형: $Q_A = 3$, $Q_B = 2$, $Q = 5$, $P = 25$

02 2014년 지방직 7급

어떤 과점시장에 동일한 재화를 생산하는 두 기업 A와 B만이 존재하고, 각 기업의 생산량을 Q_A와 Q_B라고 하자. 시장수요가 $P = 100 - Q_A - Q_B$이고, 두 기업의 총비용함수가 각각 $C_A = 40Q_A$, $C_B = 40Q_B$로 주어졌을 때, 꾸르노-내쉬(Cournot-Nash)균형에서 두 기업의 생산량을 합한 총생산량(Q)과 균형가격(P)은?

① $Q = 20$, $P = 80$

② $Q = 30$, $P = 70$

③ $Q = 40$, $P = 60$

④ $Q = 50$, $P = 50$

출제이슈 꾸르노 모형
핵심해설 정답 ③

꾸르노 모형은 과점시장의 수량경쟁모형으로서 상대방의 생산량이 고정된 것으로 보고 이를 추종하여 자신의 최적 산출량을 결정한다. 즉 과점시장에 존재하는 각 기업은 상대방이 산출량을 변화시키지 않을 것이라는 추측 하에서 자신의 최적 행동을 선택하는 것이다.

설문의 자료에 따라서 꾸르노 균형을 구하면 다음과 같다.

1) 각 기업의 이윤극대화

① 기업 A의 이윤극대화
i) 한계수입 $TR_A = P \cdot Q_A = (100 - Q_A - Q_B)Q_A$ ∴ $MR_A = 100 - 2Q_A - Q_B$
ii) 한계비용 $MC_A = 40$
iii) 이윤극대화 $Max\ \pi_A \leftrightarrow MR_A = MC_A$
∴ $100 - 2Q_A - Q_B = 40$ ∴ $2Q_A + Q_B = 60$ → 반응곡선 RC_A

② 기업 B의 이윤극대화
i) 한계수입 $TR_B = P \cdot Q_B = (100 - Q_A - Q_B)Q_B$ ∴ $MR_B = 100 - Q_A - 2Q_B$
ii) 한계비용 $MC_B = 40$
iii) 이윤극대화 $Max\ \pi_B \leftrightarrow MR_B = MC_B$
∴ $100 - Q_A - 2Q_B = 40$ ∴ $Q_A + 2Q_B = 60$ → 반응곡선 RC_B

2) 균형: $Q_A = 20$, $Q_B = 20$, $Q = 40$, $P = 60$

03 2011년 지방직 7급

맥주시장이 기업1과 기업2만 존재하는 과점 상태에 있다. 기업1과 기업2의 한계수입(MR)과 한계비용(MC)이 다음과 같을 때, 꾸르노(Cournot)균형에서 기업1과 기업2의 생산량은? (단, Q_1은 기업1의 생산량, Q_2는 기업2의 생산량이다)

기업 1 : $MR_1 = 32 - 2Q_1 - Q_2, MC_1 = 6$
기업 2 : $MR_2 = 32 - Q_1 - 2Q_2, MC_2 = 4$

① (6, 15)   ② (8, 10)
③ (9, 18)   ④ (12, 6)

출제이슈 꾸르노 모형
핵심해설 정답 ②

꾸르노 모형은 과점시장의 수량경쟁모형으로서 상대방의 생산량이 고정된 것으로 보고 이를 추종하여 자신의 최적 산출량을 결정한다. 즉 과점시장에 존재하는 각 기업은 상대방이 산출량을 변화시키지 않을 것이라는 추측 하에서 자신의 최적 행동을 선택하는 것이다.

설문의 자료에 따라서 꾸르노 균형을 구하면 다음과 같다.

1) 각 기업의 이윤극대화

① 기업 1의 이윤극대화
 ⅰ) 한계수입 $MR_1 = 32 - 2Q_1 - Q_2$
 ⅱ) 한계비용 $MC_1 = 6$
 ⅲ) 이윤극대화 $Max \ \pi_1 \leftrightarrow MR_1 = MC_1$
  ∴ $32 - 2Q_1 - Q_2 = 6$ ∴ $2Q_1 + Q_2 = 26$ → 반응곡선 RC_1

② 기업 2의 이윤극대화
 ⅰ) 한계수입 $MR_2 = 32 - Q_1 - 2Q_2$
 ⅱ) 한계비용 $MC_2 = 4$
 ⅲ) 이윤극대화 $Max \ \pi_2 \leftrightarrow MR_2 = MC_2$
  ∴ $32 - Q_1 - 2Q_2 = 4$ ∴ $Q_1 + 2Q_2 = 28$ → 반응곡선 RC_2

2) **균형**: $Q_1 = 8$, $Q_2 = 10$

04 [2012년 국가직 9급]

X재화의 시장수요곡선은 $Q = 60 - P$이다. 이 시장이 꾸르노(Cournot) 복점시장인 경우의 시장균형생산량과 독점시장인 경우의 시장균형 생산량의 차이는? (단, Q는 생산량, P는 가격을 나타내고, 각 시장에 참여하는 기업들의 한계비용은 0이다)

① 10   ② 20
③ 30   ④ 40

출제이슈 꾸르노 모형
핵심해설 정답 ①

꾸르노 모형은 과점시장의 수량경쟁모형으로서 상대방의 생산량이 고정된 것으로 보고 이를 추종하여 자신의 최적 산출량을 결정한다. 즉 과점시장에 존재하는 각 기업은 상대방이 산출량을 변화시키지 않을 것이라는 추측 하에서 자신의 최적 행동을 선택하는 것이다.

먼저 설문의 자료에 따라서 꾸르노 균형을 구하면 다음과 같다.

1. 꾸르노 균형

1) 각 기업의 이윤극대화

① 기업 A의 이윤극대화
 i) 한계수입 $TR_A = PQ_A = (60 - Q_A - Q_B)Q_A$ ∴ $MR_A = 60 - 2Q_A - Q_B$
 ii) 한계비용 $MC_A = 0$
 iii) 이윤극대화 $Max\ \pi_A \leftrightarrow MR_A = MC_A$
    ∴ $60 - 2Q_A - Q_B = 0$ ∴ $2Q_A + Q_B = 60$ → 반응곡선 RC_A

② 기업 B의 이윤극대화
 i) 한계수입 $TR_B = PQ_B = (60 - Q_A - Q_B)Q_B$ ∴ $MR_B = 60 - Q_A - 2Q_B$
 ii) 한계비용 $MC_B = 0$
 iii) 이윤극대화 $Max\ \pi_B \leftrightarrow MR_B = MC_B$
    ∴ $60 - Q_A - 2Q_B = 0$ ∴ $Q_A + 2Q_B = 60$ → 반응곡선 RC_B

2) 균형: $Q_A = 20$, $Q_B = 20$, $Q = 40$, $P = 20$

이제 설문에 따라서 독점시장인 경우의 균형을 구하면 다음과 같다.

2. 독점균형

1) 이윤 $\pi = TR - TC$
2) 총수입 $TR = PQ\ = P(Q)Q$ (독점기업이 직면하는 수요곡선 $P = P(Q)$)
3) 총비용 $TC = C(Q)$

4) 이윤극대화 $\underset{Q}{Max}\ \pi = TR - TC = P(Q)\,Q - C(Q)$ $\quad \therefore \dfrac{dTR}{dQ} - \dfrac{dTC}{dQ} = 0 \quad \therefore MR = C'(Q)$

① 한계수입 $MR = \dfrac{dTR}{dQ} = \dfrac{d(P(Q)Q)}{dQ} = \underset{(\text{부호}:\text{음})}{\dfrac{dP}{dQ}\,Q} + P < P$ ② 한계비용 $MC = C'(Q)$

③ 이윤극대화 $P + \dfrac{dP}{dQ}\,Q = C'(Q)$

설문에서 $P = 60 - Q$, $MR = 60 - 2Q$, $MC = 0$이므로 독점기업의 이윤극대화 $MR = MC$ 조건을 풀면 $MR = 60 - 2Q = 0$이 되어 이윤극대화 생산량 30, 가격 30이 된다.

3. 꾸르노 균형과 독점균형의 비교

1) 꾸르노 균형: 산출량 40, 가격 20
2) 독점 균형: 산출량 30, 가격 30
3) 따라서 산출량의 차이는 10이 된다.

베르뜨랑 모형

◾1 베르뜨랑 모형의 가정

1) 2개 기업 **2)** 차별적인 재화 **3)** 가격 경쟁 전략

4) 상대방의 가격이 고정된 것으로 보고 이를 추종하여 자신의 최적 가격을 결정
  ⇨ 각 기업은 상대방이 가격을 변화시키지 않을 것이라는 추측 하에서 자신의 행동을 선택

◾2 베르뜨랑 모형의 특징

1) 추종자 − 추종자 모형

2) 추측된 변화 $= 0$, 즉 $CV_P^1 = \dfrac{\Delta P_2}{\Delta P_1} = 0$, $CV_P^2 = \dfrac{\Delta P_1}{\Delta P_2} = 0$

◾3 베르뜨랑 모형의 균형

1) 모형의 조건

① 수요조건: 기업 1의 수요 $Q_1 = 20 - P_1 + P_2$, 기업 2의 수요 $Q_2 = 32 - P_2 + P_1$

② 비용조건: 기업 1의 한계비용 $MC_1 = 0$, 기업 2의 한계비용 $MC_2 = 0$

2) 수리적 분석: 이윤극대화 과정

① 기업 1의 이윤극대화

 ⅰ) 총수입 $TR_1 = P_1 \cdot Q_1 = P_1(20 - P_1 + P_2)$

 ⅱ) 총비용 TC_1

 ⅲ) 이윤극대화 $Max\ \pi_1$, $\pi_1 = P_1 \cdot Q_1 - TC_1 = P_1(20 - P_1 + P_2) - TC_1$

$$\therefore \frac{d\pi_1}{dP_1} = 20 - 2P_1 + P_2 = 0 \ \ \therefore 2P_1 - P_2 = 20 \ \ \rightarrow \ 반응곡선\ RC_1$$

② 기업 2의 이윤극대화

 ⅰ) 총수입 $TR_2 = P_2 \cdot Q_2 = P_2(32 - P_2 + P_1)$

 ⅱ) 총비용 TC_2

 ⅲ) 이윤극대화 $Max\ \pi_2$, $\pi_2 = P_2 \cdot Q_2 - TC_2 = P_2(32 - P_2 + P_1) - TC_2$

$$\therefore \frac{d\pi_2}{dP_2} = 32 - 2P_2 + P_1 = 0 \ \ \therefore 2P_2 - P_1 = 32 \ \ \rightarrow \ 반응곡선\ RC_2$$

3) 균형: $P_1 = 24$, $P_2 = 28$

슈타켈버그 모형

1 슈타켈버그 모형의 가정과 특징

1) 2개 기업   2) 동질적인 재화   3) 산출량 경쟁 전략

4) 선도기업의 산출량이 결정된 후에 이를 관찰한 후 다른 기업의 최적 산출량 결정

5) 선도자 – 추종자 모형

2 슈타켈버그 모형의 균형

1) **모형의 조건**

① 수요조건: 시장수요 $Q = 24 - P$

② 공급조건(비용조건): 기업 1의 한계비용 $MC_1 = 8$, 기업 2의 한계비용 $MC_2 = 4$

2) **수리적 분석**: 이윤극대화 과정

① 기업 1의 이윤극대화

ⅰ) 한계수입 $TR_1 = P Q_1 = (24 - Q_1 - Q_2) Q_1$ $\therefore MR_1 = 24 - 2Q_1 - Q_2$

ⅱ) 한계비용 $MC_1 = 8$

ⅲ) 이윤극대화 $Max\ \pi_1 \leftrightarrow MR_1 = MC_1$

$\therefore 24 - 2Q_1 - Q_2 = 8$ $\therefore 2Q_1 + Q_2 = 16$ → 반응곡선 RC_1

② 기업 2의 이윤극대화

ⅰ) 한계수입 $TR_2 = P Q_2 = (24 - Q_1 - Q_2) Q_2$ $\therefore MR_2 = 24 - Q_1 - 2Q_2$

ⅱ) 한계비용 $MC_2 = 4$

ⅲ) 이윤극대화 $Max\ \pi_2 \leftrightarrow MR_2 = MC_2$

$\therefore 24 - Q_1 - 2Q_2 = 4$ $\therefore Q_1 + 2Q_2 = 20$ → 반응곡선 RC_2

③ 슈타켈버그 모형에서 기업 2의 변형된 이윤극대화

ⅰ) 한계수입 $TR_2 = P \cdot Q_2 = (24 - 8 + 0.5Q_2 - Q_2) Q_2 = 16Q_2 - 0.5Q_2^2$

$\therefore MR_2 = 16 - Q_2$

ⅱ) 한계비용 $MC_2 = 4$

ⅲ) 이윤극대화 $Max\ \pi_2 \leftrightarrow MR_2 = MC_2$

$\therefore 16 - Q_2 = 4$ $\therefore Q_2 = 12,$

3) **균형**: $Q_2 = 12,\ Q_1 = 2$

ISSUE **11** 차별적 가격선도 모형

2020 국7

1 차별적 가격선도 모형의 가정과 특징

1) 2개 기업 **2)** 차별적인 재화 **3)** 가격 경쟁 전략

4) 선도기업의 가격이 결정된 후에 이를 관찰한 후 다른 기업의 최적 가격 결정

5) 선도자 − 추종자 모형

2 차별적 가격선도 모형의 균형: 기업 2가 선도자인 경우(cf. 기업 1이 선도자인 경우)

1) 모형의 조건

① 수요조건: 기업 1의 수요 $Q_1 = 20 - P_1 + P_2$, 기업 2의 수요 $Q_2 = 32 - P_2 + P_1$

② 비용조건: 기업 1의 한계비용 $MC_1 = 0$, 기업 2의 한계비용 $MC_2 = 0$

2) 수리적 분석: 이윤극대화 과정

① 기업 1의 이윤극대화

ⅰ) 총수입 $TR_1 = P_1 \cdot Q_1 = P_1(20 - P_1 + P_2)$

ⅱ) 총비용 $TC_1 = 0$

ⅲ) 이윤극대화 $Max\ \pi_1$, $\pi_1 = P_1 \cdot Q_1 = P_1(20 - P_1 + P_2)$

$\therefore \dfrac{d\pi_1}{dP_1} = 20 - 2P_1 + P_2 = 0$ $\therefore 2P_1 - P_2 = 20$ → 반응곡선 RC_1

② 기업 2의 이윤극대화

ⅰ) 총수입 $TR_2 = P_2 \cdot Q_2 = P_2(32 - P_2 + P_1)$

ⅱ) 총비용 $TC_1 = 0$

ⅲ) 이윤극대화 $Max\ \pi_2$, $\pi_2 = P_2 \cdot Q_2 = P_2(32 - P_2 + P_1)$

$\therefore \dfrac{d\pi_2}{dP_2} = 32 - 2P_2 + P_1 = 0$ $\therefore 2P_2 - P_1 = 32$ → 반응곡선 RC_2

③ 기업 2가 선도자인 경우 차별적 가격선도 모형에서 기업 2의 변형된 이윤극대화

ⅰ) 총수입 $TR_2 = P_2 \cdot Q_2 = P_2(32 - P_2 + 0.5P_2 + 10)$

ⅱ) 총비용 $TC_1 = 0$

ⅲ) 이윤극대화 $Max\ \pi_2$, $\pi_2 = P_2 \cdot Q_2 = P_2(42 - 0.5P_2)$

$\therefore \dfrac{d\pi_2}{dP_2} = 42 - P_2 = 0$ $\therefore P_2 = 42$

3) 균형: $P_1 = 31$, $P_2 = 42$

ISSUE 문제 📝

01 2020년 국가직 7급

차별적 과점시장에서 활동하는 두 기업 1, 2가 직면하는 수요곡선은 다음과 같다. 두 기업은 가격을 전략변수로 이용하며, 기업 1이 먼저 가격을 책정하고, 기업 2는 이를 관찰한 후 가격을 정한다. 두 기업의 균형가격을 옳게 짝 지은 것은? (단, Q_1은 기업 1의 생산량, Q_2는 기업 2의 생산량, P_1은 기업 1의 가격, P_2는 기업 2의 가격이고, 각 기업의 한계비용과 고정비용은 0이다)

- 기업 1의 수요곡선: $Q_1 = 20 - P_1 + P_2$
- 기업 2의 수요곡선: $Q_2 = 32 - P_2 + P_1$

	P_1	P_2
①	34	32
②	36	34
③	38	36
④	40	38

출제이슈 차별적 가격선도 모형
핵심해설 정답 ②

기업 1이 선도자인 경우 차별적 가격선도 모형의 균형은 다음과 같다.

1) 모형의 조건
① 수요조건: 기업 1의 수요 $Q_1 = 20 - P_1 + P_2$, 기업 2의 수요 $Q_2 = 32 - P_2 + P_1$
② 비용조건: 기업 1의 한계비용 $MC_1 = 0$, 기업 2의 한계비용 $MC_2 = 0$

2) 수리적 분석: 이윤극대화 과정

① 기업 1의 이윤극대화
i) 총수입 $TR_1 = P_1 \cdot Q_1 = P_1(20 - P_1 + P_2)$
ii) 총비용 $TC_1 = 0$
iii) 이윤극대화 $Max\ \pi_1$, $\pi_1 = P_1 \cdot Q_1 = P_1(20 - P_1 + P_2)$

$$\therefore \frac{d\pi_1}{dP_1} = 20 - 2P_1 + P_2 = 0 \quad \therefore 2P_1 - P_2 = 20 \quad \rightarrow \text{반응곡선 } RC_1$$

② 기업 2의 이윤극대화
i) 총수입 $TR_2 = P_2 \cdot Q_2 = P_2(32 - P_2 + P_1)$
ii) 총비용 $TC_1 = 0$
iii) 이윤극대화 $Max\ \pi_2$, $\pi_2 = P_2 \cdot Q_2 = P_2(32 - P_2 + P_1)$

$$\therefore \frac{d\pi_2}{dP_2} = 32 - 2P_2 + P_1 = 0 \quad \therefore 2P_2 - P_1 = 32 \quad \rightarrow \text{반응곡선 } RC_2$$

③ 기업 1이 선도자인 경우 차별적 가격선도 모형에서 기업 1의 변형된 이윤극대화

ⅰ) 총수입 $TR_1 = P_1 \cdot Q_1 = P_1(20 - P_1 + 16 + 0.5P_1)$

ⅱ) 총비용 $TC_1 = 0$

ⅲ) 이윤극대화 $Max \; \pi_1$, $\pi_1 = P_1 \cdot Q_1 = P_1(36 - 0.5P_1)$

$$\therefore \frac{d\pi_1}{dP_1} = 36 - P_1 = 0 \quad \therefore P_1 = 36$$

3) 균형: $P_1 = 36$, $P_2 = 34$

담합적 가격선도 모형

1 담합적 가격선도 모형의 의의

1) 과점시장에 참여한 기업들이 묵시적으로 상호 간에 협조하여 사실상 담합적 가격을 설정함으로써 공동의 이익을 추구하는 과정을 분석한 모형을 담합적 가격선도 모형이라고 한다.

2) 과점시장 내의 지배적 기업이 가격을 먼저 설정하여 선도하면, 다른 군소기업들은 암묵적으로 이를 그대로 따름으로써 과점시장가격이 고정되는 효과가 나타난다.

2 담합적 가격선도 모형의 가정과 특징

1) 지배적 기업과 군소기업들   **2)** 동질적인 재화

3) 지배적 기업은 시장수요와 군소기업의 공급을 고려하여 잔여수요를 대상으로 가격을 설정

4) 지배적 기업의 가격이 결정된 후에 이를 추종하여 다른 군소기업들의 가격결정 성립

5) 선도자 – 추종자 모형

3 담합적 가격선도 모형의 균형

1) 모형의 조건

   ① 수요조건: 시장수요 $Q = a - bP$

   ② 공급조건

     ⅰ) 지배기업의 한계비용 $MC_A = c + dQ_A$, 단, Q_A는 지배적 기업 A의 산출

     ⅱ) 군소기업의 공급 $\sum q_i = \alpha + \beta P$, 단, q_i는 군소기업의 공급

2) 수리적 분석: 이윤극대화 과정

   ① 잔여수요함수 = 시장수요 – 군소기업의 공급

     $Q_A^D = (a - bP) - (\alpha + \beta P)$, 단 Q^D는 지배기업 A의 잔여수요

   ② 지배기업의 이윤극대화

     ⅰ) 잔여수요함수 $Q_A^D = (a - bP) - (\alpha + \beta P)$, 따라서 $MR_A = \dfrac{\alpha - a}{b + \beta} - \dfrac{1}{b + \beta} Q_A$

     ⅱ) 지배기업의 한계비용 $MC_A = c + dQ_A$

     ⅲ) 이윤극대화 $Max\ \pi_A \leftrightarrow MR_A = MC_A$

      ∴ $\dfrac{\alpha - a}{b + \beta} - \dfrac{1}{b + \beta} Q_A = c + dQ_A$ ∴ Q_A^*, P^* 도출

   ③ 군소기업의 공급 $\sum q_i = \alpha + \beta P^*$, 단, q_i는 군소기업의 공급

ISSUE 문제 📝

---

01 2018년 지방직 7급

큰 기업인 A와 다수의 작은 기업으로 구성된 시장이 있다. 작은 기업들의 공급함수를 모두 합하면 $S(p) = 200 + p$, 시장의 수요곡선은 $D(p) = 400 - p$, A의 비용함수는 $c(y) = 20y$이다. 이때 A의 잔여수요함수($D_A(p)$)와 균형가격(p)은? (단, y는 A의 생산량이다)

	잔여수요함수	균형가격
①	$D_A(p) = 400 - 2p$	$p = 50$
②	$D_A(p) = 200 - 2p$	$p = 60$
③	$D_A(p) = 200 - 2p$	$p = 50$
④	$D_A(p) = 400 - 2p$	$p = 60$

출제이슈 가격선도 모형
핵심해설 정답 ②

설문의 자료를 이용하여 담합적 가격선도 모형을 풀면 다음과 같다.

1) 모형의 조건

① 수요조건 : 시장수요 $Q = 400 - P$

② 공급조건 : 지배기업의 한계비용 $MC_A = 20$, 군소기업의 공급 $\sum q = 200 + P$

2) 수리적 분석 : 이윤극대화 과정

① 잔여수요함수 = 시장수요 − 군소기업의 공급

$Q = 400 - P - 200 - P = 200 - 2P$

② 지배기업의 이윤극대화

ⅰ) 잔여수요함수 $Q_A^D = 400 - P - 200 - P = 200 - 2P$, 따라서 $MR_A = 100 - Q_A$

ⅱ) 지배기업의 한계비용 $MC_A = 20$

ⅲ) 이윤극대화 $Max\ \pi_A \leftrightarrow MR_A = MC_A$

∴ $100 - Q_A = 20$ ∴ $Q_A = 80$, $P = 60$

③ 군소기업의 공급 $\sum q = 200 + P = 260$

3) 잔여수요함수는 $Q = 200 - 2P$, 시장가격은 60, 지배기업의 공급 80, 군소기업의 공급 260이 된다.

독점적 경쟁시장

2019 국9 2014 국7 2013 국9 2010 국7

1 의의 : 경쟁시장과 독점시장의 중간적 형태로서 두 시장의 특징을 모두 가진 시장

2 특징

1) 독점의 특징

① 시장 내의 기업들은 조금씩 차별화된 상품을 생산한다.

② 개별기업은 어느 정도의 독점력을 보유(개별기업이 직면하는 수요곡선은 우하향)한다.

2) 경쟁의 특징

① 시장 내 기업의 수는 상당히 크다(서로 눈치보지 않는 상황이 조성).

② 신규기업이 진입 및 기존기업의 이탈이 자유롭다(장기적으로 초과이윤 = 0).

3 단기균형

1) 이윤극대화는 $MR = MC$ 에서 달성되며 가격은 한계비용보다 높은 수준이다.

2) 독점기업의 단기균형과 매우 유사하다.

3) 균형 하에서 독점적 경쟁기업은 초과이윤을 얻을 수도, 손실을 볼 수도 있다.

4 장기균형

1) 장기의 의미

① 장기는 새로운 기업이 진입할 수 있는 정도의 기간

② 만일 독점기업이 초과이윤을 얻고 있다면, 신규기업들은 진입을 시도

③ 신규기업의 진입으로 인해 기존기업의 수요는 감소

④ 신규기업의 진입은 시장 내 기업들이 더 이상 초과이윤을 얻지 못할 때까지 계속되며, 초과이윤이 0일 때 진입은 더 이상 발생하지 않음

2) 이윤극대화는 $MR = LMC$에서 달성되며 가격은 한계비용보다 높은 수준이다.

3) 장기 초과이윤 = 0이 된다.

4) 유휴시설의 존재

① $MR = LMC$인 상황에서 초과이윤이 0이 되는 지점은 수요곡선과 장기평균비용곡선이 접하는 곳이다.

② 이는 장기균형이 장기평균비용곡선의 최저점보다 왼쪽에서 발생함을 의미한다.

③ 장기균형상황에서 장기평균비용곡선의 최저점에서 생산되지 않고 그에 미달하는 생산이 더 높은 평균비용으로 생산되는 상황을 유휴시설이 존재한다고 지적하는 견해도 있다.

제5편

ISSUE 문제 📝

01 　2014년 국가직 7급

독점적 경쟁시장에 대한 설명으로 옳지 않은 것은?

① 진입장벽이 존재하지 않기 때문에 기업의 진입과 퇴출은 자유롭다.
② 개별 기업은 차별화된 상품을 공급하며, 우하향하는 수요곡선에 직면한다.
③ 개별 기업은 자신의 가격책정이 다른 기업의 가격결정에 영향을 미친다고 생각하면서 행동한다.
④ 개별 기업은 단기에는 초과이윤을 얻을 수 있지만, 장기에는 정상이윤을 얻는다.

출제이슈 　독점적 경쟁시장
핵심해설 　정답 ③

독점적 경쟁시장은 경쟁시장과 독점시장의 중간적 형태로서 두 시장의 특징을 모두 가지고 있다.

1) 독점의 특징
　① 시장 내의 기업들은 조금씩 차별화된 상품을 생산한다.
　② 개별기업은 어느 정도의 독점력을 보유(개별기업이 직면하는 수요곡선은 우하향)한다.

2) 경쟁의 특징
　① 시장내 기업의 수는 상당히 크다(서로 눈치보지 않는 상황이 조성).
　② 신규기업이 진입 및 기존기업의 이탈이 자유롭다(장기적으로 초과이윤 = 0).

위의 내용을 토대로 설문을 검토하면 다음과 같다.

① 옳은 내용이다.
독점적 경쟁시장은 경쟁적 시장의 특징으로서 신규기업이 진입 및 기존기업의 이탈이 자유롭다. 진입장벽 및 퇴출장벽이 없다. 따라서 장기적으로 초과이윤 = 0이 된다.

② 옳은 내용이다.
독점적 경쟁시장 내의 기업들은 조금씩 차별화된 상품을 생산하고 있으며 개별기업은 어느 정도의 독점력을 보유하면서 일정한 범위 내에서 시장을 지배하고 있다. 따라서 시장에서의 가격을 받아들이는 것이 아니라 설정할 수 있다. 이는 개별기업이 직면하는 수요곡선이 우하향함을 의미한다.

③ 틀린 내용이다.
개별 기업의 가격책정이 다른 기업의 가격결정에 영향을 미친다고 생각하면서 행동하는 것은 전략적 상황을 반영하는 것으로서 과점시장의 상황이다.

④ 옳은 내용이다.
독점적 경쟁시장에 진입해서 단기에 초과이윤을 얻을 수도 있지만, 장기는 새로운 기업이 진입할 수 있는 정도의 기간으로서 만일 독점기업이 초과이윤을 얻고 있다면, 신규기업들은 진입을 시도할 것이다. 신규편입은 시장 내 기업들이 더 이상 초과이윤을 얻지 못할 때까지 계속되고 결국 수요가 감소하게 되어 가격이 하락하여 장기에는 정상이윤만을 얻게 된다.

02 2018년 국가직 9급

독점적 경쟁(monopolistic competition) 시장에 대한 설명으로 옳지 않은 것은?

① 장기균형에서 기업의 이윤은 0이 되므로 균형가격은 한계비용과 같게 된다.
② 장기적으로 기업들의 균형산출량은 평균비용이 극소화되는 산출량보다 적다.
③ 각 기업은 자사 제품에 대해 어느 정도의 시장지배력을 가지며, 시장 진입과 퇴출이 자유롭다.
④ 각 기업들은 서로 강한 대체성을 갖지만 완전대체성은 갖지 않는 차별화된 제품을 생산하면서 경쟁한다.

출제이슈 독점적 경쟁시장
핵심해설 정답 ①

독점적 경쟁시장은 경쟁시장과 독점시장의 중간적 형태로서 두 시장의 특징을 모두 가지고 있다.

1) 독점의 특징
① 시장 내의 기업들은 조금씩 차별화된 상품을 생산한다.
② 개별기업은 어느 정도의 독점력을 보유(개별기업이 직면하는 수요곡선은 우하향)한다.

2) 경쟁의 특징
① 시장내 기업의 수는 상당히 크다(서로 눈치보지 않는 상황이 조성).
② 신규기업이 진입 및 기존기업의 이탈이 자유롭다(장기적으로 초과이윤 = 0).

한편, 독점적 경쟁시장의 장기균형은 다음과 같다.

1) 장기의 의미
① 장기는 새로운 기업이 진입할 수 있는 정도의 기간
② 만일 독점기업이 초과이윤을 얻고 있다면, 신규기업들은 진입을 시도
③ 신규기업의 진입으로 인해 기존기업의 수요는 감소
④ 신규기업의 진입은 시장 내 기업들이 더 이상 초과이윤을 얻지 못할 때까지 계속되며, 초과이윤이 0일 때 진입은 더 이상 발생하지 않음
2) 이윤극대화는 $MR = LMC$에서 달성되며 가격은 한계비용보다 높은 수준이다.
3) 장기 초과이윤 = 0이 된다.

지문 ①은 틀린 내용이다. 독점적 경쟁시장은 단기에 초과이윤을 얻을 수도 있지만, 장기는 새로운 기업이 진입할 수 있는 정도의 기간으로서 만일 독점기업이 초과이윤을 얻고 있다면, 신규기업들은 진입을 시도할 것이다. 신규편입은 시장 내 기업들이 더 이상 초과이윤을 얻지 못할 때까지 계속되고 결국 수요가 감소하게 되어 가격이 하락하여 장기에는 정상이윤만을 얻게 된다. 또한 장기균형은 $MR = LMC$가 되고 균형가격은 한계비용보다 높은 수준이 된다.

03 | 2010년 국가직 7급

독점적 경쟁시장에서 이윤극대화를 목적으로 하는 기업에 대한 설명으로 옳지 않은 것은? (단, P는 상품가격, MC는 한계비용, AR은 평균수입, LAC는 장기평균비용을 의미한다.)

① 기업의 진입과 퇴출은 자유로우나 기업의 수요곡선은 우하향한다.
② 독점적 경쟁시장에 속하는 기업의 균형생산량에서는 $P > MC$이다.
③ 독점적 경쟁시장에 속하는 기업은 평균비용곡선의 최저점에서 가격이 결정된다.
④ 독점적 경쟁시장의 장기 균형에서는 $P = AR = LAC$ 이 충족된다.

출제이슈 독점적 경쟁시장
핵심해설 정답 ③

독점적 경쟁시장은 경쟁시장과 독점시장의 중간적 형태로서 두 시장의 특징을 모두 가지고 있다.

1) 독점의 특징
 ① 시장 내의 기업들은 조금씩 차별화된 상품을 생산한다.
 ② 개별기업은 어느 정도의 독점력을 보유(개별기업이 직면하는 수요곡선은 우하향)한다.

 2) 경쟁의 특징
 ① 시장내 기업의 수는 상당히 크다(서로 눈치보지 않는 상황이 조성).
 ② 신규기업이 진입 및 기존기업의 이탈이 자유롭다(장기적으로 초과이윤 = 0).

한편, 독점적 경쟁시장의 장기균형은 다음과 같다.

1) 장기의 의미
① 장기는 새로운 기업이 진입할 수 있는 정도의 기간
② 만일 독점기업이 초과이윤을 얻고 있다면, 신규기업들은 진입을 시도
③ 신규기업의 진입으로 인해 기존기업의 수요는 감소
④ 신규기업의 진입은 시장 내 기업들이 더 이상 초과이윤을 얻지 못할 때까지 계속되며, 초과이윤이 0일 때 진입은 더 이상 발생하지 않음
2) 이윤극대화는 $MR = LMC$에서 달성되며 가격은 한계비용보다 높은 수준이다.
3) 장기 초과이윤 = 0이 된다.

지문 ③은 틀린 내용이다. 독점적 경쟁시장은 단기에 초과이윤을 얻을 수도 있지만, 장기는 새로운 기업이 진입할 수 있는 정도의 기간으로서 만일 독점기업이 초과이윤을 얻고 있다면, 신규기업들은 진입을 시도할 것이다. 신규편입은 시장 내 기업들이 더 이상 초과이윤을 얻지 못할 때까지 계속되고 결국 수요가 감소하게 되어 가격이 하락하여 장기에는 정상이윤만을 얻게 된다. 또한 장기균형은 $MR = LMC$에서 생산이 이루어지게 되고 가격은 한계비용보다 높다. 평균비용곡선의 최저점에서 가격이 결정되는 것이 아니며, 정상이윤만을 얻기 때문에 평균비용곡선과 수요곡선이 접하는 지점에서 가격이 결정되므로 틀린 지문이다.

04 2013년 국가직 9급

독점적 경쟁시장의 특징으로 옳지 않은 것은?

① 개별 기업의 수요곡선은 우하향한다.
② 기업은 장기 이윤극대 생산량에서 규모의 경제가 발생한다.
③ 기업의 균형 생산량에서 시장 가격과 한계비용이 일치한다.
④ 기업의 진입이 자유로운 시장이다.

출제이슈 독점적 경쟁시장
핵심해설 정답 ③

독점적 경쟁시장은 경쟁시장과 독점시장의 중간적 형태로서 두 시장의 특징을 모두 가지고 있다.

1) 독점의 특징
① 시장 내의 기업들은 조금씩 차별화된 상품을 생산한다.
② 개별기업은 어느 정도의 독점력을 보유(개별기업이 직면하는 수요곡선은 우하향)한다.

2) 경쟁의 특징
① 시장내 기업의 수는 상당히 크다(서로 눈치보지 않는 상황이 조성).
② 신규기업이 진입 및 기존기업의 이탈이 자유롭다(장기적으로 초과이윤 = 0).

위의 내용을 토대로 설문을 검토하면 다음과 같다.

① 옳은 내용이다.
독점적 경쟁시장 내의 기업들은 조금씩 차별화된 상품을 생산하고 있으며 개별기업은 어느 정도의 독점력을 보유하면서 일정한 범위 내에서 시장을 지배하고 있다. 따라서 시장에서의 가격을 받아들이는 것이 아니라 설정할 수 있다. 이는 개별기업이 직면하는 수요곡선이 우하향함을 의미한다.

② 옳은 내용이다.
독점적 경쟁시장은 단기에 초과이윤을 얻을 수도 있지만, 장기는 새로운 기업이 진입할 수 있는 정도의 기간으로서 만일 독점기업이 초과이윤을 얻고 있다면, 신규기업들은 진입을 시도할 것이다. 신규편입은 시장 내 기업들이 더 이상 초과이윤을 얻지 못할 때까지 계속되고 결국 수요가 감소하게 되어 가격이 하락하여 장기에는 정상이윤만을 얻게 된다. 또한 장기균형은 $MR = LMC$에서 생산이 이루어지게 되고 가격은 한계비용보다 높다. 정상이윤만을 얻기 때문에 평균비용곡선과 수요곡선이 접하는 지점에서 가격이 결정된다.

③ 틀린 내용이다.
독점적 경쟁시장에서 개별기업의 이윤극대화는 $MR = MC$에서 달성되며 가격은 한계비용보다 높은 수준이다. 가격과 한계비용이 일치하는 것은 완전경쟁시장에서 활동하는 경쟁기업의 균형의 특징이 된다.

④ 옳은 내용이다.
독점적 경쟁시장은 경쟁적 시장의 특징으로서 신규기업이 진입 및 기존기업의 이탈이 자유롭다. 진입장벽 및 퇴출장벽이 없다.

ISSUE 문제

01   2018년 국가직 7급

완전경쟁 기업, 독점적 경쟁 기업, 독점 기업에 대한 설명으로 옳지 않은 것은?

① 단기균형하에서, 완전경쟁 기업이 생산한 제품의 가격은 한계수입이나 한계비용과 동일한 반면, 독점적 경쟁 기업과 독점기업이 생산한 제품의 가격은 한계수입이나 한계비용보다 크다.
② 완전경쟁 기업이 직면하는 수요곡선은 수평선인 반면, 독점적 경쟁 기업과 독점 기업이 직면하는 수요곡선은 우하향한다.
③ 장기균형하에서, 완전경쟁 기업과 독점적 경쟁 기업이 존재하는 시장에는 진입장벽이 존재하지 않는 반면, 독점 기업이 존재하는 시장에는 진입장벽이 존재한다.
④ 장기균형하에서, 완전경쟁 기업의 이윤은 0인 반면, 독점적 경쟁기업과 독점 기업의 이윤은 0보다 크다.

출제이슈 경쟁시장, 독점시장, 독점적 경쟁시장의 제 특징
핵심해설 정답 ④

① 옳은 내용이다.
경쟁기업의 단기 이윤극대화 조건은 가격과 한계비용이 일치할 때 달성된다. 특히, 경쟁시장에서 활동하는 경쟁기업이 직면하는 가격은 한계수입이 된다. 이는 경쟁기업이 가격수용자라는 특성에서 유도된다. 한편, 독점기업이나 독점적 경쟁기업은 모두 한계수입과 한계비용이 일치할 때 생산한다. 이때, 가격은 한계수입이나 한계비용보다 높은 수준이다.

② 옳은 내용이다.
완전경쟁시장의 경우 경쟁기업은 가격수용자로서 시장에서 결정되어 주어진 가격에 자신이 원하는 만큼 판매가 가능한 것으로 가정한다. 따라서 경쟁기업이 개별적으로 직면적으로 수요곡선은 시장가격수준에서 수평이다. 물론 전체 시장수요곡선은 우하향하는 형태를 가진다.
한편, 독점기업이나 독점적 경쟁기업은 모두 가격수용자가 아니라 가격설정자로서 공급량을 조절하여 가격설정이 가능하다는 특징을 가지고 있다. 조절된 공급량에 맞춰서 독점기업이나 독점적 경쟁기업이 받을 수 있는 가격은 정확하게 수요곡선과 일치하게 된다. 따라서 독점기업이나 독점적 경쟁기업이 직면하는 수요곡선은 우하향한다.

③ 옳은 내용이다.
완전경쟁시장과 독점적 경쟁시장에서의 장기는 시장에 참가하는 기업의 진입과 퇴출이 자유로운 정도의 기간을 의미한다. 따라서 장기에서 진입장벽이 존재하지 않는다. 반면, 독점시장에서는 독점이라는 개념상 시장에 오직 하나의 사업자만 존재하기 때문에 다른 사업자가 진입할 수 없도록 진입장벽이 존재하고 있다. 따라서 독점에서의 장기는 독점사업자가 시설규모를 선택할 수 있을 정도의 기간으로서 만일 장기에서 손실을 계속 보게 된다면, 그 산업에서 이탈할 수 있게 되는 기간이다. 그러나 장기에서도 계속하여 남아있는 독점기업이 존재한다면, 즉, 오직 하나의 기업만이 존재한다면, 남아있는 유일한 독점기업은 진입장벽으로 보호되고 있으며, 최소한 양의 이윤을 얻고 있는 것이다.

④ 틀린 내용이다.

장기에서 경쟁기업은 가격과 평균비용이 일치하는 수준에서 생산하게 된다. 따라서 장기에서 경쟁기업의 이윤은 0이 된다. 만일 이윤이 양이 되는 경우, 장기에 새로운 기업의 진입이 일어나게 되고 이는 공급증가로 이어져 결국 가격이 하락하여 다시 이윤이 0이 되도록 작동된다.

한편, 독점기업의 경우 장기에서 손실을 계속 보게 된다면, 그 산업에서 이탈할 것이다. 만일 장기에서도 계속하여 남아있는 독점기업이 존재한다면, 그 독점기업은 최소한 양의 이윤을 얻고 있는 것이다.

마지막으로 독점적 경쟁기업의 경우 한계수입과 한계비용이 일치하는 수준에서 생산을 하더라도 양의 이윤을 시현할 수는 없다. 왜냐하면, 양의 이윤이 발생하게 되면, 장기에서 새로운 기업의 진입이 일어나게 되고 신규진입은 시장 내 기업들이 더 이상 초과이윤을 얻지 못할 때까지 계속되고 결국 수요가 감소하게 되어 가격이 하락하여 장기에는 정상이윤만을 얻게 된다. 따라서 장기에 독점적 경쟁시장에서 활동하는 기업들은 0의 (초과)이윤을 얻고 있는 것이다.

제5편

02 2014년 서울시 7급

다음 중 불완전 경쟁이 일어나는 생산물 시장에 대한 설명으로 타당하지 않은 것은?

① 독점적 경쟁의 장기균형에서는 초과설비가 관측된다.
② 굴절수요곡선은 과점가격의 경직성을 설명한다.
③ 평균비용에 근거한 가격책정이 일반적이다.
④ 독점균형은 수요곡선의 가격탄력적인 곳에서 이루어진다.
⑤ 꾸르노(A. Cournot)모형과 베르뜨랑(J. Bertrand)모형은 모두 동질적인 상품의 판매를 전제로 한다.

출제이슈 불완전경쟁의 제 특징
핵심해설 정답 ③

① 옳은 내용이다.
독점적 경쟁기업의 경우 양의 이윤이 발생하게 되면, 장기에서 새로운 기업의 진입이 일어나게 되고 신규진입은 시장 내 기업들이 더 이상 초과이윤을 얻지 못할 때까지 계속되고 결국 수요가 감소하게 되어 가격이 하락하여 장기에는 정상이윤만을 얻게 된다. 따라서 장기에 독점적 경쟁시장에서 활동하는 기업들은 0의 (초과)이윤을 얻고 있는 것이다. 이는 $MR = LMC$인 상황에서 초과이윤이 0이 되는 지점을 의미하며 수요곡선과 장기평균비용곡선이 접하는 곳이다. 따라서 장기균형이 장기평균비용곡선의 최저점보다 왼쪽에서 발생함을 의미한다. 장기균형상황에서 장기평균비용곡선의 최저점에서 생산되지 않고 그에 미달하는 생산이 더 높은 평균비용으로 생산되는 상황을 유휴시설 혹은 초과설비가 존재한다고 지적하는 견해도 있다.

② 옳은 내용이다.
과점이론 중 카르텔 모형에 의하면, 과점시장에서 담합이 있다면 가격이 고정 혹은 안정적일 것으로 예상된다. 이에 대해 P.Sweezy는 과점시장에서 담합이 없더라도 가격이 안정적일 수 있다고 주장했는데 이는 수요곡선에 굴절이 있기 때문이라는 것이다. 굴절이 생기게 되면, 과점기업의 이윤극대화 과정에서 한계비용에 변화가 있더라도 이것이 생산량의 변화에 반영되지 않기 때문에 가격이 경직적으로 유지될 수 있다는 것이다. 한편, 수요곡선에 굴절이 생기게 된 요인으로서 특정과점기업의 가격 인상과 가격 인하에 따른 다른 기업들의 전략적 의사결정으로 인한 추측된 변화에 있어서 비대칭적 차이를 들고 있으나 이에 대한 비판이 많다.

③ 틀린 내용이다.
불완전경쟁시장에서 활동하는 기업들은 불완전경쟁의 형태에 따라서 차이는 있지만, 시장을 지배하고 가격을 설정할 수 있다는 특징이 있다. 따라서 이윤극대화를 위한 가격설정이 가능한데 이는 한계비용과 한계수입이 일치할 때 달성된다. 다만, 현실에서는 단위당 생산비용 즉 평균비용에 적절한 마진율을 고려한 단순한 가격결정으로서 비용할증가격설정과 같이 평균비용에 근거한 가격설정의 사례도 상당히 존재하는 것이 사실이다.

④ 옳은 내용이다.
독점균형은 다음과 같이 한계수입과 한계비용이 일치할 때 달성된다. (이는 장기도 동일하다.) 따라서 독점균형은 양의 한계수입과 양의 한계비용에서 달성된다고 할 수 있고, 양의 한계수입은 한계수입곡선이 양인 부분에 해당하며, 이와 매칭이 되는 수요곡선은 탄력적인 부분에 해당한다고 할 수 있다. 따라서 독점균형은 수요곡선의 가격탄력적인 곳에서 이루어진다고 할 수 있다.

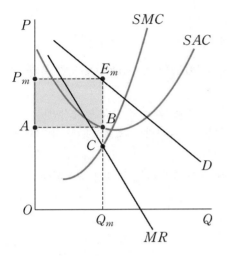

⑤ 옳은 내용이다.

꾸르노(A. Cournot) 모형과 베르뜨랑(J. Bertrand) 모형은 모두 동질적인 상품의 판매를 전제로 한다. 다만, 베르뜨랑 모형의 경우 동질적인 상품의 판매에 있어서 가격경쟁전략을 취하다보니, 결국 베르뜨랑 균형은 가격과 한계비용이 일치하는 곳에서 달성된다. 이는 상당히 현실성이 떨어지는 결론으로서 베르뜨랑 모형에서도 동질적인 상품보다는 차별적인 상품을 가정하여 보다 현실성을 반영한 모형도 가능하다는 점에 유의할 필요는 있다.

03 2012년 국가직 7급

기업의 시장구조와 행동원리에 대한 설명으로 옳지 않은 것은?

① 두 기업이 특정시장을 50:50으로 양분하고 있으면 허핀달지수(Herfindahl index)에 의한 독과점도는 5,000이다.
② 꾸르노(Cournot) 과점시장모델에서 기업 수가 많아질수록 시장전체의 산출량은 증가한다.
③ 독점적 경쟁시장에서 이윤극대화를 추구하는 기업의 장기균형 생산량은 평균비용이 최소가 되는 점이다.
④ 완전경쟁기업의 이윤극대화 산출량은 한계수입과 한계비용이 일치하는 점에서 결정된다.

출제이슈 완전경쟁 및 불완전경쟁시장의 제 특징과 시장집중도 지수
핵심해설 정답 ③

① 옳은 내용이다.
허쉬만 − 허핀달 지수는 시장에서의 집중도를 보여주는 지표로서 현재 시장에 존재하는 모든 기업들의 시장점유율의 제곱을 모두 더한 값으로 정의된다. 이 값이 클수록 시장은 집중화되어 있다고 판단하며 독과점도로 볼 수 있다. 설문에서처럼 두 기업만 시장에 존재하며 각각의 시장점유율이 50퍼센트 수준이기 때문에 이를 각각 제곱하여 더하면, 2,500 + 2,500 = 5,000이 된다.

② 옳은 내용이다.
꾸르노 모형은 과점시장의 수량경쟁모형으로서 상대방의 생산량이 고정된 것으로 보고 이를 추종하여 자신의 최적 산출량을 결정한다. 즉 과점시장에 존재하는 각 기업은 상대방이 산출량을 변화시키지 않을 것이라는 추측 하에서 자신의 최적 행동을 선택하는 것이다. 특히, 꾸르노 모형에서 참가사업자(사업자간 모든 조건이 동일하다고 가정)가 2인 경우 꾸르노 복점의 전체 산출량을 구해보면, 경쟁시장 산출량의 $\frac{2}{3}$ 가 됨을 알 수 있다. 이를 좀 더 다수의 참가사업자로 확장해보면, 참가사업자의 수가 N인 경우 그 때 꾸르노 모형에 의한 전체 산출량은 경쟁시장 산출량의 $\frac{N}{N+1}$ 이 되는 것으로 알려져 있다. 이를 변형해 보면 $\frac{N}{N+1} = \frac{1}{1+\frac{1}{N}}$ 이 되는데 이는 꾸르노 모형의 사업자가 많아질수록 즉 N이 커질수록 꾸르노 모형의 전체 산출량이 증가함을 보여준다. 극단적으로 N이 매우 커지게 되면, 사업자 수 측면에서 경쟁시장의 구조에 가까워지면서 산출량도 역시 경쟁시장의 산출량에 근접함을 알 수 있다. 따라서 꾸르노(Cournot) 과점시장모델에서 기업 수가 많아질수록 시장전체의 산출량은 증가한다는 지문은 옳은 내용이 된다.

③ 틀린 내용이다.
독점적 경쟁기업의 장기균형은 한계수입과 한계비용(장기의 한계비용)이 일치할 때 달성된다. 만일 독점적 경쟁기업의 경우 양의 이윤이 발생하게 되면, 장기에서 새로운 기업의 진입이 일어나게 되고 신규진입은 시장 내 기업들이 더 이상 초과이윤을 얻지 못할 때까지 계속되고 결국 수요가 감소하게 되어 가격이 하락하여 장기에는 정상이윤만을 얻게 된다. 따라서 장기에 독점적 경쟁시장에서 활동하는 기업들은 0의 (초과)이윤을 얻고 있는 것이다. 이는 $MR = LMC$인 상황에서 초과이윤이 0이 되는 지점을 의미하며 수요곡선과 장기평균비용곡선이 접하는 곳이다. 따라서 장기균형이 장기평균비용곡선의 최저점보다 왼쪽에서 발생함을 의미한다. 장기균형상황에서 장기평균비용곡선의 최저점에서 생산되지 않고 그에 미달하는 생산이 더 높은 평균비용으로 생산되는 상황을 유휴시설 혹은 초과설비가 존재한다고 지적하는 견해도 있다.

④ 옳은 내용이다.
경쟁기업의 단기 이윤극대화 조건은 가격과 한계비용이 일치할 때 달성된다. 특히, 경쟁시장에서 활동하는 경쟁기업이 직면하는 가격은 한계수입이 된다. 이는 경쟁기업이 가격수용자라는 특성에서 유도된다.

우월전략균형과 내쉬균형

| 2020 지7 | 2020 국7 | 2018 국9 | 2016 지7 | 2016 국9 | 2015 국7 | 2015 서7 |
| 2014 국7 | 2014 지7 | 2013 지7 | 2013 서7 | 2012 지7 | 2012 국9 | 2011 지7 |

1 우월전략균형

1) 상대방이 어떤 전략을 선택하든지 간에 나의 보수를 극대화시켜주는 전략이 우월전략이다.

2) 각 경기자들의 우월전략의 짝이 우월전략균형이다.

3) 특정게임 상황에서 우월전략은 존재할 수도 있고 존재하지 않을 수도 있다.

4) 만일 모든 경기자들이 우월전략을 가지고 있다면, 모든 경기자들은 당연히 우월전략을 선택할 것이며 자신의 보수를 극대화 시켜주므로 바꾸지 않으려 할 것이다.

2 내쉬균형

1) 각 경기자가 상대방의 전략을 주어진 것으로 보고 자신에게 최적인 전략을 선택할 때, 이러한 최적전략이 내쉬균형전략이다.

2) 최적전략인 내쉬균형전략의 짝이 내쉬균형이다.

3) 내쉬균형은 우월전략균형보다 한층 더 약화된 균형의 개념이기 때문에 우월전략균형이 존재하지 않더라도 내쉬균형은 존재할 수도 있다.

4) 우월전략균형의 성격을 가지면 반드시 내쉬균형의 성격을 가진다.

5) 내쉬균형이 반드시 파레토효율적이지는 않다.

6) 내쉬균형은 복수로 존재할 수 있다.

3 게임의 균형을 구하는 방법

1) 균형

① 시장균형이란 시장에서 수요와 공급이 맞아떨어진 상태로서 수요자와 공급자가 모두 최적화된 자신의 상태에 만족하여 다른 교란요인이 발생하지 않는 한 자신의 행동을 수정하지 않고 현재의 상태에 머물려고 하는 것을 의미한다.

② 게임에서의 균형이란 게임의 참가한 각 경기자들이 선택한 자신들의 전략에 의해서 어떤 결과가 나타났을 때 모두 이에 만족하고 더 이상 자신의 전략을 수정하지 않고 현재의 상태에 머물려고 하는 것을 의미하며, 그 때 각 경기자의 전략의 조합을 균형이라고 한다.

2) 우월전략균형의 도출

① 상대방이 어떤 전략을 선택하든지 간에 나의 보수를 더 크게 만들어 주는 전략이 우월전략이 며 이를 구하기 위해서는 보수행렬표에서 상대방의 전략을 제외하고 자신의 전략만을 비교 하여 보수를 가장 극대화시키는 전략을 선택한다.

② 이제 반대로 상대방의 입장에서도 우월전략을 구해낸다.

③ 만일 모든 경기자들이 우월전략을 가지고 있다면 모든 경기자들은 당연히 우월전략을 선택할 것이며 이를 바꾸려 하지 않을 것이다.

④ 이렇게 구한 전략의 조합이 우월전략균형이 되는데, 이는 존재할 수도 있고 그렇지 않을 수도 있음에 유의해야 한다.

3) 내쉬균형의 도출

① 상대방이 어떤 전략을 선택하는 것을 주어진 것으로 보고 이때, 나의 보수 측면에서 최선의 전략이 내쉬균형전략이며 이를 구하기 위해서는 보수행렬표에서 상대방의 전략을 주어진 것 으로 보고 이에 대응한 자신의 전략에 따른 보수를 비교하여 보수를 더 크게 만들어 주는 최선의 전략을 선택한다.

② 이제 반대로 위에서 선택된 내쉬균형전략이 상대방의 입장에서 주어진 것으로 보고 상대방의 내쉬균형전략을 구해낸다.

③ 만일 모든 경기자들이 선택한 자신들의 내쉬균형전략에 의해서 어떤 결과가 나타났을 때 모 두 이에 만족하고 더 이상 자신의 전략을 수정하지 않고 현재의 상태에 머물려고 한다면, 내쉬균형이 성립한다.

④ 이렇게 구한 전략의 조합이 내쉬균형이 되는데, 이는 존재할 수도 있고 그렇지 않을 수도 있 음에 유의해야 한다.

4 용의자의 딜레마 게임

A \ B	용의재 B의 전략 – 부인	용의자 B의 전략 – 자백
용의자 A의 전략 – 부인	−2, −2	−7, −1
용의자 A의 전략 – 자백	−1, −7	−5, −5

1) 용의자 A, B 모두 우월전략은 "자백"이므로 우월전략균형은 (자백, 자백)이다.

2) 우월전략균형은 내쉬균형의 성격을 가진다.

3) 용의자의 딜레마 게임 균형은 용의자들의 입장에서 바람직하지 못하다(파레토효율 아님).

4) 이는 협조가 가능하지 못한 상황에 기인한다.

5) 그러나 협조가 가능한 상황이라고 하더라도 용의자들은 자신에게 유리한 전략(비협조전략, 자 백)을 선택할 유인은 여전히 존재한다.

ISSUE 문제 📝

01 │ 2013년 서울시 7급

두 과점기업 A, B의 전략적 행동에 따라 달라지는 보수행렬이 아래와 같다고 할 때, 첫 번째 숫자는 기업 A의 이윤, 두 번째 숫자는 기업 B의 이윤을 가리킨다. 기업 A와 B의 우월전략은 각각 무엇인가?

		기업 B의 전략적 결정	
		전략 1	전략 2
기업 A의 전략적 결정	전략 1	(300만 원,600만 원)	(200만 원, 400만 원)
	전략 2	(50만 원, 300만 원)	(250만 원, 0원)

① 기업 A: 전략 1, 기업 B: 전략 1
② 기업 A: 전략 1, 기업 B: 전략 2
③ 기업 A: 전략 2, 기업 B: 전략 1
④ 기업 A: 전략 2, 기업 B: 우월전략이 없다
⑤ 기업 A: 우월전략이 없다, 기업 B: 전략 1

출제이슈 우월전략
핵심해설 정답 ⑤

우월전략 및 우월전략균형을 도출하는 방법은 다음과 같다.

1) 상대방이 어떤 전략을 선택하든지 간에 나의 보수를 더 크게 만들어 주는 전략이 우월전략이며 이를 구하기 위해서는 보수행렬표에서 상대방의 전략을 제외하고 자신의 전략만을 비교하여 보수를 가장 극대화시키는 전략을 선택한다.

2) 이제 반대로 상대방의 입장에서도 우월전략을 구해낸다.

3) 만일 모든 경기자들이 우월전략을 가지고 있다면 모든 경기자들은 당연히 우월전략을 선택할 것이며 이를 바꾸려 하지 않을 것이다.

설문에서 우월전략을 찾아보면 다음과 같다.

1) 만약 기업 A가 전략 $a1$을 선택하든, $a2$를 선택하든 관계없이 기업 B는 자신의 보수를 더 크게 하는 전략 $b1$이 최선의 전략이다.

2) 왜냐하면, 기업 B는 기업 A가 전략 $a1$을 선택할 때도 전략 $b2$보다 전략 $b1$을 선택하는 것이 더 큰 보수(600만 원 > 400만 원)를 주고, 기업 A가 전략 $a2$를 선택할 때도 전략 $b2$보다 전략 $b1$을 선택하는 것이 더 큰 보수(300만 원 > 0만 원)를 주기 때문이다.

3) 위와 같은 전략 $b1$을 기업 B의 우월전략이라고 하며, 같은 방식으로 기업 A의 우월전략을 구해보면, 기업 A는 우월전략이 존재하지 않는다.

4) 기업 A는 우월전략이 존재하지 않으며, 기업 B의 우월전략은 $b1$이 된다.

02 2015년 서울시 7급

다음과 같은 치킨게임(두 운전자가 마주보고 전속력으로 직진 운전하다가 한쪽이 겁을 먹고 회피하면 지는 게임)을 고려하자. 각 경우에 있어서의 보상(만족도)은 다음과 같다. [보상테이블은 (A, B)의 쌍으로 표시됨] '운전자 A'의 우월전략(dominant strategy)에 관한 설명으로 옳은 것은?

		운전자 B	
		회피	직진
운전자 A	회피	(10, 10)	(5, 20)
	직진	(20, 5)	(0, 0)

① 우월전략이 없다.
② '운전자 A'는 항상 회피를 해야 한다.
③ '운전자 A'는 항상 직진을 해야 한다.
④ '운전자 A'는 2개의 우월전략을 가지고 있다.

출제이슈 우월전략
핵심해설 정답 ①

우월전략 및 우월전략균형을 도출하는 방법은 다음과 같다.

1) 상대방이 어떤 전략을 선택하든지 간에 나의 보수를 더 크게 만들어 주는 전략이 우월전략이며 이를 구하기 위해서는 보수행렬표에서 상대방의 전략을 제외하고 자신의 전략만을 비교하여 보수를 가장 극대화시키는 전략을 선택한다.

2) 이제 반대로 상대방의 입장에서도 우월전략을 구해낸다.

3) 만일 모든 경기자들이 우월전략을 가지고 있다면 모든 경기자들은 당연히 우월전략을 선택할 것이며 이를 바꾸려 하지 않을 것이다.

설문에서 우월전략을 찾아보면 다음과 같다.

1) 운전자 A 가 전략 $a1$ (회피)을 선택하든, $a2$ (직진)를 선택하든 관계없이 운전자 B 는 자신의 보수를 더 크게 하는 전략이 최선의 전략으로서 우월전략인데 이는 존재하지 않는다.

2) 왜냐하면, 운전자 B 는 운전자 A 가 전략 $a1$ (회피)을 선택할 때 전략 $b1$ (회피)보다 전략 $b2$ (직진)를 선택하는 것이 더 큰 보수(10 < 20)를 주고, 기업 A 가 전략 $a2$ (직진)를 선택할 때는 전략 $b1$ (회피)를 선택하는 것이 전략 $b2$ (직진)를 선택하는 것보다 더 큰 보수(5 > 0)를 주기 때문이다.

3) 위와 같은 방식으로 운전자 A 의 우월전략을 구해보면, 운전자 A 도 역시 우월전략이 존재하지 않는다.

4) 따라서 두 경기자 모두 우월전략이 존재하지 않는다.

03 2014년 지방직 7급

다음 표는 A국과 B국 양국이 글로벌 금융위기로부터 통화긴축정책에 의한 출구전략을 추진함에 따라 발생하는 양국의 이득의 조합을 표시하고 있다. 양국 간 정책협조가 이루어지지 않는다고 할 때, 두 나라가 선택할 가능성이 높은 정책의 조합은? (단, 괄호 안의 첫 번째 숫자는 A국의 이득, 두 번째 숫자는 B국의 이득을 나타낸다)

		B국	
		약한 긴축	강한 긴축
A국	약한 긴축	(−2, −2)	(3, −5)
	강한 긴축	(−5, 3)	(0, 0)

	A국	B국
①	강한 긴축	약한 긴축
②	강한 긴축	강한 긴축
③	약한 긴축	약한 긴축
④	약한 긴축	강한 긴축

출제이슈 우월전략 및 우월전략균형
핵심해설 정답 ③

우월전략 및 우월전략균형을 도출하는 방법은 다음과 같다.

1) 상대방이 어떤 전략을 선택하든지 간에 나의 보수를 더 크게 만들어 주는 전략이 우월전략이며 이를 구하기 위해서는 보수행렬표에서 상대방의 전략을 제외하고 자신의 전략만을 비교하여 보수를 가장 극대화시키는 전략을 선택한다.

2) 이제 반대로 상대방의 입장에서도 우월전략을 구해낸다.

3) 만일 모든 경기자들이 우월전략을 가지고 있다면 모든 경기자들은 당연히 우월전략을 선택할 것이며 이를 바꾸려 하지 않을 것이다.

설문에서 우월전략과 우월전략균형을 도출하면 다음과 같다.

1) A국이 전략 $a1$(약한 긴축)을 선택하든, $a2$(강한 긴축)를 선택하든 관계없이 B국은 자신의 보수를 더 크게 하는 전략 $b1$(약한 긴축)이 최선의 전략이다.

2) 왜냐하면, B국은 A국이 전략 $a1$(약한 긴축)을 선택할 때 전략 $b2$(강한 긴축)보다 전략 $b1$(약한 긴축)을 선택하는 것이 더 큰 보수(−2 > −5)를 주고, A국이 전략 $a2$(강한 긴축)를 선택할 때도 전략 $b2$(강한 긴축)보다 전략 $b1$(약한 긴축)을 선택하는 것이 더 큰 보수(3)0)를 주기 때문이다.

3) 위와 같은 전략 $b1$(약한 긴축)을 B국의 우월전략이라고 하며, 같은 방식으로 A국의 우월전략을 구해보면, A국도 $a1$(약한 긴축)이 우월전략이 된다.

4) 따라서 양국은 모두 우월전략을 사용할 것이므로 A국의 우월전략은 $a1$(약한 긴축), B국의 우월전략 $b1$(약한 긴축)의 조합이 우월전략균형으로 시현된다.

04 2012년 지방직 7급

X재화의 시장에 A와 B 두 경쟁 기업만 있다. 각 기업의 광고 여부에 따른 예상 매출액은 다음 표와 같다. 각 기업은 자신의 예상 매출액만 알고 경쟁기업의 예상 매출액은 모른다고 할 때, 주어진 조건 하에서 각 기업의 광고 여부에 대한 설명으로 옳은 것은? (단, 표의 사선 아래는 A기업, 사선 위는 B기업의 예상 매출액이며, 두 기업은 광고 등 주요 전략에 대해 협력관계에 있지 않다)

		B기업			
		광고함		광고 안함	
A기업	광고함	40	30	60	20
	광고 안함	30	50	50	40

① A기업은 광고를 하며, B기업은 광고를 하지 않을 것이다.
② B기업은 광고를 하며, A기업은 광고를 하지 않을 것이다.
③ A기업과 B기업 모두 광고를 하지 않을 것이다.
④ A기업과 B기업 모두 광고를 할 것이다.

출제이슈 우월전략 및 우월전략균형
핵심해설 정답 ④

우월전략 및 우월전략균형을 도출하는 방법은 다음과 같다.

1) 상대방이 어떤 전략을 선택하든지 간에 나의 보수를 더 크게 만들어 주는 전략이 우월전략이며 이를 구하기 위해서는 보수행렬표에서 상대방의 전략을 제외하고 자신의 전략만을 비교하여 보수를 가장 극대화시키는 전략을 선택한다.

2) 이제 반대로 상대방의 입장에서도 우월전략을 구해낸다.

3) 만일 모든 경기자들이 우월전략을 가지고 있다면 모든 경기자들은 당연히 우월전략을 선택할 것이며 이를 바꾸려 하지 않을 것이다.

설문에서 우월전략과 우월전략균형을 도출하면 다음과 같다.

1) 기업 A 가 전략 $a1$(광고함)을 선택하든, $a2$(광고안함)를 선택하든 관계없이 기업 B 는 자신의 보수를 더 크게 하는 전략 $b1$(광고함)이 최선의 전략이다.

2) 왜냐하면, 기업 B 는 기업 A 가 전략 $a1$(광고함)을 선택할 때 전략 $b2$(광고안함)보다 전략 $b1$(광고함)을 선택하는 것이 더 큰 보수(30>20)를 주고, 기업 A 가 전략 $a2$(광고안함)를 선택할 때도 전략 $b2$(광고안함)보다 전략 $b1$(광고함)을 선택하는 것이 더 큰 보수(50>40)를 주기 때문이다.

3) 위와 같은 전략 $b1$(광고함)을 기업 B 의 우월전략이라고 하며, 같은 방식으로 기업 A 의 우월전략을 구해보면, 기업 A 도 $a1$(광고함)이 우월전략이 된다.

4) 따라서 양 기업은 모두 우월전략을 사용할 것이므로 기업 A 의 우월전략은 $a1$(광고함), 기업 B 의 우월전략 $b1$(광고함)의 조합이 우월전략균형으로 시현된다.

05 | 2020년 국가직 9급

다음 표는 경기자 1과 경기자 2의 전략 A와 전략 B의 선택에 따른 두 경기자의 보수(payoff)를 나타낸 것이다. 두 경기자가 전략을 동시에 선택할 때, 내쉬균형(Nash equilibrium) 전략은? (단, 표의 괄호에서 앞의 숫자는 경기자 1의 보수, 뒤의 숫자는 경기자 2의 보수이다)

경기자 1 \ 경기자 2	A	B
A	(−1, −1)	(−7, 0)
B	(0, −7)	(−5, −5)

① 경기자 1은 A, 경기자 2는 A를 선택
② 경기자 1은 A, 경기자 2는 B를 선택
③ 경기자 1은 B, 경기자 2는 A를 선택
④ 경기자 1은 B, 경기자 2는 B를 선택

출제이슈 내쉬균형
핵심해설 정답 ④

내쉬균형을 도출하는 방법은 다음과 같다.

1) 상대방이 어떤 전략을 선택하는 것을 주어진 것으로 보고 이때, 나의 보수 측면에서 최선의 전략이 내쉬균형전략이며 이를 구하기 위해서는 보수행렬표에서 상대방의 전략을 주어진 것으로 보고 이에 대응한 자신의 전략에 따른 보수를 비교하여 보수를 더 크게 만들어 주는 최선의 전략을 선택한다.

2) 이제 반대로 위에서 선택된 내쉬균형전략이 상대방의 입장에서 주어진 것으로 보고 상대방의 내쉬균형전략을 구해낸다.

3) 만일 모든 경기자들이 선택한 자신들의 내쉬균형전략에 의해서 어떤 결과가 나타났을 때 모두 이에 만족하고 더 이상 자신의 전략을 수정하지 않고 현재 상태에 머물려고 한다면, 내쉬균형이 성립한다.

설문에서 내쉬균형을 도출하면 다음과 같다.

1) 만약 경기자 1이 전략 A를 선택한다고 할 경우
   이를 주어진 것으로 보고 경기자 2는 주어진 상황에서 자신의 보수를 극대화하는 전략 B가 최선의 전략이다.

2) 경기자 2가 전략 B를 선택할 때
   이를 주어진 것으로 보고 경기자 1은 주어진 상황에서 자신의 보수를 극대화하는 전략 B가 최선의 전략이다.

3) 경기자 1이 전략 B를 선택할 때
   이를 주어진 것으로 보고 경기자 2는 주어진 상황에서 자신의 보수를 극대화하는 전략 B가 최선의 전략이다.

4) 경기자 2가 전략 B를 선택할 때
   경기자 1은 주어진 상황에서 자신의 보수를 극대화하는 전략 B를 바꾸지 않고 계속 유지한다.

5) 경기자 1이 전략 B를 유지하는 경우

경기자 2는 주어진 상황에서 자신의 보수를 극대화하는 전략 B를 계속 유지한다.

6) 따라서 내쉬균형전략은 경기자 1도 전략 B, 경기자 2도 전략 B가 된다. 두 전략의 짝이 바로 내쉬균형이 된다.

참고로 경기자1, 경기자2 모두 우월전략이 B가 되므로 우월전략균형이 도출되며, 우월전략균형은 내쉬균형의 성격을 가지므로 역시 내쉬균형도 동일하게 된다. 따라서 본 문제는 우월전략 및 우월전략을 도출하여 쉽게 내쉬균형을 찾을 수도 있다. 부연하면, 상대방이 어떤 전략을 선택하든지 간에 나의 보수를 더 크게 만들어 주는 전략이 우월전략이며 이러한 우월전략의 짝이 우월전략균형이다. 한편 상대방이 어떤 전략을 선택하는 것을 주어진 것으로 보고 이때, 나의 보수 측면에서 최선의 전략이 내쉬균형전략이며 이러한 내쉬균형전략의 짝이 내쉬균형이다. 따라서 우월전략균형은 내쉬균형의 성격을 잘 충족시키게 되므로 우월전략균형은 내쉬균형이 된다.

06 2016년 국가직 9급

기업 A와 B는 연구개발비에 대한 전략으로 대규모 예산과 소규모 예산 중 하나를 선택할 수 있다. 두 기업이 동시에 각각 한 전략을 한 번만 선택하는 게임의 보수행렬은 다음 표와 같다. 이 게임에 대한 설명으로 옳은 것은? (단, 표에서 왼쪽 금액은 기업 B, 오른쪽 금액은 기업 A의 보수를 나타낸다)

(단위 : 억 원)

		기업 A	
		대규모 예산	소규모 예산
기업 B	대규모 예산	(30, 20)	(70, 10)
	소규모 예산	(10, 30)	(50, 40)

① 기업 A의 우월전략은 대규모 예산이다.
② 기업 A가 소규모 예산을, 기업 B가 대규모 예산을 선택하는 경우는 내쉬균형이 된다.
③ 기업 A가 대규모 예산을, 기업 B가 대규모 예산을 선택하는 경우는 내쉬균형이 된다.
④ 기업 A가 소규모 예산을, 기업 B가 소규모 예산을 선택하는 경우는 내쉬균형이 된다.

출제이슈 내쉬균형
핵심해설 정답 ③

내쉬균형을 도출하는 방법은 다음과 같다.

1) 상대방이 어떤 전략을 선택하는 것을 주어진 것으로 보고 이때, 나의 보수 측면에서 최선의 전략이 내쉬균형전략이며 이를 구하기 위해서는 보수행렬표에서 상대방의 전략을 주어진 것으로 보고 이에 대응한 자신의 전략에 따른 보수를 비교하여 보수를 더 크게 만들어 주는 최선의 전략을 선택한다.

2) 이제 반대로 위에서 선택된 내쉬균형전략이 상대방의 입장에서 주어진 것으로 보고 상대방의 내쉬균형전략을 구해낸다.

3) 만일 모든 경기자들이 선택한 자신들의 내쉬균형전략에 의해서 어떤 결과가 나타났을 때 모두 이에 만족하고 더 이상 자신의 전략을 수정하지 않고 현재 상태에 머물려고 한다면, 내쉬균형이 성립한다.

설문에서 내쉬균형을 도출하면 다음과 같다.

1) 만약 기업 A가 전략 $a1$(대규모 예산)을 선택한다고 할 경우
이를 주어진 것으로 보고 기업 B는 주어진 상황에서 자신의 보수를 극대화하는 전략 $b1$(대규모 예산)이 최선의 전략이다.

2) 기업 B가 전략 $b1$을 선택할 때
이를 주어진 것으로 보고 기업 A는 주어진 상황에서 자신의 보수를 극대화하는 전략 $a1$(대규모 예산)이 최선의 전략이다.

3) 기업 A가 전략 $a1$(대규모 예산) 선택을 계속 유지한다면
역시 기업 B도 이를 주어진 것으로 보고 전략 $b1$(대규모 예산)을 계속 유지하는 것이 최적이다.

4) 결국 기업 A는 전략 $a1$(대규모 예산), 기업 B는 전략 $b1$(대규모 예산)을 선택하며 이 전략의 조합이 바로 내쉬균형이 된다.

제5편

한편, ①에서 기업 A의 우월전략이 있는지를 확인하면 다음과 같다.

1) 기업 B가 전략 $b1$(대규모 예산)을 선택하든, $b2$(소규모 예산)을 선택하든 관계없이 기업 A는 자신의 보수를 더 크게 하는 전략이 있다면 그것이 기업 A의 우월전략이다

2) 그런데, 기업 A는 기업 B가 전략 $b1$(대규모 예산)을 선택할 때 전략 $a2$(소규모 예산)보다 전략 $a1$(대규모 예산)을 선택하는 것이 더 큰 보수(20 > 10)를 주고, 기업 B가 전략 $b2$(소규모 예산)를 선택할 때는 전략 $a1$(대규모 예산)보다 전략 $a2$(소규모 예산)을 선택하는 것이 더 큰 보수(30 < 40)를 주기 때문에, 상대방의 전략에 관계없이 자신의 보수를 더 크게 하는 우월전략은 존재하지 않는다.

3) 따라서 ①은 틀린 내용이다.

참고로 기업 A의 경우 우월전략이 없지만, 기업 B의 경우 위와 같은 방법으로 검토하면 대규모 예산이 우월전략이 된다. 따라서 기업 B가 우월전략인 대규모 예산을 선택할 때, 기업 A는 자신의 보수를 극대화할 수 있는 대규모 예산을 선택하게 되어 대규모 예산과 대규모 예산의 조합이 내쉬균형이 됨을 쉽게 확인할 수 있다.

07 2012년 국가직 9급

갑과 을은 보안등 설치에 드는 비용을 분담하는 전략을 세운다. 보안등 설치를 위한 비용 분담 전략과 설치된 보안등을 이용할 때의 만족감은 다음과 같다. 괄호 안의 왼쪽 숫자는 갑의 만족감, 오른쪽 숫자는 을의 만족감을 나타낸다. 이 경우 [갑의 비용 분담 전략, 을의 비용 전담 전략]으로 표현되는 내쉬(Nash) 균형은?

		을	
		1/2 비용 분담	1/3 비용 분담
갑	1/2 비용 분담	(50, 50)	(20, 60)
	1/3 비용 분담	(60, 20)	(30, 30)

① [1/2 비용 분담, 1/2 비용 분담]
② [1/2 비용 분담, 1/3 비용 분담]
③ [1/3 비용 분담, 1/2 비용 분담]
④ [1/3 비용 분담, 1/3 비용 분담]

출제이슈 내쉬균형
핵심해설 정답 ④

내쉬균형을 도출하는 방법은 다음과 같다.

1) 상대방이 어떤 전략을 선택하는 것을 주어진 것으로 보고 이때, 나의 보수 측면에서 최선의 전략이 내쉬균형전략이며 이를 구하기 위해서는 보수행렬표에서 상대방의 전략을 주어진 것으로 보고 이에 대응한 자신의 전략에 따른 보수를 비교하여 보수를 더 크게 만들어 주는 최선의 전략을 선택한다.

2) 이제 반대로 위에서 선택된 내쉬균형전략이 상대방의 입장에서 주어진 것으로 보고 상대방의 내쉬균형전략을 구해낸다.

3) 만일 모든 경기자들이 선택한 자신들의 내쉬균형전략에 의해서 어떤 결과가 나타났을 때 모두 이에 만족하고 더 이상 자신의 전략을 수정하지 않고 현재 상태에 머물려고 한다면, 내쉬균형이 성립한다.

설문에서 내쉬균형을 도출하면 다음과 같다.

1) 만약 갑이 1/2 비용 분담 전략을 선택한다고 할 경우
이를 주어진 것으로 보고 을은 주어진 상황에서 자신의 보수를 극대화하는 1/3 비용 분담 전략이 최선의 전략이다.

2) 을이 1/3 비용 분담 전략을 선택할 때
이를 주어진 것으로 보고 갑은 주어진 상황에서 자신의 보수를 극대화하는 1/3 비용 분담 전략이 최선의 전략이 된다. 즉, 갑이 최초에 선택한 전략이 바뀌게 된다.

3) 갑이 1/3 비용 분담 전략으로 바꾸게 되면
이를 주어진 것으로 보고 을은 주어진 상황에서 자신의 보수를 극대화하는 1/3 비용 분담 전략이 최선의 전략이다.

4) 따라서 을은 최초에 선택한 1/3 비용 분담 전략을 바꿀 유인이 없다.

5) 결국 갑은 1/3 비용 분담 전략, 을도 1/3 비용 분담 전략을 선택하며 이 전략의 조합이 바로 내쉬균형이 된다.

참고로 갑, 을 모두 우월전략이 1/3 비용 분담이므로 우월전략균형은 1/3 비용 분담의 조합으로 도출되며 우월전략균형은 내쉬균형의 성격을 가지므로 역시 내쉬균형도 동일하게 된다. 따라서 본 문제는 우월전략 및 우월전략을 도출하여 쉽게 내쉬균형을 찾을 수도 있다. 부연하면, 상대방이 어떤 전략을 선택하든지 간에 나의 보수를 더 크게 만들어 주는 전략이 우월전략이며 이러한 우월전략의 짝이 우월전략균형이다. 한편 상대방이 어떤 전략을 선택하는 것을 주어진 것으로 보고 이때, 나의 보수 측면에서 최선의 전략이 내쉬균형전략이며 이러한 내쉬균형전략의 짝이 내쉬균형이다. 따라서 우월전략균형은 내쉬균형의 성격을 잘 충족시키게 되므로 우월전략균형은 내쉬균형이 된다.

08 | 2018년 국가직 9급

기업 A와 기업 B가 신제품 개발 참여를 검토하고 있다. 개발에 드는 비용은 기업 A는 50억 원이며 기업 B는 40억 원이라고 알려져 있다. 여기에 정부는 개발에 참여하는 기업에 각 30억 원의 개발비용을 지원한다. 만일 한 기업만 개발에 참여하면 그 기업에 30억 원의 수입이 보장되지만, 두 기업 모두 개발에 참여하면 각각 15억 원씩의 수입이 보장된다. 내쉬균형전략에 의한 기업 A와 기업 B의 선택은?

① 기업 A와 기업 B 모두 개발에 참여한다.
② 기업 A는 개발에 참여하고 기업 B는 참여하지 않는다.
③ 기업 A는 개발에 참여하지 않고 기업 B는 참여한다.
④ 기업 A와 기업 B 모두 개발에 참여하지 않는다.

출제이슈 보수행렬표의 작성과 내쉬균형의 도출
핵심해설 정답 ③

내쉬균형을 도출하는 방법은 다음과 같다.

1) 상대방이 어떤 전략을 선택하는 것을 주어진 것으로 보고 이때, 나의 보수 측면에서 최선의 전략이 내쉬균형전략이며 이를 구하기 위해서는 보수행렬표에서 상대방의 전략을 주어진 것으로 보고 이에 대응한 자신의 전략에 따른 보수를 비교하여 보수를 더 크게 만들어 주는 최선의 전략을 선택한다.

2) 이제 반대로 위에서 선택된 내쉬균형전략이 상대방의 입장에서 주어진 것으로 보고 상대방의 내쉬균형전략을 구해낸다.

3) 만일 모든 경기자들이 선택한 자신들의 내쉬균형전략에 의해서 어떤 결과가 나타났을 때 모두 이에 만족하고 더 이상 자신의 전략을 수정하지 않고 현재 상태에 머물려고 한다면, 내쉬균형이 성립한다.

먼저 설문에서 보수행렬표를 구하면 다음과 같다. (단위 : 5억 원)

		기업 B	
		참여	불참
기업 A	참여	(−5, 5)	(10, 0)
	불참	(0, 20)	(0, 0)

이제 위에서 구한 보수행렬표를 이용하여 내쉬균형을 도출하면 다음과 같다.

1) 만약 기업 A가 전략 $a1$(참여)을 선택한다고 할 경우
이를 주어진 것으로 보고 기업 B는 주어진 상황에서 자신의 보수를 극대화하는 전략 $b1$(참여)이 최선의 전략이다.

2) 기업 B가 전략 $b1$(참여)을 선택할 때
이를 주어진 것으로 보고 기업 A는 주어진 상황에서 자신의 보수를 극대화하는 전략 $a2$(불참)가 최선의 전략이 된다. 즉, 기업 A가 최초에 선택한 전략이 바뀌게 된다.

3) 기업 A가 전략 $a2$(불참)으로 바뀌게 되면
이를 주어진 것으로 보고 기업 B는 주어진 상황에서 자신의 보수를 극대화하는 전략 $b1$(참여)이 최선의 전략이다.

4) 이에 따라서 기업 B는 최초에 선택한 전략 $b1$(참여)을 바꿀 유인이 없다.

5) 결국 기업 A는 전략 $a2$(불참), 기업 B는 전략 $b1$(참여)을 선택하며 이 전략의 조합이 바로 내쉬균형이 된다.

참고로 기업 A는 우월전략이 없으나 기업 B는 참여가 우월전략이므로 이에 대하여 기업 A는 자신의 보수를 극대화할 수 있는 불참을 선택한다. 따라서 내쉬균형은 불참과 참여의 조합으로 쉽게 찾아낼 수도 있다.

09 | 2015년 국가직 7급

두 명의 경기자 A와 B는 어떤 업무에 대해 '태만'(노력수준 = 0)을 선택할 수도 있고 '열심'(노력수준 = 1)을 선택할 수도 있다. 단, '열심'을 선택하는 경우 15원의 노력비용을 감당해야 한다. 다음 표는 사회적 총 노력수준에 따른 각 경기자의 편익을 나타낸 것이다. 두 경기자가 동시에 노력수준을 한 번 선택해야 하는 게임에서 순수전략 내쉬(Nash) 균형은?

사회적 총 노력수준(두 경기자의 노력수준의 합)	0	1	2
각 경기자의 편익	1원	11원	20원

① 경기자 A는 '열심'을, 경기자 B는 '태만'을 선택한다.
② 경기자 A는 '태만'을, 경기자 B는 '열심'을 선택한다.
③ 두 경기자 모두 '태만'을 선택한다.
④ 두 경기자 모두 '열심'을 선택한다.

출제이슈 보수행렬표의 작성과 내쉬균형의 도출
핵심해설 정답 ③

내쉬균형을 도출하는 방법은 다음과 같다.

1) 상대방이 어떤 전략을 선택하는 것을 주어진 것으로 보고 이때, 나의 보수 측면에서 최선의 전략이 내쉬균형전략이며 이를 구하기 위해서는 보수행렬표에서 상대방의 전략을 주어진 것으로 보고 이에 대응한 자신의 전략에 따른 보수를 비교하여 보수를 더 크게 만들어 주는 최선의 전략을 선택한다.

2) 이제 반대로 위에서 선택된 내쉬균형전략이 상대방의 입장에서 주어진 것으로 보고 상대방의 내쉬균형전략을 구해낸다.

3) 만일 모든 경기자들이 선택한 자신들의 내쉬균형전략에 의해서 어떤 결과가 나타났을 때 모두 이에 만족하고 더 이상 자신의 전략을 수정하지 않고 현재 상태에 머물려고 한다면, 내쉬균형이 성립한다.

먼저 설문에서 보수행렬표를 구하면 다음과 같다.

		경기자 B	
		태만	열심
경기자 A	태만	(1, 1)	(11, −4)
	열심	(−4, 11)	(5, 5)

이제 위에서 구한 보수행렬표를 이용하여 내쉬균형을 도출하면 다음과 같다.

1) 만약 경기자 A가 전략 $a1$(태만)을 선택한다고 할 경우
이를 주어진 것으로 보고 경기자 B는 주어진 상황에서 자신의 보수를 극대화하는 전략 $b1$(태만)이 최선의 전략이다.

2) 경기자 B가 전략 $b1$(태만)을 선택할 때
이를 주어진 것으로 보고 경기자 A는 주어진 상황에서 자신의 보수를 극대화하는 전략 $a1$(태만)이 최선의 전략이 된다.

3) 여전히 경기자 A의 전략이 $a1$(태만)으로 유지되므로 이에 따라서 경기자 B는 최초에 선택한 전략 $b1$(태만)을 바꿀 유인이 없다.

4) 결국 경기자 A는 전략 $a1$(태만), 경기자 B도 전략 $b1$(태만)을 선택하며 이 전략의 조합이 바로 내쉬균형이 된다.

이하에서는 또다른 내쉬균형의 존재 여부를 확인한다.

1) 만약 경기자 A가 전략 $a2$(열심)을 선택한다고 할 경우
   이를 주어진 것으로 보고 경기자 B는 주어진 상황에서 자신의 보수를 극대화하는 전략 $b1$(태만)이 최선의 전략이다.

2) 경기자 B가 전략 $b1$(태만)을 선택할 때
   이를 주어진 것으로 보고 경기자 A는 주어진 상황에서 자신의 보수를 극대화하는 전략 $a1$(태만)이 최선의 전략이 된다. 즉 경기자 A의 전략이 바뀌게 된다.

3) 경기자 A의 바뀐 전략이 $a1$(태만)에 대하여
   이를 주어진 것으로 보고 경기자 B는 주어진 상황에서 자신의 보수를 극대화하는 전략 $b1$(태만)이 최선의 전략이다. 이에 따라서 경기자 B는 최초에 선택한 전략 $b1$(태만)을 바꿀 유인이 없다.

4) 따라서 위에서 선택한 경기자 A는 전략 $a1$(태만), 경기자 B는 전략 $b1$(태만)의 내쉬균형이 유지된다.

참고로 경기자 A, 경기자 B 모두 우월전략이 태만이 되므로 우월전략균형이 도출되며, 우월전략균형은 내쉬균형의 성격을 가지므로 역시 내쉬균형도 동일하게 된다. 따라서 본 문제는 우월전략 및 우월전략을 도출하여 쉽게 내쉬균형을 찾을 수도 있다. 부연하면, 상대방이 어떤 전략을 선택하든지 간에 나의 보수를 더 크게 만들어 주는 전략이 우월전략이며 이러한 우월전략의 짝이 우월전략균형이다. 한편 상대방이 어떤 전략을 선택하는 것을 주어진 것으로 보고 이때, 나의 보수 측면에서 최선의 전략이 내쉬균형전략이며 이러한 내쉬균형전략의 짝이 내쉬균형이다. 따라서 우월전략균형은 내쉬균형의 성격을 잘 충족시키게 되므로 우월전략균형은 내쉬균형이 된다.

10 2011년 지방직 7급

A국과 B국이 자국의 수출보조금을 결정하는 정책 게임을 한다. A국과 B국의 전략은 Large, Medium, Small로 구성된다. 이 게임의 보수함수(payoff matrix)가 다음과 같을 때, 내쉬(Nash)균형에서 A국과 B국의 보수(payoff) 조합은? (단, 보수조합의 왼쪽 값은 A국, 오른쪽 값은 B국의 보수를 나타낸다)

		B국		
		Large	Medium	Small
A국	Large	(6, 1)	(4, 2)	(1, 7)
	Medium	(3, 3)	(6, 5)	(4, 4)
	Small	(1, 8)	(4, 5)	(2, 6)

① (1, 7) 　　② (1, 8)
③ (4, 4) 　　④ (6, 5)

출제이슈 3가지 이상 전략에서 내쉬균형의 도출
핵심해설 정답 ④

내쉬균형을 도출하는 방법은 다음과 같다.

1) 상대방이 어떤 전략을 선택하는 것을 주어진 것으로 보고 이때, 나의 보수 측면에서 최선의 전략이 내쉬균형전략이며 이를 구하기 위해서는 보수행렬표에서 상대방의 전략을 주어진 것으로 보고 이에 대응한 자신의 전략에 따른 보수를 비교하여 보수를 더 크게 만들어 주는 최선의 전략을 선택한다.

2) 이제 반대로 위에서 선택된 내쉬균형전략이 상대방의 입장에서 주어진 것으로 보고 상대방의 내쉬균형전략을 구해낸다.

3) 만일 모든 경기자들이 선택한 자신들의 내쉬균형전략에 의해서 어떤 결과가 나타났을 때 모두 이에 만족하고 더 이상 자신의 전략을 수정하지 않고 현재 상태에 머물려고 한다면, 내쉬균형이 성립한다.

이제 설문의 보수행렬표를 이용하여 내쉬균형을 도출하면 다음과 같다.

1) 만약 A국 전략 $a1$(Large)을 선택한다고 할 경우
이를 주어진 것으로 보고 B국은 주어진 상황에서 자신의 보수를 극대화하는 전략 $b3$(Small)이 최선의 전략이다.

2) B국이 전략 $b3$(Small)을 선택할 때
이를 주어진 것으로 보고 A국은 주어진 상황에서 자신의 보수를 극대화하는 전략 $a2$(Medium)가 최선의 전략이 된다.

3) A국의 전략이 전략 $a2$(Medium)로 변경되었으므로
이에 따라서 B국은 전략 $a2$(Medium)를 주어진 것으로 보고 자신의 보수를 극대화하는 전략 $b2$(Medium)가 최선의 전략이다.

4) B국의 전략이 전략 $b2$(Medium)로 변경되었으므로
이에 따라서 A국은 전략 $b2$(Medium)를 주어진 것으로 보고 자신의 보수를 극대화하는 전략 $a2$(Medium)가 최선의 전략이다.

5) 결국 A국의 전략이 전략 $a2$(Medium)에서 변경될 유인이 없으므로 유지되고, 이에 따라서 B국의 전략도 전략 $b2$ (Medium)로 유지되어 내쉬균형이 성립한다.

이하에서는 또다른 내쉬균형의 존재 여부를 확인한다.

1) 만약 A국이 전략 $a3$(Small)을 선택한다고 할 경우
   이를 주어진 것으로 보고 B국은 주어진 상황에서 자신의 보수를 극대화하는 전략 $b1$(Large)이 최선의 전략이다.

2) B국이 전략 $b1$(Large)을 선택할 때
   이를 주어진 것으로 보고 A국은 주어진 상황에서 자신의 보수를 극대화하는 전략 $a1$(Large)이 최선의 전략이 된다. 즉 A국의 전략이 바뀌게 된다.

3) A국의 바뀐 전략 $a1$(Large)에 대하여
   이를 주어진 것으로 보고 B국은 주어진 상황에서 자신의 보수를 극대화하는 전략 $b3$(Small)이 최선의 전략이다. 이에 따라서 B국은 이전에 선택한 전략 $b1$(Large)을 전략 $b3$(Small)로 바꿀 유인이 있다.

4) B국이 전략 $b3$(Small)을 선택할 때
   이를 주어진 것으로 보고 A국은 주어진 상황에서 자신의 보수를 극대화하는 전략 $a2$(Medium)가 최선의 전략이 된다. 즉 A국의 전략이 다시 바뀌게 된다.

5) A국의 바뀐 전략 $a2$(Medium)에 대하여
   이를 주어진 것으로 보고 B국은 주어진 상황에서 자신의 보수를 극대화하는 전략 $b2$(Medium)가 최선의 전략이다. 이에 따라서 B국은 이전에 선택한 전략 $b3$(Small)을 $b2$(Medium)로 바꿀 유인이 있다.

6) B국의 전략이 전략 $b2$(Medium)로 변경되었으므로
   이에 따라서 A국은 전략 $b2$(Medium)를 주어진 것으로 보고 자신의 보수를 극대화하는 전략 $a2$(Medium)가 최선의 전략이다.

7) 결국 A국의 전략이 전략 $a2$(Medium)에서 변경될 유인이 없으므로 유지되고, 이에 따라서 B국의 전략도 전략 $b2$ (Medium)로 유지되어 내쉬균형이 성립한다.

11 2013년 지방직 7급

다음 표는 두 기업이 어떠한 전략을 사용하느냐에 따라 발생하는 이윤을 표시하고 있다. 이때 순수 전략에 의한 내쉬균형의 개수는? (단, 괄호 안의 첫 번째 숫자는 기업 A의 이윤, 두 번째 숫자는 기업 B의 이윤을 나타낸다)

		기업 B	
		전략 b_1	전략 b_2
기업 A	전략 a_1	(1, 1)	(1, 0)
	전략 a_2	(2, 1)	(0, 2)

① 0   ② 1

③ 2   ④ 3

제5편

출제이슈 내쉬균형의 부존재

핵심해설 정답 ①

내쉬균형을 도출하는 방법은 다음과 같다.

1) 상대방이 어떤 전략을 선택하는 것을 주어진 것으로 보고 이때, 나의 보수 측면에서 최선의 전략이 내쉬균형전략이며 이를 구하기 위해서는 보수행렬표에서 상대방의 전략을 주어진 것으로 보고 이에 대응한 자신의 전략에 따른 보수를 비교하여 보수를 더 크게 만들어 주는 최선의 전략을 선택한다.

2) 이제 반대로 위에서 선택된 내쉬균형전략이 상대방의 입장에서 주어진 것으로 보고 상대방의 내쉬균형전략을 구해낸다.

3) 만일 모든 경기자들이 선택한 자신들의 내쉬균형전략에 의해서 어떤 결과가 나타났을 때 모두 이에 만족하고 더 이상 자신의 전략을 수정하지 않고 현재 상태에 머물려고 한다면, 내쉬균형이 성립한다.

설문의 보수행렬표를 이용하여 내쉬균형을 도출하면 다음과 같다.

1) 만약 기업 A가 전략 $a1$을 선택한다고 할 경우
   이를 주어진 것으로 보고 기업 B는 주어진 상황에서 자신의 보수를 극대화하는 전략 $b1$이 최선의 전략이다.

2) 기업 B가 전략 $b1$을 선택할 때
   이를 주어진 것으로 보고 기업 A는 주어진 상황에서 자신의 보수를 극대화하는 전략 $a2$가 최선의 전략이 된다. 즉, 기업 A가 최초에 선택한 전략이 바뀌게 된다.

3) 기업 A가 전략 $a2$로 바꾸게 되면
   이를 주어진 것으로 보고 기업 B는 주어진 상황에서 자신의 보수를 극대화하는 전략 $b2$가 최선의 전략이다. 이에 따라서 기업 B는 최초에 선택한 전략 $b1$을 전략 $b2$로 바꿀 유인이 있다.

4) 기업 B가 전략 $b2$을 선택할 때
   이를 주어진 것으로 보고 기업 A는 주어진 상황에서 자신의 보수를 극대화하는 전략 $a1$이 최선의 전략이 된다. 즉, 기업 A가 이전에 선택한 전략 $a2$가 전략 $a1$으로 바뀌게 된다.

5) 게임의 균형이란 게임의 참가한 각 경기자들이 선택한 자신들의 전략에 의해서 어떤 결과가 나타났을 때 모두 이에 만족하고 더 이상 자신의 전략을 수정하지 않고 현재의 상태에 머물려고 하는 것을 의미하는데, 당해 설문에서는 계속하여 내쉬균형전략이 변경되고 있으므로 내쉬균형이 존재하지 않는다.

12 2014년 국가직 7급

다음 표는 두 기업이 선택하는 전략에 따라 발생하는 이윤의 조합을 표시하고 있다. 이와 같은 상황에서 두 기업이 선택할 가능성이 높은 이윤의 조합은? (단, 괄호 안의 첫 번째 숫자는 기업 A의 이윤, 두 번째 숫자는 기업 B의 이윤을 나타낸다)

		기업 B	
		전략 b1	전략 b2
기업 A	전략 a1	(5, 8)	(7, 4)
	전략 a2	(9, 6)	(8, 8)

① (5, 8) ② (7, 4)
③ (9, 6) ④ (8, 8)

출제이슈 우월전략 및 실현될 가능성이 높은 균형으로서 내쉬균형
핵심해설 정답 ④

설문에서 구체적으로 어떠한 균형을 명시하지 않고 선택할 가능성이 높은 경우를 지칭하고 있으므로 먼저 우월전략을 검토하여야 한다.

우월전략을 도출하는 방법은 다음과 같다.

1) 상대방이 어떤 전략을 선택하든지 간에 나의 보수를 더 크게 만들어 주는 전략이 우월전략이며 이를 구하기 위해서는 보수행렬표에서 상대방의 전략을 제외하고 자신의 전략만을 비교하여 보수를 가장 극대화시키는 전략을 선택한다.

2) 이제 반대로 상대방의 입장에서도 우월전략을 구해낸다.

3) 만일 모든 경기자들이 우월전략을 가지고 있다면 모든 경기자들은 당연히 우월전략을 선택할 것이며 이를 바꾸려 하지 않을 것이다.

설문에서 전략과 균형을 검토하면 다음과 같다.

1) 만약 기업 B가 전략 $b1$을 선택하든, $b2$를 선택하든 관계없이 기업 A는 자신의 보수를 더 크게 하는 전략 $a2$가 최선의 전략이다.

2) 왜냐하면, 기업 A는 기업 B가 전략 $b1$을 선택할 때, 전략 $a1$보다 전략 $a2$를 선택하는 것이 더 큰 보수(5<9)를 주고, 기업 B가 전략 $b2$를 선택할 때도 전략 $a1$보다 전략 $a2$를 선택하는 것이 더 큰 보수(7<8)를 주기 때문이다.

3) 위와 같은 전략 $a2$를 기업 A의 우월전략이라고 하며, 같은 방식으로 기업 B의 우월전략을 구해보면, 기업 B의 경우는 우월전략이 존재하지 않는다.

4) 따라서 우월전략이 존재하지 않는 기업 B는 기업 A의 전략 $a1$에 대해서는 전략 $b1$으로 대응하고 기업 A의 전략 $a2$에 대해서는 $b2$로 대응하게 된다. 이는 내쉬균형전략을 의미한다.

5) 결국 우월전략이 존재하는 기업 A는 우월전략 $a2$를 사용할 것이며, 기업 B는 기업 A의 전략 $a2$에 대해서 $b2$로 대응하게 될 것이므로 기업 A의 $a2$와 기업 B의 $b2$ 그리고 그 결과 (8, 8)의 보수가 결과로 선택된다. 따라서 이는 내쉬균형과 그 결과를 의미한다.

13 2016년 지방직 7급

세계시장에서 대형항공기를 만드는 기업은 A국의 X사와 B국의 Y사만 있으며, 이 두 기업은 대형항공기를 생산할지 혹은 생산하지 않을지를 결정하는 전략적 상황에 직면해 있다. 두 기업이 대형항공기를 생산하거나 생산하지 않을 경우 다음과 같은 이윤을 얻게 된다고 가정하자. 즉, 두 기업 모두 생산을 하게 되면 적자를 보게 되지만, 한 기업만 생산을 하게 되면 독점이윤을 얻게 된다. 이제 B국은 Y사가 대형항공기 시장의 유일한 생산자가 되도록 Y사에 보조금을 지급하려고 한다. 이때 B국이 Y사에 지급해야 할 최소한의 보조금은? (단, X사가 있는 A국은 별다른 정책을 사용하지 않는다고 가정한다)

(단위 : 백만 달러)

		Y사	
		생산	생산 않음
X사	생산	$(-1, -2)$	$(24, 0)$
	생산 않음	$(0, 20)$	$(0, 0)$

※ 주: (,)안의 숫자는 (X사의 보수, Y사의 보수)를 말한다.

① 1백만 달러 초과
② 20백만 달러 초과
③ 2백만 달러 초과
④ 24백만 달러 초과

출제이슈 게임이론과 전략적 무역정책
핵심해설 정답 ③

설문에서 구체적으로 어떠한 균형을 명시하지 않고 Y사가 무조건 생산하는 전략을 취하도록 B국은 보조금을 지급하려고 한다. 즉 당해 보조금으로 말미암아, Y사는 경쟁사인 A국의 X사가 생산하든 생산하지 않든 간에 관계없이 무조건 생산하게 되는 것이다. 이는 생산전략이 바로 Y사의 우월전략이 됨을 의미한다. 따라서 먼저 보조금 지급에 따른 보수행렬표를 다시 구한 후, 이에 따라 우월전략을 검토하고 다시 역으로 이렇게 우월전략이 되도록 유도하는 정부보조금의 액수에 대하여 검토한다. 이를 전략적 무역정책이라고 한다.

먼저 보조금 지급액수를 S라고 하면, 이에 따른 보수행렬표의 변화는 다음과 같다.
생산할 경우에만 보조금을 받을 수 있기 때문에 생산 시 보수에 S를 가산하면 된다.

		Y사	
		생산	생산 않음
X사	생산	$(-1, -2 + S)$	$(24, 0)$
	생산 않음	$(0, 20 + S)$	$(0, 0)$

이제 설문에서 Y사의 우월전략이 존재한다는 전제하에서 우월전략을 도출하면 그 과정은 다음과 같다.

A국의 X사의 전략과는 무관하게 Y사의 전략선택에 따른 보수만 비교하면 되므로 $-2 + S > 0$, $20 + S > 0$이어야 한다. 이 두 조건을 모두 충족시키는 보조금은 $S > 2$가 된다.

즉, B국 정부는 자국의 Y사에 대하여 2(백만 달러)를 초과하는 보조금을 지급해야만, Y사의 생산전략이 우월전략이 된다.

한편 A국의 X사의 경우, 우월전략이 존재하지 않으므로, Y사의 전략을 주어진 것으로 보고 최적으로 대응할 것이다. 따라서 X사는 생산하지 않는 전략을 택하게 되어서 Y사만 생산하게 되는 것이 균형으로 시현될 것이다.

14 2020년 지방직 7급

같은 집에 거주하는 갑과 을은 일주일마다 한 번씩 '청소하기'와 '쉬기' 중에서 하나를 선택할 수 있고, 선택에 따른 효용은 다음과 같다. '청소하기'를 선택할 때의 비용은 10이다. 갑과 을은 '보복'을 선택할 수 있다. '보복'은, 한 사람이 '청소하기'를 선택할 때 다른 사람이 일방적으로 '쉬기'를 선택하면 '청소하기'를 선택했던 사람은 그다음 주부터 몇 주의 '쉬기'를 선택하는 것이다. 보복 기간이 종료되면, 둘은 다시 함께 청소하는 관계로 복귀한다. '쉬기'를 선택하는 유인을 줄이고 함께 청소하는 협력 관계를 지속하기 위한 보복 기간의 최솟값은? (단, 표의 괄호에서 앞의 숫자는 갑의 효용, 뒤의 숫자는 을의 효용이다)

		을	
		청소하기	쉬기
갑	청소하기	(13, 13)	(11, 11)
	쉬기	(11, 11)	(2, 2)

① 7주   ② 8주
③ 9주   ④ 10주

출제이슈 반복게임과 보복전략
핵심해설 정답 ③

설문에서 주어진 보수행렬표는 '청소하기'를 선택할 때의 비용은 10이 반영되지 않았으므로 이를 반영하여 다시 보수행렬표를 구하면 다음과 같다.

		을	
		청소하기	쉬기
갑	청소하기	(3, 3)	(1, 11)
	쉬기	(11, 1)	(2, 2)

1) 내쉬균형 구하기
설문에서 내쉬균형을 구하면 갑, 을 모두 '쉬기' 전략을 사용하는 것이고 이에 따른 보수는 갑, 을 모두 2가 된다.

2) 당해 내쉬균형의 비효율성
설문에서 갑, 을이 모두 '청소하기' 전략을 사용할 경우, 이에 따른 보수는 갑, 을 모두 3이 되어 내쉬균형에서의 보수보다 더 크다. 따라서 현재의 내쉬균형은 파레토개선이 가능하므로 효율적이지 못하다.

3) 청소하기로 공동협약을 맺은 경우
갑과 을이 청소하기로 협약을 맺은 것은 마치 카르텔 게임의 카르텔 협약과 같다. 이를 통해 원래의 내쉬균형보다 파레토우월한 새로운 균형이 달성되어 더 높은 보수를 얻게 된다.

4) 공동청소협약의 붕괴
그런데 갑과 을 모두 협약을 맺었던 '청소하기' 전략 대신에 '쉬기' 전략을 사용한다면, 협약을 깨는 쪽은 훨씬 큰 보수 11을 얻게 되고, 협약을 지킨 쪽은 원래 보수인 3보다 작아진 1의 보수를 얻게 된다. 결국 협약을 깨는 것이 더 큰 보수를 줄 수 있어서 공동청소협약은 매우 불안정하다.

5) 반복게임의 도입과 공동청소협약의 유지

만일 게임이 일회적으로 끝나버린다면 위의 결론이 도출되지만, 게임이 지속적으로 반복된다면 다른 결론이 나올 수 있다. 왜냐하면, 반복게임에 따라서 보수가 달라지기 때문이다.

반복적 게임에서의 보수는 다음과 같다.

만일 한 명은 협약을 지켰으나 한 명은 협약을 깨는 경우, 배신당한 사람도 이제 더 이상 협약을 지킬 필요가 없기 때문에 협약을 깨게 된다. 이때 T는 배신당한 사람이 다음 기에 바로 보복에 들어가서 계속 보복을 유지하는 기간을 의미한다. 따라서 이 기간 동안에는 양자 모두 비협조전략으로만 일관하게 된다.

협약을 깨는 경우 협약을 지키도록 만드는 것이 중요하므로 협약을 깨는 경우의 보수와 협약을 지키는 경우의 보수 간의 차이에 초점을 맞춰서 보면 다음과 같다. 분석을 단순화하기 위해서 현재가치할인에 따른 할인계수는 무시하기로 한다.

① 협약을 깼을 경우 : $11 + 2 + 2 + 2 + \cdots\cdots = 11 + 2T$
② 협약을 지킨 경우 : $3 + 3 + 3 + 3 + \cdots\cdots = 3 + 3T$

따라서 협약을 깼을 경우의 보수보다 협약을 지킨 경우의 보수보다 더 커야만 협약이 유지될 수 있다.

$11 + 2T < 3 + 3T$이어야 한다. 따라서 T는 기간을 의미하므로 양의 자연수가 된다. 따라서 앞의 부등식을 풀면, $T\rangle 8$이므로 T의 최솟값은 9가 된다. 이는 최소한 보복이 9기간(설문에서 기간의 단위는 "주")동안은 지속되어야만 상대방으로 하여금 배신하지 않고 협조할 수 있도록 만들 수 있음을 의미한다.

2019 국7 | 2017 서7

1 순차게임(sequential game)

한 경기자가 먼저 어떤 행동을 한 후에 다른 경기자가 이를 관찰한 후 자신의 행동을 취하는 경우의 게임 상황

2 순차게임의 묘사: 게임나무, 전개형 게임, 결정마디

$$
신규기업\ A\ \begin{cases} 진입 \rightarrow 기존기업\ B \begin{cases} 높은\ 산출량(-4억,\ 7억) \\ 낮은\ 산출량(8억,\ 9억) \end{cases} \\ \\ 포기 \rightarrow 기존기업\ B \begin{cases} 높은\ 산출량(0,\ 15억) \\ 낮은\ 산출량(0,\ 10억) \end{cases} \end{cases}
$$

3 순차게임의 균형

1) 균형의 도출: 역진귀납

2) 부속게임완전균형

① 기존기업의 입장에서

   ⅰ) 첫 번째 부속게임에서 기존기업의 최적전략은 낮은 산출량

   ⅱ) 두 번째 부속게임에서 기존기업의 최적전략은 높은 산출량

② 신규기업의 입장에서

   ⅰ) 기존기업의 낮은 산출량이 예상되는 경우 진입

   ⅱ) 기존기업의 높은 산출량이 예상되는 경우 포기

③ 그런데 신규기업은

   ⅰ) 기존기업의 낮은 산출량에서 진입하는 것이 최선

   ⅱ) 또한 기존기업이 높은 산출량 전략을 선택하는 것은 신빙성이 없음

④ 따라서 완전균형은 신규기업 진입, 기존기업 낮은 산출량

ISSUE 문제

01 　2017년 서울시 7급

아래의 그림은 기업 A와 B의 의사결정에 따른 이윤을 나타낸다. 두 기업은 모든 선택에 대한 이윤을 사전에 알고 있다. A사가 먼저 선택하고, B사가 A사의 결정을 확인하고 선택을 하게 된다. 두 회사 간의 신빙성 있는 약속이 없을 때 각 기업이 얻게 되는 이윤의 조합은? (단, 괄호 안은 A사가 얻는 이윤, B사가 얻는 이윤을 나타낸다.)

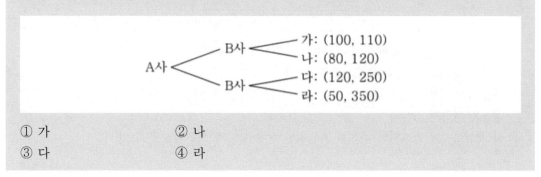

① 가 　　　　　　② 나
③ 다 　　　　　　④ 라

출제이슈 순차게임
핵심해설 정답 ②

순차게임(sequential game)은 한 경기자가 먼저 어떤 행동을 한 후에 다른 경기자가 이를 관찰한 후 자신의 행동을 취하는 경우의 게임 상황으로서 게임나무를 통하여 묘사 가능하다.

순차게임의 완전균형(perfect equilibrium)은 역진귀납법 혹은 후방귀납법 방식을 통해서 도출 가능하며 이를 이용하여 설문에서 완전균형을 구하면 다음과 같다.

1) 기업 B의 입장에서
　① 첫 번째 부속게임에서 기업 B의 최적전략은 '나'에 따른 전략이 된다.
　② 두 번째 부속게임에서 기업 B의 최적전략은 '라'에 따른 전략이 된다.

2) 기업 A의 입장에서
　① 기업 B의 '나'에 따른 전략에 대해 기업 A가 '나'에 따른 전략이면 80의 보수를 얻는다.
　② 기업 B의 '라'에 따른 전략에 대해 기업 A가 '라'에 따른 전략이면 50의 보수를 얻는다.

3) 따라서 기업 B가 '나'에 따른 전략을 구사하고 기업 A도 '나'에 따른 전략을 채택한다.

02 2019년 국가직 7급

다음 표는 기업 A, B의 광고 여부에 따른 두 기업의 보수를 나타낸 것이다. 두 기업이 광고 여부를 동시에 결정할 때, 이에 대한 설명으로 옳은 것은? (단, 괄호에서 앞의 숫자는 기업 A의 보수, 뒤의 숫자는 기업 B의 보수이다)

		기업 B	
		광고	광고 안 함
기업 A	광고	(10, 10)	(20, 5)
	광고 안 함	(5, 20)	(15, 15)

① 이 게임의 우월전략균형과 순수전략 내쉬균형은 다르다.
② 이 게임의 내쉬균형은 파레토 효율적이다.
③ 기업 A가 먼저 결정을 내리고 기업 B가 이를 관찰한 후 결정을 내리는 경우에도 각 기업의 결정은 변하지 않는다.
④ 이 게임이 2회 반복되면 파레토 효율적인 상황이 균형으로 달성될 수 있다.

출제이슈 순차게임
핵심해설 정답 ③

설문을 검토하면 다음과 같다.

① 기업 A, 기업 B 모두 우월전략은 광고전략이 되므로 우월전략균형은 (광고, 광고)가 된다.
우월전략균형은 내쉬균형의 성격을 가지므로 이는 설문에서 당해 상황의 경우 우월전략균형은 순수전략에 따른 내쉬균형과 동일하게 된다.

② 내쉬균형으로 인한 보수는 (10, 10)인데 이 균형은 파레토개선 가능하며 이보다 파레토우월한 (15, 15)의 보수를 달성시켜주는 전략으로 (광고안함, 광고안함)이 존재하므로 당해 내쉬균형은 파레토효율적이지 않다.

③ 순차게임의 상황으로서 그 균형을 구하면 다음과 같다.

순차게임(sequential game)은 한 경기자가 먼저 어떤 행동을 한 후에 다른 경기자가 이를 관찰한 후 자신의 행동을 취하는 경우의 게임 상황으로서 게임나무를 통하여 묘사 가능하다. 순차게임의 완전균형(perfect equilibrium)은 역진귀납법 혹은 후방귀납법 방식을 통해서 도출 가능하며 이를 이용하여 설문에서 완전균형을 구하면 다음과 같다.

1) 기업 B의 입장에서
① 첫 번째 부속게임에서 기업 B의 최적전략은 기업 A 광고 시 기업 B도 광고하는 전략이 된다.
② 두 번째 부속게임에서 기업 B의 최적전략은 기업 A 비광고 시 기업 B는 광고하는 전략이 된다.

2) 기업 A의 입장에서
① 기업 B의 광고전략에 대해 기업 A가 광고전략이면 기업 A는 10의 보수를 얻는다.
② 기업 B의 광고전략에 대해 기업 A가 비광고전략이면 기업 A는 5의 보수를 얻는다.

3) 따라서 기업 B가 광고전략을 구사하고 기업 A도 광고전략을 채택한다.

4) 이를 동시게임의 균형과 비교해보면 동일하다.

④ 게임이 반복되는 상황인데, 반복게임에서는 비협조적인 상대방에게 보복을 가할 수 있어서 이를 통해 협조전략을 선택하도록 압력이 가해질 수도 있다. 그러나 반복의 횟수가 유한할 경우, 여전히 경기자들은 비협조적인 전략을 사용할 것이다. 왜냐하면, 유한반복게임에서 마지막 회차의 게임에서는 더 이상 보복의 기회가 없기 때문에 무조건 비협조전략이 선택될 것이다. 이는 결국 바로 직전 회차의 게임에서도 비협조전략이 선택될 것임을 의미한다. 이러한 역진귀납방식을 사용해보면, 첫 번째 게임에서도 비협조전략이 선택된다. 따라서 설문과 같이 2회 반복되는 유한반복게임의 상황에서는 비협조전략으로서 광고전략이 사용되므로 역시 파레토효율을 달성할 수 없다.

경매이론

2018 지7

1 경매의 의의

1) 일반적으로 경매란 특정한 물건의 매매에 있어서 가장 높은 가격을 제시한 사람에게 물건을 판매하거나 가장 낮은 가격을 제시한 사람으로부터 물건을 구입하는 방식을 말한다.

2) 경제학적으로 경매란 시장에 참여한 주체가 제시하는 가격에 기초하여 자원이 어떻게 배분되고 그 가격은 어떻게 결정되는지에 대한 규칙 혹은 제도를 의미한다.

2 경매의 방식

1) 공개경매

특정한 물건의 매매에 있어서 경매참가자 모두 공개된 장소에 모여서 경매가 진행되는 것을 말한다. 따라서 경매참가자가 제시하는 가격이 모두 공개된다.

① **영국식 경매(English auction)**

경매참가자 사이의 가격경쟁을 통해 부르는 가격을 점점 올려나가면서 더이상 높이 부르는 가격이 나오지 않는 상황에서 가격이 결정되고 거래가 이루어지는 방식을 말한다.

② **네덜란드식 경매(Dutch auction)**

경매인이 가장 높은 가격부터 시작하여 구매자가 없으면 가격을 낮춰서 구매자를 찾는 방식으로서 가격이 내려가면서 구매자가 나오면 그 상황에서 가격이 결정되고 거래가 이루어지는 방식을 말한다.

2) 입찰제

특정한 물건의 매매에 있어서 경매참가자가 제시하는 가격이 공개되지 않고 봉인된 상태에서 진행되는 경매를 말한다.

① **최고가격 입찰제**

경매에 참가하는 사람들이 모두 다른 경매참가자의 입찰가격은 모른채 자신의 입찰가격만 제출하면, 이를 모두 취합하여 최종적으로 가장 높은 입찰가격을 제시한 자에게 낙찰되는 방식이다.

② **제2가격 입찰제**

경매에 참가하는 사람들이 모두 다른 경매참가자의 입찰가격은 모른채 자신의 입찰가격만 제출하면, 이를 모두 취합하여 최종적으로 가장 높은 입찰가격을 제시한 자에게 낙찰되는 방식인데, 다만, 낙찰가격은 자신이 제출한 입찰가격 즉 가장 높은 입찰가격이 아니라 두 번째로 높은 입찰가격이 된다. 이 방식은 금액을 높이 제시하더라도 그 부담을 덜 수 있다는 데 특징이 있다.

3 경매의 동등성 정리

1) 영국식 경매와 제2가격 입찰제의 동등성

영국식 경매와 제2가격 입찰제는 자신의 평가액을 진실되게 그대로 제시하는 것이 경매참가자에게 유리하게 되며 이 두 방식의 경매 하에서 결과는 동일하다.

2) 네덜란드식 경매와 최고가격 입찰제의 동등성

네덜란드식 경매와 최고가격 입찰제는 경매참가자 모두 정보가 없는 상황에 놓여 있게 되며 이 두 방식의 경매 하에서 결과는 동일하다.

3) 동등수입정리

① 경매에 참가하는 사람이 모두 동질적이며 모두 위험에 대해 중립적인 태도를 갖고 최종낙찰자가 지불하는 금액은 경매참가인들이 부른 금액만의 함수라고 가정한다.

② 위의 세 조건이 성립하면, 영국식 경매, 네덜란드식 경매, 최고가격 입찰제, 제2가격 입찰제의 네 가지 방식 중 어느 경매방식을 취하든지 간에 평균적으로 동일한 경매수입이 발생한다.

③ 주의할 것은 항상 똑같은 경매수입이 발생하는 것이 아니라 평균적으로 동일할 뿐이다.

제5편

ISSUE 문제 📝

01 2018년 지방직 7급

경매이론(Auction theory)에 대한 설명으로 옳은 것은?

① 비공개 차가 경매(Second price sealed bid auction)에서는 구매자가 자신이 평가하는 가치보다 낮게 입찰하는 것이 우월전략이다.

② 영국식 경매(English auction)의 입찰전략은 비공개 차가 경매의 입찰전략보다는 비공개 최고가 경매(First price sealed bid auction)의 입찰전략과 더 비슷하다.

③ 네덜란드식 경매(Dutch auction)는 입찰자가 경매를 멈출 때까지 가격을 높이는 공개 호가식 경매(Open outcry auction)이다.

④ 수입등가 정리(Revenue equivalence theorem)는 일정한 가정하에서 영국식 경매, 네덜란드식 경매, 비공개 최고가 경매, 비공개 차가 경매의 판매자 기대수입이 모두 같을 수 있다는 것을 의미한다.

출제이슈 경매이론의 기초
핵심해설 정답 ④

설문을 검토하면 다음과 같다.

① 틀린 내용이다.
영국식 경매와 제2가격 입찰제는 자신의 평가액을 진실되게 그대로 제시하는 것이 경매참가자에게 유리한 우월전략이 된다. 따라서 설문에서 비공개 차가 경매(Second price sealed bid auction)에서는 구매자가 자신이 평가하는 가치보다 낮게 입찰하는 것은 잘못된 전략이다.

② 틀린 내용이다.
영국식 경매와 제2가격 입찰제는 자신의 평가액을 진실되게 그대로 제시하는 것이 경매참가자에게 유리하게 되며 이 두 방식의 경매 하에서 결과는 동일하다. 따라서 설문에서 영국식 경매(English auction)의 입찰전략은 비공개 최고가 경매(First price sealed bid auction)의 입찰전략보다는 비공개 차가 경매의 입찰전략과 더 비슷하다.

③ 틀린 내용이다.
경매인이 가장 높은 가격부터 시작하여 구매자가 없으면 가격을 낮춰서 구매자를 찾는 방식으로서 가격이 내려가면서 구매자가 나오면 그 상황에서 가격이 결정되고 거래가 이루어지는 방식을 말한다. 따라서 설문에서 입찰자가 경매를 멈출 때까지 가격을 높이는 공개 호가식 경매(Open outcry auction)는 영국식 경매이다.

④ 옳은 내용이다.
수입등가 정리(Revenue equivalence theorem)는 경매에 참가하는 사람이 모두 동질적이며 모두 위험에 대해 중립적인 태도를 갖고 최종낙찰자가 지불하는 금액은 경매참가인들이 부른 금액만의 함수의 가정 하에서 영국식 경매, 네덜란드식 경매, 비공개 최고가 경매, 비공개 차가 경매의 판매자 기대수입이 모두 같을 수 있다는 것을 의미한다.

제 6 편

생산요소시장이론

조경국
경제학
워크북

미시편

www.pmg.co.kr

생산요소시장 균형과 변화

1 의의

생산요소시장에서 생산요소수요와 생산요소공급이 일치하는 상태

2 요소시장의 균형

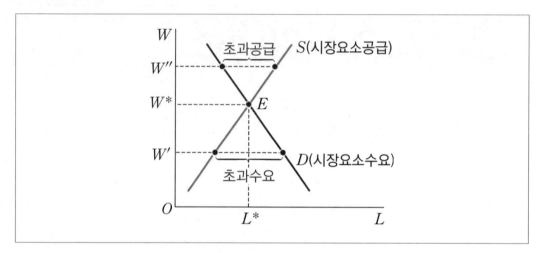

3 요소시장 균형의 변화

1) 요소수요가 변화하는 경우

① 요소수요에 영향을 주는 요인이 발생하여 요소수요가 변화

② 예를 들어 생산물시장에서 수요가 증가하여 가격이 상승하는 경우 요소수요가 증가

③ 요소수요곡선이 상방이동

④ 임금 상승, 요소고용량 증가

⑤ 단, 요소공급이 고정된 경우에는 요소수요가 증가하더라도 요소고용량은 불변

⑥ 한편, 요소가격의 상승은 생산물시장에서 공급을 감소시키는 연쇄반응

2) 요소공급이 변화하는 경우

① 요소공급에 영향을 주는 요인이 발생하여 요소공급이 변화

② 예를 들어 해외로부터 노동력이 유입되는 경우 요소공급이 증가

③ 요소공급곡선이 하방이동

④ 임금 하락, 요소고용량 증가

⑤ 한편, 요소가격의 하락은 생산물시장에서 생산비용을 감소시켜 공급을 증가시키는 연쇄반응

ISSUE 문제 📝

01 2016년 서울시 7급

고급 한식에 대한 열풍으로 한식 가격이 상승하였다고 가정하자. 한식 가격의 상승이 한식 요리사들의 노동시장에 미치는 영향으로 가장 옳은 것은?

① 노동 수요곡선이 오른쪽으로 이동하여 임금이 상승한다.
② 노동 수요곡선이 왼쪽으로 이동하여 임금이 하락한다.
③ 노동 공급곡선이 오른쪽으로 이동하여 임금이 하락한다.
④ 노동 공급곡선이 왼쪽으로 이동하여 임금이 상승한다.

출제이슈 생산요소시장 균형의 변화
핵심해설 정답 ①

생산요소시장에서 균형은 다음의 경우에 변화하며 생산물시장과 연쇄적인 반응을 주고받는다.

1) 요소수요가 변화하는 경우

① 요소수요에 영향을 주는 요인이 발생하여 요소수요가 변화
② 예를 들어 생산물시장에서 수요가 증가하여 가격이 상승하는 경우 요소수요가 증가
③ 요소수요곡선이 상방이동
④ 임금 상승, 요소고용량 증가
⑤ 단, 요소공급이 고정된 경우에는 요소수요가 증가하더라도 요소고용량은 불변
⑥ 한편, 요소가격의 상승은 생산물시장에서 공급을 감소시키는 연쇄반응

2) 요소공급이 변화하는 경우

① 요소공급에 영향을 주는 요인이 발생하여 요소공급이 변화
② 예를 들어 해외로부터 노동력이 유입되는 경우 요소공급이 증가
③ 요소공급곡선이 하방이동
④ 임금 하락, 요소고용량 증가
⑤ 한편, 요소가격의 하락은 생산물시장에서 생산비용을 감소시켜 공급을 증가시키는 연쇄반응

위의 내용을 토대로 설문을 분석하면 다음과 같다.

생산물시장에서 선호의 변화로 생산물에 대한 수요가 증가하면 생산물시장의 재화가격이 상승한다. 이에 따라서 생산물시장의 공급량 및 거래량이 증가하여 노동수요가 증가하므로 노동수요곡선이 우측으로 이동한다. 따라서 임금은 상승하고 노동고용량은 증가한다.

제6편

02 2019년 서울시 7급

사람들의 선호체계가 변화하여 막걸리 수요가 증가하고 가격이 상승했다고 하자. 이와 같은 막걸리 가격 상승이 막걸리를 생산하는 인부의 균형고용량과 균형임금에 미치는 효과에 대한 설명으로 가장 옳은 것은? (단, 막걸리를 생산하는 인부의 노동시장은 완전경쟁적이다)

① 노동의 한계생산가치는 증가하여 고용량은 증가하고 임금은 증가한다.
② 노동의 한계생산가치는 증가하여 고용량은 감소하고 임금은 증가한다.
③ 노동의 한계생산가치는 감소하여 고용량은 증가하고 임금은 감소한다.
④ 노동의 한계생산가치는 감소하여 고용량은 감소하고 임금은 감소한다.

출제이슈 생산요소시장 균형의 변화
핵심해설 정답 ①

생산요소시장에서 균형은 다음의 경우에 변화하며 생산물시장과 연쇄적인 반응을 주고받는다.

1) 요소수요가 변화하는 경우

① 요소수요에 영향을 주는 요인이 발생하여 요소수요가 변화
② 예를 들어 생산물시장에서 수요가 증가하여 가격이 상승하는 경우 요소수요가 증가
③ 요소수요곡선이 상방이동
④ 임금 상승, 요소고용량 증가
⑤ 단, 요소공급이 고정된 경우에는 요소수요가 증가하더라도 요소고용량은 불변
⑥ 한편, 요소가격의 상승은 생산물시장에서 공급을 감소시키는 연쇄반응

2) 요소공급이 변화하는 경우

① 요소공급에 영향을 주는 요인이 발생하여 요소공급이 변화
② 예를 들어 해외로부터 노동력이 유입되는 경우 요소공급이 증가
③ 요소공급곡선이 하방이동
④ 임금 하락, 요소고용량 증가
⑤ 한편, 요소가격의 하락은 생산물시장에서 생산비용을 감소시켜 공급을 증가시키는 연쇄반응

위의 내용을 토대로 설문을 분석하면 다음과 같다.

생산물시장에서 선호의 변화로 생산물에 대한 수요가 증가하면 생산물시장의 재화가격이 상승한다. 이에 따라서 생산물시장의 공급량 및 거래량이 증가하여 노동수요가 증가하므로 노동수요곡선이 우측으로 이동한다. 따라서 임금은 상승하고 노동고용량은 증가한다.

03 2014년 서울시 7급

그림은 X재 시장 및 X재 생산에 특화된 노동시장의 상황을 나타낸 것이다. 이에 대한 분석으로 옳은 것은?

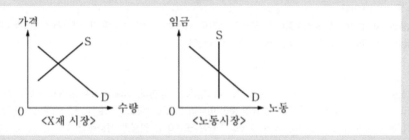

① X재에 대한 수요가 증가하면 고용량이 늘어난다.
② 노동공급이 증가하면 X재 가격이 상승한다.
③ X재에 대한 수요가 증가하면 임금이 증가한다.
④ X재 수요를 증가시키려면 노동수요를 증가시켜야 한다.
⑤ 노동공급이 감소하면 X재 수요곡선이 이동한다.

제6편

출제이슈 생산요소시장 균형의 변화
핵심해설 정답 ③

생산요소시장에서 균형은 다음의 경우에 변화하며 생산물시장과 연쇄적인 반응을 주고 받는다.

1) 요소수요가 변화하는 경우

① 요소수요에 영향을 주는 요인이 발생하여 요소수요가 변화
② 예를 들어 생산물시장에서 수요가 증가하여 가격이 상승하는 경우 요소수요가 증가
③ 요소수요곡선이 상방이동
④ 임금 상승, 요소고용량 증가
⑤ 단, 요소공급이 고정된 경우에는 요소수요가 증가하더라도 요소고용량은 불변
⑥ 한편, 요소가격의 상승은 생산물시장에서 공급을 감소시키는 연쇄반응

2) 요소공급이 변화하는 경우

① 요소공급에 영향을 주는 요인이 발생하여 요소공급이 변화
② 예를 들어 해외로부터 노동력이 유입되는 경우 요소공급이 증가
③ 요소공급곡선이 하방이동
④ 임금 하락, 요소고용량 증가
⑤ 한편, 요소가격의 하락은 생산물시장에서 생산비용을 감소시켜 공급을 증가시키는 연쇄반응

위의 내용을 토대로 설문을 분석하면 다음과 같다.

① 틀린 내용이다.

생산물에 대한 수요가 증가하여 생산물시장에서 가격이 상승한다. 이에 따라서 요소시장에서 요소의 한계생산물가치가 상승하고 요소수요가 증가하여 임금이 상승할 뿐만 아니라 요소고용량도 증가한다. 단, 설문에서와 같이 요소공급이 고정된 경우 생산물에 대한 수요가 증가하더라도 요소고용량은 불변이고 임금만 상승한다.

② 틀린 내용이다.

노동공급이 증가하면 요소시장에서 공급의 증가로 노동의 가격이 하락한다. 따라서 요소비용이 절감되어 생산물시장에서 공급이 증가하여 생산물시장의 재화가격이 하락한다.

③ 옳은 내용이다.

생산물에 대한 수요가 증가하여 생산물시장에서 가격이 상승한다. 이에 따라서 요소시장에서 요소의 한계생산물가치가 상승하고 요소수요가 증가하여 임금이 상승할 뿐만 아니라 요소고용량도 증가한다. 단, 설문에서와 같이 요소공급이 고정된 경우 생산물에 대한 수요가 증가하더라도 요소고용량은 불변이고 임금만 상승한다.

④ 틀린 내용이다.

노동수요를 증가시키면 생산물시장의 수요가 증가하는 것이 아니라 생산물시장의 공급이 감소한다. 노동수요를 증가시키면 요소시장에서 수요의 증가로 노동의 가격이 상승한다. 따라서 요소비용이 증가하여 생산물시장에서 공급이 감소하고 생산물시장의 재화가격이 상승한다. 가격상승으로 수요량은 감소한다.

⑤ 틀린 내용이다.

노동공급이 감소하면 요소시장에서 공급의 감소로 노동의 가격이 상승한다. 따라서 요소비용이 증가되어 생산물시장에서 공급이 감소하고 생산물시장의 재화가격이 상승한다. 노동공급의 감소로 생산물시장의 수요곡선이 이동하는 것이 아니라 생산물시장의 공급곡선이 이동한다.

04 | 2013년 국가직 7급 |

완전경쟁시장에서 이윤극대화를 추구하는 한 기업이 생수를 생산하여 판매하고 있다. 갑작스런 식수원 오염사건이 발생하여 생수에 대한 수요가 급격히 증가함에 따라 발생할 수 있는 설명으로 옳은 것은?

① 노동의 한계생산이 증가한다.
② 노동의 한계생산물가치가 증가한다.
③ 생수의 한계효용이 증가한다.
④ 생수 산업의 근로자의 임금은 하락한다.

출제이슈 〉 생산요소시장 균형의 변화
핵심해설 〉 정답 ②

생산요소시장에서 균형은 다음의 경우에 변화하며 생산물시장과 연쇄적인 반응을 주고 받는다.

1) 요소수요가 변화하는 경우

① 요소수요에 영향을 주는 요인이 발생하여 요소수요가 변화
② 예를 들어 생산물시장에서 수요가 증가하여 가격이 상승하는 경우 요소수요가 증가
③ 요소수요곡선이 상방이동
④ 임금 상승, 요소고용량 증가
⑤ 단, 요소공급이 고정된 경우에는 요소수요가 증가하더라도 요소고용량은 불변
⑥ 한편, 요소가격의 상승은 생산물시장에서 공급을 감소시키는 연쇄반응

2) 요소공급이 변화하는 경우

① 요소공급에 영향을 주는 요인이 발생하여 요소공급이 변화
② 예를 들어 해외로부터 노동력이 유입되는 경우 요소공급이 증가
③ 요소공급곡선이 하방이동
④ 임금 하락, 요소고용량 증가
⑤ 한편, 요소가격의 하락은 생산물시장에서 생산비용을 감소시켜 공급을 증가시키는 연쇄반응

위의 내용을 토대로 설문을 분석하면 다음과 같다.

① 틀린 내용이다.
생산물시장에서 선호의 변화로 생산물에 대한 수요가 증가하면 생산물시장의 재화가격이 상승한다. 이에 따라서 생산물시장의 공급량 및 거래량이 증가하여 노동수요가 증가하므로 노동수요곡선이 우측으로 이동한다. 따라서 임금은 상승하고 노동고용량은 증가한다. 노동의 한계생산 자체는 불변이지만, 노동고용량 증가에 따른 한계생산은 감소한다. 즉, 노동의 한계생산곡선은 불변이지만, 생산물시장의 재화가격 상승에 따라서 노동의 한계생산가치곡선은 상방이동하여 새로운 균형에서는 노동고용량이 증가하게 되어 한계생산은 감소한다. 이는 노동의 한계생산가치곡선 자체의 이동 및 선상의 이동으로 표현 가능하다.

② 옳은 내용이다.
생산물시장에서 선호의 변화로 생산물에 대한 수요가 증가하면 생산물시장의 재화가격이 상승한다. 따라서 노동의 한계생산물가치가 증가한다.

③ 틀린 내용이다.

다만, 관점에 따라 진위가 다를 수 있으나 ②와 같이 확실한 정답이 있으므로 그 취지에 따라서 선해하여 틀린 내용으로 볼 수 있다. 생산물시장에서 선호의 변화로 생산물에 대한 수요가 증가하면 생수에 대한 소비도 증가한다. 효용을 단순히 물리적 관점에서의 소비에 의해 결정되는 것으로 한정할 경우 물리적인 생수소비의 증가는 한계효용체감을 가져온다. 그러나 효용을 화폐로 계량화한 편익관점에서 접근할 경우 생수에 대한 선호 증가로 지불할 용의가 있는 생수에 대한 금액이 커졌기 때문에 생수소비량이 많아졌더라도 생수의 한계편익은 증가한다고 할 수 있다. 이러한 경우 효용을 편익과 대등하게 본다면, 한계효용은 증가한다.

④ 틀린 내용이다.

생산물시장에서 선호의 변화로 생산물에 대한 수요가 증가하면 생산물시장의 재화가격이 상승한다. 이에 따라서 생산물시장의 공급량 및 거래량이 증가하여 노동수요가 증가하므로 노동수요곡선이 우측으로 이동한다. 따라서 임금은 상승한다.

05 | 2018년 국가직 7급

A 산업 부문의 노동시장에서 균형 임금의 상승이 예상되는 상황만을 모두 고르면? (단, 노동수요곡선은 우하향하는 직선이고 노동공급곡선은 우상향하는 직선이다)

> ㄱ. A 산업 부문의 노동자에게 다른 산업 부문으로의 취업기회가 확대되고, 노동자의 생산성이 증대되었다.
> ㄴ. A 산업 부문의 노동자를 대체하는 생산기술이 도입되었고, A 산업 부문으로의 신규 취업 선호가 증대되었다.
> ㄷ. A 산업 부문에서 생산되는 재화의 가격이 하락하고, 노동자 실업보험의 보장성이 약화되었다.

① ㄱ   ② ㄴ
③ ㄱ, ㄷ   ④ ㄴ, ㄷ

출제이슈 생산요소시장 균형의 변화
핵심해설 정답 ①

생산요소시장에서 균형은 다음의 경우에 변화하며 생산물시장과 연쇄적인 반응을 주고 받는다.

1) 요소수요가 변화하는 경우

① 요소수요에 영향을 주는 요인이 발생하여 요소수요가 변화
② 예를 들어 생산물시장에서 수요가 증가하여 가격이 상승하는 경우 요소수요가 증가
③ 요소수요곡선이 상방이동
④ 임금 상승, 요소고용량 증가
⑤ 단, 요소공급이 고정된 경우에는 요소수요가 증가하더라도 요소고용량은 불변
⑥ 한편, 요소가격의 상승은 생산물시장에서 공급을 감소시키는 연쇄반응

2) 요소공급이 변화하는 경우

① 요소공급에 영향을 주는 요인이 발생하여 요소공급이 변화
② 예를 들어 해외로부터 노동력이 유입되는 경우 요소공급이 증가
③ 요소공급곡선이 하방이동
④ 임금 하락, 요소고용량 증가
⑤ 한편, 요소가격의 하락은 생산물시장에서 생산비용을 감소시켜 공급을 증가시키는 연쇄반응

위의 내용을 토대로 설문을 분석하면 다음과 같다.

ㄱ. A 산업 부문의 노동자에게 다른 산업 부문으로의 취업기회가 확대되는 경우, 당해 산업 부문의 노동력이 다른 산업 부문으로 이동하게 되므로 노동공급이 감소한다. 이러한 노동공급의 감소로 노동자의 생산성은 증대되고 임금은 상승한다. 다만, 이와는 별개로 다른 요인에 의하여도 노동자의 생산성이 증대되었다고 가정하면, 노동수요가 증가하여 역시 임금은 상승한다. 따라서 임금이 상승할 것으로 예상된다.

제6편

ㄴ. A 산업 부문의 노동자를 대체하는 생산기술이 도입되는 경우, 노동수요가 감소하여 노동임금이 하락한다. 그리고 이와 함께 A 산업 부문으로의 신규 취업 선호가 증대되는 경우 노동공급이 증가하여 노동임금이 하락한다. 따라서 임금이 하락할 것으로 예상된다.

ㄷ. A 산업 부문에서 생산되는 재화의 가격이 하락하는 경우, 거래량 및 생산량이 감소하여 노동수요가 감소한다. 따라서 노동임금이 하락한다. 그리고 이와 함께 노동자의 실업보험의 보장성이 약화된 경우 타부문으로의 노동이탈이 발생하여 노동공급이 감소한다. 따라서 노동임금은 상승한다. 이 경우에는 노동임금의 하락요인과 노동임금의 상승요인이 맞물려서 최종적인 임금의 변화방향은 알 수 없고 임금이 상승할 수도 하락할 수도 있다.

ISSUE 02 생산요소시장에서 기업의 이윤극대화

1 기업의 이윤

1) $\pi = TR - TC = TR(Q) - TC(Q)$

2) $\pi = TR - TC = PQ - C = PQ(L, \overline{K}) - (wL + r\overline{K})$

2 제약조건: 시장제약

생산물시장   생산요소시장

수요   공급   수요   공급

① 경쟁: $P = \overline{P}$ ① 경쟁 ① 경쟁 $w = \overline{w}$, $r = \overline{r}$

② 독점: $P = P(Q)$ ② 독점 ② 독점

3 최적선택: 제약조건하 기업의 이윤극대화 { 얼마나 생산할 것인가 / 얼마나 고용할 것인가

1) **수리적 분석**: 式 2개, 미지수 2개(π, L)의 최적화 문제

$$\begin{cases} \pi = P \cdot Q(L, \overline{K}) - (wL + r\overline{K}) \\ s.t.\ P = \overline{P},\ w = \overline{w},\ r = \overline{r} \\ Max\ \pi \end{cases}$$

$\dfrac{d\pi}{dL} = \dfrac{dTR}{dL} - \dfrac{dTC}{dL} = \overline{P}MP_L - \overline{w} = 0 \ \therefore\ \overline{w} = \overline{P}MP_L$ (이로부터 노동수요함수 도출)

2) **기하적 분석**: 한계생산물가치 = 요소수요곡선

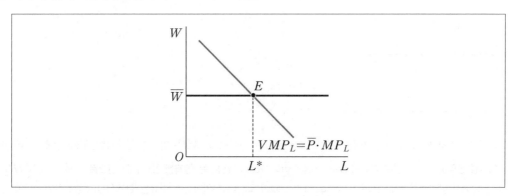

ISSUE 문제 📝

01 2013년 서울시 7급

생산물시장과 노동시장이 완전경쟁적인 경우, 한 기업의 노동수요곡선을 의미하는 한계생산가치
(Value of Marginal Product) 곡선이 우하향하는 이유는 노동투입을 점점 증가시킴에 따라 다음의
어느 것이 감소하기 때문인가?

① 한계생산(Marginal Product)
② 한계요소비용(Marginal Factor Cost)
③ 한계비용(Marginal Cost)
④ 평균비용(Average Cost)
⑤ 임금(Wage)

출제이슈 생산요소시장에서 기업의 이윤극대화
핵심해설 정답 ①

생산요소시장에서 기업의 이윤극대화를 분석하면 다음과 같다.

1) 수리적 분석 : 式 2개, 미지수 2개(π, L)의 최적화 문제

$$\begin{cases} \pi = P \cdot Q(L, \overline{K}) - (wL + r\overline{K}) \\ s.t. \ P = \overline{P}, \ w = \overline{w}, \ r = \overline{r} \\ Max \ \pi \end{cases}$$

$$\frac{d\pi}{dL} = \frac{dTR}{dL} - \frac{dTC}{dL} = \overline{P}\,MP_L - \overline{w} = 0 \quad \therefore \overline{w} = \overline{P}\,MP_L$$

즉, 노동의 한계생산가치가 노동임금과 같을 때 이윤극대화가 달성된다는 의미이다.

2) 기하적 분석 : 한계생산물가치 = 요소수요곡선

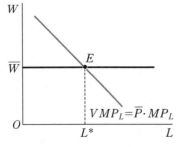

이윤극대화 조건으로부터 위의 그래프와 같은 노동수요함수 $W = \overline{P}\,MP_L$ 이 도출된다. 생산요소시장에서 기업의 이윤
극대화를 반영하고 있는 것이 기업의 요소수요함수이다. 요소수요함수는 한계생산물가치곡선으로서 $W = \overline{P}\,MP_L$ 이 된
다. 설문에서 한계생산가치(Value of Marginal Product) 곡선이 우하향하는 이유는 한계생산이 감소하기 때문이다.

02 2020년 국가직 7급

A기업의 단기생산함수가 다음과 같을 때, 완전경쟁시장에서 A기업은 이윤을 극대화하는 생산수준에서 노동 50단위를 고용하고 있다. 노동 한 단위당 임금이 300일 경우, 이윤을 극대화하는 생산물 가격은? (단, 노동시장은 완전경쟁시장이고, Q는 생산량, L은 노동이다)

- A기업의 단기생산함수 : $Q(L) = 200L - L^2$

① 1
② 3
③ 5
④ 9

출제이슈 생산요소시장에서 기업의 이윤극대화
핵심해설 정답 ②

생산요소시장에서 기업의 이윤극대화를 수리적으로 분석하면 다음과 같다.

$$\begin{cases} \pi = P \cdot Q(L, \overline{K}) - (wL + r\overline{K}) \\ s.t. \ P = \overline{P}, \ w = \overline{w}, \ r = \overline{r} \\ Max \ \pi \end{cases}$$

$$\frac{d\pi}{dL} = \frac{dTR}{dL} - \frac{dTC}{dL} = \overline{P} MP_L - \overline{w} = 0 \quad \therefore \overline{w} = \overline{P} MP_L$$

설문의 자료를 위의 산식에 대입하여 이윤극대화를 구하면 다음과 같다.

$$\begin{cases} \pi = P(200L - L^2) - (wL + r\overline{K}) \\ s.t. \ P = ?, \ w = 300, \ r = \overline{r} \\ Max \ \pi \end{cases}$$

$$\frac{d\pi}{dL} = \frac{dTR}{dL} - \frac{dTC}{dL} = P(200 - 2L) - 300 = 0$$

따라서 $P(200 - 2L) - 300 = 0$의 조건에서 이윤극대화 고용이 달성된다.
일반적인 경우 가격을 제시하고 이윤극대화 고용량을 구하는 것인데, 본 문제에서는 역으로 이윤극대화 고용량을 제시하고 가격을 구해내야 한다.

$P(200 - 2L) - 300 = 0$에 설문에서 주어진 이윤극대화 고용량 $L = 50$을 대입하면 가격 $P = 3$ 이 된다.

03 2014년 서울시 7급

어떤 경쟁적 기업의 단기생산함수가 $Q = 524L - 4L^2$ 이다. 생산물의 가격이 3만 원이고, 임금은 12만 원이다. 이윤극대화 고용량 L은 얼마인가?

① 130   ② 65
③ 3   ④ 15
⑤ 20

출제이슈 생산요소시장에서 기업의 이윤극대화
핵심해설 정답 ②

생산요소시장에서 기업의 이윤극대화를 수리적으로 분석하면 다음과 같다.

$$\begin{cases} \pi = P \cdot Q(L, \overline{K}) - (wL + r\overline{K}) \\ s.t. \ P = \overline{P}, \ w = \overline{w}, \ r = \overline{r} \\ Max \ \pi \end{cases}$$

$$\frac{d\pi}{dL} = \frac{dTR}{dL} - \frac{dTC}{dL} = \overline{P}MP_L - \overline{w} = 0 \quad \therefore \overline{w} = \overline{P}MP_L$$

설문의 자료를 위의 산식에 대입하여 이윤극대화를 구하면 다음과 같다.

$$\begin{cases} \pi = P(524L - 4L^2) - (wL + r\overline{K}) \\ s.t. \ P = 3, \ w = 12, \ r = \overline{r} \\ Max \ \pi \end{cases}$$

$$\frac{d\pi}{dL} = \frac{dTR}{dL} - \frac{dTC}{dL} = 3(524 - 8L) - 12 = 0 \quad \therefore L = 65$$

따라서 고용량은 65가 된다.

2014 서7

1 생산물시장 경쟁, 요소시장 경쟁

1) 노동수요 = 노동공급

2) $\overline{P} \cdot MP_L = W(L)$

2 생산물시장 독점

1) 균형조건식

① 노동수요 = 노동공급

② $MR \cdot MP_L = W(L)$

2) **균형** : 생산물시장이 완전경쟁인 경우와 비교하여 낮은 고용량, 낮은 임금

3 요소시장 공급독점

1) 균형조건식

① 노동공급의 한계수입 = 노동공급의 한계비용

② $\left[(\overline{P} \cdot MP_L) \cdot L \right]' = W(L)$

2) **균형** : 요소시장이 완전경쟁인 경우와 비교하여 낮은 고용량, 높은 임금

4 요소시장 수요독점

1) 균형조건식

① 노동수요의 한계비용 = 노동수요의 한계수입

② $\left[W(L) \cdot L \right]' = \overline{P} \cdot MP_L$

2) **균형** : 요소시장이 완전경쟁인 경우와 비교하여 낮은 고용량, 낮은 임금

5 요소 쌍방독점

1) 요소 공급독점 시, 수요독점 시 요소가격 사이에서 결정

2) 요소 공급자와 수요자 간 협상력에 의해 좌우

ISSUE 문제 📝

01 2014년 서울시 7급

어느 마을의 노동공급이 $L = 2w - 40$와 같이 주어져 있다. 여기서 w는 임금률, L은 노동량이다. 이 마을의 기업은 A사 하나밖에 없는데, A사의 노동수요는 $L = 100 - w$이다. 이 마을 사람들은 다른 곳에서는 일자리를 구할 수 없다. 이때 A사는 임금률로 얼마를 책정하겠는가?

① 5   ② 10
③ 20   ④ 30
⑤ 40

출제이슈 수요독점과 이윤극대화
핵심해설 정답 ⑤

수요독점 요소시장에서는 노동수요의 한계비용과 한계수입이 일치하여야 이윤극대화를 달성할 수 있다.

이때, 노동수요의 한계비용은 한계요소비용(한계노동비용)이며 노동수요의 한계수입은 노동의 한계생산가치를 의미한다. 따라서 수요독점 요소시장에서 이윤극대화조건은 한계요소비용(한계노동비용)과 노동의 한계생산가치가 일치할 때 충족된다. ($[W(L) \cdot L]' = \overline{P} \cdot MP_L$)

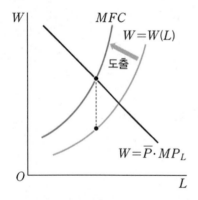

설문을 검토하면 다음과 같다.

설문에서 마을의 기업은 한 개밖에 없고 마을 사람들은 다른 곳에서 일자리를 구할 수 없는 상황이므로 전형적인 요소시장의 수요독점에 해당한다.

설문의 자료를 이용하여 요소시장의 수요독점 이윤극대화를 풀면 다음과 같다.

수요독점의 균형조건식 $[W(L) \cdot L]' = \overline{P} \cdot MP_L$에 산식을 대입하면
노동공급은 $W = W(L) = 0.5L + 20$, 노동수요는 $W = \overline{P} \cdot MP_L = 100 - L$이 된다.
균형조건식 $[W(L) \cdot L]' = \overline{P} \cdot MP_L$에 대입하면 $[(0.5L + 20)L]' = 100 - L$이 된다.
이를 풀면, $L = 40$, $w = 40$이 된다.

2020 국9 | 2019 국7 | 2018 국9 | 2015 국9 | 2014 지7

1 십분위 분배율

1) 정의

$$D = \frac{\text{하위 } 40\%\text{가 점유하는 소득}}{\text{상위 } 20\%\text{가 점유하는 소득}}$$

2) 성질

① D가 클수록 소득분배가 균등

② D의 최댓값은 2, 최솟값은 0, 즉 $0 \leq D \leq 2$
　　　(완전균등)　(완전불균등)

2 로렌츠 곡선

1) 정의

소득 하위계층부터 시작하여 인구의 누적점유율과 그에 대응하는 소득의 누적점유율을 연결한 곡선(소득하위 인구의 $x\%$가 전체소득의 $y\%$를 점유)

2) 기하적 표현

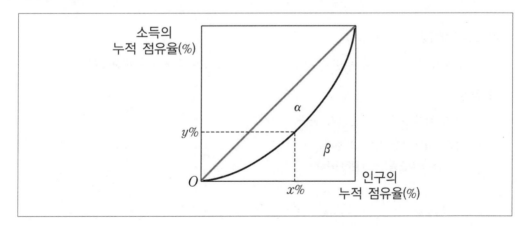

2) 성질

① 로렌츠 곡선은 증가함수

② 로렌츠 곡선은 기울기도 증가함수

③ 로렌츠 곡선이 대각선에 가까울수록 소득분배가 균등

④ 로렌츠 곡선은 교차 가능

⑤ 로렌츠 곡선이 서로 교차하는 경우 로렌츠 곡선이 대각선에 얼마나 근접하는지를 일관된 기준으로 평가할 수 없기 때문에 소득분배상태를 비교할 수 없음. 따라서 이때는 지니계수를 사용해야 함.

3 지니계수

1) 정의

$$G = \frac{\text{로렌츠 곡선의 } \alpha \text{면적}}{\text{로렌츠 곡선의 } \alpha + \beta \text{면적}}$$

2) 성질

① G가 작을수록 소득분배가 균등

② G의 최댓값은 1, 최솟값은 0, 즉 $0 \leq G \leq 1$
        (완전불균등) (완전균등)

4 앳킨슨 지수

1) 정의

$$A = \frac{(\text{현재의 평균소득} - \text{균등분배 대등소득})}{\text{현재의 평균소득}}$$

2) 균등분배대등소득 (Y_{EDE})

현재의 사회후생수준과 동일한 사회후생을 달성시키는 균등화된 평균소득

3) 성질

① A가 작을수록 소득분배가 균등

② A의 최댓값은 1,   최솟값은 0
        (완전불균등)   (완전균등)
            ↓   ↓
        $Y_{EDE} = 0$ $Y_{EDE} = $ 평균소득

③ $0 \leq A \leq 1$

ISSUE 문제 📝

01 2020년 국가직 9급

그림은 소득분배상태를 나타내는 로렌츠 곡선(Lorenz curve)이다. 이에 대한 설명으로 옳지 않은 것은?

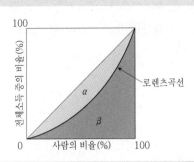

① 소득분배가 완전 균등할 경우 로렌츠 곡선은 대각선이 된다.
② 두 경제의 로렌츠 곡선이 서로 교차하는 경우 소득분배상태를 비교할 수 있다.
③ 지니계수(Gini coefficient)는 $\dfrac{\alpha}{\alpha+\beta}$ 이다.
④ 지니계수 값이 클수록 더욱 불평등한 소득분배상태를 나타낸다.

출제이슈 로렌츠 곡선과 지니계수의 특징
핵심해설 정답 ②

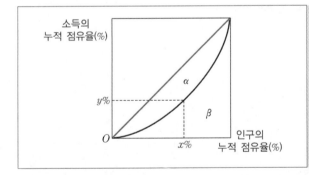

로렌츠 곡선이란 왼쪽과 같이 소득 하위계층부터 시작하여 인구의 누적점유율과 그에 대응하는 소득의 누적점유율을 연결한 곡선을 말한다. (소득하위 인구의 $x\%$ 가 전체소득의 $y\%$ 를 점유)

그리고 지니계수는 로렌츠 곡선에서 다음과 같이

$$G = \frac{\text{로렌츠 곡선의 } \alpha \text{ 면적}}{\text{로렌츠 곡선의 } \alpha + \beta \text{ 면적}}$$ 으로 계산된다.

설문을 검토하면 다음과 같다.

① 옳은 내용이다. 로렌츠 곡선이 대각선에 가까울수록 소득분배가 균등하며 소득분배가 완전 균등할 경우 로렌츠 곡선은 대각선이 된다.

② 틀린 내용이다. 로렌츠 곡선이 서로 교차하는 경우 로렌츠 곡선이 대각선에 얼마나 근접하는지를 일관된 기준으로 평가할 수 없기 때문에 소득분배상태를 비교할 수 없다. 따라서 이때는 지니계수를 사용해야 한다.

③ 옳은 내용이다. 지니계수는 로렌츠 곡선에서 $G = \dfrac{\text{로렌츠 곡선의 } \alpha \text{ 면적}}{\text{로렌츠 곡선의 } \alpha + \beta \text{ 면적}}$ 으로 계산된다.

④ 옳은 내용이다. 지니계수가 클수록 α 면적이 크다는 뜻이며 이는 로렌츠 곡선이 대각선에서 멀리 떨어져 있게 되어 불평등한 소득분배상태를 의미한다.

02 2015년 국가직 9급

소득분배의 측정과 관련된 설명으로 옳은 것은?

① 지니계수의 값이 클수록 소득은 균등하다.

② 소득수준이 균등할수록 로렌츠 곡선은 45도 대각선에 근접한다.

③ 십분위분배율은 10% 단위로 가구의 누적 비율과 소득의 누적점유율 사이의 관계를 나타낸다.

④ 쿠즈네츠 U자가설에 따르면 경제발전 초기단계에는 소득분배가 균등해지나, 성숙단계로 들어서면 불균등이 심해진다.

출제이슈 불평등도 지수의 특징

핵심해설 정답 ②

① 틀린 내용이다.

지니계수가 클수록, 소득불평등 정도가 크다.

지니계수는 로렌츠 곡선이 완전균등분배선인 대각선에서 얼마나 이탈해있는지를 측정해주는 지표로서 다음과 같이 계산된다.

(지니계수 $G = \dfrac{\text{로렌츠 곡선의 } \alpha \text{ 면적}}{\text{로렌츠 곡선의 } \alpha + \beta \text{ 면적}}$) 이때, 로렌츠 곡선이 완전균등분배선인 대각선에 접근할수록 지니계수는

작아지며 소득분배는 균등해진다. 완전균등한 소득분배인 경우 로렌츠 곡선이 완전균등분배선인 대각선과 일치하므로 지니계수는 0이 된다. 완전불균등한 소득분배인 경우에는 지니계수가 1이 된다.

② 옳은 내용이다.

로렌츠 곡선은 소득 하위계층부터 시작하여 인구의 누적점유율과 그에 대응하는 소득의 누적점유율(소득하위 인구의 $x\%$ 가 전체소득의 $y\%$ 를 점유)을 연결한 곡선이다. 로렌츠 곡선이 대각선에 가까울수록 소득분배가 균등하며, 완전히 균등한 소득분배의 경우에 대각선과 일치한다. 한편, 로렌츠 곡선은 증가함수이며, 로렌츠 곡선의 기울기도 증가함수이다. 로렌츠 곡선이 대각선일 경우 완전균등한 소득분배이므로 지니계수는 0이 된다.

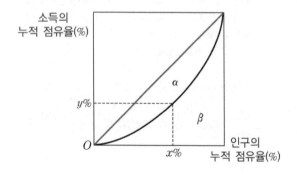

③ 틀린 내용이다.

십분위분배율은 하위 40%가 점유하는 소득을 상위 20%가 점유하는 소득으로 나눈 값이다. 완전균등한 소득분배인 경우 하위 40%가 점유하는 소득은 정확히 상위 20%가 점유하는 소득의 2배가 되므로 십분위분배율은 2가 된다. 완전불균등한 소득분배인 경우 십분위분배율은 0이 된다. 따라서 십분위분배율의 값이 커질수록 더 평등한 분배 상태를 나타낸다.

④ 틀린 내용이다.

쿠즈네츠 U자 가설에 따르면 경제발전 초기단계에는 소득분배가 불균등해지나, 성숙단계로 들어서면 불균등이 완화된다.

03 [2014년 지방직 7급]

다음은 불평등지수에 대한 설명이다. ㉠~㉢에 들어갈 말로 알맞은 것은?

- 지니계수가 (㉠)수록, 소득불평등 정도가 크다.
- 십분위 분배율이 (㉡)수록, 소득불평등 정도가 크다.
- 앳킨슨지수가 (㉢)수록, 소득불평등 정도가 크다.

	㉠	㉡	㉢
①	클	작을	작을
②	클	작을	클
③	작을	작을	작을
④	작을	클	클

출제이슈 불평등도 지수의 특징
핵심해설 정답 ②

1) 지니계수

지니계수는 로렌츠 곡선이 완전균등분배선인 대각선에서 얼마나 이탈해있는지를 측정해주는 지표로서 다음과 같이 계산된다.

(지니계수 $G = \dfrac{\text{로렌츠 곡선의 } \alpha \text{ 면적}}{\text{로렌츠 곡선의 } \alpha + \beta \text{ 면적}}$) 이때, 로렌츠 곡선이 완전균등분배선인 대각선에 접근할수록 지니계수는

작아지며 소득분배는 균등해진다. 완전균등한 소득분배인 경우 로렌츠 곡선이 완전균등분배선인 대각선과 일치하므로 지니계수는 0이 된다. 완전불균등한 소득분배인 경우에는 지니계수가 1이 된다.

2) 십분위분배율

십분위분배율은 하위 40%가 점유하는 소득을 상위 20%가 점유하는 소득으로 나눈 값이다. 따라서 십분위분배율이 클수록 소득분배는 균등해진다고 할 수 있다. 완전균등한 소득분배인 경우 하위 40%가 점유하는 소득은 정확히 상위 20%가 점유하는 소득의 2배가 되므로 십분위분배율은 2가 된다. 완전불균등한 소득분배인 경우 십분위분배율은 0이 된다. 따라서 십분위분배율의 값이 커질수록 더 평등한 분배 상태를 나타낸다.

3) 앳킨슨지수

앳킨슨지수는 다음과 같이 현재의 평균소득에서 균등분배대등소득을 차감한 값을 현재의 평균소득으로 나누어서 구한다.

$A = \dfrac{(\text{현재의 평균소득} - \text{균등분배 대등소득})}{\text{현재의 평균소득}}$

균등분배대등소득(Y_{EDE})이란 현재의 사회후생수준과 동일한 사회후생을 달성시키는 균등화된 평균소득을 의미하는데 만일 현재 극단적으로 완전히 불균등한 상태라면 균등분배대등국민소득은 0이라고 할 수 있다. 따라서 이때는 앳킨슨지수는 1이 된다. 만일 현재 완전히 균등한 상태라면 현재의 사회후생수준과 동일한 사회후생을 달성시키는 균등화된 평균소득이 바로 현재의 균등한 평균소득과 일치할 것이다. 따라서 이때는 앳킨슨지수가 0이 된다. 앳킨슨지수는 0에서 1 사이의 값을 가지면서 소득분배가 불균등해질수록 커지고 균등해질수록 작아지게 된다.

위의 내용에 따라서 설문을 검토하면 다음과 같다.

- 지니계수가 (㉠ 클)수록, 소득불평등 정도가 크다.
- 십분위분배율이 (㉡ 작을)수록, 소득불평등 정도가 크다.
- 앳킨슨지수가 (㉢ 클)수록, 소득불평등 정도가 크다.

04 2018년 국가직 9급

소득 불평등 지표에 대한 설명으로 옳지 않은 것은?

① 십분위분배율의 값이 커질수록 더 평등한 분배 상태를 나타낸다.

② 로렌츠 곡선이 대각선과 일치할 경우 지니계수는 0이다.

③ 지니계수가 $\frac{1}{2}$이면 소득분배가 완전히 균등하다.

④ 지니계수의 값이 커질수록 더 불평등한 분배 상태를 나타낸다.

출제이슈 불평등도 지수의 특징
핵심해설 정답 ③

설문을 검토하면 다음과 같다.

① 옳은 내용이다.

십분위분배율은 하위 40%가 점유하는 소득을 상위 20%가 점유하는 소득으로 나눈 값이다. 따라서 십분위분배율이 클수록 소득분배는 균등해진다고 할 수 있다. 완전균등한 소득분배인 경우 하위 40%가 점유하는 소득은 정확히 상위 20%가 점유하는 소득의 2배가 되므로 십분위분배율은 2가 된다. 완전불균등한 소득분배인 경우 십분위분배율은 0이 된다. 따라서 십분위분배율의 값이 커질수록 더 평등한 분배 상태를 나타낸다.

② 옳은 내용이다.

로렌츠 곡선은 소득 하위계층부터 시작하여 인구의 누적점유율과 그에 대응하는 소득의 누적점유율(소득하위 인구의 $x\%$가 전체소득의 $y\%$를 점유)을 연결한 곡선이다. 로렌츠 곡선이 대각선에 가까울수록 소득분배가 균등하며, 완전히 균등한 소득분배의 경우에 대각선과 일치한다. 한편, 로렌츠 곡선은 증가함수이며, 로렌츠 곡선의 기울기도 증가함수이다. 로렌츠 곡선이 대각선일 경우 완전균등한 소득분배이므로 지니계수는 0이 된다.

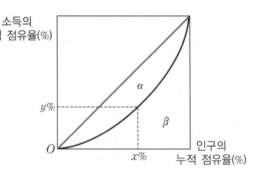

③ 틀린 내용이다.

지니계수는 로렌츠 곡선이 완전균등분배선인 대각선에서 얼마나 이탈해있는지를 측정해주는 지표로서 다음과 같이 계산된다.

(지니계수 $G = \dfrac{\text{로렌츠 곡선의 } \alpha \text{ 면적}}{\text{로렌츠 곡선의 } \alpha + \beta \text{ 면적}}$) 이때, 로렌츠 곡선이 완전균등분배선인 대각선에 접근할수록 지니계수는 작아지며 소득분배는 균등해진다. 완전균등한 소득분배인 경우 로렌츠 곡선이 완전균등분배선인 대각선과 일치하므로 지니계수는 0이 된다. 완전불균등한 소득분배인 경우에는 지니계수가 1이 된다.

④ 옳은 내용이다.

지니계수는 로렌츠 곡선이 완전균등분배선인 대각선에서 얼마나 이탈해있는지를 측정해주는 지표로서 다음과 같이 계산된다.

(지니계수 $G = \dfrac{\text{로렌츠 곡선의 } \alpha \text{ 면적}}{\text{로렌츠 곡선의 } \alpha + \beta \text{ 면적}}$) 이때, 로렌츠 곡선이 완전균등분배선인 대각선에 접근할수록 지니계수는 작아지며 소득분배는 균등해진다. 완전균등한 소득분배인 경우 로렌츠 곡선이 완전균등분배선인 대각선과 일치하므로 지니계수는 0이 된다. 완전불균등한 소득분배인 경우에는 지니계수가 1이 된다. 따라서 지니계수의 값이 커질수록 더 불평등한 분배상태를 나타낸다.

05 2019년 국가직 7급

A국에서 국민 20%가 전체 소득의 절반을, 그 외 국민 80%가 나머지 절반을 균등하게 나누어 가지고 있다. A국의 지니계수는?

① 0.2

② 0.3

③ 0.4

④ 0.5

출제이슈 지니계수 계산

핵심해설 정답 ②

지니계수는 아래와 같이 로렌츠 곡선을 통해서 정의된다.

1) 정의

$$G = \frac{\text{로렌츠 곡선의 } \alpha \text{ 면적}}{\text{로렌츠 곡선의 } \alpha + \beta \text{ 면적}}$$

2) 성질

① G가 작을수록 소득분배가 균등

② G의 최댓값은 1, 최솟값은 0, 즉 $0 \leq G \leq 1$
  (완전불균등) (완전균등)

따라서 설문에서 지니계수를 아래의 오른쪽 그래프를 이용하여 구하면 다음과 같다.

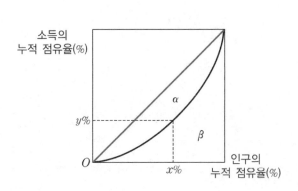

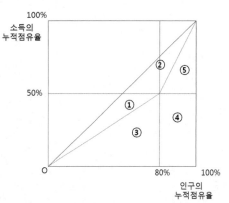

$$G = \frac{\text{로렌츠 곡선의 } \alpha \text{ 면적}}{\text{로렌츠 곡선의 } \alpha + \beta \text{ 면적}} = \frac{① + ②}{① + ② + ③ + ④ + ⑤} = \frac{30 \times 50}{100 \times 100 \times 0.5} = 0.3$$

MEMO

제 7 편

시장균형과
효율 및 후생

조경국
경제학
워크북

미시편

소비의 파레토효율

2014 지7

1 소비의 파레토효율

1) 효용이 가장 증가된 상태

2) 더이상 소비의 파레토 개선이 불가능한 상태

3) 다른 이에게 손해를 주지 않으면서 최소한 한 사람 이상이 효용을 증가시킬 수 있으면 파레토 개선이 가능

2 소비의 파레토효율 조건

1) 파레토 개선이 불가능 $MRS_{X,Y}^{A} = MRS_{X,Y}^{B}$

2) 초과수요 $= 0$　① X재 : $\overline{X_A} + \overline{X_B} = \overline{X}$　② Y재 : $\overline{Y_A} + \overline{Y_B} = \overline{Y}$

3 계약곡선과 효용가능곡선

1) **초기 부존점과 파레토효율** : 다양한 초기 부존점에 따라서 다양한 파레토효율 달성

2) **계약곡선** : 두 사람의 한계대체율이 서로 같게 되는 점들을 연결한 곡선

3) **효용가능곡선** : 계약곡선 상의 점에 대응하는 두 사람의 효용수준의 조합을 연결한 곡선

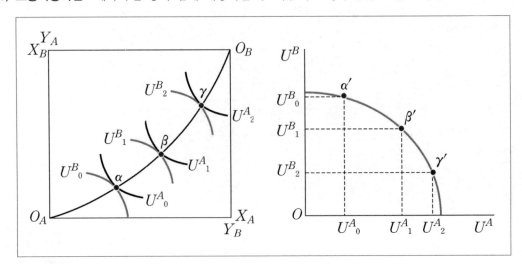

ISSUE 문제 📝

01 2014년 지방직 7급

두 명의 소비자로 구성된 순수교환경제에서, 두 소비자가 계약곡선(contract curve) 상의 한 점에서 교환을 통해 계약곡선 상의 다른 점으로 옮겨 갈 경우 두 사람의 후생에 발생하는 변화는?

① 두 사람 모두 이득이다.
② 두 사람 모두 손해다.
③ 한 사람은 이득이고 다른 사람은 손해다.
④ 어느 누구의 후생도 변화가 없다.

출제이슈 교환의 파레토효율
핵심해설 정답 ③

소비 또는 교환의 파레토효율이란 더이상 소비의 파레토 개선이 불가능한 상태로서 다른 이에게 손해를 주지 않으면서 최소한 한 사람 이상이 효용을 증가시키는 것이 불가능한 상태이다.

파레토 개선이란 다른 이에게 손해를 주지 않으면서 최소한 한 사람 이상이 효용을 증가시킬 수 있으면 파레토 개선이 가능한 것이다.

교환의 파레토효율과 관련된 주요개념은 다음과 같다.

1) 초기 부존점과 파레토효율 : 다양한 초기 부존점에 따라서 다양한 파레토효율 달성
2) 계약곡선 : 두 사람의 한계대체율이 서로 같게 되는 점들을 연결한 곡선
3) 효용가능곡선 : 계약곡선 상의 점에 대응하는 두 사람의 효용수준의 조합을 연결한 곡선

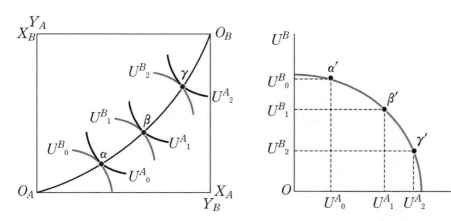

지문 ③에서 계약곡선 상의 한 점에서 교환을 통해서 다른 점으로 옮겨 갈 경우 반드시 한 사람은 이득이지만, 다른 사람은 손해가 된다.

생산의 파레토효율

1 생산의 파레토효율

1) 생산이 가장 증가된 상태

2) 더이상 생산의 파레토 개선이 불가능한 상태

3) 어느 한 재화의 생산을 감소시키지 않고서 다른 재화의 생산을 증가시킬 수 있으면 파레토 개선이 가능

2 생산의 파레토효율 조건

1) 파레토 개선이 불가능 $MRTS_{L,K}^X = MRTS_{L,K}^Y$

2) 초과수요 $= 0$ ① $L : L_X + L_K = \overline{L}$ ② $K : K_X + K_Y = \overline{K}$

3 계약곡선과 생산가능곡선

1) **초기 부존점과 파레토효율** : 다양한 초기 부존점에 따라서 다양한 파레토효율 달성

2) **계약곡선** : 두 재화의 한계기술대체율이 서로 같게 되는 점들을 연결한 곡선

3) **생산가능곡선** : 계약곡선 상의 점에 대응하는 두 재화의 산출수준의 조합을 연결한 곡선

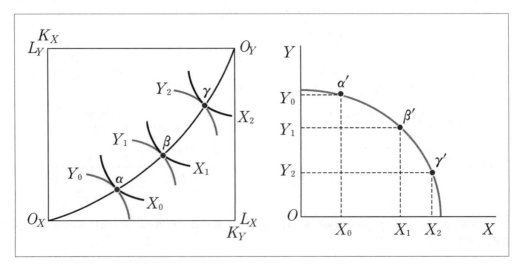

4 **생산가능곡선의 이동과 기울기**

1) 기술혁신 등으로 생산능력이 증진되었을 때 생산가능곡선이 확장하며 이동

2) 생산가능곡선의 기울기는 X재의 Y재로 측정한 가치로서 기회비용을 의미

3) 이를 한계전환율이라고 하며 $MRT_{X,Y} = MC_X / MC_Y$

ISSUE 문제 📝

01 2017년 국가직 7급

총 노동량과 총 자본량이 각각 12단위인 경제를 가정하자. 완전보완관계인 노동 1단위와 자본 2단위를 투입하여 X재 한 개를 생산하며, 완전대체관계인 노동 1단위 혹은 자본 1단위를 투입하여 Y재 한 개를 생산한다. 이 경우 X재 생산량이 6일 때, 생산의 파레토 최적 달성을 위한 Y재 생산량은?

① 8   ② 6

③ 4   ④ 3

출제이슈 생산의 파레토효율
핵심해설 정답 ②

설문에서 요구하는 생산의 파레토효율이란 더이상 생산의 파레토 개선이 불가능한 상태를 말한다. 즉, 어느 한 재화의 생산을 감소시키지 않고서 다른 재화의 생산을 증가시킬 수 있으면 파레토 개선이 가능함을 의미하는데, 이러한 파레토 개선이 불가능한 상태이다.

먼저 설문에서 주어진 자료를 통해서 X, Y 생산함수를 구하면 다음과 같다.

1) X 재의 생산함수
X 재의 경우 완전보완관계인 노동 1단위와 자본 2단위를 투입하여 X 재 1단위가 생산되므로 그 생산함수는 레온티에프형 생산함수로서 $Q = Min\left\{L, \dfrac{K}{2}\right\}$ 가 된다.

2) Y 재의 생산함수
Y 재의 경우 완전대체관계인 노동 1단위 또는 자본 1단위를 투입하여 Y 재 1단위가 생산되므로 그 생산함수는 선형 생산함수로서 $Q = L + K$ 가 된다.

3) 현재 X 재의 생산현황
① 현재 X 재는 6단위가 생산되고 있다.
② 이를 위해서는 노동 6단위와 자본 12단위가 투입되고 있다는 의미이다.

4) 부존자원현황
① 총노동량은 12단위, 총자본량은 12단위이다.
② 현재 X 재 생산에 노동 6단위와 자본 12단위가 투입되고 있기 때문에 잔여 노동과 자본은 각각 6단위와 0단위이다.

5) 생산의 파레토효율 달성을 위한 Y 재의 생산
① 잔여 노동과 자본 각각 6단위와 0단위를 활용하여 최대로 산출가능한 Y 재 수량은 6단위가 된다.
② 만일 Y 재 생산량을 늘리기 위해서는 노동과 자본의 추가투입이 필요하며, 이에 따라 X 재 생산이 감소할 수밖에 없다. 따라서 현재 상태는 파레토 개선이 불가능하며 생산의 파레토효율을 달성하게 된다.

ISSUE 03 소비와 생산의 종합적 파레토효율

2017 서7

1 소비와 생산의 종합적 파레토효율

1) 이윤, 잉여가 가장 증가된 상태

2) 더이상 소비·생산의 파레토 개선이 불가능한 상태

3) 다른 이에게 손해를 주지 않으면서 더이상 전체의 이윤, 잉여를 증가시킬 수 있으면 파레토 개선이 가능

2 소비와 생산의 종합적 파레토효율 조건

1) 파레토 개선이 불가능 $MRS_{X,Y} = MRT_{X,Y}$

2) 초과수요 = 0   ① X재 : $X_D = X_S$ ② Y재 : $Y_D = Y_S$

3 효용가능경계

1) 생산가능곡선 상의 일점에 대응하는 소비의 계약곡선, 효용가능곡선
   ⇨ 무수히 많은 효용가능곡선이 존재하며 효용가능곡선의 포락선으로 표시 가능

2) 생산가능곡선(최적의 생산점) 상의 일점에 대응하는 최적의 소비점
   ⇨ $\left(\begin{array}{l} \text{소비의 파레토효율} \\ \text{생산의 파레토효율} \\ \text{소비·생산의 종합적 파레토효율} \end{array} \right)$ 을 만족시키는 U^A, U^B 의 조합을 연결한 곡선

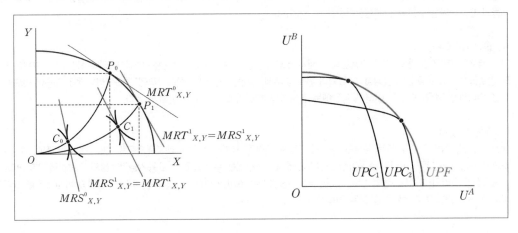

ISSUE 문제 📝

01 2017년 서울시 7급

효용가능경계(utility possibilities frontier)에 대한 설명으로 옳은 것은 모두 고르면?

> ㄱ. 효용가능경계 위의 점들에서는 사람들의 한계대체율이 동일하며, 이 한계대체율과 한계생산변환율이 일치한다.
> ㄴ. 어느 경제에 주어진 경제적 자원이 모두 고용되면 이 경제는 효용가능경계 위에 있게 된다.
> ㄷ. 생산가능곡선상의 한 점에서 생산된 상품의 조합을 사람들 사이에 적절히 배분함으로써 얻을 수 있는 최대 효용수준의 조합을 효용가능경계라고 한다.

① ㄱ ② ㄷ
③ ㄱ, ㄴ ④ ㄱ, ㄷ

출제이슈 효용가능경계
핵심해설 정답 ①

효용가능경계는 다음과 같다.

생산가능곡선 상의 일점에 대응하는 소비의 계약곡선, 효용가능곡선은 생산가능곡선상 위치에 따라서 무수히 많이 존재하며 이를 효용가능곡선의 포락선으로 표시할 수 있는데 이를 효용가능경계라고 한다. 따라서 생산가능곡선(최적의 생산점) 상의 일점에 대응하는 최적의 소비점을 의미하며, 이는 소비의 파레토효율, 생산의 파레토효율, 소비 및 생산의 종합적 파레토효율을 모두 만족한다.

설문을 검토하면 다음과 같다.

ㄱ. 옳은 내용이다.
효용가능경계는 소비의 파레토효율, 생산의 파레토효율, 소비 및 생산의 종합적 파레토효율을 모두 만족하기 때문에 효용가능경계에서는 사람들의 한계대체율이 모두 동일하고, 재화생산에 있어서 한계기술대체율이 모두 동일할 뿐만 아니라 한계대체율과 한계전환율(설문의 한계생산변환율)이 일치한다.

ㄴ. 틀린 내용이다.
어느 경제의 경제적 자원이 모두 고용된다고 해서 효용가능경계 위에 존재하는 것은 아니다. 왜냐하면, 모두 고용이 되더라도 비효율적인 요소 투입이 발생할 수 있으며 이로 인해서 경제는 효율성 달성에 실패할 수도 있다. 완전고용이 반드시 효율성을 의미하는 것은 아니다. 이러한 경우에는 효용가능경계 위에 존재하지 못하게 된다.

ㄷ. 틀린 내용이다.
생산가능곡선 상의 "한" 점에서 생산된 상품의 조합을 사람들 사이에 적절히 배분함으로써 얻을 수 있는 최대 효용수준의 조합은 효용가능경계가 아니라 효용가능곡선이다. 효용가능경계는 무수히 많은 효용가능곡선들의 포락선을 의미한다. 효용가능곡선은 소비의 파레토효율을 만족하지만 효용가능경계는 소비의 파레토효율 뿐만 아니라 생산의 파레토효율 그리고 소비와 생산의 종합적 파레토효율 모두 만족해야 한다.

2012 국7

1 일반경쟁균형 → 파레토효율적: "후생경제학 제1정리"

1) **의의**: 모든 소비자의 선호체계가 강단조성을 갖고 경제 안에 외부성이 존재하지 않으면 일반경쟁균형에 의한 배분은 파레토효율적이다.

2) **증명**: 귀류법

3) **함의**: 보이지 않는 손의 현대적 해석
각 경제주체의 상충되는 욕구를 조정하여 무질서한 혼돈의 상태에 균형이란 질서를 부여하고 그 결과 개인의 사리와 공익은 조화를 이루게 된다.

4) **한계**: 시장실패, 불공평성

① 불완전경쟁, 외부성이 존재할 경우 성립하지 못한다.

② 만일 이상적으로 불완전경쟁, 외부성이 없다고 하더라도 달성되는 균형에 의한 파레토효율적인 배분은 계약곡선 상의 수많은 효율적인 배분 중의 하나일 뿐이며 가장 바람직하다는 보장은 없다.

제7편

2 파레토효율적 → 일반경쟁균형: "후생경제학 제2정리"

1) **제1정리의 역**: 파레토효율적인 배분은 일반경쟁균형인가?

① 즉, 파레토효율적인 배분이 일반경쟁균형에 의해 달성할 수 있는가?

② 혹은 파레토효율적인 배분이 일반경쟁균형에 의해 달성되도록 하는 가격이 존재하는가?

2) **의의**: 초기부존자원이 적절히 분배된 상황에서 모든 사람의 선호가 연속적이고 강단조적이고 볼록성을 가지면 파레토효율적인 배분은 일반경쟁균형이 된다.

3) **증명**: 생략, 다만, 선호체계가 볼록하지 못하면 제2정리가 성립하지 못함을 보일 수 있다.

4) **함의**: 재분배의 정당성

① 정액세 부과 및 보조를 통하여 초기 부존자원을 재분배한다.

② 다만, 재분배의 이론적 가능성만을 보여주는 것일 뿐 확실치 않다.

③ 또한 재분배를 위해서는 가격체계를 건드리지 않고 정액세 - 현금 이전의 방식이 바람직하다.

ISSUE 05 바람직한 자원배분

2018 지7 | 2017 서7

1 바람직한 자원배분

1) 효율성과 효용가능경계

① 효용가능경계는 파레토효율 상태이며, 파레토효율 상태인 자원배분은 무수히 많다.

② 이 중에서 가장 바람직한 자원배분을 찾아야 한다.

2) 공평성과 사회후생함수

① 가장 바람직한 배분을 찾기 위해서 효율성 이외에 공평성 기준을 도입한다.

② 공평성 기준은 사회후생함수에 반영된다.

2 사회후생함수

1) 개인의 효용수준을 사회의 후생수준으로 나타내 주는 함수

2) $SW = f(U^A, U^B)$

3) 개인의 효용수준을 각각 비교하여 평가해야 한다.

4) 개인의 효용 간 비교, 평가과정에서 공평성의 가치판단이 반영된다. (분배적 정의)

3 사회후생함수의 종류

1) 공리주의적 사회후생함수

① $SW = U^A + U^B$

② 선형의 사회후생함수

③ 특정개인의 효용은 다른 개인의 효용으로 완전히 대체 가능

④ 공평이란?

    ⅰ) 극단적으로 누가 많이 갖든지 관계없다.

    ⅱ) 사회구성원의 효용의 합으로 사회후생을 도출한다.

2) 평등주의적 사회후생함수

① $SW = U^A \, U^B$

② 원점에 대해 볼록한 사회후생함수

③ 특정개인의 효용은 다른 개인의 효용으로 대체 가능하지만, 그 정도는 불완전하다.

④ 공평이란?
    ⅰ) 사회구성원 간 효용에 차이가 클수록 대체가 불완전하므로 적절히 균등해야 한다,
    ⅱ) 사회구성원의 효용에 가중치를 두어 사회후생을 도출한다.

3) 롤스주의적 사회후생함수

① $SW = Min \{ U^A, U^B \}$

② L자형의 사회후생함수

③ 특정개인의 효용은 다른 개인의 효용으로 대체 불가능

④ 공평이란?
    ⅰ) 극단적으로 모두 똑같이 나눠가져야 한다.
    ⅱ) 가장 낮은 수준의 효용을 누리는 사람의 효용으로 사회후생을 도출
    ⅲ) 최소극대화의 원칙

4 가장 바람직한 자원배분의 도출과 문제점

1) 도출: 효용가능경계 제약 하에서 사회후생의 극대화(효용가능경계와 사회후생함수가 접함)

2) 문제점

① 사회후생함수를 사실상 구하기 어렵다는 한계 → 애로우의 불가능성 정리

② 효율성을 달성하는 자원배분도 사실상 달성하기 어렵다는 한계 → 차선의 이론

5 애로우의 불가능성 정리

1) 사회후생함수가 가져야 할 바람직한 성격

완전성, 이행성, 보편성(비제한성), 파레토 원칙, 무관한 선택대안으로부터의 독립성 (IIA, independence of irrelevant alternatives), 비독재성

2) 위의 조건을 모두 만족시키는 사회후생함수는 없으며 만일 비독재성 이외의 조건들을 충족한다면 그 사회후생함수는 독재적이다.

3) 즉, 모든 사회적 배분상태를 평가할 수 있는 사회적 의사결정 시스템은 없다.

6 차선의 이론

1) 효율성을 달성하는 조건들도 여러 제약들 때문에 충족되기 어렵다.

2) 여러 제약들로 효율성 달성 조건이 파괴된 상황 하에서 그나마 효율성 조건을 좀 더 많이 충족하고 있는 사회적 상태가 차선으로 보일 수 있다.

3) 그러나 그 때의 사회후생은 오히려 효율성 조건이 많이 충족되지 못하고 있는 사회적 상태보다도 사회후생이 열악할 수 있다.

4) 즉, 차선처럼 보이는 상황이 차선이 아닐 수도 있다는 것이다.

제7편

ISSUE 문제 📝

01 〔2012년 국가직 7급〕

효율적 자원배분 및 후생에 대한 옳은 것은?

① 후생경제학 제1정리는 효율적자원배분이 독점시장인 경우에도 달성될 수 있음을 보여준다.

② 후생경제학 제2정리는 소비와 생산에 있어 규모의 경제가 있으면 완전경쟁을 통해 효율적 자원배분을 달성할 수 있음을 보여준다.

③ 차선의 이론(theory of the second best)에 따르면 효율적 자원배분을 위해 필요한 조건을 모두 충족하지 못한 경우 더 많은 조건을 충족하면 할수록 더 효율적인 자원배분이다.

④ 롤즈(J. Rawls)의 주장에 따르면 사회가 A, B 두 사람으로 구성되고 각각의 효용을 U_A, U_B 라 할 때, 사회후생함수(SW)는 $SW = \min(U_A, U_B)$로 표현된다.

출제이슈 후생경제학 제 정리, 차선의 이론, 롤스주의적 사회후생함수

핵심해설 정답 ④

① 틀린 내용이다.

후생경제학 제1정리에 의하면 모든 소비자의 선호체계가 강단조성을 갖고 경제 안에 외부성이 존재하지 않으면 일반경쟁균형에 의한 배분은 파레토 효율적이다. 따라서 후생경제학 제1정리는 독점이 아니라 경쟁적 균형이 파레토 효율적임을 의미한다.

② 틀린 내용이다.

후생경제학 제2정리에 의하면 초기부존자원이 적절히 분배된 상황에서 모든 사람의 선호가 연속적이고 강단조적이고 볼록성을 가지면 파레토 효율적인 배분은 일반경쟁균형이 된다. 규모의 경제가 아니라 적절한 재분배가 선행되어야 경쟁시장에 의한 효율적 자원배분의 달성이 가능하다.

③ 틀린 내용이다.

차선의 이론에 의하면 여러 제약들로 효율성 달성 조건이 파괴된 상황 하에서 효율성 조건이 많이 충족되지 못하고 있는 사회적 상태가 그렇지 못한 사회적 상태보다 사회후생이 오히려 더 나을 수 있다. 효율적 자원배분을 위해 필요한 조건을 모두 충족하지 못한 경우 더 많은 조건을 충족한다고 해서 더 효율적인 자원배분인 것은 아니라는 의미이다.

④ 옳은 내용이다.

사회후생함수란 개인의 효용수준을 사회의 후생수준으로 나타내 주는 함수로서 $SW = f(U^A, U^B)$로 표시된다. 이를 도출하기 위해서는 반드시 개인의 효용수준을 각각 비교하여 평가하는 과정이 필요하며 그 과정에서 공평성의 가치판단이 반영된다. 공평성의 가치판단에 따라서 사회후생함수는 공리주의적 사회후생함수, 평등주의적 사회후생함수, 롤스주의적 사회후생함수로 나뉜다. 특히 롤스주의적 사회후생함수에서 공평이란 가장 낮은 수준의 효용을 누리는 사람의 효용으로 사회후생을 도출하는 것으로 최소극대화의 원칙을 의미한다. 이때, 특정개인의 효용은 다른 개인의 효용으로 대체 불가능하며 사회후생함수는 $SW = Min\{U^A, U^B\}$로서 L자형의 형태를 가지게 된다.

02 2017년 서울시 7급

형과 동생이 한집에 살고 있다. 형은 매일 5만 원의 소득이 있으나 동생은 현재 소득이 없다. 형은 소득 5만 원의 일부를 떼어 매일 동생의 용돈으로 나누어 주고자 한다. 각 소비금액에 대한 형과 동생의 효용은 아래 표와 같다고 가정한다. 형이 소득의 분배에 있어서 단순 공리주의적 입장을 취한다고 할 때, 매일 동생에게 나누어 주는 금액은?

소비금액	0만 원	1만 원	2만 원	3만 원	4만 원	5만 원
형의 효용	0	60	70	80	90	100
동생의 효용	0	10	20	30	50	70

① 1만 원   ② 2만 원
③ 3만 원   ④ 4만 원

출제이슈 공리주의적 사회후생극대화
핵심해설 정답 ④

공리주의적 사회후생함수를 이용한 사회후생극대화 모형은 다음과 같다.
① 목적함수: $SW = U^A + U^B$
② 제약조건: 부존제약식
③ 극대화: 사회후생극대화

이에 따라서 설문을 모형화하여 풀면 다음과 같다.
① 목적함수: $SW = U^A + U^B = U^A(Y^A) + U^B(Y^B)$, Y^A: A의 소비금액, Y^B: B의 소비금액
② 제약조건: 부존제약식 $Y^A + Y^B = 5$, Y^A: A의 소비금액, Y^B: B의 소비금액
③ 극대화: 사회후생극대화 $Max \ SW$

1) 먼저 소비수준에 따른 형과 동생의 효용수준은 설문에서 다음과 같은 표로 제시되어 있다.

소비금액	0만 원	1만 원	2만 원	3만 원	4만 원	5만 원
형의 효용	0	60	70	80	90	100
동생의 효용	0	10	20	30	50	70

2) 그리고 부존제약식은 다음과 같다.
$Y^A + Y^B = 5$, Y^A: A의 소비금액, Y^B: B의 소비금액

3) 소득분배와 그 소비에 따른 사회후생수준을 표로 나타내면 다음과 같다.

구분	소비	효용	소비	효용	소비	효용	소비	효용	소비	효용	소비	효용
형	0	0	1	60	2	70	3	80	4	90	5	100
동생	5	70	4	50	3	30	2	20	1	10	0	0
사회후생	70		110		100		100		100		100	

4) 따라서 공리주의적 관점에서 사회후생극대화는 형 1만 원, 동생 4만 원의 분배를 통해 달성된다.

제7편

03 2018년 지방직 7급

갑과 을이 150만 원을 각각 x와 y로 나누어 가질 때, 갑의 효용함수는 $u(x) = \sqrt{x}$, 을의 효용함수는 $u(y) = 2\sqrt{y}$ 이다. 이때 파레토 효율적인 배분과 공리주의적 배분은? (단, 공리주의적 배분은 갑과 을의 효용의 단순 합을 극대화하는 배분이며 단위는 만 원이다)

	파레토 효율적인 배분	공리주의적 배분
①	$(x+y=150)$을 만족하는 모든 배분이다.	$(x=75, y=75)$
②	$(x=30, y=120)$의 배분이 유일하다.	$(x=75, y=75)$
③	$(x=75, y=75)$의 배분이 유일하다.	$(x=30, y=120)$
④	$(x+y=150)$을 만족하는 배분이다.	$(x=30, y=120)$

출제이슈 파레토효율과 공리주의적 사회후생극대화
핵심해설 정답 ④

파레토효율적인 배분과 공리주의적 사회후생극대화 배분을 나누어 보면 다음과 같다.

1. 파레토효율적인 배분

1) 다른 이에게 손해를 주지 않으면서 최소한 한 사람 이상이 효용을 증가시킬 수 있으면 파레토 개선이 가능한 것이며, 파레토효율이란 더 이상 파레토 개선이 불가능한 상태를 의미한다.

2) 설문에서 한정된 자원인 150만 원을 갑과 을 사이에 파레토효율적으로 배분해야 하는데 그러한 방법은 $(x+y=150)$이 된다. 즉, 이러한 배분은 갑의 효용을 증진시키려 하면, 필연적으로 을의 효용이 감소하게 되어 파레토 개선이 불가능한 상태이다. 따라서 파레토 개선이 불가능한 상태로서 파레토효율적 자원배분이 된다.

2. 공리주의적 배분

1) 사회후생함수란 개인의 효용수준을 사회의 후생수준으로 나타내 주는 함수로서 $SW = f(U^A, U^B)$로 표시된다. 이를 도출하기 위해서는 반드시 개인의 효용수준을 각각 비교하여 평가하는 과정이 필요하며 그 과정에서 공평성의 가치판단이 반영된다. 공평성의 가치판단에 따라서 사회후생함수는 공리주의적 사회후생함수, 평등주의적 사회후생함수, 롤스주의적 사회후생함수로 나뉜다. 특히 공리주의적 사회후생함수에서 공평의 개념은 극단적으로 누가 많이 갖는지 관계없으며 따라서 단순히 사회구성원의 효용의 합으로 공리주의적 사회후생이 도출한다. 이때, 공리주의적 사회후생함수는 선형의 형태를 가지며 $SW = U^A + U^B$로 표시된다.

2) 공리주의적 사회후생함수를 이용한 사회후생극대화 모형은 다음과 같다.

① 목적함수: $SW = U^A + U^B$ ② 제약조건: 부존제약식 ③ 극대화: 사회후생극대화

이에 따라서 설문을 모형화하여 풀면 다음과 같다.

① 목적함수: $SW = U_{갑} + U_{을}$, $U_{갑}$: 갑 효용, $U_{을}$: 을 효용

② 제약조건: 부존제약식 $x+y=150$(x: 갑 배분액, y을 배분액)를 효용함수를 통해 변형하면

$$\Rightarrow U_{갑}^2 + \frac{1}{4} U_{을}^2 = 150, \ U_{갑}: 갑 효용, \ U_{을}: 을 효용$$

③ 극대화: 사회후생극대화 $Max \ SW$

이를 풀면 $U_{갑} = \sqrt{30}$, $U_{을} = \sqrt{480} = 2\sqrt{120}$이 된다.

$U_{갑} = \sqrt{x}$, $U_{을} = 2\sqrt{y}$ 를 이용하면 갑 배분액 $x = 30$, 을 배분액 $y = 120$이 된다. (단위: 만 원)

제 8 편

시장실패이론

조경국
경제학
워크북

미시편

시장실패 일반

2017 지7 | 2015 국9

1 시장실패

시장기구가 희소한 자원을 효율적으로 배분하는 데 실패한 현상

2 넓은 의미의 시장실패

1) 비효율적인 자원배분

2) 소득 및 부의 분배의 불공평성

3) 주기적으로 나타나는 실업 및 인플레이션

3 좁은 의미의 시장실패(비효율적인 자원배분)와 그 원인

1) **불완전경쟁**

2) **공공재**

국방서비스, 치안서비스 등과 같은 비경합성, 배제불가능성의 특징을 가짐

3) **외부성**

① 시장의 테두리 밖에 존재하는 현상

② 어떤 한 경제주체의 행위가 제3자에게 의도하지 않은 이득이나 손해를 가져다주고 그럼에도 불구하고 이에 대한 대가를 받거나 주지 않는 상황

4) **불확실성**

① 경쟁균형이 파레토효율적이라면 반드시 확실성 상황이어야 함

② 불확실성이 존재할 경우 균형의 효율성은 담보될 수 없음

③ 완벽한 보험을 제공하는 완벽한 조건부상품시장의 부존재(불완비시장)

④ 시장부존재의 원인은 역선택, 도덕적 해이(불완전정보)

ISSUE 문제 📋

01 2017년 지방직 7급

시장실패(market failure)에 대한 설명으로 옳은 것만을 모두 고른 것은?

> ㄱ. 사회적으로 효율적인 자원배분이 이루어지지 않는 경우이다.
> ㄴ. 공공재와 달리 외부성은 비배제성과 비경합성의 문제로부터 발생하는 시장실패이다.
> ㄷ. 각 경제주체가 자신의 이익을 위해서만 행동한다면 시장실패는 사회전체의 후생을 감소시키지 않는다.

① ㄱ   ② ㄴ
③ ㄱ, ㄷ   ④ ㄴ, ㄷ

출제이슈 시장실패의 원인과 특징
핵심해설 정답 ①

설문을 검토하면 다음과 같다.

ㄱ. 옳은 내용이다.
시장실패란 시장에서의 자원배분이 효율성을 달성하지 못하는 상황으로서 불완전경쟁, 공공재, 외부성, 불확실성 등으로부터 비롯된다.

ㄴ. 틀린 내용이다.
공공재로 인한 시장실패는 비경합성과 배제불가능성의 문제로부터 발생하는 반면, 외부성은 어떤 한 경제주체의 행위가 제3자에게 의도하지 않은 이득이나 손해를 가져다주고 그럼에도 불구하고 이에 대한 대가를 받거나 주지 않는 상황으로 시장의 테두리 밖에 존재하는 현상을 의미한다.

ㄷ. 틀린 내용이다.
각 경제주체가 자신의 이익을 위해서만 행동하는 경우, 사회전체의 후생을 감소시킬 수 있다. 생산의 부정적 외부성의 경우 생산자는 자신의 이익을 위해서만 행동한 나머지 사적 한계비용에 입각한 의사결정을 내리게 되고 이를 통해서 사회적 한계비용과 사적 한계비용이 괴리되어 사회후생이 감소하게 된다.

제8편

02 ｜2015년 국가직 9급｜

시장실패를 일으키는 요인이 아닌 것은?

① 공공재
② 완전한 정보
③ 긍정적 외부효과
④ 독과점 시장구조

출제이슈 시장실패의 원인
핵심해설 정답 ②

시장실패란 시장에서의 자원배분이 효율성을 달성하지 못하는 상황으로서 불완전경쟁, 공공재, 외부성, 불확실성 등으로부터 비롯된다. 따라서 완전한 정보는 시장실패를 야기하는 요인이 아니다.

한편, 외부성은 어떤 한 경제주체의 행위가 제3자에게 의도하지 않은 이득이나 손해를 가져다주고 그럼에도 불구하고 이에 대한 대가를 받거나 주지 않는 상황으로 시장의 테두리 밖에 존재하는 현상을 의미한다. 외부성은 생산과정의 외부성과 소비과정의 외부성 그리고 긍정적 외부성과 부정적 외부성으로 구분할 수 있다.

③에서 긍정적 외부효과란 어떤 경제주체의 행위가 시장기구를 통하지 않고 다른 경제주체의 효용이나 생산함수에 긍정적 영향을 미치고 있음에도 불구하고 이에 대하여 적절한 대가의 교환 혹은 보상이 이루어지지 않는 것이다. 즉, 다른 경제주체의 효용을 의도치 않게 증가시키거나 비용을 감소시키는 것을 말한다. 부정적 외부효과이든지 긍정적 외부효과이든지 이들은 모두 외부효과로서 시장실패를 초래함에 유의해야 한다.

1 공공재의 특성

1) 배제불가능성(non-excludability)

① 가격을 지불하지 않은 사람을 소비에서 배제시킬 수 없다.

② 가격을 지불하지 않아도 소비가 가능해진다.

③ 따라서 구성원들은 공공재에 대하여 가격을 지불하지 않으려 한다(무임승차자의 문제).

2) 비경합성(non-rivalry)

① 한 사람의 소비는 다른 사람이 소비할 수 있는 기회를 감소시키지 않는다.

② 구성원 내 공동소비가 가능하며 경합적이지 않다.

③ 추가적인 소비에 따른 한계비용은 없다.

3 공공재의 유형

1) 순수공공재

① 배제불가능성과 비경합성의 특성 모두를 가진 재화

② 예: 국방서비스, 치안서비스, 한산한 대규모 무료도로 등

2) 비순수공공재

① 배제불가능성과 비경합성의 특성 중 어느 하나는 완벽하지 않은 재화

② 예: 한산한 대규모 유료도로 - 배제불가능성 ×, 비경합성 ○

③ 예: 소규모 공동소유지 - 배제불가능성 ○, 비경합성 ×

3) 사적 재화와 공공재

경합성 ＼ 배제성	배제 가능	배제 불가능
경합적	사적 재화 (막히는 유료도로)	비순수공공재, 공유자원 (막히는 무료도로)
비경합적	비순수공공재 (한산한 유료도로)	순수공공재 (막히지 않는 무료도로)

제8편

ISSUE 문제 📝

01 　2010년 국가직 7급

공공재에 대한 설명으로 옳지 않은 것은?

① 무임승차자의 문제가 있다.
② 소비에 있어서 경합성 및 배제성의 원리가 작용한다.
③ 공공재라고 할지라도 민간이 생산, 공급할 수 있다.
④ 시장에 맡기면 사회적으로 적절한 수준보다 과소공급될 우려가 있다.

출제이슈 공공재의 특성
핵심해설 정답 ②

공공재는 비경합성과 배제불가능성의 특징을 지닌다.

재화소비에 있어서 배제가 가능하다는 것(excludability)은 가격을 지불하지 않은 사람을 소비에서 배제시킬 수 있다는 것으로서 사적재의 대표적인 특성이 된다. 역으로 재화소비에 있어서 배제가 불가능하다는 것(non-excludability)은 가격을 지불하지 않은 사람을 소비에서 배제시킬 수 없다는 것으로서 공공재의 대표적인 특성이 된다. 따라서 구성원들은 공공재에 대하여 가격을 지불하지 않으려 하는 무임승차자 문제가 발생하여 공공재 소비배제는 불가능하게 된다.

재화소비에 있어서 경합적이라는 것(rivalry)은 한 사람의 소비는 다른 사람이 소비할 수 있는 기회를 감소시키는 것을 의미하며 이는 사적재의 대표적인 특성이 된다. 역으로 재화소비에 있어서 비경합적이라는 것(non-rivalry)은 한 사람의 소비는 다른 사람이 소비할 수 있는 기회를 감소시키지 않는 것을 의미하며 이는 공공재의 대표적인 특성이 된다. 비경합성으로 인해서 추가적인 소비에 따른 한계비용은 없기 때문에 공공재 소비배제는 바람직하지 않게 된다.

위의 내용을 토대로 설문을 검토하면 다음과 같다.

② 틀린 내용이다. 공공재는 소비에 있어서 비경합성 및 배제불가능성의 원리가 작용한다. 소비에 있어서 경합성 및 배제성의 원리가 작용하는 것은 사적재이다.

①, ③, ④ 옳은 내용이다. 공공재라고 해도 물론 민간이 생산하여 공급할 수는 있다. 그러나 시장에 맡길 경우 무임승차자의 문제로 인하여 사회적으로 적절한 수준보다 과소공급될 우려가 있다. 심지어 시장이 아예 붕괴되어 공공재가 공급되지 않을 수도 있다.

02 2019년 국가직 9급

재화는 배제성과 경합성의 정도에 따라 사적 재화, 공유자원, 공공재, 클럽재(club goods)로 분류할 수 있다. 다음 재화에 대한 분류를 바르게 연결한 것은?

> ㉠ 막히는 유료도로
> ㉡ 막히지 않는 유료도로
> ㉢ 막히는 무료도로
> ㉣ 막히지 않는 무료도로

	㉠	㉡	㉢	㉣
①	사적 재화	클럽재	공유자원	공공재
②	사적 재화	공공재	클럽재	공유자원
③	사적 재화	공유자원	클럽재	공공재
④	사적 재화	클럽재	공공재	공유자원

출제이슈 배제성과 경합성 여부에 따른 재화의 분류
핵심해설 정답 ①

재화소비에 있어서 배제가 가능하다는 것(excludability)은 가격을 지불하지 않은 사람을 소비에서 배제시킬 수 있다는 것으로서 사적재의 대표적인 특성이 된다. 역으로 재화소비에 있어서 배제가 불가능하다는 것(non-excludability)은 가격을 지불하지 않은 사람을 소비에서 배제시킬 수 없다는 것으로서 공공재의 대표적인 특성이 된다. 따라서 구성원들은 공공재에 대하여 가격을 지불하지 않으려 하는 무임승차자 문제가 발생하여 공공재 소비배제는 불가능하게 된다.

재화소비에 있어서 경합적이라는 것(rivalry)은 한 사람의 소비는 다른 사람이 소비할 수 있는 기회를 감소시키는 것을 의미하며 이는 사적재의 대표적인 특성이 된다. 역으로 재화소비에 있어서 비경합적이라는 것(non-rivalry)은 한 사람의 소비는 다른 사람이 소비할 수 있는 기회를 감소시키지 않는 것을 의미하며 이는 공공재의 대표적인 특성이 된다. 비경합성으로 인해서 추가적인 소비에 따른 한계비용은 없기 때문에 공공재 소비배제는 바람직하지 않게 된다.

설문에서의 재화를 배제가능성과 경합성의 정도에 따라서 구분하면 다음과 같다.

경합성＼배제성	배제 가능	배제 불가능
경합적	사적 재화 (막히는 유료도로)	비순수공공재, 공유자원 (막히는 무료도로)
비경합적	비순수공공재 (한산한 유료도로)	순수공공재 (막히지 않는 무료도로)

03 2020년 국가직 9급

다음 표는 경합성과 배제성의 여부에 따라 A ~ D재를 구분하고 있다. 이에 대한 설명으로 옳은 것은?

		경합성	
		있음	없음
배제성	있음	A	B
	없음	C	D

① A재는 무임승차 문제가 발생한다.
② 혼잡한 유료 고속도로는 B재에 해당한다.
③ C재는 공유자원이다.
④ D재는 무임승차 문제가 발생하지 않는다.

출제이슈 배제성과 경합성 여부에 따른 재화의 분류
핵심해설 정답 ③

재화소비에 있어서 배제가 가능하다는 것(excludability)은 가격을 지불하지 않은 사람을 소비에서 배제시킬 수 있다는 것으로서 사적재의 대표적인 특성이 된다. 역으로 재화소비에 있어서 배제가 불가능하다는 것(non-excludability)은 가격을 지불하지 않은 사람을 소비에서 배제시킬 수 없다는 것으로서 공공재의 대표적인 특성이 된다. 따라서 구성원들은 공공재에 대하여 가격을 지불하지 않으려 하는 무임승차자 문제가 발생하여 공공재 소비배제는 불가능하게 된다.

재화소비에 있어서 경합적이라는 것(rivalry)은 한 사람의 소비는 다른 사람이 소비할 수 있는 기회를 감소시키는 것을 의미하며 이는 사적재의 대표적인 특성이 된다. 역으로 재화소비에 있어서 비경합적이라는 것(non-rivalry)은 한 사람의 소비는 다른 사람이 소비할 수 있는 기회를 감소시키지 않는 것을 의미하며 이는 공공재의 대표적인 특성이 된다. 비경합성으로 인해서 추가적인 소비에 따른 한계비용은 없기 때문에 공공재 소비배제는 바람직하지 않게 된다.

설문에서의 재화를 배제가능성과 경합성의 정도에 따라서 구분하면 다음과 같다.

경합성 \ 배제성	배제 가능	배제 불가능
경합적	사적 재화 (막히는 유료도로)	비순수공공재, 공유자원 (막히는 무료도로)
비경합적	비순수공공재 (한산한 유료도로)	순수공공재 (막히지 않는 무료도로)

① 틀린 내용이다.
A재는 사적재로서 배제가 가능하기 때문에 무임승차의 문제가 발생하지 않는다.

② 틀린 내용이다.
혼잡한 유료고속도로는 사적재로서 A재에 해당한다.

③ 옳은 내용이다.
경합적이지만 배제성이 낮은 경우 공유재에 해당하여 과다사용, 고갈의 문제가 있다.

④ 틀린 내용이다.
비경합적이며 배제불가능한 공공재에 해당한다. 따라서 무임승차의 문제가 발생한다.

04 │ 2014년 국가직 9급

㉠~㉢에 들어갈 용어로 적합한 것은?

> 재화의 유형은 소비의 배제성(사람들이 재화를 소비하는 것을 막는 것)과 경합성(한 사람이 재화를 소비하면 다른 사람이 이 재화를 소비하는 데 제한되는 것)에 따라 구분할 수 있다. 공유자원은 재화를 소비함에 있어 (㉠)은 있지만 (㉡)은 없는 재화를 의미한다. 예를 들어 차량이 이용하는 도로의 경우 막히는 (㉢)는 공유자원으로 분류할 수 있다.

	㉠	㉡	㉢
①	경합성	배제성	무료도로
②	배제성	경합성	무료도로
③	경합성	배제성	유료도로
④	배제성	경합성	유료도로

출제이슈 배제성과 경합성 여부에 따른 재화의 분류
핵심해설 정답 ①

재화소비에 있어서 배제가 가능하다는 것(excludability)은 가격을 지불하지 않은 사람을 소비에서 배제시킬 수 있다는 것으로서 사적재의 대표적인 특성이 된다. 역으로 재화소비에 있어서 배제가 불가능하다는 것(non-excludability)은 가격을 지불하지 않은 사람을 소비에서 배제시킬 수 없다는 것으로서 공공재의 대표적인 특성이 된다. 따라서 구성원들은 공공재에 대하여 가격을 지불하지 않으려 하는 무임승차자 문제가 발생하여 공공재 소비배제는 불가능하게 된다.

재화소비에 있어서 경합적이라는 것(rivalry)은 한 사람의 소비는 다른 사람이 소비할 수 있는 기회를 감소시키는 것을 의미하며 이는 사적재의 대표적인 특성이 된다. 역으로 재화소비에 있어서 비경합적이라는 것(non-rivalry)은 한 사람의 소비는 다른 사람이 소비할 수 있는 기회를 감소시키지 않는 것을 의미하며 이는 공공재의 대표적인 특성이 된다. 비경합성으로 인해서 추가적인 소비에 따른 한계비용은 없기 때문에 공공재 소비배제는 바람직하지 않게 된다.

설문에서의 재화를 배제가능성과 경합성의 정도에 따라서 구분하면 다음과 같다.

경합성 \ 배제성	배제 가능	배제 불가능
경합적	사적 재화 (막히는 유료도로)	비순수공공재, 공유자원 (막히는 무료도로)
비경합적	비순수공공재 (한산한 유료도로)	순수공공재 (막히지 않는 무료도로)

05 2013년 국가직 9급

공공재에 대한 설명으로 옳지 않은 것은?

① 공공재에 대한 시장 수요함수는 개별 수요함수를 수직으로 합하여 얻어진다.
② 비배제성(non-excludability)은 충족되지 않으나 비경합성(non-rivalry)은 충족된다.
③ 특정 소비자를 공공재의 소비로부터 배제할 수 없다.
④ A, B 두 사람만 존재하는 경우 두 사람의 한계편익의 합이 한계비용과 일치하는 수준에서 최적 산출량이 결정된다.

출제이슈 공공재의 특성
핵심해설 정답 ②

설문을 검토하면 다음과 같다.

① 옳은 내용이다.
공공재는 구성원들 간에 공동소비가 가능하며 경합적이지 않다. 따라서 공공재에 대한 시장 수요함수는 개별 수요함수를 수직으로 합하여 얻어진다. 그러나 사적재는 구성원들 간에 공동소비가 아니라 오직 개별적인 소비만 가능하기 때문에 사적재에 대한 시장수요함수는 개별 수요곡선을 수평합하여 구한다.

② 틀린 내용이다.
공공재는 비경합성과 배제불가능성의 특징을 지니므로 틀린 지문이 된다. 재화소비에 있어서 경합적이라는 것(rivalry)은 한 사람의 소비는 다른 사람이 소비할 수 있는 기회를 감소시키는 것을 의미하며 이는 사적재의 대표적인 특성이 된다. 역으로 재화소비에 있어서 비경합적이라는 것(non-rivalry)은 한 사람의 소비는 다른 사람이 소비할 수 있는 기회를 감소시키지 않는 것을 의미하며 이는 공공재의 대표적인 특성이 된다. 비경합성으로 인해서 추가적인 소비에 따른 한계비용은 없기 때문에 공공재 소비배제는 바람직하지 않게 된다.

③ 옳은 내용이다.
공공재는 특정 소비자를 공공재의 소비로부터 배제할 수 없기 때문에 무임승차자 문제가 발생한다. 재화소비에 있어서 배제가 가능하다는 것(excludability)은 가격을 지불하지 않은 사람을 소비에서 배제시킬 수 있다는 것으로서 사적재의 대표적인 특성이 된다. 역으로 재화소비에 있어서 배제가 불가능하다는 것(non-excludability)은 가격을 지불하지 않은 사람을 소비에서 배제시킬 수 없다는 것으로서 공공재의 대표적인 특성이 된다. 따라서 구성원들은 공공재에 대하여 가격을 지불하지 않으려 하는 무임승차자 문제가 발생하여 공공재 소비배제는 불가능하게 된다.

④ 옳은 내용이다.
A, B 두 사람만 존재하는 경우 두 사람의 한계편익의 합이 한계비용과 일치하는 수준에서 최적 산출량이 결정된다. 일반적으로 공공재의 최적공급 조건은 다음과 같다.

$MB_A + MB_B = MC$, $MRS_{X,Y}^A + MRS_{X,Y}^B = MRT_{X,Y}$이 된다.

이때, MB_A, MB_B 및 $MRS_{X,Y}^A$, $MRS_{X,Y}^B$는 사회구성원 각자가 공공재에 대하여 평가하고 있는 가치를 의미하며, $MB_A + MB_B$ 및 $MRS_{X,Y}^A + MRS_{X,Y}^B$는 우리 사회가 공공재에 대하여 평가하고 있는 가치를 의미한다. MC와 $MRT_{X,Y}$는 우리 사회에서 공공재 생산을 위해서 감수해야 하는 비용이다.

공공재의 최적공급

2018 국7 | 2015 국7 | 2013 지7 | 2011 국7

1 공공재의 시장수요

1) 개별 소비자들은 모두 상이한 지불용의 가격에 직면

2) 개별 소비자들은 서로 동일한 양을 소비

3) 개별 소비자들은 진실한 선호를 표출하지 않음(거짓된 개별수요곡선)
   ⇨ 따라서 공공재에 대한 수요곡선을 가상수요곡선이라고 함(pseudo demand)

4) 시장수요는 개별수요의 수직합

2 공공재의 최적생산 및 소비

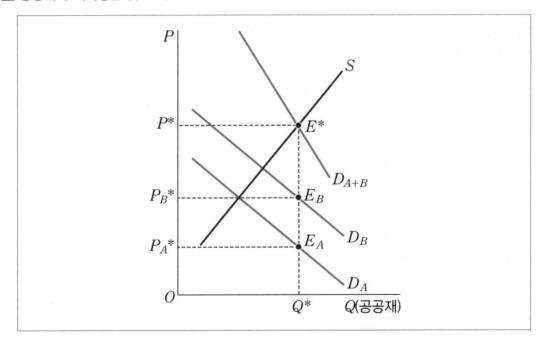

1) 최적공급량: E^*에서 Q^*만큼 공급

2) A, B의 **지불가격 및 소비량**:
$$\begin{cases} E_A \text{에서 } P_A^* \text{ 가격으로 } Q^* \text{만큼 } A\text{가 소비} \\ E_B \text{에서 } P_B^* \text{ 가격으로 } Q^* \text{만큼 } B\text{가 소비} \end{cases}$$

3) 공공재 최적 공급 조건: $MB_A + MB_B = MC$, $MRS_{X,Y}^A + MRS_{X,Y}^B = MRT_{X,Y}$

ISSUE 문제 📝

01 2015년 국가직 7급

어떤 한 경제에 A, B 두 명의 소비자와 X, Y 두 개의 재화가 존재한다. 이 중 X는 공공재(public goods)이고 Y는 사용재(private goods)이다. 현재의 소비량을 기준으로 A와 B의 한계대체율(marginal rate of substitution: MRS)과 한계전환율(marginal rate of transformation : MRT)이 다음과 같이 측정되었다. 공공재의 공급에 관한 평가로 옳은 것은?

$$MRS_{XY}^{A} = 1, \ MRS_{XY}^{B} = 3, \ MRT_{XY} = 5$$

① 공공재가 최적 수준보다 적게 공급되고 있다.
② 공공재가 최적 수준으로 공급되고 있다.
③ 공공재가 최적 수준보다 많이 공급되고 있다.
④ 공공재가 최적 수준 공급 여부를 알 수 없다.

출제이슈 공공재 최적 공급의 조건
핵심해설 정답 ③

공공재 최적 공급 조건은 다음과 같다.
$$MB_A + MB_B = MC, \ MRS_{X,Y}^{A} + MRS_{X,Y}^{B} = MRT_{X,Y}$$

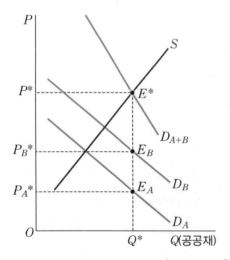

이때, MB_A, MB_B 및 $MRS_{X,Y}^{A}$, $MRS_{X,Y}^{B}$는 사회구성원 각자가 공공재에 대하여 평가하고 있는 가치를 의미하며, $MB_A + MB_B$ 및 $MRS_{X,Y}^{A} + MRS_{X,Y}^{B}$는 우리 사회가 공공재에 대하여 평가하고 있는 가치를 의미한다. MC와 $MRT_{X,Y}$는 우리 사회에서 공공재 생산을 위해서 감수해야 하는 비용이다.

따라서 설문에서 $MRS_{X,Y}^{A} + MRS_{X,Y}^{B}$가 3이고 $MRT_{X,Y}$가 5이므로 공공재의 한계적인 편익보다 한계적인 비용이 더 큰 상황이므로 공공재가 최적수준보다 과다 공급되고 있는 것이다.

02 2013년 지방직 7급

공공재인 마을 공동우물(X)에 대한 혜민과 동수의 수요가 각각 $X = 50 - P$, $X = 30 - 2P$일 때, 사회적으로 바람직한 공동우물의 개수(㉠)와 동수가 우물에 대해 지불하고자 하는 가격(㉡)은? (단, P는 혜민과 동수가 X에 대해 지불하는 단위당 가격이고, 공동우물을 만들 때 필요한 한계비용(MC)은 41원이다)

	㉠	㉡
①	16개	7원
②	18개	6원
③	20개	5원
④	22개	4원

출제이슈 공공재 최적 공급의 조건

핵심해설 정답 ①

공공재 최적 공급 조건은 다음과 같다.

$$MB_A + MB_B = MC, \ MRS_{X,Y}^A + MRS_{X,Y}^B = MRT_{X,Y}$$

이에 따라 설문의 자료를 이용하여 풀면 다음과 같다.

1) 수요조건
① 혜민의 수요 $X = 50 - P$
② 동수의 수요 $X = 30 - 2P$
③ 전체 수요 $P = 65 - 1.5X$

2) 비용조건
$MC = 41$

3) 공공재의 최적공급
$MB_A + MB_B = MC$
따라서 $65 - 1.5X = 41$, $X = 16$

4) 각자 지불액
① 혜민의 수요는 $X = 50 - P$이므로 혜민의 지불액 $P = 34$
② 동수의 수요는 $X = 30 - 2P$이므로 동수의 지불액 $P = 7$

03 | 2011년 국가직 7급

다음의 경우 정부가 마을 주민을 위해 나무심기에 지원하는 보조금의 액수는?

> 어느 마을의 주민들은 보다 쾌적한 공원 환경을 조성하기 위해 나무를 심고자 한다. 마을 주민 각자는 자신의 집에 나무를 가져갈 수는 없지만 공원을 지날 때마다 쾌적함을 느낄 것이다. 마을 주민 개인의 공원 나무에 대한 수요함수가 $P = 10 - Q$라고 하자. P는 나무 한 그루의 가격이고 Q는 나무의 수량이다. 나무 한 그루를 공원에 심는 비용은 200원이며, 마을 주민은 200명이다.

① 1,000원   ② 1,200원

③ 1,400원   ④ 1,600원

출제이슈 공공재 최적 공급의 조건
핵심해설 정답 없음

공공재 최적 공급 조건은 다음과 같다.

$$MB_A + MB_B = MC, \quad MRS_{X,Y}^A + MRS_{X,Y}^B = MRT_{X,Y}$$

이에 따라 설문의 자료를 이용하여 풀면 다음과 같다.

1) 수요조건
① 마을주민 개인의 수요 $P = 10 - Q$
② 마을주민 전체의 수요 $P = 200(10 - Q)$

2) 비용조건
$MC = 200$

3) 공공재의 최적공급
$MB_A + MB_B = MC$
따라서 $200(10 - Q) = 200, \quad Q = 9$

4) 마을주민의 지불액
① 마을주민 개인의 수요 $P = 10 - Q$이므로 마을주민 개인의 지불액 $P = 1$이다.
   따라서 나무 9그루에 대한 지불액은 9가 된다.
② 마을주민 전체의 나무 9그루에 대한 지불액은 1800이 된다.

5) 보조금
나무 9그루에 대한 비용은 1800이고 마을주민 전체의 지불액은 1800이므로 보조금은 불필요하다.

04 [2018년 국가직 7급]

두 명의 주민이 사는 어느 마을에서 가로등에 대한 개별 주민의 수요함수는 $P = 10 - Q$로 표현되며, 주민 간에 동일하다. 가로등 설치에 따르는 한계비용이 6일 때, 이 마을에 설치할 가로등의 적정 수량은? (단, Q는 가로등의 수량이다)

① 4 ② 5
③ 6 ④ 7

출제이슈 공공재 최적 공급의 조건
핵심해설 정답 ④

공공재 최적 공급 조건은 다음과 같다.

$$MB_A + MB_B = MC, \; MRS^A_{X,Y} + MRS^B_{X,Y} = MRT_{X,Y}$$

이에 따라 설문의 자료를 이용하여 풀면 다음과 같다.

1) 수요조건
① 마을주민 개인의 수요 $P = 10 - Q$
② 마을주민 전체의 수요 $P = 2(10 - Q)$

2) 비용조건
$MC = 6$

3) 공공재의 최적공급
$MB_A + MB_B = MC$
따라서 $2(10 - Q) = 6, \; Q = 7$

4) (참고)마을주민의 지불액

① 마을주민 개인의 수요 $P = 10 - Q$이므로 마을주민 개인의 지불액 $P = 3$이다.
따라서 가로등 7개에 대한 지불액은 21이 된다.

② 마을주민 전체의 가로등 7개에 대한 지불액은 42가 된다.

제8편

외부성의 의의와 효과

1 외부성의 의의

1) 어떤 경제주체의 행위가 시장기구를 통하지 않고 다른 경제주체의 경제활동에 명시적으로 영향을 미치는 것(실질적 외부성)

2) 어떤 경제주체의 경제행위(소비, 생산)가 다른 경제주체의 효용 · 생산함수에 영향을 미치고 있음에도 불구하고 이에 대하여 적절한 대가의 교환 혹은 보상이 이루어지지 않는 것

    cf. 금전적 외부성 : 시장가격기구를 통하여 다른 경제주체에게 영향을 미치는 것

2 외부성의 유형

1) 긍정적 외부성 vs 부정적 외부성

2) 소비의 외부성 vs 생산의 외부성

3 외부성의 효과

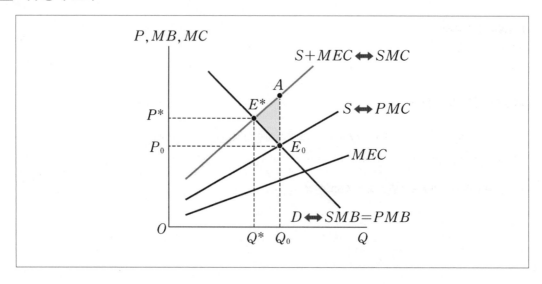

1) 외부한계비용의 존재, 사회적 한계비용의 증가, 사적 한계비용과 사회적 한계비용의 불일치

2) 시장에서의 자원배분: E_0, Q_0, P_0 (과다생산), 바람직한 자원배분: E^*, Q^*, P^*

3) 사회적 후생 손실: $\triangle AE^*E_0$

ISSUE 문제 📝

01 | 2015년 서울시 7급 |

외부효과(또는 외부성)와 관련된 설명 중에서 옳지 않은 것은?

① 부정적 외부효과가 존재할 때 정부의 정책은 시장의 자원배분 기능을 개선할 수 있다.

② 긍정적인 외부효과가 존재할 때 정부의 정책은 시장의 자원배분 기능을 개선할 수 있다.

③ 시장 실패는 부정적 외부효과의 경우뿐만 아니라 긍정적 외부효과의 경우에도 발생한다.

④ 정부의 정책개입이 없다면 부정적 외부효과가 존재하는 재화는 사회적으로 바람직한 수준보다 과소 공급된다.

출제이슈 외부성의 유형과 효과
핵심해설 정답 ④

긍정적인 외부효과라고 할지라도 시장실패를 초래한다. 부정적 외부효과이든, 긍정적 외부효과이든 관계없이 외부효과가 있을 경우, 정부의 개입을 통해서 시장의 자원배분기능을 개선할 수 있다.

부정적 외부성의 경제적 효과에 대하여는 다음과 같이 분석할 수 있다.

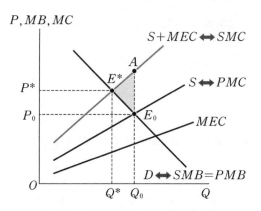

1) 외부한계비용의 존재, 사회적 한계비용의 증가, 사적 한계비용과 사회적 한계비용의 불일치

2) 시장에서의 자원배분: E_0, Q_0, P_0 (과다생산), 바람직한 자원배분: E^*, Q^*, P^*

만일 정부의 정책개입이 없다면 부정적 외부효과가 존재하는 재화는 사회적으로 바람직한 수준보다 과다 공급된다. 사적 한계비용보다 사회적 한계비용이 더 커서 부정적 외부효과가 존재하는데, 기업의 의사결정은 사회적 한계비용이 아니라 사적 한계비용에 기하여 이루어진다. 따라서 시장에서 결정되는 균형생산량(E_0에서 Q_0)은 사회적으로 바람직한 최적생산량(E^*에서 Q^*)보다 더 크다.

02 2015년 국가직 7급

다음 그림은 어떤 재화의 생산량에 따른 사적한계비용(PMC), 사회적 한계비용(SMC), 사적한계편익(PMB), 사회적한계편익(SMB)을 나타낸 것이다. 다음 중 옳은 것은?

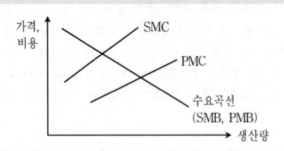

① 이 재화의 생산에는 양의 외부효과가 존재하고 시장생산량은 사회적으로 바람직한 수준보다 높다.
② 이 재화의 생산에는 양의 외부효과가 존재하고 시장생산량은 사회적으로 바람직한 수준보다 낮다.
③ 이 재화의 생산에는 음의 외부효과가 존재하고 시장생산량은 사회적으로 바람직한 수준보다 높다.
④ 이 재화의 생산에는 음의 외부효과가 존재하고 시장생산량은 사회적으로 바람직한 수준보다 낮다.

출제이슈 외부성의 유형과 효과
핵심해설 정답 ③

설문의 내용은 사적 한계비용보다 사회적 한계비용이 더 큰 부정적 외부성을 나타내고 있으며 부정적 외부성의 경제적 효과에 대하여는 다음과 같이 분석할 수 있다.

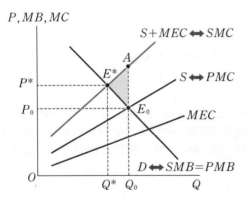

설문의 경우 사적 한계비용보다 사회적 한계비용이 더 커서 부정적 외부효과가 존재하는데, 기업의 의사결정은 사회적 한계비용이 아니라 사적 한계비용에 기하여 이루어진다. 따라서 시장에서 결정되는 균형생산량(E_0에서 Q_0)은 사회적으로 바람직한 최적생산량(E^{*}에서 Q^{*})보다 더 크다.

03 2012년 지방직 7급

환경규제가 없는 자유경쟁시장에서 환경오염을 유발하는 산업에 대한 설명으로 옳은 것은?

① 사회적 최적 수준보다 큰 고용효과를 갖는 경향이 있다.
② 사회적 최적 수준보다 높은 가격을 책정하는 경향이 있다.
③ 사회적 최적 수준보다 이윤이 낮은 경향이 있다.
④ 사회적 최적 수준보다 적게 생산하는 경향이 있다.

출제이슈 외부성의 경제적 효과
핵심해설 정답 ①

부정적 외부성의 경제적 효과에 대하여는 다음과 같이 분석할 수 있다.

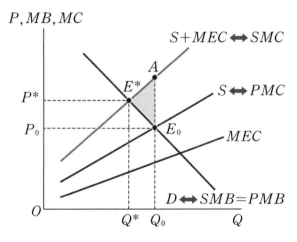

1) 외부한계비용의 존재, 사회적 한계비용의 증가, 사적 한계비용과 사회적 한계비용의 불일치
2) 시장에서의 자원배분: E_0, Q_0, P_0 (과다생산), 바람직한 자원배분: E^*, Q^*, P^*

만일 정부의 정책개입이 없다면 부정적 외부효과가 존재하는 재화는 사회적으로 바람직한 수준보다 과다 공급된다. 사적 한계비용보다 사회적 한계비용이 더 커서 부정적 외부효과가 존재하는데, 기업의 의사결정은 사회적 한계비용이 아니라 사적 한계비용에 기하여 이루어진다. 따라서 시장에서 결정되는 균형생산량(E_0에서 Q_0)은 사회적으로 바람직한 최적생산량 (E^*에서 Q^*)보다 더 크다.

설문을 분석하면 다음과 같다.

①, ④ 옳은 내용이다. 시장에서 결정된 균형생산량은 사회적으로 바람직한 최적의 생산량보다 더 많다. 따라서 더 큰 고용효과를 갖게 된다.
② 틀린 내용이다. 시장에서 결정된 균형가격은 사회적으로 바람직한 최적의 가격보다 더 낮다.
③ 틀린 내용이다. 부정적 외부성이 존재하는 경우라도 경쟁시장의 특성상 이윤은 0이 된다.

04 ｜ 2013년 지방직 7급

아무런 규제가 없는 완전경쟁시장에서 생산량에 비례하여 환경오염을 발생하는 기업이 있다고 가정하자. 이를 사회적 관점에서 설명한 것으로 옳은 것만을 모두 고른 것은?

> ㄱ. 사회적으로 바람직한 수준보다 낮은 가격이 형성된다.
> ㄴ. 기업의 사적 한계비용이 사회적 한계비용보다 높다.
> ㄷ. 사회적으로 바람직한 수준보다 많이 생산을 한다.

① ㄱ, ㄴ   ② ㄱ, ㄷ
③ ㄴ, ㄷ   ④ ㄱ, ㄴ, ㄷ

출제이슈 외부성의 경제적 효과
핵심해설 정답 ②

부정적 외부성의 경제적 효과에 대하여는 다음과 같이 분석할 수 있다.

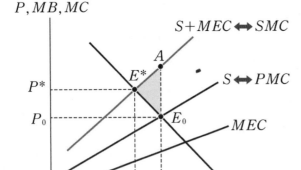

1) 외부한계비용의 존재, 사회적 한계비용의 증가, 사적 한계비용과 사회적 한계비용의 불일치
2) 시장에서의 자원배분: E_0, Q_0, P_0 (과다생산), 바람직한 자원배분: E^*, Q^*, P^*

만일 정부의 정책개입이 없다면 부정적 외부효과가 존재하는 재화는 사회적으로 바람직한 수준보다 과다 공급된다. 사적 한계비용보다 사회적 한계비용이 더 커서 부정적 외부효과가 존재하는데, 기업의 의사결정은 사회적 한계비용이 아니라 사적 한계비용에 기하여 이루어진다. 따라서 시장에서 결정되는 균형생산량(E_0 에서 Q_0)은 사회적으로 바람직한 최적생산량 (E^* 에서 Q^*)보다 더 크다.

설문을 분석하면 다음과 같다.

ㄱ. 옳은 내용이다. 시장에서 결정된 균형가격은 사회적으로 바람직한 최적의 가격보다 더 낮다.
ㄴ. 틀린 내용이다. 부정적 외부성이 존재하는 경우 사회적 한계비용은 사적 한계비용보다 더 크다.
ㄷ. 옳은 내용이다. 시장에서 결정된 균형생산량은 사회적으로 바람직한 최적의 생산량보다 더 많다.

05 2016년 국가직 9급

다음 그림은 A재 시장의 사적 한계편익과 사적 한계비용을 각각 반영하는 수요와 공급곡선이다. 이 재화 생산을 위해서는 오염물질 발생이라는 부정적 외부효과가 생긴다. 이 시장에 대한 설명으로 옳은 것은?

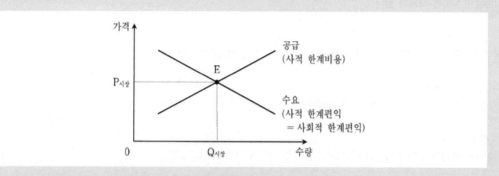

① A재의 사회적 한계비용은 사적 한계비용보다 작다.
② 시장균형(E점)은 사회적으로 가장 효율적인 자원배분을 달성한다.
③ 시장균형가격($P_{시장}$)은 외부효과를 고려한 사회적 최적 가격보다 높다.
④ 시장균형 생산량($Q_{시장}$)은 외부효과를 고려한 사회적 최적 생산량보다 많다.

출제이슈 외부성의 경제적 효과
핵심해설 정답 ④

부정적 외부성의 경제적 효과에 대하여는 다음과 같이 분석할 수 있다.

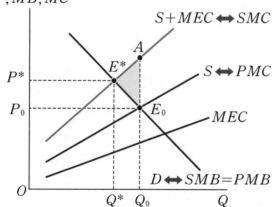

1) 외부한계비용의 존재, 사회적 한계비용의 증가, 사적 한계비용과 사회적 한계비용의 불일치
2) 시장에서의 자원배분: E_0, Q_0, P_0 (과다생산), 바람직한 자원배분: E^*, Q^*, P^*

제8편

만일 정부의 정책개입이 없다면 부정적 외부효과가 존재하는 재화는 사회적으로 바람직한 수준보다 과다 공급된다. 사적 한계비용보다 사회적 한계비용이 더 커서 부정적 외부효과가 존재하는데, 기업의 의사결정은 사회적 한계비용이 아니라 사적 한계비용에 기하여 이루어진다. 따라서 시장에서 결정되는 균형생산량(E_0에서 Q_0)은 사회적으로 바람직한 최적생산량(E^*에서 Q^*)보다 더 크다.

설문을 분석하면 다음과 같다.

① 틀린 내용이다.
부정적 외부성이 존재하는 경우 사회적 한계비용은 사적 한계비용보다 더 크다.

② 틀린 내용이다.
시장균형에서는 최적의 자원배분이 달성되지 않고 과다생산된다.

③ 틀린 내용이다.
시장에서 결정된 균형가격은 사회적으로 바람직한 최적의 가격보다 더 낮다.

④ 옳은 내용이다.
시장에서 결정된 균형생산량은 사회적으로 바람직한 최적의 생산량보다 더 많다.

06 2020년 국가직 9급

외부효과에 대한 설명으로 옳은 것만을 모두 고르면?

ㄱ. 외부효과가 있는 경우 자원의 비효율적 배분이 발생한다.
ㄴ. 소비측면에서 긍정적 외부효과가 발생하는 경우 사회적으로 바람직한 수준보다 많이 거래된다.
ㄷ. 생산측면에서 부정적 외부효과가 발생하는 경우 사회적 비용이 사적 비용보다 크다.

① ㄱ, ㄴ   ② ㄱ, ㄷ
③ ㄴ, ㄷ   ④ ㄱ, ㄴ, ㄷ

출제이슈 외부성의 경제적 효과
핵심해설 정답 ②

설문을 검토하면 다음과 같다.

ㄱ. 옳은 내용이다.
외부성이란 어떤 경제주체의 행위가 시장기구를 통하지 않고 다른 경제주체의 경제활동에 명시적으로 영향을 미치는 것을 의미한다. 어떤 경제주체의 경제행위(소비, 생산)가 다른 경제주체의 효용·생산함수에 영향을 미치고 있음에도 불구하고 이에 대하여 적절한 대가의 교환 혹은 보상이 이루어지지 않는 것으로서 자원배분의 비효율성을 초래한다.

ㄴ. 틀린 내용이다.
긍정적 외부성 혹은 양의 외부성이란 어떤 경제주체의 행위가 다른 경제주체의 효용함수 혹은 생산함수에 긍정적 영향을 미치고 있음(타인에게 편익을 창출하는 경우)에도 불구하고 이에 대한 보상이 이루어지지 않고 있는 경우를 말한다.

제8편

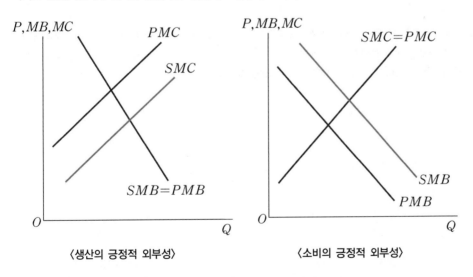

〈생산의 긍정적 외부성〉   〈소비의 긍정적 외부성〉

설문에서 제시된 대로 소비에 있어서 긍정적 외부효과 혹은 양의 외부성이 있는 경우 앞에서 본 바와 같이 사회적으로 바람직한 산출량 수준에 미달하게 된다. 이는 민간의 의사결정은 사회적 편익이 아니라 사적 편익에 기하여 이루어지며, 사적한계편익이 사회적 한계편익보다 낮기 때문에 발생하는 현상이다. 따라서 시장에서 결정되는 균형생산량은 사회적으로 바람직한 최적생산량에 미달한다.

이러한 문제를 해결하려면, 긍정적 외부효과를 가져오는 소비행위에 따른 편익수준을 외부편익을 고려한 수준으로 높여서 소비주체 측에 인식되도록 할 필요가 있다. 이를 위해서 소비주체에게 보조금을 지급하는 경우 편익이 높아져서 과소생산의 문제를 내부화하여 해결할 수 있다.

ㄷ. 옳은 내용이다.

생산에 있어서 부정적 외부효과가 있을 경우 사적 비용에 비해 사회적 비용이 더 크다. 기하적으로는 사회적 한계비용곡선이 사적 한계비용곡선보다 상방에 존재하는 것으로 묘사할 수 있다. 이는 생산에 수반되는 부정적 외부성이 외부한계비용을 만들어 내기 때문이다.

시장균형은 사적 한계비용과 한계편익(사회적 한계편익과 사적 한계편익이 동일하다고 가정)이 일치하는 지점에서 형성된다. 그러나 사회적으로 바람직한 균형은 사회적 한계비용과 한계편익(사회적 한계편익과 사적 한계편익이 동일하다고 가정)이 일치하는 지점에서 달성된다. 사적 한계비용이 사회적 한계비용보다 더 작기 때문에 시장균형 산출량은 사회적 최적 산출량에 초과하고 시장균형 가격은 사회적으로 바람직한 가격을 하회한다. 이를 그래프로 확인하면 다음과 같다.

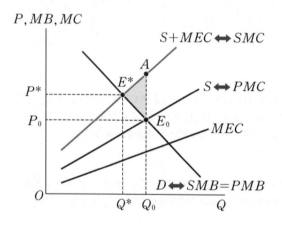

외부한계비용으로 인해서 사적 한계비용과 사회적 한계비용의 불일치하게 되고 위의 그래프에서 보는 바와 같이 시장에서의 자원배분 E_0, Q_0, P_0 (과다생산)과 바람직한 자원배분 E^*, Q^*, P^* 간에 괴리가 발생한다. 따라서 생산 측면에서 부(-)의 외부효과가 존재하면 시장균형 생산량은 사회적 최적생산량보다 많다.

07 | 2011년 지방직 7급 |

외부성(externality)의 예로 옳지 않은 것은?

① 브라질이 자국의 커피수출을 제한하여 한국의 녹차가격이 상승한다.

② 아파트 층간 소음이 이웃 주민들의 숙면을 방해한다.

③ 제철회사가 오염된 폐수를 강에 버려 생태계가 변화된다.

④ 현란한 광고판이 운전자의 주의를 산만하게 하여 사고를 유발한다.

출제이슈 외부성의 개념과 사례

핵심해설 정답 ①

시장실패란 시장에서의 자원배분이 효율성을 달성하지 못하는 상황으로서 불완전경쟁, 공공재, 외부성, 불확실성 등으로부터 비롯된다.

시장실패를 초래하는 요인으로서 외부성이란 어떤 경제주체의 행위가 시장기구를 통하지 않고 다른 경제주체의 경제활동에 명시적으로 영향을 미치는 것(실질적 외부성)이다. 이는 어떤 경제주체의 경제행위(소비, 생산)가 다른 경제주체의 효용·생산함수에 영향을 미치고 있음에도 불구하고 이에 대하여 적절한 대가의 교환 혹은 보상이 이루어지지 않는 것이다. 즉 수요자와 공급자 사이에 가격을 매개로 거래행위가 일어나는 것이 아니라 시장의 테두리 밖인 외부에서 일어나는 현상이기 때문에 외부성이라고 한다.

참고로 긍정적 외부효과란 어떤 경제주체의 행위가 시장기구를 통하지 않고 다른 경제주체의 효용·생산함수에 영향을 미치고 있음에도 불구하고 이에 대하여 적절한 대가의 교환 혹은 보상이 이루어지지 않는 것이다. 부정적 외부효과이든지 긍정적 외부효과이든지 이들은 모두 외부효과로서 시장실패를 초래함에 유의해야 한다.

설문에서 브라질이 자국의 커피수출을 제한하게 되면, 커피가격이 상승하게 된다. 이로 인해 한국에서는 커피의 대체재로서 녹차에 대한 수요가 증가하고 그 가격이 상승할 수 있다. 이는 시장가격기구 내에서 발생하는 것으로서 외부성으로 볼 수 없다.

제8편

외부성과 사회적 최적산출량 계산

1 생산의 부정적 외부성과 사회적 최적산출량

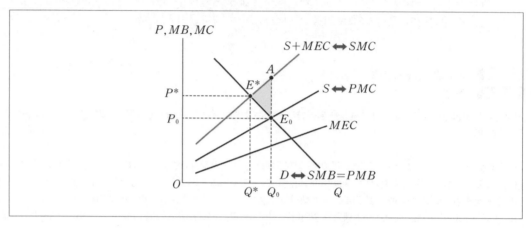

생산에 부정적 외부성이 있는 경우 사회적 최적생산량은 $SMC = SMB$ 일 때 달성(E^* 에서 Q^* 생산)된다. 그러나 시장에서의 균형생산량은 $PMC = SMB$ 에서 달성되어 과다생산(E_0 에서 Q_0)되므로 사회적 후생손실이 발생한다.

2 소비의 긍정적 외부성과 사회적 최적산출량

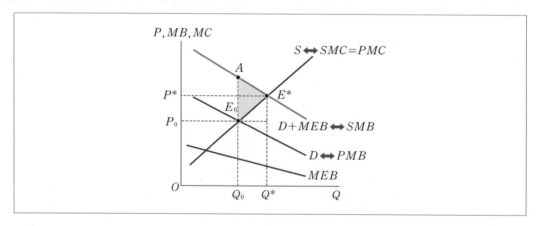

소비에 긍정적 외부성이 있는 경우 사회적 최적생산량은 $SMC = SMB$ 일 때 달성된다(E^* 에서 Q^* 생산). 그러나 시장에서의 균형생산량은 $SMC = PMB$ 에서 달성되어 과소생산(E_0 에서 Q_0)되므로 사회적 후생손실이 발생한다.

ISSUE 문제 📝

01 [2012년 국가직 9급]

완전경쟁시장인 철강산업에서 제품을 생산하면 오염물질이 배출된다. 그 산업에서 기업들의 사적 한계비용(PMC)의 총합은 $PMC = Q + 30$이고, 시장 수요곡선은 $P = 60 - Q$이며, 오염을 감안한 사회적 한계비용(SMC)의 총합은 $SMC = 2Q + 30$이다. 이때 사회적으로 적정한 생산량은? (단, Q는 생산량, P는 가격을 나타낸다)

① 0   ② 5
③ 10   ④ 15

출제이슈 생산의 부정적 외부성과 사회적 최적산출량
핵심해설 정답 ③

생산에 부정적 외부성이 있는 경우 사회적 최적생산량은 $SMC = SMB$일 때 달성(E^*에서 Q^* 생산)된다.
그러나 시장에서의 균형생산량은 $PMC = SMB$에서 달성되어 과다생산(E_0에서 Q_0)되므로 사회적 후생손실이 발생한다.

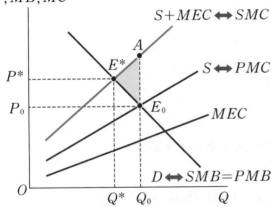

설문의 자료를 이용하여 시장 균형산출량 및 사회적 최적산출량을 구하면 다음과 같다.

1. 비용조건
사적 한계비용 $PMC = Q + 30$, 한계외부비용 $MEC = Q$, 사회적 한계비용 $SMC = 2Q + 30$

2. 수요조건
수요함수 $P = 60 - Q$

3. 사회적 최적산출량
생산에 부정적 외부성이 있는 경우 사회적 최적생산량은 $SMC = SMB$일 때 달성된다.
따라서 $2Q + 30 = 60 - Q$ 이 되고 $Q = 10$이다.

02 2012년 국가직 7급

X재화의 시장수요곡선은 $Q = 120 - P$이고, 독점기업이 이 재화를 공급한다. 이 독점기업의 사적인 비용함수는 $C(Q) = 1.5Q^2$이고, 환경오염비용을 추가로 발생시키며 그 환경오염비용은 $EC(Q) = Q^2$이다. 이 경우 사회적 순편익을 극대화하는 최적생산량은? (단, P는 시장가격, Q는 생산량이다)

① 20   ② 30
③ 40   ④ 50

출제이슈 생산의 부정적 외부성과 사회적 최적산출량
핵심해설 정답 ①

생산에 부정적 외부성이 있는 경우 사회적 최적생산량은 $SMC = SMB$일 때 달성(E^*에서 Q^* 생산)된다.

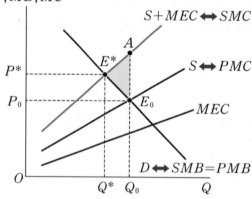

설문의 자료를 이용하여 시장 균형산출량 및 사회적 최적산출량을 구하면 다음과 같다.

1. 비용조건
사적 한계비용 $PMC = 3Q$, 한계외부비용 $MEC = 2Q$, 사회적 한계비용 $SMC = 5Q$

2. 수요조건
수요함수 $Q = 120 - P$

3. 사회적 최적산출량
생산에 부정적 외부성이 있는 경우 사회적 최적생산량은 $SMC = SMB$일 때 달성된다.
따라서 $5Q = 120 - Q$이 되고 $Q = 20$이다.

03 [2019년 지방직 7급]

현재 완전경쟁시장에서 사적 이윤극대화를 추구하고 있는 어떤 기업이 생산하는 재화의 가격은 350이며, 사적 한계비용은 $MC = 50 + 10Q$이다. 한편 이 재화의 생산과정에서 환경오염이 발생하는데 이로 인해 사회가 입는 피해는 생산량 1단위당 100이라고 한다. 앞으로 이 기업이 사회적 최적생산량을 생산하기로 한다면 생산량의 변동은? (단, Q는 생산량이다)

① 10단위 감소시킨다.　　　　② 10단위 증가시킨다.
③ 20단위 감소시킨다.　　　　④ 20단위 증가시킨다.

출제이슈 생산의 부정적 외부성과 개별기업의 최적산출량
핵심해설 정답 ①

설문의 자료를 이용하여 시장 균형산출량 및 사회적 최적산출량을 구하면 다음과 같다.

1. 비용조건
사적 한계비용 $PMC = 50 + 10Q$, 한계외부비용 $MEC = 100$

2. 수요조건
경쟁시장에서 활동하고 있는 개별기업이며, 이러한 개별기업이 경쟁시장에서 직면하는 개별수요는 $P = 350$이 된다.

3. 개별기업의 이윤극대화 산출량
생산에 부정적 외부성이 있는 경우 현재 개별기업의 이윤극대화 산출량은 $P = PMC$일 때 달성되므로, 따라서 $350 = 50 + 10Q$이 되고 $Q = 30$이다.

4. 개별기업의 사회적 최적산출량
개별기업의 사회적 최적산출량은 $P = SMC$일 때 달성되므로, 따라서 $350 = 150 + 10Q$이 되고 $Q = 20$이다.

5. 생산량의 변동
개별기업의 이윤극대화 산출량 30에서 사회적 최적산출량 20으로 바뀌기 위해 10 감소가 필요하다.

제8편

04 | 2016년 국가직 7급

100개의 기업들이 완전경쟁시장에서 경쟁하고 있다. 개별기업의 총비용함수와 외부비용은 각각 $C = Q^2 + 4Q$ 와 $EC = Q^2 + Q$ 로 동일하다. 이 재화에 대한 시장수요곡선이 $Q_d = 1,000 - 100P$ 로 표현될 때, 사회적으로 최적인 생산량과 외부비용을 고려하지 않는 균형생산량 간의 차이는? (단, C는 각 기업의 총비용, Q는 각 기업의 생산량, EC는 각 기업의 생산에 따른 외부비용, Q_d는 시장수요량, P는 가격이다)

① 50   ② 100

③ 150   ④ 200

출제이슈 생산의 부정적 외부성과 사회적 최적산출량
핵심해설 정답 ②

설문의 자료를 이용하여 시장 균형산출량 및 사회적 최적산출량을 구하면 다음과 같다.

1. 비용조건

1) 개별기업 차원
사적 한계비용 $PMC = 2Q + 4$, 한계외부비용 $MEC = 2Q + 1$, 사회적 한계비용 $SMC = 4Q + 5$

2) 시장차원(100개 기업 고려)
사적 한계비용 $PMC = 0.02Q + 4$, 한계외부비용 $MEC = 0.02Q + 1$,
사회적 한계비용 $SMC = 0.04Q + 5$

2. 수요조건
수요함수 $Q = 1,000 - 100P$

3. 사회적 최적산출량
생산에 부정적 외부성이 있는 경우 사회적 최적생산량은 $SMC = SMB$ 일 때 달성된다.
따라서 $0.04Q + 5 = 10 - 0.01Q$ 이 되고 $Q = 100$ 이다.

4. 시장 균형산출량
생산에 부정적 외부성이 있는 경우 시장 균형생산량은 $PMC = SMB$ 일 때 달성된다.
따라서 $0.02Q + 4 = 10 - 0.01Q$ 이 되고 $Q = 200$ 이다.

5. 따라서 사회적 최적산출량과 시장 균형산출량 간의 차이는 100이 된다.

ISSUE 06 피구세와 피구보조금

2019 국7 2016 국7 2016 지7

1 의의

1) 교정적 과세

외부경제 혹은 외부불경제를 창출하는 경제주체에게 적절히 세금을 부과하거나 보조금(음의 피구세)을 지급하여 자원배분의 비효율성을 시정

2) 내부화

적절한 보상 또는 대가를 통해서 사적 이익과 사회적 이익 일치

2 모형

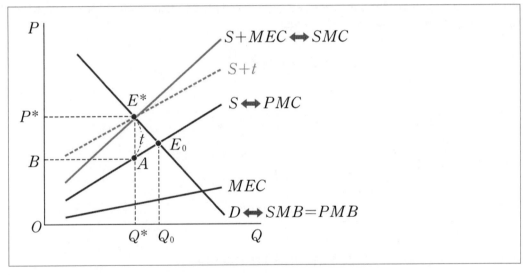

1) 피구세 T 부과전 E_0, Q_0, P_0

2) 피구세 T 부과후 E^*, Q^*, P^*

3) 피구조세수입 $\square P^* E^* AB$

3 피구세 T와 피구보조금 S

피구세는 생산 시 과세되는 것이고, 피구보조금의 경우 감축 시 보조금이 지급되는 것이므로 기업의 비용함수에 미치는 효과는 동일하다.

ISSUE 문제 📝

01 | 2016년 국가직 7급

어느 물고기 양식장이 수질오염을 일으킨다고 알려져 있다. 이 양식장이 연간 x톤의 물고기를 양식할 때, 1톤을 더 양식하는 데 들어가는 한계비용은 $(1,000x + 7,000)$원이다. 동시에 1톤을 더 양식하는 데 따른 수질오염이 피해액, 즉 한계피해액은 $500x$원이다. 양식장의 물고기는 톤당 10,000원이라는 고정된 가격에 팔린다. 정부가 과다한 양식을 제한하기 위하여 피구세(Pigouvian tax)를 부과하기로 결정하였는데, 사회적으로 최적수준의 톤당 세액은?

① 500원   ② 1,000원
③ 1,500원   ④ 2,000원

출제이슈 피구세
핵심해설 정답 ②

피구세는 교정적 과세로서 외부경제 혹은 외부불경제를 창출하는 경제주체에게 적절히 세금을 부과하거나 보조금(음의 피구세)을 지급하여 자원배분의 비효율성을 시정할 수 있다.

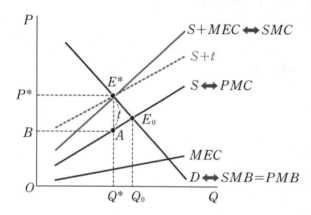

설문에 주어진 자료를 이용하여 피구세를 구하면 다음과 같다. (단위: 원)

1. 비용조건
① 사적 한계비용 $PMC = 1,000x + 7,000$, 한계외부비용 $MEC = 500x$
② 사회적 한계비용 $SMC = 1,500x + 7,000$
③ 피구세 T 부과 후 사적 한계비용 $PMC + T = 1,000x + 7,000 + T$

2. 수요조건
수요함수 $P = 10,000$

3. 시장 균형생산량
시장생산량은 $PMC = P$일 때 달성된다.
따라서 $1,000x + 7,000 = 10,000$, $x = 3$

4. 사회적 최적생산량

사회적 최적생산량은 $SMC = P$일 때 달성된다.

따라서 $1,500x + 7,000 = 10,000, \ x = 2$

5. 피구세 T의 부과

사회적 최적생산량은 $PMC + T = P$일 때도 달성될 수 있다.

따라서 $1,000x + 7,000 + T = 10,000$

그런데 이때의 생산량은 사회적 최적생산량으로서 $x = 2$가 된다.

그러므로 피구세 $T = 1,000$이 된다.

02 2019년 국가직 7급

양식장 A의 한계비용은 $10x + 70$만 원이고, 고정비용은 15만 원이다. 양식장 운영 시 발생하는 수질오염으로 인해 인근 주민이 입는 한계피해액은 $5x$만 원이다. 양식장 운영의 한계편익은 x에 관계없이 100만 원으로 일정하다. 정부가 x 1단위당 일정액의 세금을 부과하여 사회적 최적 생산량을 유도할 때 단위당 세금은? (단, x는 양식량이며 소비 측면의 외부효과는 발생하지 않는다)

① 5만 원   ② 10만 원
③ 20만 원   ④ 30만 원

출제이슈 피구세
핵심해설 정답 ②

피구세는 교정적 과세로서 외부경제 혹은 외부불경제를 창출하는 경제주체에게 적절히 세금을 부과하거나 보조금(음의 피구세)을 지급하여 자원배분의 비효율성을 시정할 수 있다.

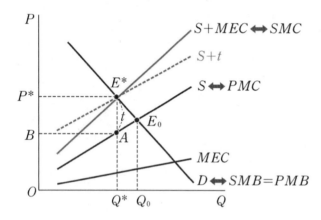

설문에 주어진 자료를 이용하여 피구세를 구하면 다음과 같다. (단위: 만 원)

1. 비용조건
① 사적 한계비용 $PMC = 10x + 70$, 한계외부비용 $MEC = 5x$
② 사회적 한계비용 $SMC = 15x + 70$
③ 피구세 T 부과 후 사적 한계비용 $PMC + T = 10x + 70 + T$

2. 수요조건(편익조건): 수요함수 $P = 100$

3. 시장 균형생산량: 시장생산량은 $PMC = P$일 때 달성된다. 따라서 $10x + 70 = 100$, $x = 3$

4. 사회적 최적생산량: 사회적 최적생산량은 $SMC = P$일 때 달성된다. 따라서 $15x + 70 = 100$, $x = 2$

5. 피구세 T의 부과: 사회적 최적생산량은 $PMC + T = P$일 때도 달성될 수 있다. 따라서 $10x + 70 + T = 100$. 그런데 이때의 생산량은 사회적 최적생산량으로서 $x = 2$가 된다. 그러므로 피구세 $T = 10$이 된다.

03 | 2016년 지방직 7급 |

현재 어떤 생산자가 재화 X를 Q 만큼 생산할 때 직면하게 되는 한계비용은 $MC = 2Q$, 한계수입은 $MR = 24$라고 하자. 재화 X의 생산은 제3자에게 환경오염이라는 형태의 외부불경제를 야기하는데, 재화 X가 Q 만큼 생산될 때 유발되는 환경오염의 한계피해액(Marginal External Cost)은 $MEC = Q$이다. 정부는 X의 생산량을 사회적으로 바람직한 수준으로 감축시키기 위해, 생산자가 현재 생산량으로부터 한 단위 감축할 때마다 정액의 피구 보조금(Pigouvian subsidy)을 지급하고자 한다. 정부가 이 생산자에게 지급해야 할 생산량 감축 1단위 당 보조금은?

① 2   ② 4

③ 6   ④ 8

출제이슈 피구보조금

핵심해설 정답 ④

피구세는 교정적 과세로서 외부경제 혹은 외부불경제를 창출하는 경제주체에게 적절히 세금을 부과하거나 보조금(음의 피구세)을 지급하여 자원배분의 비효율성을 시정할 수 있다. 피구세는 생산 시 과세되는 것이고, 피구보조금의 경우 감축 시 보조금이 지급되는 것이므로 기업의 비용함수에 미치는 효과는 동일하다.

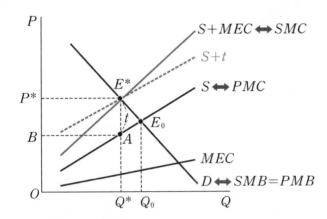

설문에 주어진 자료를 이용하여 피구세 혹은 피구보조금을 구하면 다음과 같다. (단위: 만 원)

1. 비용조건

① 사적 한계비용 $PMC = 2Q$, 한계외부비용 $MEC = Q$

② 사회적 한계비용 $SMC = 3Q$

③ 피구보조금 S 지급 후 사적 한계비용 $PMC + S = 2Q + S$

2. 수요조건

한계수입 $MR = 24$

3. 시장 균형생산량

시장생산량은 $PMC = MR$일 때 달성된다.

따라서 $2Q = 24$, $Q = 12$

제8편

4. 사회적 최적생산량

사회적 최적생산량은 $SMC = MR$일 때 달성된다.

따라서 $3Q = 24$, $Q = 8$

5. 피구보조금 S 지급

사회적 최적생산량은 $PMC + S = MR$일 때도 달성될 수 있다.

따라서 $2Q + S = 24$

그런데 이때의 생산량은 사회적 최적생산량으로서 $Q = 8$이 된다.

그러므로 피구보조금 $S = 8$이 된다.

2014 국7   2014 국9   2013 국7

1 코즈정리의 의의

1) 코즈정리의 기본 가정

① 외부성이 존재하는 경우, 정부개입이 없더라도

② 외부성과 관련된 재산권의 부여가 확립되고

③ 협상에 따른 거래비용이 존재하지 않는다면

2) 코즈정리의 결론

경제주체들 간의 협상을 통해 효율적인 자원배분이 가능하다.

2 모형

1) 모형의 설정

① 오염배출자(화학회사) : 오염제거비용 부담, 오염량 감축 시 오염제거비용 발생

② 오염피해자(인근주민) : 오염피해비용 부담, 오염량 증가 시 오염피해비용 발생

2) 분석

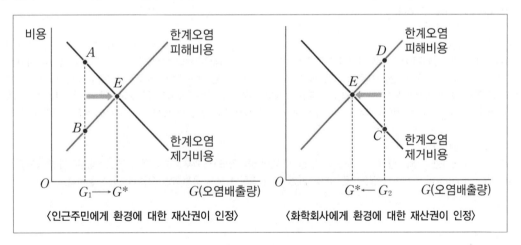

⟨인근주민에게 환경에 대한 재산권이 인정⟩   ⟨화학회사에게 환경에 대한 재산권이 인정⟩

ISSUE 문제 📝

01 | 2016년 서울시 7급

외부효과에 대한 설명 중 옳은 것을 모두 고르면?

> ㄱ. 외부효과는 시장실패의 전형적인 사례로 볼 수 있다.
>
> ㄴ. 외부효과가 발생하는 경우 한 기업의 생산 활동이 다른 경제주체의 후생을 변화시키며, 동시에 이에 대하여 적절한 보상이 이루어진다.
>
> ㄷ. 코즈(Coase)정리에 의하면 소유권이 명백하게 정의되고 협상에 비용이 들지 않는다면, 외부효과를 발생시키는 주체와 그 피해를 입는 주체 간의 협상을 통하여 자원의 효율적 배분이 이루어진다.

① ㄱ

② ㄱ, ㄴ

③ ㄱ, ㄷ

④ ㄱ, ㄴ, ㄷ

출제이슈 외부성과 코즈정리

핵심해설 정답 ③

설문을 검토하면 다음과 같다.

ㄱ. 옳은 내용이다.

시장실패는 시장에 의한 자원배분이 효율적이지 못한 것으로서 이는 불완전경쟁, 공공재, 외부성, 불확실성 등 다양한 원인에 의하여 초래될 수 있다.

ㄴ. 틀린 내용이다.

외부성이란 어떤 경제주체의 행위가 시장기구를 통하지 않고 다른 경제주체의 경제활동에 명시적으로 영향을 미치는 것(실질적 외부성)이다. 이는 어떤 경제주체의 경제행위(소비, 생산)가 다른 경제주체의 효용·생산함수에 영향을 미치고 있음에도 불구하고 이에 대하여 적절한 대가의 교환 혹은 보상이 이루어지지 않는 것이다. 즉 수요자와 공급자 사이에 가격을 매개로 거래행위가 일어나는 것이 아니라 시장의 테두리 밖인 외부에서 일어나는 현상이기 때문에 외부성이라고 한다.

ㄷ. 옳은 내용이다.

코즈정리에 의하면 ① 외부성이 존재하는 경우, 정부개입이 없더라도 ② 외부성과 관련된 재산권의 부여가 확립되고 ③ 협상에 따른 거래비용이 존재하지 않는다면 경제주체들 간의 협상을 통해 효율적인 자원배분이 가능하다.

02 2014년 국가직 9급

외부효과와 코즈 정리에 대한 설명으로 옳지 않은 것은?

① 코즈 정리에 따르면 시장이 효율적인 결과에 도달하는지의 여부는 이해당사자들의 법적 권리가 누구에게 있는가에 따라 달라진다.
② 코즈 정리와 달리 현실에서는 민간 주체들이 외부효과 문제를 항상 해결할 수 있는 것은 아니다.
③ 외부불경제(negative externality)를 정부 개입을 통해 해결하려는 방식으로 피구세(교정적 조세)가 있다.
④ 외부불경제(negative externality)는 완전경쟁시장이나 불완전경쟁시장 모두에서 발생할 수 있다.

출제이슈 외부성과 코즈정리
핵심해설 정답 ①

코즈정리에 의하면 ① 외부성이 존재하는 경우, 정부개입이 없더라도 ② 외부성과 관련된 재산권의 부여가 확립되고 ③ 협상에 따른 거래비용이 존재하지 않는다면 경제주체들 간의 협상을 통해 효율적인 자원배분이 가능하다.

설문을 검토하면 다음과 같다.

① 틀린 내용이다.
코즈정리에 따르면 시장이 효율적인 결과에 도달하는지의 여부는 이해당사자들의 법적 권리가 누구에게 있는가와는 관계없다.

② 옳은 내용이다.
코즈정리와 달리 현실에서는 협상에 따른 거래비용이 존재하고 이해관계인들이 많다는 문제가 있어서 민간 주체들이 외부효과 문제를 항상 해결할 수 있는 것은 아니다.

③ 옳은 내용이다.
코즈정리는 외부불경제의 해결에 있어서 정부 개입없이 민간의 자율적인 협상을 강조한 해결책인 반면, 피구세와 같이 외부불경제(negative externality)를 정부 개입을 통해 해결하려는 방식도 있다.

④ 옳은 내용이다.
외부불경제(negative externality)는 시장의 경쟁상황에 따라서 발생하는 것이 아니므로 완전경쟁시장이나 불완전경쟁시장 모두에서 발생할 수 있다.

제8편

03 | 2014년 국가직 7급

A국에서는 항공기 제조업체가 제품 생산과정에서 하천을 오염시켜 주민들에게 피해를 주고 있다.
이 경우 코즈정리(Coase theorem)에 따라 하천문제 해결방안에 대해 설명한 것으로 옳은 것은?

① 정부가 기업에 피구세를 부과한다.
② 거래비용에 관계없이 합리적인 문제해결이 가능하다.
③ 주민들이 기업과의 협의를 통해 하천문제를 해결할 수 있다.
④ 기업이 하천에 대한 사유재산권을 가져야만 효율적인 결과를 얻을 수 있다.

출제이슈 외부성과 코즈정리
핵심해설 정답 ③

코즈정리에 의하면 ① 외부성이 존재하는 경우, 정부개입이 없더라도 ② 외부성과 관련된 재산권의 부여가 확립되고 ③ 협상에 따른 거래비용이 존재하지 않는다면 경제주체들 간의 협상을 통해 효율적인 자원배분이 가능하다.

설문을 검토하면 다음과 같다.

① 틀린 내용이다.
코즈정리는 정부가 오염배출기업에 교정적 조세를 부과하는 방식이 아니라 이해당사자 간 자발적 협상에 의한 해결방식이다.

② 틀린 내용이다.
거래비용이 과다할 경우 코즈정리에 의한 시장실패의 치유는 어렵다.

④ 틀린 내용이다.
코즈정리에 의하면 기업이 하천에 대한 소유권을 갖든, 인근 주민이 소유권을 갖든 관계없이 협상을 통해서 오염문제를 해결할 수 있다.

04 | 2013년 국가직 7급

강 상류에 위치한 기업 A가 오염물질을 배출하고 있으며, 강 하류에서는 어민 B가 어업 활동을 영위하고 있다. 그런데 기업 A는 자사의 오염배출이 어민 B에 미치는 영향을 고려하지 않고 있다. 사회적 최적 수준의 오염물질 배출량이 100톤이라고 가정할 때, 옳지 않은 것은?

① 현재 기업 A의 오염물질 배출량은 100톤보다 많다.

② 오염배출 문제는 기업 A와 어민 B의 협상을 통해서 해결가능 하며, 이러한 경우 보상을 위한 필요자금 없이도 가능하다.

③ 기업 A에게 적절한 피구세(Pigouvian tax)를 부과함으로써 사회적 최적 수준의 오염물질 배출량 달성이 가능하다.

④ 강 하류에 어민이 많을수록 협상을 통한 오염배출 문제의 해결은 현실적으로 어려워진다.

출제이슈 코즈정리와 피구세에 의한 부정적 외부성의 해결

핵심해설 정답 ②

설문을 검토하면 다음과 같다.

① 옳은 내용이다.
오염물질이 배출되고 있는 부정적 외부성의 상황으로서 사회적 최적수준보다 더 많은 수준의 산출이 발생하고 있다. 이는 사회적 최적수준의 오염방출량보다도 더 많은 수준의 오염배출이 발생하고 있음을 의미한다.

② 틀린 내용이다.
코즈정리에 의할 경우 이해당사자 간 자발적 협상을 통해서 오염문제를 해결할 수 있다. 이 경우 당사자 간에 적절한 보상이 필요하다.

③ 옳은 내용이다.
정부가 피구세를 부과를 통해 외부성을 내부화함으로써 기업의 의사결정을 적절히 변경시켜 사회적 최적 수준의 오염물질 배출량 달성이 가능하다.

④ 옳은 내용이다.
코즈정리에 의할 경우 이해당사자가 많을수록 협상에 따른 비용이 과다하게 소요되므로 협상이 결렬되어 오염문제 해결에 실패하게 된다.

제8편

ISSUE 08 코즈정리 계산사례

2017 서7   2013 국7   2011 국9

ISSUE 문제 📝

01   2013년 국가직 7급

A와 B는 사무실을 공유하고 있다. A는 사무실에서 흡연을 원하며 이를 통해 20,000원 가치의 효용을 얻는다. 반면 B는 사무실에서 금연을 통해 상쾌한 공기를 원하며 이를 통해 10,000원의 가치의 효용을 얻는다. 코즈의 정리(Coase Theorem)와 부합하는 결과로 옳은 것은?

① B는 A에게 20,000원을 주고 사무실에서 금연을 제안하고, A는 제안을 받아들인다.
② B는 A에게 15,000원을 주고 사무실에서 금연을 제안하고, A는 제안을 받아들인다.
③ A는 B에게 11,000원을 주고 사무실에서 흡연을 허용할 것을 제안하고, B는 제안을 받아들인다.
④ A는 B에게 9,000원을 주고 사무실에서 흡연을 허용할 것을 제안하고, B는 제안을 받아들인다.

출제이슈 코즈정리
핵심해설 정답 ③

코즈정리에 의하면 ① 외부성이 존재하는 경우, 정부개입이 없더라도 ② 외부성과 관련된 재산권의 부여가 확립되고 ③ 협상에 따른 거래비용이 존재하지 않는다면 경제주체들 간의 협상을 통해 효율적인 자원배분이 가능하다.

설문을 검토하면 다음과 같다.

1. 현재 상황

1) A는 사무실에서 흡연을 원하며 이를 통해 20,000원 가치의 효용을 얻는다. 반면 B는 사무실에서 금연을 통해 상쾌한 공기를 원하며 이를 통해 10,000원의 가치의 효용을 얻는다.

2) 현재 사무실의 흡연 혹은 금연에 대한 법적인 권리 혹은 의무가 누구에게 어떻게 주어져 있는지는 모르는 상황이다. 따라서 그 법적인 권리가 누구에게 부여되고 있는지에 대하여 경우의 수를 나눠서 분석해야 한다.

2. A에게 사무실의 흡연·금연을 결정할 권리가 있는 경우

1) A의 상황
① A는 사무실에서 흡연을 원하며 이를 통해 20,000원 가치의 효용을 얻는다.
② A는 사무실의 흡연·금연을 결정할 권리가 있다.
③ 따라서 A는 사무실에서 자유롭게 흡연하면서 20,000원 가치의 효용을 얻게 된다.

2) B의 상황

① B는 사무실에서 금연을 원하며 이를 통해 10,000원 가치의 효용을 얻는다.

② B는 사무실의 흡연·금연을 결정할 권리가 없다.

③ 따라서 B는 사무실에서 흡연을 통해 효용의 감소를 느끼고 있기 때문에, 효용을 증진시키기 위해서 적절한 협상을 제의할 유인이 있다.

3) A와 B의 자발적인 협상

① B는 A에게 적절한 금전을 지불하고 금연을 요구할 것이다. 이때 B가 지불할 용의가 있는 최대의 금액은 B가 금연으로부터 얻는 효용증가분을 초과하지 못하므로 10,000원이 된다.

② 그런데 A가 이러한 협상의 제안을 수락하려면, A가 받는 금전보상이 A의 효용감소분을 상쇄하고도 남아야 한다. 만일 금연을 용인할 경우 A는 금연으로 인한 효용의 감소가 20,000원이 된다.

③ 따라서 B는 10,000원 이하의 금전보상을 B에게 지불하고 금연을 제안할 것이며 한편, A는 그만큼의 금전보상으로는 흡연의 효용을 대체할 수 없기 때문에 제안을 거절할 것이다.

4) 협상의 결과

① 결국 A는 B가 제안한 협상을 거부한다.

② 여전히 A는 사무실의 흡연에 대한 권리가 있으므로 흡연을 계속한다.

3. B에게 사무실의 흡연·금연을 결정할 권리가 있는 경우

1) B의 상황

① B는 사무실에서 금연을 원하며 이를 통해 10,000원 가치의 효용을 얻는다.

② B는 사무실의 흡연·금연을 결정할 권리가 있다.

③ 따라서 B는 사무실에서 금연하면서 10,000원 가치의 효용을 얻게 된다.

2) A의 상황

① A는 사무실에서 흡연을 원하며 이를 통해 20,000원 가치의 효용을 얻는다.

② A는 사무실의 흡연·금연을 결정할 권리가 없다.

③ 따라서 A는 사무실에서 금연을 통해 효용의 감소를 느끼고 있기 때문에, 효용을 증진시키기 위해서 적절한 협상을 제의할 유인이 있다.

3) A와 B의 자발적인 협상

① A는 B에게 적절한 금전을 지불하고 흡연의 권리를 요구할 것이다. 이때 A가 지불할 용의가 있는 최대의 금액은 A가 흡연으로부터 얻는 효용을 초과하지 못하므로 20,000원이 된다.

② 그런데 B가 이러한 협상의 제안을 수락하려면, B가 받는 금전보상이 B의 효용감소분을 상쇄하고도 남아야 한다. 만일 흡연을 허용할 경우 B는 흡연으로 인한 효용의 감소가 10,000원이 된다.

③ 따라서 A는 10,000원 이상 20,000원 이하의 금전보상을 A에게 지불하고 흡연을 제안할 것이며 이에 따라 B는 흡연을 허용해주는 대신 금전보상을 받게 된다.

4) 협상의 결과

① 결국 B는 A가 제안한 협상을 수락한다.

② 따라서 A는 10,000원 이상 20,000원 이하의 금전보상을 지불하고 사무실의 흡연 권리를 얻어서 흡연하게 된다.

4. 결론

사무실의 흡연·금연을 결정할 권리가 누구에게 있든 기간에 관계없이 A와 B는 자발적인 협상을 통하여 사무실에서 흡연하는 상태로 결정된다.

설문을 검토하면 다음과 같다.

①, ② B는 A에게 20,000원이 아니라 10,000원 이하의 금액을 주고 사무실에서 금연을 제안할 것이나 A는 이러한 제안을 거절할 것이다.

③ A는 B에게 11,000원을 주고 사무실에서 흡연을 허용할 것을 제안하고, B는 제안을 받아들인다. 왜냐하면 B는 흡연을 용인하는 경우 효용이 10,000원 감소하지만, A로부터의 금전보상액 11,000원이 이를 상쇄하고도 남기 때문이다.

④ A는 B에게 10,000원 이상 20,000원 이하의 금액으로 제안해야 한다. 만일 10,000원 미만의 금액을 제안할 경우 B는 그 금전보상액만으로는 자신의 효용감소를 모두 대체할 수 없기 때문에 제안을 거절할 것이기 때문이다.

02 | 2017년 서울시 7급

다음 중 코우즈 정리(Coase theorem)에 따른 예측으로 가장 옳지 않은 것은? (단, 만족 수준 한 단위가 현금 1만 원과 동일한 수준의 효용이다)

> 김씨와 이씨가 한집에 살고 있다. 평상시 두 사람의 만족 수준을 100이라고 하자. 김씨는 집 안 전체에 음악을 틀고 있으면 만족 수준이 200이 된다. 반면, 이씨는 음악이 틀어져 있는 공간에서는 만족 수준이 50에 그친다.

① 음악을 트는 것에 대한 권리가 누구에게 있든지 집 안 전체의 음악 재생여부는 동일하다.
② 음악을 트는 것에 대한 권리가 이씨에게 있는 경우 둘 사이에 자금의 이전이 발생한다.
③ 음악을 트는 것에 대한 권리가 김씨에게 있는 경우 그는 음악을 틀 것이다.
④ 음악을 트는 것에 대한 권리가 이씨에게 있는 경우 집 안은 고요할 것이다.

출제이슈 코즈정리
핵심해설 정답 ④

코즈정리에 의하면 ① 외부성이 존재하는 경우, 정부개입이 없더라도 ② 외부성과 관련된 재산권의 부여가 확립되고 ③ 협상에 따른 거래비용이 존재하지 않는다면 경제주체들 간의 협상을 통해 효율적인 자원배분이 가능하다.

설문을 검토하면 다음과 같다.

1. 현재 상황

1) 김씨는 집에서 음악이 있는 상태를 원하며 이를 통해 200의 효용을 얻는다. 반면 이씨는 집에서 음악이 없는 상태를 원하며 이를 통해 100의 효용을 얻는다.

2) 현재 집 안의 음악 유무에 대한 법적인 권리 혹은 의무가 누구에게 어떻게 주어져 있는지는 모르는 상황이다. 따라서 그 법적인 권리가 누구에게 부여되고 있는지에 대하여 경우의 수를 나눠서 분석해야 한다.

2. 김씨에게 집 안의 음악유무를 결정할 권리가 있는 경우

1) 김씨의 상황
① 김씨는 집에서 음악이 있는 상태를 원하며 이를 통해 200의 효용을 얻는다.
② 김씨는 집 안의 음악유무를 결정할 권리가 있다.
③ 따라서 김씨는 집 안에서 음악을 틀면서 200의 효용을 얻게 된다.

2) 이씨의 상황
① 이씨는 집에서 음악이 없는 상태를 원하며 이를 통해 100의 효용을 얻는다.
② 이씨는 집 안의 음악유무를 결정할 권리가 없다.
③ 따라서 이씨는 집 안에서 김씨에 의해 틀어진 음악을 통해 효용의 감소를 느끼고 있기 때문에, 효용을 증진시키기 위해서 적절한 협상을 제의할 유인이 있다.

3) 김씨와 이씨의 자발적인 협상

① 이씨는 김씨에게 적절한 금전을 지불하고 음악이 없는 상태를 요구할 것이다. 이때 이씨가 지불할 용의가 있는 최대의 금액은 이씨가 음악이 없는 상태로부터 얻는 효용증가분을 초과하지 못하므로 50이 된다.

② 그런데 김씨가 이러한 협상의 제안을 수락하려면, 김씨가 받는 금전보상이 김씨의 효용감소분을 상쇄하고도 남아야 한다. 만일 음악이 없는 상태를 용인할 경우 A는 음악이 없는 상태로 인한 효용의 감소가 100이 된다.

③ 따라서 이씨는 50 이하의 금전보상을 김씨에게 지불하고 음악이 없는 상태를 제안할 것이며 한편, 김씨는 그만큼의 금전보상으로는 음악이 있는 상태의 효용을 대체할 수 없기 때문에 제안을 거절할 것이다.

4) 협상의 결과

① 결국 김씨는 이씨가 제안한 협상을 거부한다.

② 여전히 김씨는 집 안의 음악유무를 결정할 권리가 있으므로 음악을 계속 틀게 된다.

3. 이씨에게 집 안의 음악유무를 결정할 권리가 있는 경우

1) 이씨의 상황

① 이씨는 집에서 음악이 없는 상태를 원하며 이를 통해 100의 효용을 얻는다.

② 이씨는 집 안의 음악유무를 결정할 권리가 있다.

③ 따라서 이씨는 집 안에서 음악을 틀지 않고 100의 효용을 얻게 된다.

2) 김씨의 상황

① 김씨는 집에서 음악이 있는 상태를 원하며 이를 통해 200의 효용을 얻는다.

② 김씨는 집 안의 음악유무를 결정할 권리가 없다.

③ 따라서 김씨는 집 안에서 이씨에 의해 음악이 꺼진 상태를 통해 효용의 감소를 느끼고 있기 때문에, 효용을 증진시키기 위해서 적절한 협상을 제의할 유인이 있다.

3) 김씨와 이씨의 자발적인 협상

① 김씨는 이씨에게 적절한 금전을 지불하고 음악이 있는 상태를 요구할 것이다. 이때 김씨가 지불할 용의가 있는 최대의 금액은 김씨가 음악이 있는 상태로부터 얻는 효용증가분을 초과하지 못하므로 100이 된다.

② 그런데 이씨가 이러한 협상의 제안을 수락하려면, 이씨가 받는 금전보상이 이씨의 효용감소분을 상쇄하고도 남아야 한다. 만일 음악이 있는 상태를 용인할 경우 이씨는 음악이 없는 상태로 인한 효용의 감소가 50이 된다.

③ 따라서 김씨는 50 이상 100 이하의 금전보상을 이씨에게 지불하고 음악이 있는 상태를 제안할 것이며 한편, 이씨는 그만큼의 금전보상으로 음악이 없는 상태의 효용을 대체할 수 있기 때문에 제안을 수락할 것이다.

4) 협상의 결과

① 결국 이씨는 김씨가 제안한 협상을 수락한다.

② 따라서 김씨는 50 이상 100 이하의 금전보상을 이씨에게 지불하고 집 안에서 음악을 튼다.

4. 결론

집 안의 음악유무를 결정할 권리가 누구에게 있든지 간에 관계없이 김씨와 이씨는 자발적인 협상을 통하여 집 안에서 음악이 있는 상태로 결정된다.

설문을 검토하면 다음과 같다.

① 음악을 트는 것에 대한 권리가 누구에게 있든지 간에 관계없이 김씨와 이씨는 자발적인 협상을 통하여 집 안에서 음악이 있는 상태로 결정되므로 음악 재생여부는 동일하다.

②, ④ 음악을 트는 것에 대한 권리가 이씨에게 있는 경우 김씨는 50 이상 100 이하의 금전보상을 이씨에게 지불하고 집 안에서 음악을 튼다. 즉, 자금이전이 발생하며, 집 안에서 음악재생이 가능하다.

③ 음악을 트는 것에 대한 권리가 이씨에게 있는 경우 당연히 김씨는 효용증진을 위해 음악을 틀 것이며, 이씨의 협상을 거절할 것이다.

03 2011년 국가직 9급

금연석이 별도로 없는 식당에서 흡연자와 비흡연자가 함께 앉아서 식사를 한다고 가정한다. 흡연자는 '흡연을 하는 것'과 '흡연을 하지 않는 대신 6천 원을 받는 것'이 무차별하다. 비흡연자는 담배가 없는 상황에서 식사하는 데 1만 원을 기꺼이 지불할 용의가 있다. 코우즈 정리(Coase theorem)를 적용할 때 예상되는 결과는? (단, 협상비용은 0이다)

① 흡연자는 자신의 권리이기 때문에 흡연한다.
② 흡연자는 남을 배려하는 성격으로 흡연을 하지 않는다.
③ 흡연자는 흡연을 하지 않는 대신 비흡연자로부터 6천 원 이상 1만 원 이하를 받는다.
④ 비흡연자는 6천 원 이상 1만 원 이하를 흡연자가 흡연하지 않도록 지불하려고 하지만 흡연자는 이를 거절한다.

출제이슈 코즈정리
핵심해설 정답 ③

코즈정리에 의하면 ① 외부성이 존재하는 경우, 정부개입이 없더라도 ② 외부성과 관련된 재산권의 부여가 확립되고 ③ 협상에 따른 거래비용이 존재하지 않는다면 경제주체들 간의 협상을 통해 효율적인 자원배분이 가능하다.

설문을 검토하면 다음과 같다.

1. 현재 상황

1) 흡연자는 '흡연을 하는 것'과 '흡연을 하지 않는 대신 6천 원을 받는 것'이 무차별하다. 즉 흡연자는 흡연상태를 원하며 이를 통해 6000원의 효용을 얻는다고 할 수 있다. 반면 비흡연자는 담배가 없는 상황에서 식사하는 데 1만 원을 기꺼이 지불할 용의가 있다. 즉 비흡연자는 금연상태를 원하며 이를 통해 10,000원의 효용을 얻는다.

2) 현재 흡연·비흡연에 대한 법적인 권리 혹은 의무가 누구에게 어떻게 주어져 있는지는 모르는 상황이다. 따라서 그 법적인 권리가 누구에게 부여되고 있는지에 대하여 경우의 수를 나눠서 분석해야 한다.

2. 흡연자에게 식당의 흡연·비흡연 여부를 결정할 권리가 있는 경우

1) 흡연자의 상황
① 흡연자는 흡연상태를 원하며 이를 통해 6,000원의 효용을 얻는다.
② 흡연자는 식당의 흡연·비흡연여부를 결정할 권리가 있다.
③ 따라서 흡연자는 식당에서 흡연하면서 6,000원의 효용을 얻게 된다.

2) 비흡연자의 상황
① 비흡연자는 비흡연상태를 원하며 이를 통해 10,000원의 효용을 얻는다.
② 비흡연자는 식당의 흡연·비흡연여부를 결정할 권리가 없다.
③ 따라서 비흡연자는 식당에서 흡연상태를 통해 효용의 감소를 느끼고 있기 때문에, 효용을 증진시키기 위해서 적절한 협상을 제의할 유인이 있다.

3) 흡연자와 비흡연자의 자발적인 협상
① 비흡연자는 흡연자에게 적절한 금전을 지불하고 흡연상태를 요구할 것이다. 이때 비흡연자가 지불할 용의가 있는 최대의 금액은 비흡연자가 비흡연상태로부터 얻는 효용증가분을 초과하지 못하므로 최대 10,000원이 된다.

② 그런데 흡연자가 이러한 협상의 제안을 수락하려면, 흡연자가 받는 금전보상이 흡연자의 효용감소분을 상쇄하고도 남아야 한다. 만일 비흡연상태를 용인할 경우 흡연자는 비흡연으로 인한 효용의 감소가 6,000원이 된다.

③ 따라서 비흡연자는 6,000원 이상 10,000원 이하 금전보상을 흡연자에게 지불하고 비흡연상태를 제안할 것이며 한편, 흡연자는 그만큼의 금전보상으로 흡연상태의 효용을 대체할 수 있기 때문에 제안을 수락할 것이다.

4) 협상의 결과
① 결국 흡연자는 비흡연자가 제안한 협상을 수락한다.
② 비흡연자는 6,000원 이상 10,000원 이하 금전보상을 흡연자에게 지불하고 식당에서 비흡연상태가 되도록 한다.

3. 비흡연자에게 식당의 흡연·비흡연 여부를 결정할 권리가 있는 경우

1) 비흡연자의 상황
① 비흡연자는 비흡연상태를 원하며 이를 통해 10,000원의 효용을 얻는다.
② 비흡연자는 식당의 흡연·비흡연여부를 결정할 권리가 있다.
③ 따라서 비흡연자는 식당에서 비흡연상태를 유지하며 10,000원의 효용을 얻게 된다.

2) 흡연자의 상황
① 흡연자는 흡연상태를 원하며 이를 통해 6,000원의 효용을 얻는다.
② 흡연자는 식당의 흡연·비흡연여부를 결정할 권리가 없다.
③ 따라서 흡연자는 식당에서 비흡연상태를 통해 효용의 감소를 느끼고 있기 때문에, 효용을 증진시키기 위해서 적절한 협상을 제의할 유인이 있다.

3) 흡연자와 비흡연자의 자발적인 협상
① 흡연자는 비흡연자에게 적절한 금전을 지불하고 흡연상태를 요구할 것이다. 이때 흡연자가 지불할 용의가 있는 최대의 금액은 흡연자가 흡연상태로부터 얻는 효용증가분을 초과하지 못하므로 최대 6,000원이 된다.
② 그런데 비흡연자가 이러한 협상의 제안을 수락하려면, 비흡연자가 받는 금전보상이 비흡연자의 효용감소분을 상쇄하고도 남아야 한다. 만일 흡연상태를 용인할 경우 비흡연자는 흡연상태로 인한 효용의 감소가 10,000원이 된다.
③ 따라서 흡연자는 6,000원 이하의 금전보상을 비흡연자에게 지불하고 흡연상태를 제안할 것이며 한편, 비흡연자는 그만큼의 금전보상으로는 비흡연상태의 효용을 대체할 수 없기 때문에 제안을 거절할 것이다.

4) 협상의 결과
① 결국 비흡연자는 흡연자가 제안한 협상을 거절한다.
② 따라서 비흡연자는 여전히 식당에서 비흡연상태에 대한 권리가 있으므로 비흡연상태를 유지한다.

4. 결론

식당의 흡연·비흡연상태를 결정할 권리가 누구에게 있든지 간에 관계없이 흡연자와 비흡연자는 자발적인 협상을 통하여 식당에서 비흡연상태로 결정된다.

설문을 검토하면 다음과 같다.

① 흡연·비흡연의 권리가 누구에게 귀속되어 있는지는 알 수 없다. 단순히 흡연자가 흡연의 권리를 가지고 있다고 하는 것은 잘못된 지문이다.
② 코즈정리에서는 이해당사자의 의사결정은 철저히 편익과 비용에 의하여 결정되는 것이지 남을 배려하는 성격으로 인해 결정되는 것이 아니다.
③, ④ 만일 흡연자에게 흡연의 권리가 귀속되어 있다고 할 경우, 비흡연자가 6,000원 이상 10,000원 이하 금전보상을 흡연자에게 지불하면, 흡연자는 이를 수락하여 비흡연상태를 유지한다. 왜냐하면, 흡연자가 비흡연상태를 용인할 경우 흡연자는 비흡연으로 인한 효용의 감소가 6,000원이 되는데 이에 대한 금전보상을 비흡연자로부터 6,000원 이상 받기 때문이다.

2019 서7

1 의의

오염배출권(오염물질을 합법적으로 방출할 수 있는 권리 증서)을 발행하여 오염배출의 주체(예 : 기업)에게 배분한 후 기업들 간에 자발적 거래에 의해 서로 자유롭게 사고팔도록 허용함으로써 오염배출량을 통제하는 제도

2 효과

1) 사회 전체적으로 최초로 설정된 최적 오염물질 수준량이 달성됨

   ① 오염물질 처리능력이 뛰어난 기업이 낮은 비용으로 먼저 처리하기 시작

   ② 낮은 비용으로 오염물질을 처리하기 위한 메커니즘

2) 직접규제의 방식(최적오염수준 설정)과 시장유인의 방식(오염배출권 거래)을 동시에 사용한다는 특징이 있음

3) 배출권을 거래하는 기업 모두 이득

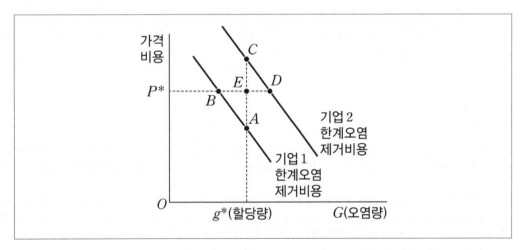

① 기업 1: $A \rightarrow B$, $\triangle ABE$ 이득

② 기업 2: $C \rightarrow D$, $\triangle CDE$ 이득

③ 오염배출권의 가격은 $\overline{BE} = \overline{DE}$ 인 곳에서 결정

ISSUE 문제 📝

01 2019년 서울시 7급

어떤 마을에 오염 물질을 배출하는 기업이 총 3개 있다. 오염물 배출에 대한 규제가 도입되기 이전에 각 기업이 배출하는 오염배출량과 그 배출량을 한 단위 감축하는데 소요되는 비용은 아래 표와 같다.

기업	배출량(단위)	배출량 단위당 감축비용(만 원)
A	50	20
B	60	30
C	70	40

정부는 오염배출량을 150단위로 제한하고자 한다. 그래서 각 기업에게 50단위의 오염배출권을 부여하였다. 또한 이 배출권을 기업들이 자유롭게 판매/구매할 수 있다. 다음 중 가장 옳은 것은? (단, 오염배출권 한 개당 배출 가능한 오염물의 양은 1단위이다)

① 기업 A가 기업 B와 기업 C에게 오염배출권을 각각 10단위와 20단위 판매하고, 이때 가격은 20만 원에서 30만 원 사이에 형성된다.

② 기업 A가 기업 C에게 20단위의 오염배출권을 판매하고, 이때 가격은 30만 원에서 40만 원 사이에서 형성된다.

③ 기업 A가 기업 B에게 10단위의 오염배출권을 판매하고, 기업 B는 기업 C에게 20단위의 오염배출권을 판매한다. 이때 가격은 20만 원에서 40만 원 사이에서 형성된다.

④ 기업 B가 기업 C에게 20단위의 오염배출권을 판매하고, 이때 가격은 30만 원에서 40만 원 사이에서 형성된다.

출제이슈 오염배출권 거래제도
핵심해설 정답 ①

오염배출권제도란 오염물질을 합법적으로 방출할 수 있는 권리 증서를 발행하여 오염배출의 주체(예 : 기업)에게 배분한 후 기업들 간에 자발적 거래에 의해 이를 서로 자유롭게 사고팔도록 허용함으로써 오염배출량을 통제하는 제도를 의미한다.

오염배출권제도에 의하면, 오염물질 처리능력이 뛰어난 기업이 낮은 비용으로 먼저 처리하기 시작하며, 오염물질 처리능력이 뒤처진 기업은 처리능력이 뛰어난 기업으로부터 오염배출권을 사들이게 된다. 양자 간 거래를 통해서 모두 거래로부터의 이득을 얻게 됨과 동시에 사회적으로 오염물질을 낮은 비용으로 처리할 수 있게 된다. 이는 직접규제의 방식(최적오염수준 설정)과 시장유인의 방식(오염배출권 거래)을 동시에 사용한다는 특징이 있다.

설문에서 기업 A는 가장 적은 비용으로 감축할 수 있으므로 오염배출권의 판매자가 되며, 기업 B, C는 구입자가 된다. 기업 A는 자신의 감축비용 20만 원 이상으로 오염배출권 가격을 받으려고 하며, 기업 B, C는 자신들의 감축비용 30, 40만 원 이하 수준에서 오염배출권을 구입하려고 할 것이다. 따라서 가격은 20만 원과 30만 원 사이에서 형성된다. 그리고 배출권의 거래량은 배출권을 초과하는 오염배출량 수준으로서 기업 A는 10단위, 기업 B는 20단위가 된다.

1 합병의 의의

1) 외부효과는 시장의 테두리 밖에서 일어나는 현상으로서 어느 한 경제주체가 다른 경제주체에게 의도치 않은 효과를 미치고 있음에도 이를 고려하지 못하는 것이다.

2) 영향을 주고받는 경제주체 간에 합병이 성사되면 자연스럽게 외부효과가 내부화되어 문제를 해결할 수 있게 된다.

3) 합병을 통해서 이해당사자들이 이제는 별도의 기업으로서 개별적인 이윤극대화를 위해 행동하는 것이 아니라 결합이윤을 극대화하게 되는 것이다.

2 합병의 조건과 한계

1) 합병의 조건

① 합병이란 사업자 간에 일어나는 것으로서 이해당사자가 사업자가 아닌 경우 불가능하다.

② 합병을 위해서는 소수의 사업자만이 이해당사자로 등장해야 합병의 비용이 적게 소요된다.

2) 합병의 한계

① 합병을 위해서 합병당사자 간에 의사의 합치가 되어야 하는데 이 과정에서 시간과 비용이 많이 소요될 가능성이 크다.

② 외부성의 이해당사자가 다수이고 또 첨예하게 이해관계가 대립되는 당사자 간에는 합병이 쉽지는 않다.

③ 합병으로 인한 독과점적 지위 형성을 통한 새로운 시장실패의 문제가 있다. 즉 외부성이라는 시장실패가 치유되더라도 독과점이라는 새로운 시장실패가 나타날 가능성이 크다.

3 합병모형

1) 합병당사자: 기업 A, 기업 B

2) 비용조건

① 기업 A의 비용: $TC_A = Q_A^2 + 2Q_A - Q_B^2$

② 기업 B의 비용: $TC_B = 2Q_B^2 + 2Q_B + Q_A^2$

제8편

3) 가격조건

① $P_A = 10$

② $P_B = 22$

4) 외부성의 존재

① 기업 A의 생산은 기업 B의 비용에 부정적 외부성을 끼치고 있다.

② 기업 B의 생산은 기업 A의 비용에 긍정적 외부성을 끼치고 있다.

5) 합병 이전 개별이윤 극대화

① 기업 A의 이윤극대화

$$\pi_A = 10Q_A - (Q_A^2 + 2Q_A - Q_B^2)$$

$\dfrac{d\pi_A}{dQ_A} = 10 - 2Q_A - 2 = 0$ 따라서 $Q_A = 4$가 되고, 이때 $\pi_A = 41$이 된다.

② 기업 B의 이윤극대화

$$\pi_B = 22Q_B - (2Q_B^2 + 2Q_B + Q_A^2)$$

$\dfrac{d\pi_B}{dQ_B} = 22 - 4Q_B - 2 = 0$ 따라서 $Q_B = 5$이 되고 이때, $\pi_B = 34$가 된다.

6) 합병 이후 결합이윤 극대화

$$\pi = \pi_A + \pi_B = (10Q_A + 22Q_B) - (Q_A^2 + 2Q_A - Q_B^2) - (2Q_B^2 + 2Q_B + Q_A^2)$$

$\dfrac{d\pi}{dQ_A} = 10 - 2Q_A - 2 - 2Q_A = 0$ 따라서 $Q_A = 2$

$\dfrac{d\pi}{dQ_B} = 22 + 2Q_B - 4Q_B - 2 = 0$ 따라서 $Q_B = 10$

이때, 결합이윤 $\pi = 108$이 되어 합병 이전 개별기업의 이윤의 합 75보다 크다.

기업 A의 생산은 합병 이전 4에서 합병 이후 2로 감소하였다.

기업 B의 생산은 합병 이전 5에서 합병 이후 10으로 증가하였다.

ISSUE 문제 📝

---

01 2018년 국가직 7급

어느 공항의 이윤함수는 $20x - x^2$이고, 공항 근처에 주택을 개발하고자 하는 업체의 이윤함수는 $20y - y^2 - xy$이다. 만일 한 기업이 공항과 주택개발업체를 모두 소유한다면, 이 기업이 이윤을 극대화하는 주택의 수(a)는? 한편, 공항과 주택개발업체를 서로 다른 기업이 소유한다면 공항은 주택개발업체에게 이착륙 소음으로 인한 보상금으로 xy를 지불해야 한다. 이때 주택개발업체가 이윤을 극대화하는 주택의 수(b)는? (단, x는 하루에 이착륙하는 비행기의 수이며, y는 주택개발업체가 건설할 주택의 수이다)

	<u>a</u>	<u>b</u>
①	4	4
②	4	10
③	6	4
④	6	10

출제이슈 합병에 의한 외부성의 해결

핵심해설 정답 ②

1) 합병당사자 : 공항, 주택개발업체

2) 이윤조건

① 공항의 이윤 : $\pi_x = 28x - x^2$

② 주택개발업체의 이윤 : $\pi_y = 20y - y^2 - xy$

3) 외부성의 존재

공항의 비행기 이착륙이 주택개발업체에 대해 부정적 외부성을 미치고 있다.

4) 합병을 통한 외부성의 해결

$$\pi = \pi_x + \pi_y = (28x - x^2) + (20y - y^2 - xy)$$

합병기업의 이윤극대화는 다음과 같다.

$\dfrac{d\pi}{dx} = 28 - 2x - y = 0$, $\dfrac{d\pi}{dy} = 20 - 2y - x = 0$ 따라서 $x = 12$, $y = 4$가 된다.

5) 보상

① 보상으로 인한 이윤의 변화

부정적 외부성을 창출하고 있는 공항이 피해를 입고 있던 주택개발업체에 보상을 해주게 되면 다음과 같이 이윤이 변경된다.

ⅰ) 공항의 이윤 : $\pi_x = 28x - x^2$ → 보상 이후 $\pi_x = 28x - x^2 - xy$

ii) 주택개발업체의 이윤 : $\pi_y = 20y - y^2 - xy$ → 보상 이후 $\pi_y = 20y - y^2$

② 보상 이후 이윤극대화

ⅰ) 공항의 이윤극대화

보상 이후 $\pi_x = 28x - x^2 - xy$

$$\frac{d\pi_x}{dx} = 28 - 2x - y = 0 \quad \text{따라서} \quad x = 9(\text{아래에서} \ y = 10)$$

ⅱ) 주택개발업체의 이윤극대화

보상 이후 $\pi_y = 20y - y^2$

$$\frac{d\pi_y}{dy} = 20 - 2y = 0 \quad \text{따라서} \ y = 10$$

2013 서7 │ 2012 국9 │ 2010 지7

ISSUE 문제 📝

01 2012년 국가직 9급

다음 ㉠, ㉡, ㉢에 들어갈 용어로 적합한 것은?

> 양의 외부성(positive externality)으로 인한 (㉠)생산문제는 (㉡)을 통해 (㉢)시킴으로써 해결할 수 있다.

	㉠	㉡	㉢
①	과소	세금	외부화
②	과잉	세금	내부화
③	과잉	보조금	외부화
④	과소	보조금	내부화

출제이슈 보조금에 의한 외부성의 해결

핵심해설 정답 ④

긍정적 외부성 혹은 양의 외부성이란 어떤 경제주체의 행위가 다른 경제주체의 효용함수 혹은 생산함수에 긍정적 영향을 미치고 있음(타인에게 편익을 창출하는 경우)에도 불구하고 이에 대한 보상이 이루어지지 않고 있는 경우를 말한다.

설문에서 제시된 대로 생산에 있어서 양의 외부성이 있는 경우 아래에서 보는 바와 같이 사회적으로 바람직한 산출량 수준에 미달하게 된다. 이는 사적 한계비용이 사회적 한계비용보다 높기 때문에 발생하는 현상이다. 따라서 긍정적 외부효과를 가져오는 생산행위에 따른 비용수준을 외부편익을 고려한 수준으로 낮춰서 생산기업 측에 인식되도록 할 필요가 있다. 이를 위해서 생산기업에 보조금을 지급하는 경우 비용이 낮아져서 과소생산의 문제를 내부화하여 해결할 수 있다.

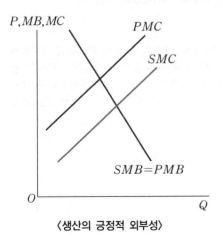

〈생산의 긍정적 외부성〉

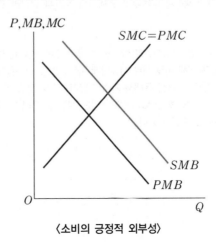

〈소비의 긍정적 외부성〉

02 | 2010년 지방직 7급

환경오염과 같은 외부성이 발생했을 경우 이에 대한 해결 방안에 대한 설명으로 옳지 않은 것은?

① 오염물질 방출량에 대한 직접적 규제는 많은 비용이 드는 등 문제점이 있다.
② 오염물질 방출업체에 대해 공해세를 부과하는 것은 외부성의 문제를 해결하는 방안이 될 수 있다.
③ 협상비용이 무시할 정도로 작은 경우에는 정부가 개입하지 않아도 협상이 하나의 해결방안이 될 수 있다.
④ 시장에서 자유로이 거래될 수 있는 오염면허제도는 누구나 면허만 가지면 오염물질을 방출할 수 있으므로, 환경문제를 해결하는 방안이 될 수 없다.

출제이슈 다양한 외부성 해결방안
핵심해설 정답 ④

① 옳은 내용이다.
오염에 대한 직접규제는 정부가 공해배출량을 일정수준으로 직접 통제하는 것을 의미한다. 이를 위해서는 오염피해비용(오염물질로 인한 피해에 따른 비용으로서 오염배출량이 증가함에 따라 증가)과 오염제거비용(오염물질 정화 및 처리에 따른 비용으로서 오염배출량이 감소함에 따라서 오염제거비용도 증가)을 모두 고려한 총비용이 최소화되도록 최적오염수준을 찾아내고 실제로 그러한 오염수준이 달성되도록 직접적으로 정부가 통제하는 것이 중요하다. 그러나 이 과정에서 오염피해비용 및 오염제거비용에 대한 정확한 정보가 불완전할 수 있고 이에 따라 잘못된 최적오염수준을 산정하여 사실상 통제에 실패할 수 있는 문제가 있다. 또한 직접적으로 오염물질을 통제하기 위해서는 이를 위한 정부조직의 운영 및 규제집행 비용이 과다하다는 문제도 있다.

② 옳은 내용이다.
외부경제 혹은 외부불경제를 창출하는 경제주체에게 적절히 세금(설문의 공해세와 같은 피구세)을 부과하거나 보조금(음의 피구세)을 지급하여 자원배분의 비효율성을 시정할 수 있다. 이 방법은 외부성의 문제점인 적절한 보상 또는 대가가 주어지지 않고 있는 것을 세금이라는 수단을 통해서 사적 이익과 사회적 이익을 일치시키는 것이다.

③ 옳은 내용이다.
코즈정리에 의하면 i) 외부성이 존재하는 경우, 정부개입이 없더라도 ii) 외부성과 관련된 재산권의 부여가 확립되고 iii) 협상에 따른 거래비용이 존재하지 않는다면 경제주체들 간의 협상을 통해 효율적인 자원배분이 가능하다.

④ 틀린 내용이다.
오염배출권제도란 오염물질을 합법적으로 방출할 수 있는 권리 증서를 발행하여 오염배출의 주체(예 : 기업)에게 배분한 후 기업들간에 자발적 거래에 의해 이를 서로 자유롭게 사고팔도록 허용함으로써 오염배출량을 통제하여 환경문제를 해결하는 제도를 의미한다. 오염배출권 거래를 통해서 거래에 참여한 당사자 모두 거래로부터의 이득을 얻게 됨과 동시에 사회적으로 오염물질을 낮은 비용으로 처리할 수 있게 된다. 이는 직접규제의 방식(최적오염수준 설정)과 시장유인의 방식(오염배출권 거래)을 동시에 사용한다는 특징이 있다.

03 | 2013년 서울시 7급

외부효과를 내부화하는 사례로 가장 거리가 먼 것은?

① 독감예방주사를 맞는 사람에게 보조금을 지급한다.
② 배출허가권의 거래를 허용한다.
③ 환경기준을 어기는 생산자에게 벌금을 부과하는 법안을 제정한다.
④ 초·중등 교육에서 국어 및 국사 교육에 국정교과서 사용을 의무화한다.
⑤ 담배소비에 건강세를 부과한다.

출제이슈 다양한 외부성 해결방안
핵심해설 정답 ④

① 옳은 내용이다.
긍정적 외부성 혹은 양의 외부성이란 어떤 경제주체의 행위가 다른 경제주체의 효용함수 혹은 생산함수에 긍정적 영향을 미치고 있음(타인에게 편익을 창출하는 경우)에도 불구하고 이에 대한 보상이 이루어지지 않고 있는 경우를 말한다. 설문의 경우 소비에 있어서 양의 외부성이 있는 경우로서 사회적으로 바람직한 산출량 수준에 미달하게 된다. 따라서 독감예방주사를 맞는 사람에게 보조금을 지급하여 외부성 문제를 해결할 수 있다.

② 옳은 내용이다.
오염배출권제도란 오염물질을 합법적으로 방출할 수 있는 권리 증서를 발행하여 오염배출의 주체(예 : 기업)에게 배분한 후 기업들 간에 자발적 거래에 의해 이를 서로 자유롭게 사고팔도록 허용함으로써 오염배출량을 통제하여 환경문제를 해결하는 제도를 의미한다. 오염배출권 거래를 통해서 거래에 참여한 당사자 모두 거래로부터의 이득을 얻게 됨과 동시에 사회적으로 오염물질을 낮은 비용으로 처리할 수 있게 된다. 이는 직접규제의 방식(최적오염수준 설정)과 시장유인의 방식(오염배출권 거래)을 동시에 사용한다는 특징이 있다.

③, ⑤ 옳은 내용이다.
외부경제 혹은 외부불경제를 창출하는 경제주체에게 적절히 세금(설문의 환경기준을 어기는 생산자에게 부과하는 벌금, 담배소비에 부과하는 건강세 등)을 부과하거나 보조금(음의 피구세)을 지급하여 자원배분의 비효율성을 시정할 수 있다. 이 방법은 외부성의 문제점인 적절한 보상 또는 대가가 주어지지 않고 있는 것을 세금이라는 수단을 통해서 사적 이익과 사회적 이익을 일치시키는 것이다.

④ 틀린 내용이다.
초·중등 교육에서 국어 및 국사 교육에 국정교과서 사용의 의무화는 외부성과 직접적인 관련은 없다.

제8편

2020 국7   2016 국7   2011 국9

1 공유재와 공유의 비극(tragedy of commons)

1) 공유재의 의의

① 경합성은 있으나 배제성은 없는 재화를 공유재라고 한다.

② 공유재는 공공재와 유사하게 배제불가능성의 특징과 사적재와 유사하게 경합성의 특징을 모두 가지고 있다.

2) 공유의 비극

① 공유재의 경우에는 공유재가 적정 수준 이상으로 남용되어 쉽게 고갈되는 문제가 발생하는데 이를 공유의 비극이라고 한다.

② 공유재는 배제가 어렵기 때문에 누구나 공유재를 사용할 수 있다. 배제 불가능하여 누구나 사용 가능하고 주인이 될 수 있어서 소유권이 분명하지 않다는 점에서 과잉소비가 발생하고 경합성으로 인하여 결국 고갈되는 것이다.

2 공유의 비극과 외부성

1) 공동목초지에 방목하는 목축업자는 아무런 비용을 지불하지 않기 때문에 편익만 얻고 비용은 없다(혹은 미리 정해진 규칙에 따른 비용만 존재).

2) 그러나 엄밀하게 보면 또다른 유형의 비용이 존재하는데, 어느 한 목축업자가 자신의 소들을 방목하게 되면, 그만큼 다른 목축업자들이 목초지를 찾는데 비용을 들이게 된다고 할 수 있다. 또한 목초지에서 먹일 수 있는 풀이 감소하여 소의 발육상태에 문제가 있어서 이윤이 감소한다.

3) 즉, 다른 경제주체에게 의도하지 않은 비용증가, 이윤감소를 경험케 하는 것으로서 외부성이라고 할 수 있다. 더구나 이런 외부성은 일방적인 것이 아니라 쌍방으로 일어나게 된다.

4) 따라서 이와 같이 외부성이 존재하는 상황 하에서 개별적 의사결정은 다른 목축업자나 사회 전체에 미치는 영향을 생각하지 않고 자신만의 이윤을 극대화하는 의사결정을 하게 된다.

3 하딘(Garrett Hardin)의 모형

1) 공유지의 상황

① 비용 조건

ⅰ) 2명의 농부(농부1, 농부2)가 마을의 공동목초지에서 소를 방목한다.

ⅱ) 각각 키우는 소의 숫자는 g_1, g_2이며, 마을 전체 방목 수는 $G = g_1 + g_2$이다.

iii) 소를 키우는 비용은 소를 구입하는 비용과 사육하는 비용으로 이루어져 있으며 소 한 마리당 $c = 40$으로 일정하다.

② 수입 조건(시장수요 조건)

ⅰ) 소 한 마리의 가격 $P = 100 - G$이다.

ⅱ) 소의 공급두수가 많을수록 시장수요에 의하여 가격은 하락한다.

ⅲ) 한편, 소의 공급두수가 많을수록 소 한 마리당 목초가 부족해지기 때문에 소의 발육상태가 부실하여 가격이 하락한다. 이는 이윤의 감소로서 외부성을 반영하는 장치로 해석된다.

2) 공유지로부터의 이윤극대화

① 개별농부의 이윤극대화

ⅰ) 농부 1의 이윤극대화

$$\pi_1 = (100 - g_1 - g_2)g_1 - 40g_1$$

$$\frac{d\pi_1}{dg_1} = 100 - 2g_1 - g_2 - 40 = 0 \text{ 따라서 } 2g_1 + g_2 = 60$$

ⅱ) 농부 2의 이윤극대화

$$\pi_2 = (100 - g_1 - g_2)g_2 - 40g_2$$

$$\frac{d\pi_2}{dg_2} = 100 - g_1 - 2g_2 - 40 = 0 \text{ 따라서 } g_1 + 2g_2 = 60$$

ⅲ) 따라서 $g_1 = 20, \quad g_2 = 20$이 된다.

② 마을전체의 공동이윤 극대화

ⅰ) 마을전체의 이윤

$$\pi = (100 - G)G - 40G$$

$$\frac{d\pi}{dG} = 100 - 2G - 40 = 0 \text{ 따라서 } G = 30$$

ⅱ) 따라서 $g_1 = 15, \quad g_2 = 15$가 된다.

3) 공유지의 비극과 독과점 모형

① 개별농부의 이윤극대화는 꾸르노과점 모형을 반영하고 있다.

② 마을전체의 공동이윤극대화는 카르텔 혹은 독점모형을 반영하고 있다.

4) 공유지의 비극과 외부성

① 농부 1의 행위가 가진 효과

ⅰ) 농부 1의 이윤극대화

$$\pi_1 = (100 - g_1 - g_2)g_1 - 40g_1$$

$$\frac{d\pi_1}{dg_1} = 100 - 2g_1 - g_2 - 40 = 0 \text{ 따라서 } 2g_1 + g_2 = 60$$

한계수입 $MR_1 = 100 - 2g_1 - g_2$

ⅱ) 농부 1의 한계수입

농부 1이 소 사육두수를 늘렸을 때, 가격(평균수입)만큼 농부 1의 수입이 늘어나지만, 그로 인해 시장가격이 하락하여 농부 1에게 손실이 발생한다. 이 모든 것을 고려하여 농부 1의 한계수입으로 포섭이 된다.

ⅲ) 농부 2의 비용발생 (외부성)

농부 1이 소 사육두수를 늘렸을 때, 그로 인해 시장가격이 하락하여 농부 2에게도 손실이 발생한다(외부성). 그러나 농부 1은 자신의 이윤극대화 의사결정 시 이를 고려하지 않는다.

② 외부성의 효과와 공유지의 비극

ⅰ) 농부 1이 사육하는 과정에서 농부 2에게 의도치 않은 손실, 이윤감소를 발생시키지만, 이에 대하여 보상이 주어지지 않는다.

ⅱ) 따라서 농부 1의 사육의사결정은 과잉두수를 사육하게 되는 문제가 발생하고 결국 공유지는 황폐해지는 비극이 발생한다.

ISSUE 문제 📝

01 | 2020년 국가직 7급

공공재와 공유자원에 대한 설명으로 옳은 것만을 모두 고르면?

> ㄱ. 공공재는 경합성이 낮다는 점에서 공유자원과 유사하다.
> ㄴ. 공유자원은 남획을 통한 멸종의 우려가 존재한다.
> ㄷ. 정부의 사유재산권 설정은 공유자원의 비극을 해결하는 방안 중 하나이다.
> ㄹ. 막히지 않는 유료도로는 공공재의 예라고 할 수 있다.

① ㄱ, ㄴ   ② ㄱ, ㄷ
③ ㄴ, ㄷ   ④ ㄴ, ㄹ

출제이슈 공공재와 공유재
핵심해설 정답 ③

공유재란 경합성은 있으나 배제성은 없는 재화를 의미한다. 공유재는 공공재와 유사하게 배제불가능성의 특징과 함께 사적재와 유사하게 경합성의 특징을 모두 가지고 있다. 그런데 공유재의 경우 배제불가능성과 경합성이 결합되어 결국 공유재가 적정 수준이상으로 남용되어 쉽게 고갈되는 문제가 발생하는데 이를 공유의 비극이라고 한다. 배제성이 없기 때문에 누구나 공유재를 사용하고 주인이 될 수 있어서 실제로는 소유권과 주인이 분명하지 않아서 과잉소비가 발생하고 경합성으로 인하여 결국 고갈되는 것이다.

설문을 검토하면 다음과 같다.

ㄱ. 틀린 내용이다.
공공재는 비경합적이고 배제가 불가능한 특징이 있다. 공유재는 경합성은 있으나 배제성은 없는 재화로서 배제가 불가능하다는 점에서 공공재와 공유재는 유사하다.

ㄴ, ㄷ 모두 옳은 내용이다.
공유재는 배제가 어렵기 때문에 누구나 공유재를 사용할 수 있다. 배제 불가능하여 누구나 사용 가능하고 주인이 될 수 있어서 소유권이 분명하지 않다는 점에서 과잉소비가 발생하고 경합성으로 인하여 결국 고갈되는 것이다.

ㄹ. 틀린 내용이다.
막히지 않는 무료도로가 공공재의 예이고, 막히지 않는 유료도로는 비순수공공재의 예이다. 재화를 배제가능성과 경합성의 정도에 따라서 구분하면 다음과 같다.

경합성 \ 배제성	배제 가능	배제 불가능
경합적	사적 재화 (막히는 유료도로)	비순수공공재, 공유자원 (막히는 무료도로)
비경합적	비순수공공재 (한산한 유료도로)	순수공공재 (막히지 않는 무료도로)

02 2011년 국가직 9급

많은 사람들이 공동으로 사용하는 자원의 경우 적정한 수준 이상으로 그 자원이 이용되어 결과적으로 모두가 피해를 보는 비효율성이 발생하기 쉬운데 공해상에서의 어류 남획 문제가 그러한 예이다. 흔히, '공유자원의 비극(Tragedy of the Commons)'으로 불리는 이러한 문제가 발생하는 근본적인 원인은?

① 공유자원은 배제성과 경합성을 갖지 않기 때문이다.
② 불확실성과 정보의 부족에 따라 발생하는 시장 실패 때문이다.
③ 개별 경제주체의 의사결정이 현실에서 합리성 가정을 위배하기 때문이다.
④ 개인의 의사결정 시 그 결과로 발생하는 외부효과를 고려하지 않기 때문이다.

출제이슈 공유지의 비극
핵심해설 정답 ④

공유재란 경합성은 있으나 배제성은 없는 재화를 의미한다. 공유재는 공공재와 유사하게 배제불가능성의 특징과 함께 사적 재와 유사하게 경합성의 특징을 모두 가지고 있다. 그런데 공유재의 경우 배제불가능성과 경합성이 결합되어 결국 공유재가 적정 수준이상으로 남용되어 쉽게 고갈되는 문제가 발생하는데 이를 공유의 비극이라고 한다. 공유재는 배제가 어렵기 때문에 누구나 공유재를 사용할 수 있다. 배제 불가능하여 누구나 사용 가능하고 주인이 될 수 있어서 소유권이 분명하지 않다는 점에서 과잉소비가 발생하고 경합성으로 인하여 결국 고갈되는 것이다.

설문을 검토하면 다음과 같다.

① 공유자원은 경합성은 갖지만 배제성은 갖고 있지 않다. 즉 배제 불가능하다.

②, ④ 공유자원은 불확실성과 정보의 부족에 따라 발생하는 것이 아니라 상호간에 발생하는 외부성에 의해서 발생한다. 즉 개인이 개별적인 의사결정을 함에 있어서 그 효과가 다른 경제주체에 영향을 주고 있음에도 불구하고 이를 고려하지 않기 때문에 공유지의 비극이 나타난다.

③ 개별 경제주체의 의사결정이 현실에서 합리성 가정을 위배하는 것이 아니다. 개별적인 관점에서는 합리적인 의사결정이지만, 전체적인 관점에서는 그렇지 않다.

03 2016년 국가직 7급

어느 마을의 어부 누구나 물고기를 잡을 수 있는 호수가 있다. 이 호수에서 잡을 수 있는 물고기의 수(Q)와 어부의 수(N) 사이에는 $Q = 70N - \dfrac{1}{2}N^2$의 관계가 성립한다. 한 어부가 일정기간 동안 물고기를 잡는 데는 2,000원의 비용이 발생하며, 물고기의 가격은 마리당 100원이라고 가정한다. 어부들이 아무런 제약 없이 경쟁하면서 각자의 이윤을 극대화할 경우 어부의 수(N_0)와 이 호수에서 잡을 수 있는 물고기의 수(Q_0)는? 그리고 마을 전체적으로 효율적인 수준에서 어부의 수(N_1)와 이 호수에서 잡을 수 있는 물고기의 수(Q_1)는?

① $(N_0, Q_0, N_1, Q_1) = (100, 2{,}000, 50, 2{,}250)$

② $(N_0, Q_0, N_1, Q_1) = (100, 2{,}000, 70, 2{,}450)$

③ $(N_0, Q_0, N_1, Q_1) = (120, 1{,}200, 50, 2{,}250)$

④ $(N_0, Q_0, N_1, Q_1) = (120, 1{,}200, 70, 2{,}450)$

출제이슈 공유지의 비극

핵심해설 정답 ①

공유재란 경합성은 있으나 배제성은 없는 재화를 의미한다. 공유재는 공공재와 유사하게 배제불가능성의 특징과 함께 사적재와 유사하게 경합성의 특징을 모두 가지고 있다. 그런데 공유재의 경우 배제불가능성과 경합성이 결합되어 결국 공유재가 적정 수준이상으로 남용되어 쉽게 고갈되는 문제가 발생하는데 이를 공유의 비극이라고 한다. 공유재는 배제가 어렵기 때문에 누구나 공유재를 사용할 수 있다. 배제 불가능하여 누구나 사용 가능하고 주인이 될 수 있어서 소유권이 분명하지 않다는 점에서 과잉소비가 발생하고 경합성으로 인하여 결국 고갈되는 것이다.

설문에 주어진 자료를 모형화하여 풀면 다음과 같다.

1) 공유지의 상황

① 비용 조건
ⅰ) N명의 어부가 마을호수에서 물고기를 잡는다.
ⅱ) 물고기를 잡는 비용은 2,000원으로 일정하다.

② 수입 조건(시장수요 조건)
ⅰ) 물고기 1마리의 가격은 100원으로 일정하다.
ⅱ) 어부가 잡는 물고기의 숫자는 Q이며 어부가 많을수록 어부 1명당 잡을 수 있는 물고기 숫자는 줄어든다. 따라서
   $Q = 70N - 0.5N^2$이다.
ⅲ) 어부가 많을수록 이윤이 감소하여 외부성을 반영하는 장치로 해석된다.

2) 공유지로부터의 이윤극대화

① 개별어부의 이윤극대화
ⅰ) 개별적인 의사결정
   개별어부는 자신이 어로에 참가함으로써 다른 어부의 수입을 줄일 수 있다는 것을 전혀 고려하지 않는다.

ⅱ) 개별어부의 한계수입

개별어부는 어로에 참가함으로써 얻을 수 있는 추가적인 수입은 $\dfrac{100Q}{N}$ 이 된다. 이는 사실상 평균수입으로 봐도 무방

하다. 즉, 개인적 관점에서의 한계수입이라는 것은 전체적 관점에서의 평균수입이 된다.

따라서 $\dfrac{100Q}{N} = \dfrac{100(70N - 0.5N^2)}{N} = 100(70 - 0.5N)$이 된다.

ⅲ) 개별어부의 한계비용 : 2,000원

ⅳ) 이윤극대화

$100(70 - 0.5N) = 2,000$이 되어 $N = 100$이 된다.

이를 $Q = 70N - \dfrac{1}{2}N^2$에 대입하면, $Q = 2,000$이 된다.

② 마을전체의 이윤극대화

ⅰ) 전체적인 의사결정

개별어부가 자신이 어로에 참가함으로써 다른 어부의 수입을 줄일 수 있다는 것을 모두 고려하여 의사결정이 이루어진다.

ⅱ) 마을전체의 한계수입

마을전체 관점에서 어부가 추가적으로 어로에 참가함으로써 얻을 수 있는 추가적인 수입은 $\dfrac{d(100Q)}{dN}$ 이 된다. 즉,

전체적 관점에서의 한계수입으로서 $\dfrac{d(100Q)}{dN} = 7,000 - 100N$이 된다.

ⅲ) 마을전체의 한계비용 : 2,000원

ⅳ) 이윤극대화

$7,000 - 100N = 2,000$ 이 되어 $N = 50$이 된다.

이를 $Q = 70N - \dfrac{1}{2}N^2$에 대입하면, $Q = 2,250$이 된다.

제 9 편

기타미시경제이론

조경국
경제학
워크북

미시편

www.pmg.co.kr

정보경제이론

1 역선택

1) 정보가 비대칭적으로 분포된 상황에서 정보를 갖지 못한 측의 입장에서 볼 때 바람직하지 못한 상대방과 거래를 할 가능성이 높아지는 현상을 역선택이라고 한다.

2) 역선택은 감추어진 특성(hidden characteristic) 때문에 발생한다.

3) 역선택은 정보를 갖고 있는 측의 자기선택과정에서 발생한다.

   ① 예: 나쁜 질의 차를 가진 사람은 자발적으로 이를 팔려고 시장에 내놓는다.

   ② 예: 좋은 질의 차를 가진 사람은 자발적으로 이를 시장에서 거두어들인다.

   cf. 자기선택장치(self−selection mechanism): 역선택의 상황에서 정보를 가진 측이 자신에게 유리한 선택을 하는 과정에서 스스로 자신에 대한 속성을 드러내어 정보를 갖지 못한 측에게 그 정보가 제공되도록 하는 장치(예: 항공사가 소비자 유형에 따라 요금을 차별적으로 부과하고 소비자들은 자신의 속성에 따라서 스스로 요금체계를 선택)

4) 역선택의 해결방안

   ① **신호**: 정보를 가진 측에서는 감추어진 특성에 대한 관찰 가능한 지표 또는 감추어진 특성에 대한 다양한 보증을 제공(예: 중고차 성능기록부, 품질보증)하여 역선택의 문제를 완화시킬 수 있다. 보증은 바로 거래되는 상품의 질이 좋다는 신호가 된다. 이러한 정보의 제공을 신호발송(signaling)이라고 한다.

   ② **선별**: 정보를 갖지 못한 측에서는 정보를 가진 측의 감추어진 특성에 관한 정보를 파악하기 위해 정보를 수집하여 바람직하지 못한 거래당사자와 바람직한 거래당사자를 구별하여 역선택의 문제를 완화시킬 수 있다(예: 학력에 따라서 차별적으로 임금을 책정하는 것, 보험가입 시 건강진단서를 제출케 하여 차별적으로 보험료를 책정하는 것, 항공사가 소비자 유형에 따라 요금을 차별적으로 부과하는 것, 은행의 대출심사). 이를 선별(screening)이라고 한다.

   ③ **신뢰, 평판**: 정보를 가진 측에서 적극적으로 자신에 대한 평판과 신뢰를 축적하여 역선택을 해결하려는 유인이 있다. 기업이 자사 브랜드에 대한 명성을 쌓으려고 노력하는 것도 신뢰 및 평판의 축적을 통한 역선택의 해결방안으로 좋은 예가 된다.

   ④ **신용할당**: 신용할당(credit rationing)이란 현재의 이자율 수준에서 자금에 대한 초과수요가 있더라도 이자율을 인상하는 대신에 자금을 빌리려는 기업에게 원하는 자금규모보다 더 적게 대부하는 것을 의미한다. 만일 이자율을 인상하게 되면, 지불능력이 양호한 기업은 자금시장에서 철수할 것이며, 높은 리스크를 가진 기업만 남아서 높은 이자율을 받아들일 것이다. 이러한 역선택 현상을 회피하기 위해서 금융기관은 더 적은 규모의 대출을 하게 될 유인이

있고 이 과정에서 채무불이행 위험이 낮은 기업이 자금차입에 어려움을 겪을 수 있다.

⑤ **강제적인 보험가입**: 시장에 바람직하지 못한 속성을 가진 상품이나 거래대상자만이 나타나는 현상을 없애기 위하여 속성에 관계없이 모든 상품이나 거래대상자가 거래에 참여토록 강제하는 것이다. 예를 들어 건강보험의 경우 건강한 사람이든 건강하지 않은 사람이든 관계없이 누구나 강제적으로 가입해야 하며, 건강상태에 따라서 보험료를 내는 것이 아니라 소득 및 자산에 비례하여 보험료가 책정된다.

2 도덕적 해이

1) 어느 한 거래당사자는 자기 행동이 상대방에 의해 정확하게 파악될 수 없는 특정한 상황에서 상대방에게 바람직하지 못한 결과를 초래하고 자신의 이득을 추구하는 행동을 할 유인이 있을 수 있다. 이 경우 그 거래당사자는 바람직하지 못한 행동을 할 수 있는데 이를 도덕적 해이가 발생하였다고 한다.

2) 도덕적 해이는 거래나 계약 이후에 나타나는 감추어진 행동(hidden action)이 문제된다.

3) **도덕적 해이의 해결방안**

보험의 경우 공동보험(사고발생 시 손실액 중 일정 비율만을 보상), 기초공제(사고손실액 중 일정금액은 고객이 부담), 상한설정(사고보장금액의 상한을 설정) 등의 방식이 있다.

3 본인 – 대리인 문제

1) 비대칭적 정보의 상황에서 대리인이 본인의 이익에 반하여 자신의 이익을 추구하는 행동을 할 유인이 있을 수 있다. 이러한 상황에서 나타나는 문제들을 본인–대리인 문제라고 한다.

2) 본인은 대리인이 취한 행동을 관찰할 수 없으며 본인과 대리인은 서로 다른 이해관계 상태이기 때문에 계약관계를 맺고 있는 대리인이 본인의 경제적 후생에 영향을 줄 수 있는 행동을 취할 수 있다.

3) **본인 – 대리인 문제의 사례**

① 주주와 경영자 ② 국민과 관료 ③ 소송의뢰인과 변호사 ④ 운동선수와 에이전트 ⑤ 환자와 의사

4) **본인 – 대리인 문제의 해결방안**

① 본인–대리인 문제는 도덕적 해이의 특수한 경우에 해당하므로 적절한 유인구조를 대리인에게 제시함으로써 본인의 이익을 위해서 일하는 것이 대리인 자신에게도 이득이 되도록 하여 대리인의 도덕적 해이를 방지하는 것이 필요하다.

② **유인설계의 종류**: 성과에 따른 보수지급, 이윤의 공유, 효율성 임금

제9편

ISSUE 문제 📝

01 2011년 국가직 9급

'역선택'과 '도덕적 해이'는 정보경제학에서 다루는 주요 문제들이다. 건강보험에 대한 다음의 두 가지 주장과 관련된 문제를 바르게 연결한 것은?

> ㄱ. 자기부담률이 낮은 건강보험은 과잉진료 현상을 초래할 수 있다.
> ㄴ. 건강한 사람보다 건강이 좋지 않은 사람이 건강보험에 가입할 유인이 크다.

	ㄱ	ㄴ
①	역선택	역선택
②	역선택	도덕적 해이
③	도덕적 해이	역선택
④	도덕적 해이	도덕적 해이

출제이슈 역선택과 도덕적 해이의 구별(*2016년 국가직 9급에서 동일하게 출제)
핵심해설 정답 ③

역선택과 도덕적 해이의 구별은 다음과 같다.

정보가 비대칭적으로 분포된 상황에서 정보를 갖지 못한 측의 입장에서 볼 때 바람직하지 못한 상대방과 거래를 할 가능성이 높아지는 현상을 역선택이라고 한다. 역선택은 감추어진 타입 혹은 특성(hidden characteristic) 때문에 발생한다.

설문에서 보험회사는 보험가입자의 건강상태에 대하여 정확한 정보가 부족하기 때문에 건강한 사람과 그렇지 못한 사람의 중간 수준으로 보험료를 책정하게 된다. 이는 건강한 사람으로 하여금 보험가입을 꺼리게 함과 동시에 건강하지 못한 사람의 가입을 부추기는 것이 되고 마는데 이렇게 보험시장에 건강하지 못한 사람만 남게 되는 현상은 역선택의 좋은 예이다.

어느 한 거래당사자는 자기 행동이 상대방에 의해 정확하게 파악될 수 없는 특정한 상황에서 상대방에게 바람직하지 못한 결과를 초래하고 자신의 이득을 추구하는 행동을 할 유인이 있을 수 있다. 이 경우 그 거래당사자는 바람직하지 못한 행동을 할 수 있는데 이를 도덕적 해이가 발생하였다고 한다. 도덕적 해이는 거래나 계약 이후에 나타나는 감추어진 행동(hidden action)이 문제된다.

설문에서 건강보험에 가입하기 전에 비하여 가입한 이후에 건강관리에 소홀히 하고 대신 병원에 필요 이상으로 자주 다니는 현상이 나타나는 것도 도덕적 해이의 하나의 예이다.

02 2016년 국가직 9급

'역선택'과 '도덕적 해이'는 정보의 비대칭성에 의해 발생하는 문제들이다. 건강보험과 관련된 다음의 두 가지 현상을 일컫는 용어로 바르게 연결한 것은?

> ㄱ. 자기부담률이 낮은 보험은 과잉진료 수요를 초래할 수 있다.
> ㄴ. 건강한 사람보다 건강이 좋지 않은 사람이 보험에 가입할 가능성이 더 크다.

	ㄱ	ㄴ
①	역선택	역선택
②	역선택	도덕적 해이
③	도덕적 해이	역선택
④	도덕적 해이	도덕적 해이

출제이슈 역선택과 도덕적 해이의 구별
핵심해설 정답 ③

역선택과 도덕적 해이의 구별은 다음과 같다.

정보가 비대칭적으로 분포된 상황에서 정보를 갖지 못한 측의 입장에서 볼 때 바람직하지 못한 상대방과 거래를 할 가능성이 높아지는 현상을 역선택이라고 한다. 역선택은 감추어진 타입 혹은 특성(hidden characteristic) 때문에 발생한다.

설문에서 보험회사는 보험가입자의 건강상태에 대하여 정확한 정보가 부족하기 때문에 건강한 사람과 그렇지 못한 사람의 중간 수준으로 보험료를 책정하게 된다. 이는 건강한 사람으로 하여금 보험가입을 꺼리게 함과 동시에 건강하지 못한 사람의 가입을 부추기는 것이 되고 마는데 이렇게 보험시장에 건강하지 못한 사람만 남게 되는 현상은 역선택의 좋은 예이다.

한편, 어느 한 거래당사자는 자기 행동이 상대방에 의해 정확하게 파악될 수 없는 특정한 상황에서 상대방에게 바람직하지 못한 결과를 초래하고 자신의 이득을 추구하는 행동을 할 유인이 있을 수 있다. 이 경우 그 거래당사자는 바람직하지 못한 행동을 할 수 있는데 이를 도덕적 해이가 발생하였다고 한다. 도덕적 해이는 거래나 계약 이후에 나타나는 감추어진 행동(hidden action)이 문제된다.

설문에서 건강보험에 가입하기 전에 비하여 가입한 이후에 건강관리에 소홀히 하고 대신 병원에 필요 이상으로 자주 다니는 현상이 나타나는 것도 도덕적 해이의 하나의 예이다.

제9편

03 2014년 국가직 7급

다음 사례를 역선택(adverse selection)과 도덕적 해이(maral hazard)의 개념에 따라 올바르게 구분한 것은?

ㄱ. 자동차 보험 가입 후 더욱 난폭하게 운전한다.
ㄴ. 건강이 좋지 않은 사람이 민간 의료보험에 더 많이 가입한다.
ㄷ. 실업급여를 받게 되자 구직 활동을 성실히 하지 않는다.
ㄹ. 사망 확률이 낮은 건강한 사람이 주로 종신연금(life annuity)에 가입한다.

	역선택	도덕적 해이
①	ㄱ, ㄹ	ㄴ, ㄷ
②	ㄴ, ㄹ	ㄱ, ㄷ
③	ㄱ, ㄴ	ㄷ, ㄹ
④	ㄴ, ㄷ	ㄱ, ㄹ

출제이슈 역선택과 도덕적 해이의 구별
핵심해설 정답 ②

역선택과 도덕적 해이의 구별은 다음과 같다.

정보가 비대칭적으로 분포된 상황에서 정보를 갖지 못한 측의 입장에서 볼 때 바람직하지 못한 상대방과 거래를 할 가능성이 높아지는 현상을 역선택이라고 한다. 역선택은 감추어진 타입 혹은 특성(hidden characteristic) 때문에 발생한다.

예를 들어 보험회사는 보험가입자의 건강상태에 대하여 정확한 정보가 부족하기 때문에 건강한 사람과 그렇지 못한 사람의 중간 수준으로 보험료를 책정하게 된다. 이는 건강한 사람으로 하여금 보험가입을 꺼리게 함과 동시에 건강하지 못한 사람의 가입을 부추기는 것이 되고 마는데 이렇게 보험시장에 건강하지 못한 사람만 남게 되는 현상은 역선택의 좋은 예이다.

한편, 어느 한 거래당사자는 자기 행동이 상대방에 의해 정확하게 파악될 수 없는 특정한 상황에서 상대방에게 바람직하지 못한 결과를 초래하고 자신의 이득을 추구하는 행동을 할 유인이 있을 수 있다. 이 경우 그 거래당사자는 바람직하지 못한 행동을 할 수 있는데 이를 도덕적 해이가 발생하였다고 한다. 도덕적 해이는 거래나 계약 이후에 나타나는 감추어진 행동(hidden action)이 문제된다.

예를 들어 건강보험에 가입하기 전에 비하여 가입한 이후에 건강관리에 소홀히 하고 대신 병원에 필요 이상으로 자주 다니는 현상이 나타나는 것도 도덕적 해이의 하나의 예이다.

설문에서 자동차 보험 가입 후 더욱 난폭하게 운전한다거나 실업급여를 받게 되자 구직 활동을 성실히 하지 않는 것은 도덕적 해이에 해당하며 건강이 좋지 않은 사람이 민간 의료보험에 더 많이 가입하거나 사망 확률이 낮은 건강한 사람이 주로 종신연금(life annuity)에 가입하는 것은 역선택에 해당한다.

04 2015년 국가직 9급

역선택(adverse selection)과 관계없는 것은?

① 악화가 양화를 구축한다.
② 채무지불능력이 양호한 기업임에도 불구하고 은행으로부터 대출을 받지 못한다.
③ 기업이 자사 제품브랜드에 대한 명성을 쌓으려고 노력하는 것은 역선택의 문제를 해결하는 방법일 수 있다.
④ 주인－대리인(principal－agent) 문제는 역선택 현상을 일반화한 것이다.

출제이슈 역선택과 본인－대리인 문제의 구별
핵심해설 정답 ④

정보가 비대칭적으로 분포된 상황에서 정보를 갖지 못한 측의 입장에서 볼 때 바람직하지 못한 상대방과 거래를 할 가능성이 높아지는 현상을 역선택이라고 한다. 역선택은 감추어진 특성(hidden characteristic) 때문에 발생한다.

① 악화가 양화를 구축하는 것은 역선택으로 인하여 관련시장에서 좋지 못한 품질의 상품만 거래되는 현상을 말한다.

② 자금대출에 있어서 역선택에 직면하게 되는 금융기관들은 신용할당 등의 방식으로 역선택을 회피하고자 하나 이 과정에서 지불능력이 양호한 회사들이 오히려 차입의 기회를 얻지 못하는 경우가 발생할 수 있다. 신용할당(credit rationing)이란 현재의 이자율 수준에서 자금에 대한 초과수요가 있더라도 이자율을 인상하는 대신에 자금을 빌리려는 기업에게 원하는 자금규모보다 더 적게 대부하는 것을 의미한다. 만일 이자율을 인상하게 되면, 지불능력이 양호한 기업은 자금시장에서 철수할 것이며, 높은 리스크를 가진 기업만 남아서 높은 이자율을 받아들일 것이다. 이러한 역선택 현상을 회피하기 위해서 금융기관은 더 적은 규모의 대출을 하게 될 유인이 있고 이 과정에서 채무불이행 위험이 낮은 기업이 자금차입에 어려움을 겪을 수 있다.

③ 기업이 자사 브랜드에 대한 명성을 쌓으려고 노력하는 것도 신뢰 및 평판의 축적을 통한 역선택의 해결방안으로 좋은 예가 된다. 역선택의 상황에서 정보를 가진 측에서 적극적으로 자신에 대한 정보를 제공하고 자신의 평판과 신뢰를 축적하려는 유인이 있는데 전자를 신호발송이라고 하고, 후자를 명성 혹은 평판이라고 한다.

④ 주인－대리인 문제는 역선택 현상을 일반화한 것이 아니라, 도덕적 해이의 특수한 문제에 해당하며, 역선택 문제와는 달리 이의 해결을 위해서 적절한 유인제도를 설계하는 것이 중요하다.

제9편

05 [2010년 지방직 7급]

주인－대리인 이론(principal－agent model)을 적용하기에 적절하지 않은 것은?

	주인	대리인
①	주주	회사 사장
②	회사 사장	직원
③	스포츠 구단주	프로스포츠 선수
④	병원장	환자

출제이슈 본인－대리인 문제
핵심해설 정답 ④

비대칭적 정보의 상황에서 대리인이 본인의 이익에 반하여 자신의 이익을 추구하는 행동을 할 유인이 있을 수 있다. 이러한 상황에서 나타나는 문제들을 본인－대리인 문제라고 한다. 본인은 대리인이 취한 행동을 관찰할 수 없으며 본인과 대리인은 서로 다른 이해관계 상태이기 때문에 계약관계를 맺고 있는 대리인이 본인의 경제적 후생에 영향을 줄 수 있는 행동을 취할 수 있다.

본인－대리인 문제의 사례로는 1) 주주와 경영자 2) 국민과 관료 3) 소송의뢰인과 변호사 4) 운동선수와 에이전트 5) 병원장과 고용의사 혹은 환자와 담당의사 등 매우 다양하다. 설문 ④의 경우 병원장과 고용의사 혹은 환자와 담당의사의 관계에서 전자는 본인, 후자는 대리인의 성격을 가진다고 할 수 있으므로 틀린 지문이 된다.

한편 본인－대리인 문제는 도덕적 해이의 특수한 경우에 해당하므로 적절한 유인구조를 대리인에게 제시함으로써 본인의 이익을 위해서 일하는 것이 대리인 자신에게도 이득이 되도록 하여 대리인의 도덕적 해이를 방지하는 것이 필요하다. 유인설계로는 성과에 따른 보수지급, 이윤의 공유, 효율성 임금 등이 있다.

06 2018년 지방직 7급

역선택 문제에 대한 대책으로 옳은 것은?

① 교통사고 시 자동차 보험료 할증
② 피고용인의 급여에 성과급적 요소 도입
③ 감염병 예방주사 무료 접종
④ 의료보험 가입 시 신체검사를 통한 의료보험료 차등화

출제이슈 역선택의 해결방안
핵심해설 정답 ④

정보가 비대칭적으로 분포된 상황에서 정보를 갖지 못한 측의 입장에서 볼 때 바람직하지 못한 상대방과 거래를 할 가능성이 높아지는 현상을 역선택이라고 한다. 역선택은 감추어진 타입 혹은 특성(hidden characteristic) 때문에 발생한다.

예를 들어 보험회사는 보험가입자의 건강상태에 대하여 정확한 정보가 부족하기 때문에 건강한 사람과 그렇지 못한 사람의 중간 수준으로 보험료를 책정하게 된다. 이는 건강한 사람으로 하여금 보험가입을 꺼리게 함과 동시에 건강하지 못한 사람의 가입을 부추기는 것이 되고 마는데 이렇게 보험시장에 건강하지 못한 사람만 남게 되는 현상은 역선택의 좋은 예이다.

역선택에 대한 해결방안으로는 다음과 같은 것들이 있다.

1) **신호** : 정보를 가진 측에서는 감추어진 특성에 대한 관찰 가능한 지표 또는 감추어진 특성에 대한 다양한 보증을 제공(예 : 중고차 성능기록부, 품질보증)하여 역선택의 문제를 완화시킬 수 있다. 보증은 바로 거래되는 상품의 질이 좋다는 신호가 된다. 이러한 정보의 제공을 신호발송(signaling)이라고 한다.

2) **선별** : 정보를 갖지 못한 측에서는 정보를 가진 측의 감추어진 특성에 관한 정보를 파악하기 위해 정보를 수집하여 바람직하지 못한 거래당사자와 바람직한 거래당사자를 구별하여 역선택의 문제를 완화시킬 수 있다(예 : 학력에 따라서 차별적으로 임금을 책정하는 것, 보험가입 시 건강진단서를 제출케 하여 차별적으로 보험료를 책정하는 것, 항공사가 소비자 유형에 따라 요금을 차별적으로 부과하는 것, 은행의 대출심사). 이를 선별(screening)이라고 한다.

3) **신뢰, 평판** : 정보를 가진 측에서 적극적으로 자신에 대한 평판과 신뢰를 축적하여 역선택을 해결하려는 유인이 있다. 기업이 자사 브랜드에 대한 명성을 쌓으려고 노력하는 것도 신뢰 및 평판의 축적을 통한 역선택의 해결방안으로 좋은 예가 된다.

4) **신용할당** : 신용할당(credit rationing)이란 현재의 이자율 수준에서 자금에 대한 초과수요가 있더라도 이자율을 인상하는 대신에 자금을 빌리려는 기업에게 원하는 자금규모보다 더 적게 대부하는 것을 의미한다. 만일 이자율을 인상하게 되면, 지불능력이 양호한 기업은 자금시장에서 철수할 것이며, 높은 리스크를 가진 기업만 남아서 높은 이자율을 받아들일 것이다. 이러한 역선택 현상을 회피하기 위해서 금융기관은 더 적은 규모의 대출을 하게 될 유인이 있고 이 과정에서 채무불이행 위험이 낮은 기업이 자금차입에 어려움을 겪을 수 있다.

5) **강제적인 보험가입** : 시장에 바람직하지 못한 속성을 가진 상품이나 거래대상자만이 나타나는 현상을 없애기 위하여 속성에 관계없이 모든 상품이나 거래대상자가 거래에 참여토록 강제하는 것이다. 예를 들어 건강보험의 경우 건강한 사람이든 건강하지 않은 사람이든 관계없이 누구나 강제적으로 가입해야 하며, 건강상태에 따라서 보험료를 내는 것이 아니라 소득 및 자산에 비례하여 보험료가 책정된다.

제9편

위의 내용에 따라서 설문을 검토하면 다음과 같다.

① 틀린 내용이다.
교통사고 시 자동차 보험료를 할증하는 것은 보험시장에서 나타나는 도덕적 해이의 해결책이 된다.

② 틀린 내용이다.
피고용인의 급여에 성과급적 요소 도입하는 것은 주인－대리인 문제를 해결하기 위한 방안으로서 주인과 대리인 간에 이윤이 공유되도록 하여 주인과 대리인의 목표가 일치하도록 만드는 유인설계의 하나이다.

③ 틀린 내용이다.
감염병 예방주사 무료 접종은 긍정적 외부성의 해결방안의 하나이다.

④ 옳은 내용이다.
의료보험 가입 시 신체검사를 통해 의료보험료를 차등화하는 것은 보험회사가 적극적으로 보험가입자의 정보를 얻기 위한 노력을 함으로써 역선택 문제를 해결하기 위한 방안의 하나이다.

07 | 2014년 서울시 7급

다음 중 역선택 문제를 완화하기 위해 고안된 장치와 거리가 먼 것은?

① 중고차 판매 시 책임수리 제공
② 민간의료보험 가입 시 신체검사
③ 보험가입 의무화
④ 사고에 따른 자동차 보험료 할증
⑤ 은행의 대출 심사

출제이슈 역선택의 해결방안
핵심해설 정답 ④

정보가 비대칭적으로 분포된 상황에서 정보를 갖지 못한 측의 입장에서 볼 때 바람직하지 못한 상대방과 거래를 할 가능성이 높아지는 현상을 역선택이라고 한다. 역선택은 감추어진 타입 혹은 특성(hidden characteristic) 때문에 발생한다.

예를 들어 보험회사는 보험가입자의 건강상태에 대하여 정확한 정보가 부족하기 때문에 건강한 사람과 그렇지 못한 사람의 중간 수준으로 보험료를 책정하게 된다. 이는 건강한 사람으로 하여금 보험가입을 꺼리게 함과 동시에 건강하지 못한 사람의 가입을 부추기는 것이 되고 마는데 이렇게 보험시장에 건강하지 못한 사람만 남게 되는 현상은 역선택의 좋은 예이다.

역선택에 대한 해결방안으로는 다음과 같은 것들이 있다.

1) **신호** : 정보를 가진 측에서는 감추어진 특성에 대한 관찰 가능한 지표 또는 감추어진 특성에 대한 다양한 보증을 제공(예 : 중고차 성능기록부, 품질보증)하여 역선택의 문제를 완화시킬 수 있다. 보증은 바로 거래되는 상품의 질이 좋다는 신호가 된다. 이러한 정보의 제공을 신호발송(signaling)이라고 한다.

2) **선별** : 정보를 갖지 못한 측에서는 정보를 가진 측의 감추어진 특성에 관한 정보를 파악하기 위해 정보를 수집하여 바람직하지 못한 거래당사자와 바람직한 거래당사자를 구별하여 역선택의 문제를 완화시킬 수 있다(예 : 학력에 따라서 차별적으로 임금을 책정하는 것, 보험가입 시 건강진단서를 제출케 하여 차별적으로 보험료를 책정하는 것, 항공사가 소비자 유형에 따라 요금을 차별적으로 부과하는 것, 은행의 대출심사). 이를 선별(screening)이라고 한다.

3) **신뢰, 평판** : 정보를 가진 측에서 적극적으로 자신에 대한 평판과 신뢰를 축적하여 역선택을 해결하려는 유인이 있다. 기업이 자사 브랜드에 대한 명성을 쌓으려고 노력하는 것도 신뢰 및 평판의 축적을 통한 역선택의 해결방안으로 좋은 예가 된다.

4) **신용할당** : 신용할당(credit rationing)이란 현재의 이자율 수준에서 자금에 대한 초과수요가 있더라도 이자율을 인상하는 대신에 자금을 빌리려는 기업에게 원하는 자금규모보다 더 적게 대부하는 것을 의미한다. 만일 이자율을 인상하게 되면, 지불능력이 양호한 기업은 자금시장에서 철수할 것이며, 높은 리스크를 가진 기업만 남아서 높은 이자율을 받아들일 것이다. 이러한 역선택 현상을 회피하기 위해서 금융기관은 더 적은 규모의 대출을 하게 될 유인이 있고 이 과정에서 채무불이행 위험이 낮은 기업이 자금차입에 어려움을 겪을 수 있다.

5) **강제적인 보험가입** : 시장에 바람직하지 못한 속성을 가진 상품이나 거래대상자만이 나타나는 현상을 없애기 위하여 속성에 관계없이 모든 상품이나 거래대상자가 거래에 참여토록 강제하는 것이다. 예를 들어 건강보험의 경우 건강한 사람이든 건강하지 않은 사람이든 관계없이 누구나 강제적으로 가입해야 하며, 건강상태에 따라서 보험료를 내는 것이 아니라 소득 및 자산에 비례하여 보험료가 책정된다.

위의 내용에 따라서 설문을 검토하면 다음과 같다.

①은 신호발송, ②는 선별, ③은 강제보험가입을 통한 역선택 회피, ⑤는 신용할당으로서 역선택의 해결방안에 해당한다. 자금대출에 있어서 역선택에 직면하게 되는 금융기관들은 신용할당 등의 방식으로 역선택을 회피하고자 하나 이 과정에서 지불능력이 양호한 회사들이 오히려 차입의 기회를 얻지 못하는 경우가 발생할 수 있다.

그러나 ④는 보험시장에서 나타나는 도덕적 해이를 방지하려는 설계가 된다.

08 | 2016년 서울시 7급 |

다음 중 정보경제와 관련된 설명으로 가장 옳지 않은 것은?

① 선별(screening)이란 사적정보를 가진 경제주체가 상대방의 정보를 더욱 얻어내기 위해 취하는 행동이다.

② 신호발생(signalling)이란 정보를 가진 경제주체가 자신에 관한 정보를 상대방에게 전달하려는 행동이다.

③ 탐색행위(search activities)란 상품의 가격에 대한 정보를 충분히 갖지 못한 수요자가 좀 더 낮은 가격을 부르는 곳은 찾으려고 하는 행위이다.

④ 역선택(adverse selection)이란 상대방의 감추어진 속성으로 인해 정보가 부족한 쪽에서 바람직하지 않은 선택을 하는 현상이다.

출제이슈 역선택과 해결방안
핵심해설 정답 ①

정보가 비대칭적으로 분포된 상황에서 정보를 갖지 못한 측의 입장에서 볼 때 바람직하지 못한 상대방과 거래를 할 가능성이 높아지는 현상을 역선택이라고 한다. 역선택은 감추어진 타입 혹은 특성(hidden characteristic) 때문에 발생한다.

예를 들어 보험회사는 보험가입자의 건강상태에 대하여 정확한 정보가 부족하기 때문에 건강한 사람과 그렇지 못한 사람의 중간 수준으로 보험료를 책정하게 된다. 이는 건강한 사람으로 하여금 보험가입을 꺼리게 함과 동시에 건강하지 못한 사람의 가입을 부추기는 것이 되고 마는데 이렇게 보험시장에 건강하지 못한 사람만 남게 되는 현상은 역선택의 좋은 예이다.

역선택에 대한 해결방안으로는 다음과 같은 것들이 있다.

1) **신호** : 정보를 가진 측에서는 감추어진 특성에 대한 관찰 가능한 지표 또는 감추어진 특성에 대한 다양한 보증을 제공(예 : 중고차 성능기록부, 품질보증)하여 역선택의 문제를 완화시킬 수 있다. 보증은 바로 거래되는 상품의 질이 좋다는 신호가 된다. 이러한 정보의 제공을 신호발송(signaling)이라고 한다.

2) **선별** : 정보를 갖지 못한 측에서는 정보를 가진 측의 감추어진 특성에 관한 정보를 파악하기 위해 정보를 수집하여 바람직하지 못한 거래당사자와 바람직한 거래당사자를 구별하여 역선택의 문제를 완화시킬 수 있다(예 : 학력에 따라서 차별적으로 임금을 책정하는 것, 보험가입 시 건강진단서를 제출케 하여 차별적으로 보험료를 책정하는 것, 항공사가 소비자 유형에 따라 요금을 차별적으로 부과하는 것, 은행의 대출심사). 이를 선별(screening)이라고 한다.

3) **신뢰, 평판** : 정보를 가진 측에서 적극적으로 자신에 대한 평판과 신뢰를 축적하여 역선택을 해결하려는 유인이 있다. 기업이 자사 브랜드에 대한 명성을 쌓으려고 노력하는 것도 신뢰 및 평판의 축적을 통한 역선택의 해결방안으로 좋은 예가 된다.

4) **신용할당** : 신용할당(credit rationing)이란 현재의 이자율 수준에서 자금에 대한 초과수요가 있더라도 이자율을 인상하는 대신에 자금을 빌리려는 기업에게 원하는 자금규모보다 더 적게 대부하는 것을 의미한다. 만일 이자율을 인상하게 되면, 지불능력이 양호한 기업은 자금시장에서 철수할 것이며, 높은 리스크를 가진 기업만 남아서 높은 이자율을 받아들일 것이다. 이러한 역선택 현상을 회피하기 위해서 금융기관은 더 적은 규모의 대출을 하게 될 유인이 있고 이 과정에서 채무불이행 위험이 낮은 기업이 자금차입에 어려움을 겪을 수 있다.

제9편

5) 강제적인 보험가입 : 시장에 바람직하지 못한 속성을 가진 상품이나 거래대상자만이 나타나는 현상을 없애기 위하여 속성에 관계없이 모든 상품이나 거래대상자가 거래에 참여토록 강제하는 것이다. 예를 들어 건강보험의 경우 건강한 사람이든 건강하지 않은 사람이든 관계없이 누구나 강제적으로 가입해야 하며, 건강상태에 따라서 보험료를 내는 것이 아니라 소득 및 자산에 비례하여 보험료가 책정된다.

위의 내용에 따라서 설문을 검토하면 다음과 같다.

① 선별(screening)은 정보를 갖지 못한 경제주체가 상대방의 정보를 더욱 얻어내기 위해 취하는 행동이므로 잘못된 설명이다. 나머지는 모두 옳은 내용이다.

09 | 2013년 국가직 7급

역선택에 관한 설명으로 옳지 않은 것은?

① 역선택은 정보를 가지고 있는 자의 자기선택 과정에서 생기는 현상이다.
② 교육수준이 능력에 관한 신호를 보내는 역할을 하는 경우 역선택의 문제가 완화된다.
③ 정부에 의한 품질인증은 역선택의 문제를 완화시킨다.
④ 역선택 현상이 존재하는 상황에서 강제적인 보험프로그램의 도입은 후생을 약화시킨다.

출제이슈 역선택과 해결방안
핵심해설 정답 ④

정보가 비대칭적으로 분포된 상황에서 정보를 갖지 못한 측의 입장에서 볼 때 바람직하지 못한 상대방과 거래를 할 가능성이 높아지는 현상을 역선택이라고 한다. 역선택은 감추어진 타입 혹은 특성(hidden characteristic) 때문에 발생한다.

예를 들어 보험회사는 보험가입자의 건강상태에 대하여 정확한 정보가 부족하기 때문에 건강한 사람과 그렇지 못한 사람의 중간 수준으로 보험료를 책정하게 된다. 이는 건강한 사람으로 하여금 보험가입을 꺼리게 함과 동시에 건강하지 못한 사람의 가입을 부추기는 것이 되고 마는데 이렇게 보험시장에 건강하지 못한 사람만 남게 되는 현상은 역선택의 좋은 예이다.

역선택에 대한 해결방안으로는 다음과 같은 것들이 있다.

1) **신호** : 정보를 가진 측에서는 감추어진 특성에 대한 관찰 가능한 지표 또는 감추어진 특성에 대한 다양한 보증을 제공(예 : 중고차 성능기록부, 품질보증)하여 역선택의 문제를 완화시킬 수 있다. 보증은 바로 거래되는 상품의 질이 좋다는 신호가 된다. 이러한 정보의 제공을 신호발송(signaling)이라고 한다.

2) **선별** : 정보를 갖지 못한 측에서는 정보를 가진 측의 감추어진 특성에 관한 정보를 파악하기 위해 정보를 수집하여 바람직하지 못한 거래당사자와 바람직한 거래당사자를 구별하여 역선택의 문제를 완화시킬 수 있다(예 : 학력에 따라서 차별적으로 임금을 책정하는 것, 보험가입 시 건강진단서를 제출케 하여 차별적으로 보험료를 책정하는 것, 항공사가 소비자 유형에 따라 요금을 차별적으로 부과하는 것, 은행의 대출심사). 이를 선별(screening)이라고 한다.

3) **신뢰, 평판** : 정보를 가진 측에서 적극적으로 자신에 대한 평판과 신뢰를 축적하여 역선택을 해결하려는 유인이 있다. 기업이 자사 브랜드에 대한 명성을 쌓으려고 노력하는 것도 신뢰 및 평판의 축적을 통한 역선택의 해결방안으로 좋은 예가 된다.

4) **신용할당** : 신용할당(credit rationing)이란 현재의 이자율 수준에서 자금에 대한 초과수요가 있더라도 이자율을 인상하는 대신에 자금을 빌리려는 기업에게 원하는 자금규모보다 더 적게 대부하는 것을 의미한다. 만일 이자율을 인상하게 되면, 지불능력이 양호한 기업은 자금시장에서 철수할 것이며, 높은 리스크를 가진 기업만 남아서 높은 이자율을 받아들일 것이다. 이러한 역선택 현상을 회피하기 위해서 금융기관은 더 적은 규모의 대출을 하게 될 유인이 있고 이 과정에서 채무불이행 위험이 낮은 기업이 자금차입에 어려움을 겪을 수 있다.

5) **강제적인 보험가입** : 시장에 바람직하지 못한 속성을 가진 상품이나 거래대상자만이 나타나는 현상을 없애기 위하여 속성에 관계없이 모든 상품이나 거래대상자가 거래에 참여토록 강제하는 것이다. 예를 들어 건강보험의 경우 건강한 사람이든 건강하지 않은 사람이든 관계없이 누구나 강제적으로 가입해야 하며, 건강상태에 따라서 보험료를 내는 것이 아니라 소득 및 자산에 비례하여 보험료가 책정된다.

위의 내용에 따라서 설문을 검토하면 다음과 같다.

① 옳은 내용이다.
역선택은 정보를 갖고 있는 측의 자기선택과정에서 발생한다. 예를 들어 나쁜 질의 차를 가진 사람은 자발적으로 이를 팔려고 시장에 내놓고, 좋은 질의 차를 가진 사람은 자발적으로 이를 시장에서 거두어들이게 된다.

②, ③ 모두 옳은 내용이다.
정보를 가진 측에서는 감추어진 특성에 대한 관찰 가능한 지표 또는 감추어진 특성에 대한 다양한 보증을 제공(예 : 중고차 성능기록부, 품질보증)하려는 유인이 있는데 이러한 신호발송을 통해 역선택 문제가 완화될 수 있다.

④ 틀린 내용이다.
역선택 현상이 존재하는 상황에서 강제적인 보험프로그램의 도입은 역선택 문제를 완화하여 사회후생을 증진시킬 수 있다.

10 2012년 국가직 7급

정보의 비대칭성(information asymmetry)의 원인, 문제, 사례 및 해결책이 바르게 연결된 것은?

	원인	문제	사례	해결책
①	숨겨진 특징 (hidden characterristics)	도덕적해이 (moral hazard)	중고차 시장	강제보험
②	숨겨진 특징	역선택 (adverse selection)	신규차 시장	성과급
③	숨겨진 행위 (hidden action)	도덕적해이	주인과 대리인	감시강화
④	숨겨진 행위	역선택	노동시장	최저임금

출제이슈 역선택과 도덕적 해이의 개념과 해결방안
핵심해설 정답 ③

역선택과 도덕적 해이의 구별은 다음과 같다.

정보가 비대칭적으로 분포된 상황에서 정보를 갖지 못한 측의 입장에서 볼 때 바람직하지 못한 상대방과 거래를 할 가능성이 높아지는 현상을 역선택이라고 한다. 역선택은 감추어진 타입 혹은 특성(hidden characteristic) 때문에 발생한다.

예를 들어 보험회사는 보험가입자의 건강상태에 대하여 정확한 정보가 부족하기 때문에 건강한 사람과 그렇지 못한 사람의 중간 수준으로 보험료를 책정하게 된다. 이는 건강한 사람으로 하여금 보험가입을 꺼리게 함과 동시에 건강하지 못한 사람의 가입을 부추기는 것이 되고 마는데 이렇게 보험시장에 건강하지 못한 사람만 남게 되는 현상은 역선택의 좋은 예이다.

역선택에 대한 해결방안으로는 신호발송, 선별, 신뢰 및 평판, 신용할당, 강제적인 보험가입 등이 있다.

한편, 어느 한 거래당사자는 자기 행동이 상대방에 의해 정확하게 파악될 수 없는 특정한 상황에서 상대방에게 바람직하지 못한 결과를 초래하고 자신의 이득을 추구하는 행동을 할 유인이 있을 수 있다. 이 경우 그 거래당사자는 바람직하지 못한 행동을 할 수 있는데 이를 도덕적 해이가 발생하였다고 한다. 도덕적 해이는 거래나 계약 이후에 나타나는 감추어진 행동(hidden action)이 문제된다.

예를 들어 건강보험에 가입하기 전에 비하여 가입한 이후에 건강관리에 소홀히 하고 대신 병원에 필요 이상으로 자주 다니는 현상이 나타나는 것도 도덕적 해이의 하나의 예이다.

도덕적 해이의 특수한 상황에 해당하는 본인−대리인 문제를 해결하기 위해서는 적절한 유인구조를 대리인에게 제시함으로써 본인의 이익을 위해서 일하는 것이 대리인 자신에게도 이득이 되도록 하여 대리인의 도덕적 해이를 방지하는 것이 필요하다. 유인설계로는 성과에 따른 보수지급, 이윤의 공유, 효율성 임금 등이 있다. 아울러 이외에도 설문과 같이 감시감독을 강화하여 문제를 해결할 수도 있다.

제9편

ISSUE 02 조세일반이론

2019 국9 | 2017 지7 | 2016 지7 | 2015 지7 | 2013 국7 | 2013 서7 | 2012 국7

1 재정(public finance)의 의의

1) 광의의 개념으로 정부가 공공으로부터의 욕구를 충족시키고 합의된 공공의 이익을 수행하는 모든 경제적 활동을 재정이라고 한다.

2) 협의의 개념으로 정부가 조세, 국공채 등의 방식으로 재원을 조달하고 그 재원을 활용하여 국가 경제의 효율성과 공평성 실현을 위해 지출하는 나라의 전반적인 살림살이를 의미한다.

2 조세의 의의

1) **의의**

정부가 재정수입을 목적으로 과세요건을 충족하는 자연인, 법인에게 개별적인 반대급부가 없이 강제적으로 징수하는 금품이나 경제적 부담을 조세라고 한다.

2) **부과권자**: 국가 또는 지방자치단체(중앙정부, 지방정부)

3) **징수목적**: 국가 또는 지방자치단체의 재정수입조달

4) **발생근거**: 조세법률주의에 의하여 과세요건 충족 시 발생

5) **반대급부**: 조세를 납부한 자에게 그에 상응하는 개별적인 반대급부는 제공되지 않는다.

3 조세의 분류

1) **국세와 지방세**

① 국세: 국가가 과세권을 가진 조세(법인세, 소득세, 상속세, 증여세, 종합부동산세, 부가가치세, 개별소비세, 주세, 교육세, 농어촌특별세)

② 지방세: 지방자치단체가 과세권을 가진 조세(취득세, 등록면허세, 재산세, 자동차세, 주민세, 지방소득세, 지방소비세, 담배소비세, 레저세)

2) **목적세와 보통세**

① 목적세: 조세수입의 용도를 미리 정한 조세(교육세, 농어촌특별세)

② 보통세: 목적세 이외의 조세

3) 직접세와 간접세

① 직접세 : 조세를 부담하는 자와 조세를 납부할 의무가 있는 자가 동일한 조세(소득세, 법인세, 상속세, 증여세)

② 간접세 : 조세를 부담하는 자와 조세를 납부할 의무가 있는 자가 상이한 조세(부가가치세, 개별소비세, 주세)

4) 인세와 물세

① 인세 : 납세자의 인적사정을 고려하여 과세하는 조세(소득세, 상속세, 증여세)

② 물세 : 납세자의 인적사정을 고려하지 않고 과세하는 조세(부가가치세, 개별소비세, 주세)

5) 종가세와 종량세

① 종가세 : 과세표준을 화폐단위로 측정하는 조세(법인세, 소득세, 부가가치세, 상속세, 증여세, 종합부동산세 등 대부분의 조세는 종가세)로서 세율은 비율로 정한다.

② 종량세 : 과세표준을 화폐 이외의 단위(개수, 중량, 부피 등)로 측정하는 조세(개별소비세, 주세 등 일부)로서 세율은 단위당 금액으로 정한다.

4 조세부담의 전가와 귀착

1) 조세부담의 귀착(incidence)

① 법적 귀착(statutory incidence)

세법상으로 누가 조세를 납부해야 할 의무를 지는가의 문제이다. 세법상 조세납부 의무자에게 법적 귀착이 일어난다.

② 경제적 귀착(economic incidence)

법상으로 조세납무 의무자가 있다고 하더라도 경제적으로 실제 조세부담을 지는 자가 따로 있을 수 있는데 이를 경제적 귀착이라고 한다. 경제적 귀착이 되는 자는 법적 귀착자와 거래관계에 있는 자가 된다.

2) 조세부담의 전가(shifting)

조세의 법적 귀착자가 조세부담을 자신과 거래관계에 있는 다른 주체에게 떠넘기는 현상을 조세의 전가라고 한다.

5 바람직한 조세제도의 요건

1) 조세부담의 공평한 분배

① 편익원칙

각 납세자가 공공서비스로부터 받은 편익에 비례하도록 조세부담을 분배하는 것이 공평하다고 보는 견해이다.

② 능력원칙

공공서비스의 편익이 어떻게 분배되고 있는지와는 무관하게 납세자의 조세부담능력(경제적 능력)에 따라서 조세부담을 분배하는 것이 공평하다고 보는 견해이다.

  ⅰ) 수평적 공평성(horizontal equity)

    똑같은 조세부담능력을 가진 사람은 똑같은 조세부담을 져야 한다는 원칙이다.

  ⅱ) 수직적 공평성(vertical equity)

    더 큰 조세부담능력을 가진 사람은 더 많은 조세부담을 져야 한다는 원칙이다.

  ⅲ) 경제적 능력의 기준

    무엇을 조세부담의 능력, 경제적 능력의 측정기준으로 삼아야 하는지에 대하여는 여러 견해가 존재한다. 경제적 능력의 평가기준이 될 수 있는 대리변수(proxy)로서 소득, 예산 집합(소득과 여가), 임금률, 소비수준, 재산 등을 들 수 있다.

2) **조세초과부담의 최소화**: 효율적인 조세구조

  ⇨ Issue 3 조세의 초과부담과 램지규칙·역탄력성규칙

6 수직적 공평성과 소득세제도

1) 의의

경제적 능력의 기준으로 소득을 채택할 경우, 어떻게 조세제도를 설계하여야 수직적 공평성이 실현되느냐가 중요하다. 이는 구체적으로 소득세제 함수의 세율 설정으로 나타난다.

2) 소득세제 함수의 설정

소득에 따라서 조세가 부과되는 소득세의 세제함수는 다음과 같이 선형의 형태로 간단히 설정할 수 있다.

$T = a + bY$, T : 조세액, Y : 소득

3) 소득세의 세율

① 평균세율

  소득(과세표준)에 대하여 조세액의 비율로서 $\dfrac{T}{Y}$가 된다.

② 한계세율

  소득(과세표준)의 증가에 따라서 조세가 증가하는 수준을 측정한 것으로서 $\dfrac{dT}{dY} = b$가 되어 이는 소득세제함수의 기울기가 된다.

③ 실효세율

  각종 공제가 이루어진 후의 과세표준이 아니라 공제 전 소득에 대하여 조세의 비율을 실효세율이라고 한다. 이는 겉으로 보기엔 누진적이지만, 부유한 계층의 소득 중 상당부분이 공제되어 조세부담이 실제로는 크지 않은 경우 소득계층의 실제적인 조세부담을 보기 위해 사용되는 개념이다.

4) 소득세제의 누진성 측정: 평균세율 기준

① **누진적 세제**

소득수준이 상승함에 따라서 평균세율이 증가하는 조세제도를 누진적(progressive)이라고 한다.

② **역진적 세제**

소득수준이 상승함에 따라서 평균세율이 감소하는 조세제도를 역진적(regressive)이라고 한다.

③ **누진성의 측정**

누진성의 정도를 α 라는 지표로 측정한다고 하면, 소득이 Y_0에서 Y_1으로 증가할 때, 조세부담이 T_0에서 T_1으로 오른 경우 누진성의 정도는 다음과 같이 측정할 수 있다.

ⅰ) 평균세율의 증가분 / 소득의 증가분로 측정하는 방법

$$\alpha = \frac{\dfrac{T_1}{Y_1} - \dfrac{T_0}{Y_0}}{Y_1 - Y_0} = \frac{\text{평균세율의 증가분}}{\text{소득의 증가분}}$$

ⅱ) 조세의 증가율 / 소득증가율로 측정하는 방법

$$\alpha = \frac{\dfrac{T_1 - T_0}{T_0}}{\dfrac{Y_1 - Y_0}{Y_0}} = \frac{\text{조세의 증가율}}{\text{소득의 증가율}}$$

5) 소득세제의 종류

① **선형누진세**

$T = -S + tY$, T: 조세액, Y: 소득, S: 정액증여액, t: 세율

② **비례세**

$T = tY$, T: 조세액, Y: 소득, t: 세율

6) 현실의 소득세제와 단일세율 제도

① 경제학적인 소득세제와는 달리 현실에서는 소득세의 부과가 매우 복잡한 과정을 거쳐서 이루어지고 있다.

② 이러한 과정 속에서 조세회피(절세를 위한 경제행위의 수정으로서 위법은 아님), 조세포탈(위법하게 조세의무를 기피)이 나타나고 복잡한 조세제도 운영에 많은 행정비용이 소요된다는 문제점이 있다.

③ 이런 문제점 때문에 현실의 복잡한 소득세제를 수정하여 단일세율(flat rate)로 일원화하고 각종 공제규정 등을 대폭 정리하자는 것이 단일세율론의 주장이다.

④ 단일세율을 통해서 조세회피나 포탈을 줄일 수 있고 방대한 조세행정비용도 절감할 수 있다는 장점이 있으나 수직적 공평이 저해된다는 단점도 상존한다.

ISSUE 문제 📝

01 2016년 지방직 7급

직접세와 간접세에 대한 설명으로 옳지 않은 것은?

① 간접세는 조세의 전가가 이루어지지 않는다.
② 직접세는 누진세를 적용하기에 용이하다.
③ 직접세는 간접세에 비해 조세저항이 크다.
④ 간접세는 직접세에 비해 역진적이므로 조세의 형평성을 떨어뜨린다.

출제이슈 직접세와 간접세의 구별
핵심해설 정답 ①

정부가 재정수입을 목적으로 과세요건을 충족하는 자연인, 법인에게 개별적인 반대급부가 없이 강제적으로 징수하는 금품이나 경제적 부담을 조세라고 한다.

조세를 담세자(조세를 부담하는 자)와 납세자(조세를 납부할 의무가 있는 자)의 동일여부를 기준으로 분류하면 다음과 같다.

① 직접세는 조세를 부담하는 자와 조세를 납부할 의무가 있는 자가 동일한 조세(소득세, 법인세, 상속세, 증여세)를 말한다.
② 간접세는 조세를 부담하는 자와 조세를 납부할 의무가 있는 자가 상이한 조세(부가가치세, 개별소비세, 주세)를 말한다.

설문을 검토하면 다음과 같다.

① 틀린 설명이다. 간접세도 조세의 전가가 이루어진다.

조세의 법적 귀착자가 조세부담을 자신과 거래관계에 있는 다른 주체에게 떠넘기는 현상을 조세의 전가라고 한다. 법적 귀착자는 세법상으로 누가 조세를 납부해야 할 의무를 지는 자를 말한다. 법상으로 조세납무 의무자가 있다고 하더라도 경제적으로 실제 조세부담을 지는 자가 따로 있을 수 있는데 이를 경제적 귀착자라고 한다. 경제적 귀착이 되는 자는 법적 귀착자와 거래관계에 있는 자가 된다. 간접세는 조세를 부담하는 자와 조세를 납부할 의무가 있는 자가 상이한 조세를 말한다. 그런데 조세를 법적으로 납부할 의무가 있는 자가 모든 조세부담을 지는 것은 아니다. 실제로 부담하는 자가 존재하는데 이는 조세의 전가가 일어나기 때문이다. 간접세의 경우, 공급자에게 조세납부의무가 있더라도 실제로는 수요자와 그 부담을 나눠지므로 조세의 전가가 발생하는 것이다.

② 옳은 설명이다. 직접세는 누진세를 적용하기에 용이하다.

직접세는 조세를 부담하는 자와 조세를 납부할 의무가 있는 자가 동일한 조세를 말한다. 대표적으로 소득세, 법인세, 상속세, 증여세를 들 수 있다. 직접세는 조세의 전가가 일어나지 않으므로 과세당국이 누진세를 적용하기에 용이하지만, 부가가치세와 같은 간접세는 불특정 다수에게 조세의 전가가 발생하기 때문에 조세의 누진적 부과가 불가능하다.

③ 옳은 설명이다. 직접세는 간접세에 비해 조세저항이 크다.

직접세는 조세를 부담하는 자와 조세를 납부할 의무가 있는 자가 동일한 조세를 말한다. 대표적으로 소득세, 법인세, 상속세, 증여세를 들 수 있다. 직접세는 조세의 전가가 불가능하기 때문에 조세저항이 크다. 간접세는 전가가 가능하므로 직접세에 비해 조세저항이 작다.

④ 옳은 설명이다. 간접세는 직접세에 비해 역진적이므로 조세의 형평성을 떨어뜨린다.

부가가치세와 같은 간접세는 불특정 다수에게 조세의 전가가 발생하기 때문에 조세의 누진적 부과가 불가능하다. 부가가치세는 상품을 구입하고 소비하는 모든 경제주체에게 동일하게 과세된다. 이는 경제주체 간의 소득이나 능력을 전혀 고려하지 않고 일률적으로 매기는 조세이므로 부유한 계층의 세부담을 상대적으로 줄어들고 빈곤한 계층의 세부담은 상대적으로 늘게 되어 역진적인 성격을 가지며 조세부담의 공평성을 저해한다.

02   2019년 국가직 9급

정부가 연 소득 2,000만 원까지는 10%의 세금을 부과하고, 추가적인 3,000만 원에 대해서는 20%, 5,000만 원을 초과하는 소득에 대해서는 30%의 세금을 부과한다면, 연 소득 7,000만 원에 대한 평균세율과 한계세율을 바르게 연결한 것은?

	평균세율	한계세율
①	20%	30%
②	20%	25%
③	30%	25%
④	30%	30%

출제이슈   평균세율과 한계세율
핵심해설   정답 ①

조세부담의 공평한 분배를 위해서 편익원칙에 의하면 각 납세자가 공공서비스로부터 받은 편익에 비례하도록 조세부담을 분배해야 하며 능력원칙에 의하면 공공서비스의 편익이 어떻게 분배되고 있는지와는 무관하게 납세자의 조세부담능력(경제적 능력)에 따라서 조세부담을 분배해야 한다.

경제적 능력의 기준으로 소득을 채택할 경우, 어떻게 조세제도를 설계하여야 수직적 공평성이 실현되느냐가 중요하다. 이는 구체적으로 소득세제함수(예: $T = a + bY$, T: 조세액, Y: 소득)의 세율 설정으로 나타난다. 소득세의 세율에는 평균세율, 한계세율 등이 있다.

① 평균세율은 소득(과세표준)에 대하여 조세액의 비율로서 $\dfrac{T}{Y}$ 가 된다.

② 한계세율은 소득(과세표준)의 증가에 따라서 조세가 증가하는 수준을 측정한 것으로서 $\dfrac{dT}{dY} = b$ 가 되어 이는 소득세제 함수의 기울기가 된다.

설문에 제시된 자료를 토대로 평균세율과 한계세율을 구하면 다음과 같다.

1) 소득세제

① 연 소득 2,000만 원까지는 10%의 세금을 부과
② 추가적인 3,000만 원에 대해서는 20%의 세금을 부과
③ 5,000만 원을 초과하는 소득에 대해서는 30%의 세금을 부과

2) 소득세제에 따른 연소득 7,000만 원에 대한 세금

① 연 소득 2,000만 원까지는 10%의 세금을 부과 → 조세액 200만 원
② 추가적인 3,000만 원에 대해서는 20%의 세금을 부과 → 조세액 600만 원
③ 5,000만 원 초과소득에 대해서는 30%의 세금을 부과 → 조세액 (7,000 − 5,000) × 30% = 600만 원
④ 총조세액 1,400만 원

3) 연소득 7,000만 원인 경우 평균세율

소득(과세표준)에 대하여 조세액의 비율이므로 $\dfrac{T}{Y} = \dfrac{1,400}{7,000} = 20\%$ 가 된다.

4) 연소득 7,000만 원인 경우 한계세율

5,000만 원을 초과하는 소득에 대해서는 30%의 세금을 부과하므로 소득 7,000만 원에 대한 한계세율은 30%가 된다.

제9편

03 2015년 지방직 7급

A국의 소득세는 $T = \max[0, \ 0.15(Y-1,000)]$의 식에 따라 결정된다. 즉, 연소득 1,000만 원까지는 전혀 세금을 부과하지 않고, 1,000만 원을 넘는 부분에 대해서만 15%의 세율로 세금을 부과한다. 이 소득세 제도의 1,000만 원 이상 소득구간에서 한계세율(ㄱ)과 평균세율(ㄴ)에 대한 설명으로 옳은 것은? (단, T는 세액, Y는 소득이다)

	ㄱ	ㄴ
①	누진적	누진적
②	누진적	비례적
③	비례적	비례적
④	비례적	누진적

출제이슈 평균세율과 누진성의 판단
핵심해설 정답 ④

평균세율은 소득(과세표준)에 대하여 조세액의 비율로서 $\dfrac{T}{Y}$ 가 되며, 한계세율은 소득(과세표준)의 증가에 따라서 조세가 증가하는 수준을 측정한 것으로서 $\dfrac{dT}{dY}$ 가 된다.

설문에 제시된 자료를 토대로 평균세율과 한계세율을 구하면 다음과 같다.

1) 소득세제

① 연소득 1,000만 원까지는 세금 부과 없음
② 1,000만 원을 초과하는 소득에 대해서만 15%의 세금을 부과
③ 소득세제함수 $T = \max[0, \ 0.15(Y-1,000)]$

2) 소득세제에 따른 연소득 Y 만 원(단, 1,000만 원 이상)에 대한 세금

① 연소득 1,000만 원까지는 세금 부과 없음 → 조세액 0원
② 1,000만 원을 초과하는 소득에 대해서만 15%의 세금을 부과 → 조세액 $(Y-1,000) \times 0.15$ 만 원
③ 총조세액 $(Y-1,000) \times 0.15$ 만 원

3) 연소득 Y 만 원(단, 1,000만 원 이상)인 경우 평균세율

소득(과세표준)에 대하여 조세액의 비율이므로 $\dfrac{T}{Y} = \dfrac{(Y-1,000) \times 0.15}{Y} = 0.15 - \dfrac{150}{Y}$

4) 연소득 Y 만 원(단, 1,000만 원 이상)인 경우 한계세율

1,000만 원을 초과하는 소득에 대해서는 15%의 세금을 부과하므로 1,000만 원을 넘는 Y 만 원에 대한 한계세율은 15%가 된다.

위에서 구한 자료를 토대로 누진성을 평가하면 다음과 같다.

먼저 누진성이란 공평한 조세부담의 원칙에 따라서 수직적 공평성을 실현하는 정도를 의미한다. 경제적 능력이 동일하면 동일한 세금부담을 지는 것이 수평적 공평성(horizontal equity)이라면, 경제적 능력이 크면 클수록 더 많은 세금부담을 지도록 하는 것이 수직적 공평성(vertical equity)이다.

수직적 공평성이 구체적으로 발현된 누진성의 측정은 소득세제에 있어서 평균세율을 기준으로 한다. 소득수준이 상승함에 따라서 평균세율이 증가하는 조세제도를 누진적(progressive)이라고 한다. 반대로 소득수준이 상승함에 따라서 평균세율이 감소하는 조세제도를 역진적(regressive)이라고 한다.

앞에서 연소득 Y 만 원(단, 1,000만 원 이상)인 경우 평균세율은 소득(과세표준)에 대하여 조세액의 비율이므로 $\dfrac{T}{Y} = \dfrac{(Y-1,000) \times 0.15}{Y} = 0.15 - \dfrac{150}{Y}$ 가 된다. 이때, 평균세율은 소득 Y 가 증가함에 따라서 증가하는 것을 알 수 있다. 따라서 설문의 소득세제는 누진적임을 알 수 있다.

한편, 앞에서 본 바와 같이 누진성은 평균세율을 기준으로 측정하는 것이 일반적이지만, 한계세율을 기준으로 측정할 수도 있다. 이 경우의 누진성은 과세구간이 소득증가로 이동함에 따라서 적용되는 세율, 즉 한계세율이 커지는 것을 의미한다. 따라서 설문에서 과세구간은 1,000만 원을 기준으로 하고 있으며 1,000만 원 이상의 소득에만 과세되는데 더 이상의 과세구간은 없이 단일한 세율 15%가 적용되므로 단순한 비례세제라고 볼 수 있다.

제9편

04 2017년 지방직 7급

다음은 A국의 소득세제에 대한 특징이다. 이에 대한 설명으로 옳은 것은? (단, 최종소득은 소득에서 소득세를 뺀 값이다)

- 소득이 5,000만 원 미만이면 소득세를 납부하지 않음
- 소득이 5,000만 원 이상이면 5,000만 원을 초과하는 소득의 20%를 소득세로 납부함

① 소득 대비 최종소득의 비중은 소득이 증가할수록 감소한다.
② 고소득자의 최종소득이 저소득자의 최종소득보다 작을 수 있다.
③ 소득 증가에 따른 최종소득 증가분은 소득이 증가할수록 작아진다.
④ 소득이 5,000만 원 이상인 납세자의 소득 대비 소득세 납부액 비중은 소득이 증가할수록 커진다.

출제이슈 소득세제에 대한 이해
핵심해설 정답 ④

평균세율은 소득(과세표준)에 대하여 조세액의 비율로서 $\dfrac{T}{Y}$ 가 되며, 한계세율은 소득(과세표준)의 증가에 따라서 조세가 증가하는 수준을 측정한 것으로서 $\dfrac{dT}{dY}$ 가 된다.

설문에 제시된 자료를 토대로 평균세율과 한계세율을 구하면 다음과 같다.

1) 소득세제

① 연소득 5,000만 원 미만은 세금 부과 없음
② 5,000만 원을 초과하는 소득에 대해서만 20%의 세금을 부과

2) 소득세제에 따른 연소득 Y 만 원(단, 5,000만 원 이상)에 대한 세금

① 연소득 1,000만 원까지는 10%의 세금을 부과 → 조세액 0원
② 1,000만 원을 초과하는 소득에 대해서만 15%의 세금을 부과 → 조세액 $(Y-5,000) \times 0.2$ 만 원
③ 총조세액 $(Y-5,000) \times 0.2$ 만 원

3) 연소득이 Y만 원(단, 5,000만 원 이상)인 경우 평균세율

소득(과세표준)에 대하여 조세액의 비율이므로 $\dfrac{T}{Y} = \dfrac{(Y-5,000) \times 0.2}{Y} = 0.2 - \dfrac{1,000}{Y}$

4) 연소득이 Y만 원(단, 5,000만 원 이상)인 경우 한계세율

5,000만 원을 초과하는 소득에 대해서는 20%의 세금을 부과하므로 5,000만 원을 넘는 Y 만 원에 대한 한계세율은 20%가 된다.

설문을 검토하면 다음과 같다.

① 틀린 내용이다.

ⅰ) 소득이 5,000만 원 미만인 경우
이때는 소득세를 납부하지 않으므로 최종소득이 소득 그 자체가 된다. 따라서 소득 대비 최종소득의 비중은 항상 일정하다. 1이다. 소득이 증가할수록 감소하는 것이 아니다.

ⅱ) 소득이 5,000만 원 이상인 경우
연소득 Y 만 원, 총조세액이 $(Y-5,000) \times 0.2$ 만 원이므로 과세 후 최종소득은 $0.8Y+1,000$가 되어 소득 대비 최종소득의 비중은 $\dfrac{0.8Y+1,000}{Y} = 0.8 + \dfrac{1,000}{Y}$ 이므로 소득이 증가할수록 비중이 감소한다.

② 틀린 내용이다.

ⅰ) 소득이 5,000만 원 미만인 경우
이때는 소득세를 납부하지 않으므로 최종소득이 소득 그 자체가 된다. 따라서 이 구간에서 상대적으로 고소득자의 최종소득은 저소득자의 최종소득보다 항상 크다. 작을 수는 없다.

ⅱ) 소득이 5,000만 원 이상인 경우
연소득 Y 만 원, 총조세액이 $(Y-5,000) \times 0.2$ 만 원이므로 $0.8Y+1,000$(단 $Y \geq 5,000$)이 과세 후 최종소득이 된다. 따라서 이 구간에서 상대적으로 고소득자의 최종소득은 저소득자의 최종소득보다 항상 크다. 작을 수는 없다.

③ 틀린 내용이다.

ⅰ) 소득이 5,000만 원 미만인 경우
이때는 소득세를 납부하지 않으므로 최종소득이 소득 그 자체가 된다. 따라서 소득증가에 따라서 그 소득증가분만큼 최종소득 증가분이 된다. 따라서 최종소득 증가분은 소득증가분과 동일하다.
소득증가분이 $(Y'-Y)$라고 하면, 최종소득 증가분은 $(Y'-Y)$가 된다.

ⅱ) 소득이 5,000만 원 이상인 경우
연소득 Y 만 원, 총조세액이 $(Y-5,000) \times 0.2$ 만 원이므로 $0.8Y+1,000$(단 $Y \geq 5,000$)이 과세 후 최종소득이 된다. 따라서 소득증가분이 $(Y'-Y)$라고 하면, 최종소득 증가분은 $0.8(Y'-Y)$가 되어 일정하다.

④ 옳은 내용이다.

소득이 5,000만 원 이상인 납세자의 소득 대비 소득세 납부액 비중은 소득이 증가할수록 커진다.

연소득 Y 만 원, 총조세액이 $(Y-5,000) \times 0.2$ 만 원이므로 소득 대비 소득세의 비중이
$\dfrac{(Y-5,000) \times 0.2}{Y} = 0.2 - \dfrac{1,000}{Y}$ 가 되어 소득이 증가할수록 비중이 증가한다.

제9편

05 2013년 서울시 7급

광수는 소득에 대해 다음의 누진세율을 적용받고 있다고 가정하자. 처음 1,000만 원에 대해서는 면세이고, 다음 1,000만 원에 대해서는 10%, 그 다음 1,000만 원에 대해서는 15%, 그 다음 1,000만 원에 대해서는 25%, 그 이상 초과 소득에 대해서는 50%의 소득세율이 누진적으로 부과된다. 광수의 소득이 7,500만 원일 경우 광수의 평균세율은 얼마인가?

① 20% ② 25%
③ 28% ④ 30%
⑤ 36.67%

출제이슈 평균세율
핵심해설 정답 ④

평균세율은 소득(과세표준)에 대하여 조세액의 비율로서 $\dfrac{T}{Y}$ 가 되며, 한계세율은 소득(과세표준)의 증가에 따라서 조세가 증가하는 수준을 측정한 것으로서 $\dfrac{dT}{dY}$ 가 된다.

설문에 제시된 자료를 토대로 평균세율과 한계세율을 구하면 다음과 같다.

1) 소득세제

① 처음 1,000만 원에 대해서는 면세
② 다음 1,000만 원에 대해서는 10%의 소득세율이 적용
③ 그 다음 1,000만 원에 대해서는 15%의 소득세율이 적용
④ 그 다음 1,000만 원에 대해서는 25%의 소득세율이 적용
⑤ 그 이상 초과 소득에 대해서는 50%의 소득세율이 적용

2) 소득세제에 따른 연소득 7,500만 원에 대한 세금

① 처음 1,000만 원에 대해서는 면세 → 조세액 0원
② 다음 1,000만 원에 대해서는 10%의 소득세율이 적용 → 조세액 100만 원
③ 그 다음 1,000만 원에 대해서는 15%의 소득세율이 적용 → 조세액 150만 원
④ 그 다음 1,000만 원에 대해서는 25%의 소득세율이 적용 → 조세액 250만 원
⑤ 그 이상 초과 소득에 대해서는 50%의 소득세율이 적용 → 조세액 $(7,500 - 4,000) \times 0.5 = 1,750$만 원
⑥ 총조세액 2,250만 원

3) 연소득 7,500만 원인 경우 평균세율

소득(과세표준)에 대하여 조세액의 비율이므로 $\dfrac{T}{Y} = \dfrac{2,250}{7,500} = 30\%$

06 2012년 국가직 7급

조세에 대한 설명으로 옳은 것을 모두 고른 것은?

> ㄱ. 과세부과에 따른 자중적손실(deadweight loss)의 최소화를 기하는 것은 효율성 측면과 관련이 있다.
> ㄴ. 과세표준소득이 1천만 원인 경우 10만 원의 세금을 부과하고 과세표준소득이 2천만 원인 경우 20만 원의 세금을 부과한다면 이 과세표준구간 내에서 누진세를 적용하고 있는 것이다.
> ㄷ. 고가의 모피코트에 부과하는 세금은 세금부담능력이 더 큰 사람이 더 많은 세금을 내야 한다는 원칙을 잘 만족시킨다.
> ㄹ. 과세부담의 수평적공평성의 원칙은 세금부담능력이 다르면 세금도 다르게 부과되는 것이다.

① ㄱ
② ㄱ, ㄹ
③ ㄴ, ㄷ
④ ㄷ, ㄹ

출제이슈 조세의 초과부담, 누진세 vs 비례세, 수직적 공평성

핵심해설 정답 ①

설문을 검토하면 다음과 같다.

ㄱ. 옳은 내용이다.

조세가 부과되면 납세자들이 실제로 지게 되는 부담은 세금으로 징수된 것 보다 더 큰 것이 일반적이다. 예를 들어 납세자들이 100억 원을 세금을 내더라도 실제로 납세자들의 부담은 100억 원 이상이 된다. 이는 조세부과가 민간부문의 의사결정과정에 교란을 초래하여 효율성을 상실시키기 때문에 발생하며, 이러한 추가적인 부담을 조세의 초과부담(excess burden) 혹은 자중손실이라고 한다. 따라서 설문에서 과세부과에 따른 자중적 손실(deadweight loss)의 최소화를 기하는 것은 효율성 측면과 관련이 있다는 옳은 내용이다.

ㄴ. 틀린 내용이다.

누진성이란 공평한 조세부담의 원칙에 따라서 수직적 공평성을 실현하는 정도를 의미한다. 수직적 공평성이 구체적으로 발현된 누진성의 측정은 소득세제에 있어서 평균세율을 기준으로 하여 소득수준이 상승함에 따라서 평균세율이 증가하는 조세제도를 누진적(progressive)이라고 한다.

그런데, 누진성은 평균세율을 기준으로 측정하는 것이 일반적이지만, 한계세율을 기준으로 측정할 수도 있다. 이 경우의 누진성은 과세구간이 소득증가로 이동함에 따라서 적용되는 세율, 즉 한계세율이 커지는 것을 의미한다. 따라서 설문에서 과세표준소득이 1천만 원인 경우 10만 원의 세금을 부과하고 과세표준소득이 2천만 원인 경우 20만 원의 세금을 부과한다면 세율이 동일한 10%로서 이 구간 내에서 누진세가 아니라 비례세를 적용하고 있는 것이므로 틀린 내용이 된다.

ㄷ. 틀린 내용이다.

조세의 공평한 부담을 위한 수직적 공평성은 경제적 능력이 크면 클수록 조세 부담도 더 커야 한다는 원칙이다. 이를 적용하기 위해서는 경제적 능력에 대한 측정이 전제되어야 하는데 경제적 능력의 대리변수로서 소득, 예산집합, 임금률, 소비수준, 재산 등을 들 수 있다.

설문에서 고가의 모피코트는 경제적 능력이 상대적으로 커서 소비 가능한 것으로 볼 수 있다. 따라서 고가의 모피코트에 부과하는 세금은 세금부담능력이 더 큰 사람이 더 많은 세금을 내야 한다는 원칙을 잘 만족시킨다고 볼 수도 있다. 그러나 문제는 모피코트의 소비가 반드시 경제적 능력에 좌우되는 것이 아니라 소비자 선택의 결과까지 반영된 것이라는 것이다.

제9편

따라서 모피코트에 부과하는 세금은 수직적 공평성을 잘 충족시키는 것으로 볼 수는 없다.

ㄹ. 틀린 내용이다.

경제적 능력이 동일하면 동일한 세금부담을 지는 것이 수평적 공평성(horizontal equity)이라면, 경제적 능력이 크면 클수록 더 많은 세금부담을 지도록 하는 것이 수직적 공평성(vertical equity)이다. 설문에서 세금부담능력이 다르면 세금도 다르게 부과되는 것은 과세부담의 수평적 공평성의 원칙이 아니라 수직적 공평성에 해당한다.

07 2013년 국가직 7급

단일세율 소득세에 대한 찬성의 근거로 옳지 않은 것은?

① 조세행정비용이 절감된다.
② 민간부문의 의사결정에 대한 교란을 줄일 수 있다.
③ 각종 공제제도를 이용한 합법적 조세회피 행위를 막을 수 있다.
④ 조세부담의 수직적 공평성을 증진시킨다.

출제이슈 단일세율제도
핵심해설 정답 ④

경제학적인 소득세제와는 달리 현실에서는 소득세의 부과가 매우 복잡한 과정을 거쳐서 이루어지고 있다. 현실적으로 소득세제는 복잡다기한 공제규정들이 무수히 많아서 이러한 과정 속에서 조세회피(절세를 위한 경제행위의 수정으로서 위법은 아님), 조세포탈(위법하게 조세의무를 기피)이 나타나고 있다. 또한 복잡한 조세제도 운영에 많은 행정비용이 소요된다는 문제점도 있다.

이런 문제점 때문에 현실의 복잡한 소득세제를 수정하여 단일세율(flat rate)로 일원화하고 각종 공제규정 등을 대폭 정리하자는 것이 단일세율론의 주장이다. 단일세율을 통해서 조세회피나 포탈을 줄일 수 있고 방대한 조세행정비용도 절감할 수 있다는 장점이 있다.

그러나 단일한 세율을 적용함으로써 수직적 공평을 실현할 누진성이 매우 약화된다는 문제점이 있다.

제9편

조세의 초과부담과 램지규칙·역탄력성규칙

2019 지7

1 램지규칙(Ramsey rule)

1) 조세제도와 초과부담

어떤 조세제도가 있을 때 이로부터 나오는 초과부담(excess burden)이 발생하게 되는데 이의 총합을 극소화하여야 조세로 인한 비효율성을 최소로 만들 수 있다.

2) 조세제도의 초과부담 극소화

① 한계초과부담

어떤 상품에서의 조세징수액을 1원 증가시킬 경우 그로 인한 초과부담의 증가분을 한계초과부담(marginal excess burden, MEB)이라고 한다.

② 한계초과부담 균등화

조세제도 전체의 초과부담을 극소화하기 위해서는 각 상품에서의 한계초과부담을 균등하게 만드는 것이 필요하다.

3) 램지규칙

한계초과부담을 균등화시키면 다음과 같은 식이 도출된다.

$$\frac{\Delta X}{X} = \frac{\Delta Y}{Y}$$

$X,\ Y$: 거래량, ΔX: 과세 후 X재 거래량의 변화, ΔY: 과세 후 Y재 거래량의 변화

4) 램지규칙의 의미

과세로 인하여 수요량(거래량)이 감소하고 초과부담이 발생하는데 전체 초과부담을 최소화하기 위해서는 과세 후 각 상품의 수요량(거래량) 감소율이 동일해야 한다는 의미이다.

2 역탄력성규칙(inverse elastisity rule)

1) 역탄력성규칙

위의 램지규칙은 다음과 같이 수요의 가격탄력성을 포함한 식으로 바꿔 쓸 수 있는데 이를 역탄력성규칙이라고 한다.

$$\frac{t_X}{t_Y} = \frac{e_Y}{e_X}$$

t_X: X재의 세율, t_Y: Y재의 세율, e_X: X의 가격탄력성, e_Y: Y재의 가격탄력성

2) 역탄력성규칙의 의미

과세로 인하여 수요량(거래량)이 감소하고 초과부담이 발생하는데 전체 초과부담을 최소화하기 위해서는 세율은 가격탄력성과 반비례하도록 설정해야 한다는 의미이다.

ISSUE 문제 📝

> **01** | 2019년 지방직 7급 |
>
> X, Y 두 종류의 재화가 있다. X재 수요의 가격탄력성은 0.7이고, Y재 가격이 1% 상승할 때 Y재 수요량은 1.4% 감소한다고 한다. 램지원칙에 따라 과세하는 경우 Y재 세율이 10%일 때, X재의 최적 세율은?
>
> ① 0.5%   ② 5%
>
> ③ 7%   ④ 20%

출제이슈   램지규칙

핵심해설   정답 ④

어떤 조세제도가 있을 때 이로부터 나오는 초과부담(excess burden)이 발생하게 되는데 이의 총합을 극소화하여야 조세로 인한 비효율성을 최소로 만들 수 있다. 조세제도 전체의 초과부담을 극소화하기 위해서는 각 상품에서의 한계초과부담을 균등하게 만드는 것이 필요하다.

한계초과부담을 균등화시키면 다음과 같은 식이 도출된다. 이를 램지규칙이라고 한다.

$$\frac{\Delta X}{X} = \frac{\Delta Y}{Y}$$

X, Y : 거래량, ΔX : 과세 후 X재 거래량의 변화, ΔY : 과세 후 Y재 거래량의 변화

램지규칙은 과세로 인하여 수요량(거래량)이 감소하고 초과부담이 발생하는데 전체 초과부담을 최소화하기 위해서는 과세 후 각 상품의 수요량(거래량) 감소율이 동일해야 한다는 의미이다.

위의 식을 다음과 같이 수요의 가격탄력성을 포함한 식으로 바꿔 쓸 수 있는데 이를 역탄력성규칙이라고 한다.

$$\frac{t_X}{t_Y} = \frac{e_Y}{e_X}$$

t_X : X재의 세율, t_Y : Y재의 세율, e_X : X의 가격탄력성, e_Y : Y재의 가격탄력성

역탄력성규칙은 과세로 인하여 수요량(거래량)이 감소하고 초과부담이 발생하는데 전체 초과부담을 최소화하기 위해서는 세율은 가격탄력성과 반비례하도록 설정해야 한다는 의미이다.

설문에서 제시된 자료를 위의 역탄력성규칙의 식에 대입하여 풀면 다음과 같다.

① X재 수요의 가격탄력성은 0.7

② Y재 가격이 1% 상승할 때 Y재 수요량은 1.4% 감소하므로 Y재의 가격탄력성은 1.4

③ Y재 세율이 10%

램지원칙 혹은 역탄력성규칙에 따라 과세하는 경우 $\dfrac{t_X}{t_Y} = \dfrac{e_Y}{e_X}$, $\dfrac{t_X}{0.1} = \dfrac{1.4}{0.7}$ 이다. 따라서 $t_X = 0.2$ 가 된다.

비용편익분석

2016 지7

1 정부지출의 타당성

① 정부는 조세 및 국공채 등을 활용하여 재원을 마련하고 그 재원을 적절히 지출하는 활동을 하고 있는데 이를 위해서는 정부지출의 당위성이 먼저 인정되어야 한다.

② 정부지출은 자원의 효율적인 배분과 소득분배의 공평성 제고, 그리고 각종 가치재의 공급을 위해서 사용되고 있다.

2 비용편익분석

① 정부지출 중에서 특히 대규모 공공사업의 경우 그 타당성을 더욱 철저하게 평가해야 하는데 이를 위해서는 공공사업으로 인한 사회후생의 변화가 측정되어야 한다.

② 그러나 사회후생변화를 측정하기 위한 사회후생함수의 선정부터 사실상 어려운 문제이므로 이를 극복하기 위해서 비용편익분석을 사용한다.

③ 비용편익분석은 어떤 공공사업으로부터 발생하는 편익과 이를 수행하는데 드는 비용을 종합적으로 검토하여 그 사업의 경제성을 평가하는 것이다.

3 편익과 비용의 평가기준

1) 관련시장이 존재하는 경우

공공사업의 편익과 비용을 시장가격에 기초하여 평가할 수 있다. 그러나 시장이 불완전하여 시장가격이 한계적인 편익이나 비용을 제대로 반영하지 못하는 경우에는 사회적 기회비용을 계산하여 잠재가격을 구하여 평가할 수 있다. 다만, 문제는 잠재가격의 산출 또한 무척 어렵다는 것이다.

2) 관련시장이 존재하지 않는 경우

① 시간의 가치

공공사업으로 많은 이들의 시간절약이 가능해진 경우, 그 평가는 대체적으로 임금률을 중심으로 할 수 있다.

② 생명의 가치

안전성을 제고하는 공공사업으로 인하여 사망률이 감소한다면, 그에 대한 평가는 인적자본접근법(사망 시 상실소득으로 평가), 지불의사접근법(사망감소를 위해 지불할 용의가 있는 금액으로 평가) 등이 있다.

4 사회적 할인율 [2020 지7]

1) 의의

공공사업의 편익과 비용이 장기간에 걸쳐서 발생하는 경우, 현재가치 평가를 위해서 할인율의 선정이 매우 중요하다. 대체적으로 할인율은 사업에 소요된 자금의 기회비용으로 계산하지만, 공공사업의 경우 매우 다양한 사회적 목표를 추구하기 때문에 이러한 것들을 모두 고려하여 적정한 할인율을 선정해야 한다.

2) 민간부문에 준하여 사회적 할인율을 도출하는 방법

① 민간부문 투자의 세전수익률

만일 민간부문 투자에 사용될 자금이 공공사업에 투입된다고 가정하면, 그 자금은 민간부문에 사용되든, 공공부문에 사용되든 똑같은 수익을 올려야만 한다. 이때 민간부문의 수익률은 투자수익률이고 이는 세전수익률이라고 볼 수 있다. 왜냐하면, 공공사업을 위해 투자를 포기했으며, 이 투자는 자본의 생산성 만큼의 수익이 가능한데 이는 세전의 수익이기 때문이다. 따라서 세전수익률을 사회적 할인율로 사용할 수 있다.

② 민간부문 소비의 세후수익률

만일 민간부문 소비에 사용될 자금이 공공사업에 투입된다고 가정하면, 그 자금은 민간부문에 사용되든, 공공부문에 사용되든 똑같은 수익을 올려야만 한다. 이때 민간부문의 수익률은 소비자의 시간선호율이고 이는 세후수익률이라고 볼 수 있다. 왜냐하면, 공공사업을 위해 소비를 포기했으며, 이 소비는 저축의 기회를 포기한 만큼의 수익이 가능한데 이는 이자소득세가 차감된 수익이기 때문이다. 따라서 세후수익률을 사회적 할인율로 사용할 수 있다.

③ 세전수익률과 세후수익률의 가중평균

공공사업에 투입된 자금이 일부는 민간부문의 투자에 쓰일 돈이고 일부는 민간부문의 소비에 쓰일 돈이라고 하면, 세전수익률과 세후수익률을 가중평균하여 사회적 할인율로 사용할 수 있다.

제9편

ISSUE 문제 ✏️

01 | 2016년 지방직 7급 |

정부에서 어떤 도로의 신설 여부를 결정하기 위해 해당 사업에 대해 비용-편익 분석을 수행한다고 생각해 보자. 이러한 비용-편익 분석에서 주의해야 할 점에 대한 설명으로 옳지 않은 것은?

① 새롭게 고용되는 인력에게 지급되는 임금의 총액은 편익이 아닌 비용에 포함되어야 한다.
② 편익의 계산에서 도로건설을 통해 다른 지역의 서비스업이 이전해 오고 인구가 유입되는 이차적인 효과는 배제하는 것이 타당하다.
③ 편익이 장기에 걸쳐 발생하는 경우, 할인율이 낮을수록 사업의 경제적 타당성이 커진다.
④ 비용 계산 시 사회적 기회비용보다는 실제 지불되는 회계적 비용을 고려해야 한다.

출제이슈 공공부문의 비용편익 분석
핵심해설 정답 ④

정부는 조세 및 국공채 등을 활용하여 재원을 마련하고 그 재원을 적절히 지출하는 활동을 하고 있는데 이를 위해서는 정부지출의 당위성이 먼저 인정되어야 한다. 정부지출은 자원의 효율적인 배분과 소득분배의 공평성 제고, 그리고 각종 가치재의 공급을 위해서 사용되고 있다.

정부지출 중에서 특히 대규모 공공사업의 경우 그 타당성을 더욱 철저하게 평가해야 하는데 이를 위해서는 공공사업으로 인한 사회후생의 변화가 측정되어야 한다. 그러나 사회후생변화를 측정하기 위한 사회후생함수의 선정부터 사실상 어려운 문제이므로 이를 극복하기 위해서 비용편익분석을 사용한다. 비용편익분석은 어떤 공공사업으로부터 발생하는 편익과 이를 수행하는데 드는 비용을 종합적으로 검토하여 그 사업의 경제성을 평가하는 것이다.

설문을 검토하면 다음과 같다.

① 옳은 내용이다.
도로신설을 위해서 새롭게 고용되는 인력에게 지급되는 임금의 총액은 비용이 된다.

② 옳은 내용이다.
편익의 계산에서 도로건설을 통해 다른 지역의 서비스업이 이전해 오고 인구가 유입되는 이차적인 효과는 배제하는 것이 타당하다. 이는 실질적 편익이 아니라 다른 지역이나 다른 사람의 후생감소를 대가로 하여 발생한 편익이기 때문이다. 이러한 편익은 사회전체적인 후생의 증가가 아니라 단지 소득의 재분배만을 의미할 뿐이다.

③ 옳은 내용이다.
편익이 장기에 걸쳐 발생하는 경우, 할인율이 낮을수록 사업의 경제적 타당성이 커진다. 왜냐하면, 장기간 동안 발생하는 편익을 측정하여 현재가치화 과정을 통해서 비용편익을 수행하게 되는데 이 과정에서 할인율이 낮을 경우 편익을 크게 평가되어 경제적 타당성이 커질 수 있다.

④ 틀린 내용이다.
비용 계산 시 실제 지불되는 회계적 비용보다는 사회적 기회비용을 고려해야 한다.

02 [2020년 지방직 7급]

공공사업 A에 투입할 100억 원의 자금 중에서 40억 원은 민간부문의 투자에 사용될 자금이었고, 60억 원은 민간부문의 소비에 사용될 자금이었다. 이 공공사업을 평가하기 위한 사회적 할인율 (social discount rate)은? (단, 민간부문 투자의 세전 수익률과 세후 수익률은 각각 15.0%와 10.0% 이다)

① 11.5%

② 12.0%

③ 12.5%

④ 13.0%

출제이슈 사회적 할인율

핵심해설 정답 ②

공공사업의 편익과 비용이 장기간에 걸쳐서 발생하는 경우, 현재가치 평가를 위해서 할인율의 선정이 매우 중요하다. 대체적으로 할인율은 사업에 소요된 자금의 기회비용으로 계산하지만, 공공사업의 경우 매우 다양한 사회적 목표를 추구하기 때문에 이러한 것들을 모두 고려하여 적정한 할인율을 선정해야 하는데 이를 사회적 할인율이라고 한다.

사회적 할인율을 도출하는데 있어서 민간부문의 각종 수익률을 활용하여 도출할 수 있다.

① 민간부문 투자의 세전수익률

만일 민간부문 투자에 사용될 자금이 공공사업에 투입된다고 가정하면, 그 자금은 민간부문에 사용되든, 공공부문에 사용되든 똑같은 수익을 올려야만 한다. 이때 민간부문의 수익률은 투자수익률이고 이는 세전수익률이라고 볼 수 있다. 왜냐하면, 공공사업을 위해 투자를 포기했으며, 이 투자는 자본의 생산성 만큼의 수익이 가능한데 이는 세전의 수익이기 때문이다. 따라서 세전수익률을 사회적 할인율로 사용할 수 있다.

② 민간부문 소비의 세후수익률

만일 민간부문 소비에 사용될 자금이 공공사업에 투입된다고 가정하면, 그 자금은 민간부문에 사용되든, 공공부문에 사용되든 똑같은 수익을 올려야만 한다. 이때 민간부문의 수익률은 소비자의 시간선호율이고 이는 세후수익률이라고 볼 수 있다. 왜냐하면, 공공사업을 위해 소비를 포기했으며, 이 소비는 저축의 기회를 포기한 만큼의 수익이 가능한데 이는 이자소득세가 차감된 수익이기 때문이다. 따라서 세후수익률을 사회적 할인율로 사용할 수 있다.

③ 세전수익률과 세후수익률의 가중평균

공공사업에 투입된 자금이 일부는 민간부문의 투자에 쓰일 돈이고 일부는 민간부문의 소비에 쓰일 돈이라고 하면, 세전수익률과 세후수익률을 가중평균하여 사회적 할인율로 사용할 수 있다.

설문에서 공공사업 A에 투입할 100억 원의 자금 중에서 40억 원은 민간부문의 투자에 사용될 자금이었고, 60억 원은 민간부문의 소비에 사용될 자금이었으므로 이를 각각 가중치로 이용하여 사회적 할인율을 도출하면 $(0.4 \times 0.15) + (0.6 \times 0.10)$ = 0.12, 즉 12.0%가 된다.

제9편

ISSUE **05** 지방재정이론

2020 국7

■ 중앙집권제도와 지방분권제도

1) 중앙집권제도의 장점

① 경제안정화 측면

거시적인 경제안정화정책의 체계적인 수행이 가능

② 소득재분배 측면

일관되고 통일된 소득재분배정책을 통하여 지역 간 차별적 재분배정책의 문제점 해결

③ 자원배분의 효율성 측면

공공재나 외부성, 규모의 경제 성격이 있는 재화의 효율적 생산이 가능

2) 지방분권제도의 장점

① 지역주민의 선호를 잘 반영한 각종 정책 수립 및 집행이 가능(예: 공공재)

② 정부지출에 대한 조세부담을 지역적으로 명확히 인식하게 되어 효율적인 공공사업이 가능

③ 여러 지방 간 선의의 경쟁을 통해서 효율적인 공공사업이 가능

② 오우츠의 분권화정리

1) 재정연방체제

정부의 재정체제로서 중앙집권제도와 지방분권제도는 모두 장점을 가지고 있기 때문에 경제정책의 수행이나 공공사업 시행 시 적절한 재정체제가 담당하도록 하는 것이 중요한데 이를 재정연방체제라고 한다. 즉, 쉽게 표현하면 중앙정부와 지방정부 간 경제적 역할의 분담이다.

2) 분권화 정리

① 재정연방체제와 분권화 정리

재정연방체제의 정당성은 지방정부의 역할이 가지는 확실한 장점 및 우위에서 비롯된 것이다.

② 오우츠의 분권화 정리

지역공공재를 중앙정부가 생산·공급하든 아니면 지방정부가 생산·공급하든 비용이 동일하게 소요된다면 중앙정부가 일률적으로 공급하는 것보다는 각각의 지방정부가 스스로의 판단에 의하여 적절히 공급하는 것이 최소한 동등한 효율성을 확보하거나 혹은 더 효율적이다.

③ 티부 모형

1) 의의

① 지방재정제도 혹은 지방자치제도의 정당성을 보여주는 근거로서 오우츠의 분권화 정리 이외에 티부모형이 있다. 이에 따르면, 지역공공재는 집권화된 체제보다는 분권화된 체제에서 효율적 배분이 가능하다.

② 각 지방정부가 독립적으로 조세를 징수하고 지역공공재를 공급하는 경우 지역주민들은 자신의 선호에 따라서 선호하는 조세 및 지역공공재 공급체계를 가진 지역을 선택하게 된다. 즉 지역주민들은 지방재정제도를 직접 선택하는 것으로 이를 exit option에 의한 선택(발에 의한 투표)이라고 한다.

③ 티부모형은 다양한 지방재정제도에 대하여 exit option에 의한 선택(발에 의한 투표)이 가능한 경우에는 지역공공재의 배분이 효율적으로 이루어짐을 보여주고 있다.

2) 가정

① 다수의 지역사회에서 상이한 재정프로그램 제공
지역주민들이 선택할 수 있는 다양한 지역의 지방정부에서 각각 상이한 재정프로그램을 가지고 있어서 지역주민들은 자신들의 선호에 따라서 재정프로그램을 선택하고 이에 따라서 거주지역을 선택한다고 가정한다.

② 재정프로그램에 대한 완전한 정보
지역주민들은 자신들이 선택할 수 있는 다양한 재정프로그램의 내용에 대한 완전한 정보를 얻고 있음을 가정한다.

③ 거주지역이전의 완전한 자유(이동성)
exit option에 의한 선택(발에 의한 투표)이 가능하기 위해서 지역주민들이 지역을 옮겨 다니는데 있어서 제약이 없어야 한다는 가정이다.

④ 지역공공재 생산함수의 규모수익불변
지역공공재를 생산하는 데 있어서 규모의 경제가 있다면, 대규모의 소수의 지방정부가 존재하게 되어 다수의 지역사회의 경쟁적 병존상황의 가정이 성립되지 않기 때문에 지역공공재 생산에 있어서 규모수익불변을 가정한다.

⑤ 외부성의 부존재
지방정부의 경제활동으로 인해서 외부성이 존재하는 경우, 지역주민들이 지방정부를 선택하는 데 있어서 다른 지방정부의 활동을 고려하는 상황이 발생하는 문제가 있다. 따라서 각 지방에서의 공공사업으로 인한 혜택은 해당 지역민들에게만 적용된다는 가정이다.

3) 결론

① 각 지방정부가 독자적인 재정프로그램에 의해서 독립적으로 조세를 징수하고 지역공공재를 생산하여 공급하는 지방분권적 재정체제에서 지역공공재의 공급에 있어서 효율성 달성이 가능하다.

② 사용재 시장에서 소비자로부터 선택받지 못한 비효율적인 기업이 살아남을 수 없는 것처럼 지역공공재의 경우 지역주민으로 선택받은 가장 효율적인 재정프로그램만 남게 된다. exit option에 의한 선택(발에 의한 투표)으로 인해 더 이상 개선할 여지가 없는 효율을 달성하게 되는 것이다.

③ 재정프로그램에 대한 선호는 소득 및 자산과 밀접한 관련이 있고, 지역공공재의 재원마련을 위한 재산세제도 소득 및 자산과 밀접한 관련이 있다. 결국 경제수준 및 선호가 유사한 주민들이 동일한 지역에 거주하게 되는 상황이 나타날 것으로 예상된다. 지역공공재에의 무임승차를 방지하기 위하여 배타적 지역지구제도를 도입하는 것도 같은 맥락이다.

ISSUE 문제 📝

01 [2020년 국가직 7급]

지방자치제도의 당위성을 이론적으로 뒷받침하는 티부 모형(Tiebout model)의 기본 가정에 해당하지 않는 것은?

① 사람들이 각 지역에서 제공하는 재정 프로그램의 내용에 대한 완전한 정보를 갖는다.
② 사람들의 이동성에 제약이 없다.
③ 생산기술이 규모수익체증의 특성을 갖는다.
④ 외부성이 존재하지 않는다.

출제이슈 티부 모형의 가정
핵심해설 정답 ③

각 지방정부가 독립적으로 조세를 징수하고 지역공공재를 공급하는 경우 지역주민들은 자신의 선호에 따라서 선호하는 조세 및 지역공공재 공급체계를 가진 지역을 선택하게 된다. 즉 지역주민들은 지방재정제도를 직접 선택하는 것으로 이를 exit option에 의한 선택(발에 의한 투표)이라고 한다. 티부 모형은 다양한 지방재정제도에 대하여 exit option에 의한 선택(발에 의한 투표)이 가능한 경우에는 지역공공재의 배분이 효율적으로 이루어짐을 보여주고 있다.

티부 모형의 가정은 다음과 같다.

1) 다수의 지역사회에서 상이한 재정프로그램 제공
2) 재정프로그램에 대한 완전한 정보
3) 거주지역이전의 완전한 자유(이동성)
exit option에 의한 선택(발에 의한 투표)이 가능하기 위해서 지역주민들이 지역을 옮겨 다니는데 있어서 제약이 없어야 한다는 가정이다.
4) 지역공공재 생산함수의 규모수익불변
지역공공재를 생산하는 데 있어서 규모의 경제가 있다면, 대규모의 소수의 지방정부가 존재하게 되어 다수의 지역사회의 경쟁적 병존상황의 가정이 성립되지 않기 때문에 지역공공재 생산에 있어서 규모수익불변을 가정한다.
5) 외부성의 부존재
지방정부의 경제활동으로 인해서 외부성이 존재하는 경우, 지역주민들이 지방정부를 선택하는 데 있어서 다른 지방정부의 활동을 고려하는 상황이 발생하는 문제가 있다. 따라서 각 지방에서의 공공사업으로 인한 혜택은 해당 지역민들에게만 적용된다는 가정이다.

티부 모형에 의하면, 각 지방정부가 독자적인 재정프로그램에 의해서 독립적으로 조세를 징수하고 지역공공재를 생산하여 공급하는 지방분권적 재정체제에서 지역공공재의 공급에 있어서 효율성 달성이 가능하다. 사용재 시장에서 소비자로부터 선택받지 못한 비효율적인 기업이 살아남을 수 없는 것처럼 지역공공재의 경우 지역주민으로 선택받은 가장 효율적인 재정 프로그램만 남게 된다. exit option에 의한 선택(발에 의한 투표)으로 인해 더 이상 개선할 여지가 없는 효율을 달성하게 되는 것이다.

1 행태경제이론

1) 전통적 경제이론의 가정이라고 할 수 있는 합리성과 이기심이 얼마나 현실에 부합되는지를 검증하면서 출발한다.

2) 심리학적 실험결과나 현실경제에서 관찰되는 특이한 현상을 통해서 인간의 판단방식을 검증하고 이러한 판단방식의 특성이 선택에 영향을 미치는지 연구한다.

3) 심리학자 트버스키, 카네만

2 인간의 합리성 가정에 대한 비판

1) 휴리스틱

① 현실의 상황을 판단하는 것은 매우 복잡하기 때문에 사람들은 이를 단순화하기 위해 몇가지 주먹구구식의 원칙을 사용한다.

② 이러한 독특한 심리적 메커니즘을 휴리스틱이라고 한다.

2) 인식의 편향

① 사람들은 주변 상황을 인식할 때 엄격한 객관성을 유지하지 못하고 특정한 편향을 보인다.

② 현실을 정확하게 인식하지 못하고 잘못된 판단을 내리는 것으로서 인식의 편향이라고 한다.

3) 합리성 가정의 문제점

3 인간의 이기심 가정에 대한 비판

1) 인간은 기본적으로는 자신의 이익을 중시하지만, 맹목적으로 이것만을 극대화하는 태도를 보이지 않음이 실험결과 입증되었다.

2) 때로는 공익을 위해서 자신의 이익을 포기하는 행태를 보일 뿐 아니라 자신이 공정하다고 생각하는 결과를 가져오기 위해서 개인적 비용을 지불하는 경우도 있다.

3) 이기심 가정의 문제점

제9편

4 소비자 선호체계에 대한 비판

1) 부존효과(endowment effect)

① 어떤 물건을 소유하는 사람이 그것을 포기하기 싫어하는 성향이 있기 때문에 나타나는 효과로서 똑같은 상품에 대한 평가가 상황에 따라서 달라지는 특이한 현상이 나타난다.

② 똑같은 물건임에도 불구하고 소유하고 있는 것을 팔 때 받아야겠다고 하는 금액과 소유하지 않은 상황에서 그것을 살 때 낼 용의가 있는 금액 사이에 차이가 나타나는 현상이다.

③ 만일 소비자가 잘 정의되고 안정적인 선호체계를 갖는다면, 한 상품에 대한 평가는 어느 상황에서든 똑같아야 한다.

④ 이는 무차별곡선상에서 효용의 비가역성을 의미한다.

2) 틀짜기효과(frame effect)

① 사람들은 어떤 틀을 통해 선택과 관련된 행동, 결과 등을 인식한다.

② 동일한 상황에서의 문제를 여러 가지 다른 틀을 사용하여 다르게 인식할 수 있다는 뜻이다.

③ 만일 잘 정의되고 안정적인 선호체계를 갖고 있는 사람이라면 상황을 어떤 틀에 의해서 인식하는지의 여부와 관련 없이 똑같은 결정을 내려야 한다. 그러나 현실에서는 인식의 틀이 바뀜에 따라서 결정을 바꾸는 경향을 보이는데 이를 틀짜기 효과라고 한다.

3) 심적회계방식(mental accounting)

① 사람들은 마음속에 경제적 가치와 관련하여 독특한 회계방식을 가지고 있다. 즉, 마음속에 여러 개의 계정(accounts)을 설정해 놓고 있다.

② 예 1: 정상적인 소득으로 들어오는 돈과 복권 등에서 얻은 돈을 수입원별로 구분
예 2: 생활비에 쓸 돈과 오락비에 쓸 돈을 지출원별로 구분

5 기대효용이론에 대한 비판

1) 사람들이 기대효용을 극대화하려 한다는 관점에서 선택행위를 분석할 경우 서로 모순되는 결론에 이르게 됨이 입증되어 있다.

2) 또한 사람들은 기대효용의 극대화라는 단순한 결과가 중요한 것이 아니라 준거점에 비해서 상황이 어떻게 변했는지에 따라서 효용의 수준이 결정된다.

3) 한편, 똑같은 크기의 이득과 손실이라도 효용에 미치는 영향의 크기가 다르다. 이득과 손실이 똑같은 크기라고 할 경우 이득이 생겼을 때의 효용 증가폭보다는 손실이 생겼을 때의 효용 감소폭이 더 크다. (손실기피적 태도)

6 전망이론(prospect theory)

1) 불확실성 하에서의 선택에서 사람들이 보이는 행태를 기존의 기대효용이 제대로 설명해주지 못한다고 비판하면서 전망이론을 제시한다.

2) 기대효용이론에서의 복권과 유사한 개념으로서의 전망이란 특정 확률로 특정 결과를 가져오는 계약으로 정의한다.

3) 최근 불확실성 하의 선택에서 전망이론이 점차 유용하게 활용되고 있으며 기존의 기대효용이론에서 간과하고 있는 부분에 대해 새로운 시각을 얻을 수 있다는 장점이 있다.

7 확실성효과(certainty effect)

1) 사람들은 확실한 결과에 대해서 "이례적"으로 높은 가중치를 부여한다.

2) "이례적"이라는 것은 기대효용이론의 관점에서 볼 때 이해하기 힘들 만큼 높다는 뜻이다.

8 반사효과(reflection effect)

1) 절대적 금액은 똑같은데 단지 부호만 반대인 상황과 관련된 사람들의 선택에서 하나가 다른 것의 거울상에 해당하는 특성이 나타나는 것을 의미한다.

2) 예를 들어 확실하게 3백만 원을 얻는 경우와 80퍼센트의 확률로 4백만 원을 얻는 경우 사이에서 선택할 경우, 대부분의 사람들은 3백만 원을 확실하게 얻는 경우를 더욱 선호한다.

3) 그러나, 확실하게 3백만 원을 잃는 경우와 80퍼센트의 확률로 4백만 원을 잃을 경우 사이에서 선택할 경우, 대부분의 사람들은 80퍼센트의 확률로 4백만 원을 잃는 것을 선호한다.

4) 이득이 결부된 상황에서의 선택과 손실이 결부된 상황에서의 선택이 거울상처럼 반전되어 나타나는 현상이다.

9 확률의 크기에 따른 태도의 변화

1) 앞에서 본 이득에 관해서 위험기피적인 태도와 손실에 관한 위험애호적인 태도는 대체로 중간정도의 확률에서 나타나는 현상이다.

2) 만일 확률이 낮은 경우에는 이와 달리, 이익에 대해서 위험애호적인 태도와 손실에 대해 위험기피적인 태도가 나타나는 것이 일반적이다.

3) 지극히 당첨확률이 낮은 복권을 기꺼이 구입하는 위험애호적인 태도와 지극히 발생확률이 낮은 화재사고 등에 대비해 보험에 가입하는 위험기피적인 태도가 나타난다.

10 효용과 재산폭

최종적인 재산의 크기가 아니라 재산의 변화과정과 변화폭이 효용을 결정한다.

조경국

학력

- 고려대학교 경제학과
- 서울대학교 행정대학원
- 미국 University of California, Davis 대학원

이력

- 행정고등고시 재경직 합격
- 공정거래위원회 사무관
- 공정거래위원회 경제분석전문관
- 숭실대학교 경제학과 교수
- 일본 Waseda University 방문교수

저서

- 조경국 경제학
- 조경국 경제학 워크북
- 조경국 경제학 연습서(근간)
- 조경국 경제학 고급연습서(근간)

조경국 경제학 워크북 미시편

초판인쇄 | 2021. 5. 10. **초판발행** | 2021. 5. 14. **편저자** | 조경국
발행인 | 박 용 **발행처** | (주)박문각출판 **등록** | 2015년 4월 29일 제2015-000104호
주소 | 06654 서울시 서초구 효령로 283 서경 B/D **팩스** | (02)584-2927
전화 | 교재 주문 · 내용 문의 (02)6466-7202

저자와의
협의하에
인지생략

정가 20,000원   ISBN 979-11-6704-064-0